Psicologia Social

A psicologia social usa ferramentas da ciência para entender por que as pessoas se comportam como se comportam. Seja porque elas são atraídas por algumas pessoas mas não por outras; porque não são convencidas por um argumento político elegante, mas são persuadidas pelo endosso de uma celebridade; ou de onde vêm seus preconceitos, a psicologia social pode ajudá-lo a entender por que as pessoas interagem como interagem. E esta Folha de Cola lhe dará algumas dicas para responder às suas principais questões-chave.

ENTENDENDO ATITUDES NA PSICOLOGIA SOCIAL

Uma atitude é o valor que uma pessoa coloca sobre algo, e os pesquisadores da psicologia social frequentemente se referem a esse "algo" como o objeto da atitude. Uma atitude é uma avaliação, no nível mais simples, quanto à possibilidade ou não de o objeto da atitude ser bom ou ruim.

- **Entendendo seu ABC:** Cada atitude tem três dimensões. São elas o Afeto (atitudes que agrupam sentimentos e emoções), o Comportamento (atitudes que se conectam à maneira como você realmente se comporta) e a Cognição (atitudes que são expressas em pensamentos e falas). É tão fácil quanto o ABC.

- **O que elas fazem:** As atitudes têm quatro funções básicas — a função de conhecimento (elas o ajudam a dar sentido ao mundo); a função utilitária (podem servir para um propósito prático e alcançar objetivos); a função de defesa do ego (elas o ajudam a ter uma visão positiva de si mesmo); a função expressiva de valor (expressam valores fundamentais para quem você é).

- **As atitudes podem ser medidas:** Fazendo as perguntas certas do jeito certo, você pode estabelecer as atitudes básicas de um sujeito sobre qualquer assunto. Faça muitas perguntas sobre muitos assuntos e você pode medir atitudes envolvendo toda a sociedade.

- **Elas podem ser influenciadas:** Mesmo quando as pessoas lhe contam sobre suas atitudes em relação a algo, essas atitudes afirmadas não necessariamente combinam com como essas pessoas se comportarão no futuro ou com o que elas realmente pensam. A maneira exata como o pesquisador faz a pergunta pode determinar fortemente a resposta.

USANDO A PSICOLOGIA SOCIAL PARA EXTINGUIR ESTEREÓTIPOS

Nem todos os estereótipos são ruins: a psicologia social reconhece que alguns podem ter valor. Entretanto, quando um estereótipo leva ao preconceito e à discriminação, é hora de expor sua inexatidão — e dizer por que ele é inexato. A seguir estão algumas maneiras-chave de expor e combater estereótipos preconceituosos.

- **Busque suas fontes:** As pessoas notam padrões no mundo social à sua volta, mas embora sejam muito boas em notá-los, elas também são adeptas de ver coisas que não estão lá. Elas tiram conclusões precipitadas e ignoram evidências que contradizem suas crenças.

- **Descubra o viés nos julgamentos sociais:** Muitas pessoas são convencidas de que existem diferenças físicas sólidas entre o cérebro de homens e mulheres, o que explica e justifica

os empregos e responsabilidades diferentes que homens e mulheres tendem a ter. Não há evidência segura para isso, mas isso não impede que os pesquisadores busquem e encontrem o que querem ver.

- **Cuidado com o que você acha que já sabe:** As pessoas prestam atenção às informações que sustentam suas crenças e ignoram as que as contradizem. Esse viés de confirmação alimenta o hábito de estereotipar pessoas, e, como o estereótipo guia e rotula sua percepção, você encontra confirmações por todo lado.

- **Cuidado com correlações ilusórias:** Os eventos e as pessoas que são incomuns tendem a atrair sua atenção e grudar na sua memória. Digamos que você veja um fã de futebol croata começar uma briga. Você não conheceu nenhum croata antes, e o evento é incomum, então você chega à conclusão de que fãs de futebol croatas são pessoas muito agressivas. Essa é uma correlação ilusória.

- **Não faça todas as suas previsões se tornarem realidade:** Quando você tem uma certa crença, age de acordo com ela e sua crença é realmente confirmada, isso é chamado de profecia da autorrealização, que é outro viés do comportamento que ajuda a perpetuar estereótipos.

COMO A PSICOLOGIA SOCIAL EXPLICA POR QUE NOS CONFORMAMOS

Não importa o quão insistentemente alguém reforce que é um indivíduo único, com sua maneira singular de olhar e experienciar o mundo, a psicologia social nos diz que, em um nível fundamental, as pessoas querem ser parecidas com as outras. Os psicólogos sociais explicam isso de várias maneiras:

- **A necessidade básica de imitar:** Parte da essência da interação social para os seres humanos é a imitação do outro, então não é surpresa que hábitos e normas possam se espalhar entre as pessoas como uma virose.

- **Conseguindo informações dos outros:** Conformar-se com o comportamento de outras pessoas é muito útil quando você quer saber de alguma coisa. Se você não sabe como se comportar ou se algo sobre a situação é ambíguo, você segue os outros.

- **Necessidade de se encaixar:** Seu comportamento é moldado pelo desejo de ser como aqueles à sua volta. Normalmente, o objetivo é a aprovação social ou a associação a um endogrupo que você admira.

- **Absorvendo opiniões:** Quando as pessoas vivem em uma comunidade, elas tendem a compartilhar crenças e opiniões. Claro, nem todo mundo concorda o tempo todo, mas há uma tendência de as opiniões entrarem em conformidade.

- **Alinhar sua percepção com a dos outros:** Em algumas situações, as pessoas acreditarão que veem a mesma coisa que as outras pessoas — não porque é a coisa certa a se ver ou porque elas foram explicitamente persuadidas, mas porque é simplesmente o que todo mundo vê.

Psicologia Social
para leigos

Psicologia Social
para leigos

Daniel Richardson
Ph.D.

ALTA BOOKS
E D I T O R A
Rio de Janeiro, 2017

Psicologia Social Para Leigos®
Copyright © 2017 da Starlin Alta Editora e Consultoria Eireli. ISBN: 978-85-508-0131-5

Translated from original Social Psychology For Dummies® by Daniel Richardson. Copyright © 2014 John Wiley & Sons, Ltd. ISBN 978-1-118-77054-2. This translation is published and sold by permission of John Wiley & Sons, Ltd., the owner of all rights to publish and sell the same. PORTUGUESE language edition published by Starlin Alta Editora e Consultoria Eireli, Copyright © 2016 by Starlin Alta Editora e Consultoria Eireli.

Todos os direitos estão reservados e protegidos por Lei. Nenhuma parte deste livro, sem autorização prévia por escrito da editora, poderá ser reproduzida ou transmitida. A violação dos Direitos Autorais é crime estabelecido na Lei nº 9.610/98 e com punição de acordo com o artigo 184 do Código Penal.

A editora não se responsabiliza pelo conteúdo da obra, formulada exclusivamente pelo(s) autor(es).

Marcas Registradas: Todos os termos mencionados e reconhecidos como Marca Registrada e/ou Comercial são de responsabilidade de seus proprietários. A editora informa não estar associada a nenhum produto e/ou fornecedor apresentado no livro.

Impresso no Brasil — 1ª Edição, 2017 - Edição revisada conforme o Acordo Ortográfico da Língua Portuguesa de 2009.

Obra disponível para venda corporativa e/ou personalizada. Para mais informações, fale com projetos@altabooks.com.br

Produção Editorial Editora Alta Books	**Gerência Editorial** Anderson Vieira	**Marketing Editorial** Silas Amaro marketing@altabooks.com.br	**Gerência de Captação e Contratação de Obras** autoria@altabooks.com.br	**Vendas Atacado e Varejo** Daniele Fonseca Viviane Paiva comercial@altabooks.com.br
Produtor Editorial Claudia Braga Thiê Alves	**Supervisão de Qualidade Editorial** Sergio de Souza			**Ouvidoria** ouvidoria@altabooks.com.br
Produtor Editorial (Design) Aurélio Corrêa	**Assistente Editorial** Christian Danniel			
Equipe Editorial	Bianca Teodoro	Illysabelle Trajano	Juliana de Oliveira	Renan Castro
Tradução Samantha Batista	**Copidesque** Alessandro Thomé	**Revisão Gramatical** Carolina Gaio	**Revisão Técnica** Filipe Degani-Carneiro Mestre em psicologia social pela UERJ	**Diagramação** Luana da Silva

Erratas e arquivos de apoio: No site da editora relatamos, com a devida correção, qualquer erro encontrado em nossos livros, bem como disponibilizamos arquivos de apoio se aplicáveis à obra em questão.

Acesse o site www.altabooks.com.br e procure pelo título do livro desejado para ter acesso às erratas, aos arquivos de apoio e/ou a outros conteúdos aplicáveis à obra.

Suporte Técnico: A obra é comercializada na forma em que está, sem direito a suporte técnico ou orientação pessoal/exclusiva ao leitor.

Dados Internacionais de Catalogação na Publicação (CIP)
Odilio Hilario Moreira Junior-8/9949

R522p	Richardson, Daniel Psicologia social para leigos / Daniel Richardson ; traduzido por Samantha Batista. - Rio de Janeiro : Alta Books, 2017. 340 p. ; 17cm x 24cm. Tradução de: Social Psychology For Dummies ISBN: 978-85-5080-131-5 1. Psicologia. 2. Psicologia social. I. Batista, Samantha. II. Título. CDD 155.92 CDU 316.5

Rua Viúva Cláudio, 291 — Bairro Industrial do Jacaré
CEP: 20.970-031 — Rio de Janeiro (RJ)
Tels.: (21) 3278-8069 / 3278-8419
www.altabooks.com.br — altabooks@altabooks.com.br
www.facebook.com/altabooks — www.instagram.com/altabooks

Sobre o Autor

Daniel C. Richardson, Ph.D., é professor universitário do Departamento de Psicologia Experimental da *University College London*. Ele lecionou psicologia na Universidade de Stanford e na Universidade de Califórnia Santa Cruz, e seu curso de introdução à psicologia social foi premiado com o *Provost Teaching Award*, na *University College London*.

Dedicatória

Para Natasha.

Agradecimentos do Autor

Eu gostaria de agradecer a Steve Mocj, Richard Eibach, Joyce Ehrlinger e Natasha Kirkham por seu vasto conhecimento acadêmico e apoio pessoal enquanto eu escrevia este livro. Também gostaria de agradecer a Daryl Bem por me apresentar à emoção e ao rigor da pesquisa científica em psicologia social.

Sumário Resumido

Parte 1: Conhecendo a Psicologia Social 5
CAPÍTULO 1: Introduzindo a Ciência da Psicologia Social 7
CAPÍTULO 2: Explorando o Território da Psicologia Social 21
CAPÍTULO 3: Montando um Kit: As Ferramentas da Psicologia Social 43

Parte 2: Entendendo Atitudes e Ações 67
CAPÍTULO 4: Avaliando Atitudes: Os Átomos Problemáticos da Psicologia Social 69
CAPÍTULO 5: Descobrindo as Atitudes e Associações Implícitas 83
CAPÍTULO 6: Investigando a Ligação entre Comportamento e Atitudes 99

Parte 3: Pensando sobre Nós Mesmos e sobre os Outros 113
CAPÍTULO 7: Fazendo a Eterna Pergunta: Quem Sou Eu? 115
CAPÍTULO 8: Como Eu Sou Fantástico! Observando a Tendência Egoísta 127
CAPÍTULO 9: Atribuindo Causas ao Comportamento das Pessoas......... 141
CAPÍTULO 10: Fazendo Julgamentos sobre Outras Pessoas: Tendência e Preconceito 155

Parte 4: Compreendendo a Influência Social............ 169
CAPÍTULO 11: Apreciando o Poder da Situação..................... 171
CAPÍTULO 12: Executando Ordens: Obediência 185
CAPÍTULO 13: Entrando na Linha: Conformidade e Normas Sociais.......... 201
CAPÍTULO 14: Persuadindo Pessoas a Participarem com Suas Libras 213

Parte 5: Avaliando Relacionamentos, Grupos e Sociedades 227
CAPÍTULO 15: Relações Interpessoais: Gostando, Amando e Vivendo com Outras Pessoas 229
CAPÍTULO 16: Examinando os Benefícios e Perigos dos Grupos Sociais 257
CAPÍTULO 17: Superando Diferenças Multiculturais..................... 273

Parte 6: A Parte dos Dez........................ 285
CAPÍTULO 18: Dez Perguntas para Aproveitar ao Máximo os Artigos Psicológicos......... 287
CAPÍTULO 19: As Dez Melhores Maneiras para Mergulhar Mais Fundo na Psicologia Social 299

Índice......... 309

Sumário

INTRODUÇÃO 1
    Sobre Este Livro 1
    Penso que... 2
    Ícones Usados Neste Livro 2
    Além Deste Livro 3
    De Lá para Cá, Daqui para Lá 3

PARTE 1: CONHECENDO A PSICOLOGIA SOCIAL 5

CAPÍTULO 1: Introduzindo a Ciência da Psicologia Social 7
    Olhando pelo Microscópio dos Psicólogos Sociais 8
        Vasculhando a caixa de ferramentas dos psicólogos sociais 9
        Dominando o poder do experimento 9
        Cavando as fundações da psicologia social 11
    Entendendo o que as Pessoas Pensam e o que as Faz Agir 11
        Perguntando às pessoas o que elas pensam 12
        Medindo o que as pessoas realmente pensam 12
        Prevendo o comportamento das pessoas 13
    Quem Sou Eu, Quem É Você e Por que Eles Fizeram Aquilo? 13
        Construindo sua noção de si 14
        Amando a si mesmo 14
        Explicando as ações dos outros 15
        Julgando e rotulando os outros 15
    Medindo o Poder das Forças Sociais 16
        Controlado pela situação 16
        Obedecendo à autoridade 16
        Sendo alguém na multidão 17
        Persuadindo e convencendo 17
    Vivendo a Vida Social 18
        Gostando, amando e respeitando 18
        Pensando e decidindo 18
        Vivendo em culturas diferentes 19
    Olhando de Baixo para Cima
    pelo Microscópio 19

CAPÍTULO 2: Explorando o Território da Psicologia Social 21
    Olhando as Disciplinas que Compreendem a Psicologia Social 22
        Fazendo o levantamento das pesquisas da psicologia
        da personalidade 22
        Entrando no laboratório da psicologia cognitiva 25
        Brincando com as engenhocas da neurociência 25
        Envolvendo-se com a sociologia 28

Rastreando as ideias da biologia evolucionária............... 29
A Psicologia Social em Ação.................................... 32
    Fazendo as perguntas certas 32
    Encontrando respostas com a psicologia social 36

CAPÍTULO 3: Montando um Kit: As Ferramentas da Psicologia Social 43

Encarando o Maior Inimigo da Psicologia Social:
O Senso Comum 44
    Desafiando a noção de senso comum 45
    Aceitando que o senso comum pode não ter sentido........ 47
    Confirmando as tendenciosidades no pensamento social..... 47
Entrando no Mundo Fascinante do Experimento da
Psicologia Social.. 50
    Apreciando o poder incrível do método científico 50
    Projetando um experimento............................... 52
    Operacionalização: Transformando conceitos em
    coisas que você pode contar 58
Entendendo os Experimentos e as Estatísticas................. 60
    Levando a terminologia experimental a sério 61
    Tirando conclusões...................................... 63
    Fortalecendo as evidências.............................. 65
    Reconhecendo experimentos sociais bons e ruins 65

PARTE 2: ENTENDENDO ATITUDES E AÇÕES 67

CAPÍTULO 4: Avaliando Atitudes: Os Átomos Problemáticos da Psicologia Social 69

Adotando uma Atitude para Atitudes 70
    Descobrindo as três dimensões das atitudes 71
    Entendendo o que as atitudes fazem 72
    Descobrindo maneiras de medir atitudes 73
Tendo um Problema de Atitude 75
    Examinando o relacionamento entre atitudes
    e comportamento....................................... 76
    Sentindo a força... para ser consistente 78
    Ficando bonito para a pessoa com a prancheta: As pessoas
    querem que gostem delas............................... 79
    Influenciando com ancoragem e configuração 81

CAPÍTULO 5: Descobrindo as Atitudes e Associações Implícitas 83

Trazendo as Atitudes Implícitas à Luz do Dia.................. 84
    Conhecendo os mestres: Anunciantes 85
    De onde veio isso? As origens das atitudes implícitas 85
    Reconhecendo a força poderosa da mera exposição 87
    Você se sente sortudo, vagabundo? A realidade
    do egoísmo implícito................................... 88

      Fazendo conexões: Associações implícitas 90
    Medindo Atitudes Implícitas 90
      Investigando a ativação automática do comportamento 92
      Experimentando o Teste de Associação Implícita (TAI) 93
      Descobrindo como as atitudes implícitas e
      explícitas interagem 97

CAPÍTULO 6: Investigando a Ligação entre Comportamento e Atitudes 99
    Lidando com Ideias Conflitantes: Dissonância Cognitiva 101
      Experimentando a dissonância cognitiva 102
      Considerando as consequências da justificação insuficiente .. 104
      Explicando o poder das fraternidades 106
      Justificando tudo... por amor! 107
      Observando algumas objeções à teoria da dissonância
      cognitiva 109
    Olhando para Você Mesmo: A Teoria da Autopercepção 109
      Explicando-se a si mesmo 111
      Vendo que recompensas e punições podem sair
      pela culatra 111
      Avaliando a teoria da autopercepção 112

PARTE 3: PENSANDO SOBRE NÓS MESMOS E SOBRE OS OUTROS 113

CAPÍTULO 7: Fazendo a Eterna Pergunta: Quem Sou Eu? 115
    Construindo Seu Sentido de *Self* 116
      Descobrindo como você pensa sobre sua identidade 118
      "Agora nós atravessamos o espelho, gente" 118
      Vivendo pelos olhos dos outros: A teoria da
      comparação social 120
    Encontrando um Lugar no Mundo: Consequências
    da Identidade 121
      Identificando-se com outros: Deleitando-se na
      glória refletida 122
      Não acredite na promoção do estereótipo 123
      Esforçar-se é melhor do que ser um gênio 123

CAPÍTULO 8: Como Eu Sou Fantástico! Observando a Tendência Egoísta 127
    Olhando para Si Mesmo: Ilusões Positivas 128
      Acreditando que você é melhor que a média 129
      Julgando a si mesmo como melhor do que era antes 130
      Estimando suas forças como raras, mas suas falhas
      como comuns 130
      Autoincapacitação: O fracasso não é culpa sua 131
    Achando que Você Está Certo na Maior Parte do Tempo 132
      Considerando que suas escolhas estão certas 133

      Tendo certeza de que suas crenças estão corretas..........134
      Referindo-se ao resto das pessoas como erradas!..........135
  Questionando-se por Quanto Tempo Algo o Faz Feliz..........136
      Confiando que o tempo realmente cura....................136
      Mudando de foco ao longo do tempo......................137
      Observando o papel do seu sistema
        imunológico psicológico................................138

CAPÍTULO 9: Atribuindo Causas ao Comportamento das Pessoas 141

Introduzindo o Conceito de Fazer Atribuições..................143
      Entendendo quando você tende a fazer atribuições.........143
      Decidindo entre uma pessoa "má" ou uma situação "ruim"...144
Presa Fácil do Erro Fundamental de Atribuição.................144
      Vendo a descoberta surpreendente de Jones e Smith.......145
      Revelando o EFA por meio de experimentos
        e experiências....................................146
      Identificando os sinais do EFA...........................148
      Pegando o caminho mais simples para explicar
        o comportamento..................................149
      Vivendo com as consequências do EFA....................149
      Imaginando a verdade sobre a vida de celebridades.........149
Indo Mais Fundo no EFA......................................151
      Experimentando diferenças por todo o mundo.............151
      Apreciando o papel da perspectiva........................152
      Percebendo o viés do ator observador....................153

CAPÍTULO 10: Fazendo Julgamentos sobre Outras Pessoas: Tendência e Preconceito 155

Começando pelos Estereótipos e Espiando o Preconceito........157
      Admitindo que estereótipos são apenas categorias.........157
      Entendendo que a categorização pode se tornar
        um preconceito..................................158
Criando e Sustentando Estereótipos..........................159
      Seguindo o caminho dos estereótipos de volta à
        sua fonte..160
      Revelando vieses em julgamentos sociais..................160
      Provando o que você já sabe: Viés de confirmação.........162
      Chegando a conclusões erradas: Correlações ilusórias......162
      Fazendo suas previsões se tornarem realidade:
        Profecias autorrealizáveis...........................163
Observando os Estereótipos em Ação..........................164
      Apertando o botão "ativar estereótipo"....................164
      Assumindo o controle dos estereótipos:
        Processos controlados e automáticos................165
      Enganando-se...167
Superando o Viés e o Preconceito.............................168

PARTE 4: COMPREENDENDO A INFLUÊNCIA SOCIAL ... 169

CAPÍTULO 11: Apreciando o Poder da Situação ... 171

Vendo Como uma Situação Influencia o Comportamento ... 172
    Balanceando o poder das crenças contra a situação ... 172
    Interpretando a situação: Intervenção do espectador ... 174
Vestindo a Capa do Anonimato: Desindividualização ... 176
Brincando de Polícia e Ladrão: O Experimento da Prisão de Stanford ... 177
    O contexto para o experimento ... 178
    A preparação ... 178
    O experimento começa ... 179
    É demais: O experimento termina prematuramente ... 180
    Analisando a briga ... 180
Analisando o que Torna Alguém Mau ... 182

CAPÍTULO 12: Executando Ordens: Obediência ... 185

Investigando a Obediência ... 187
    Obedecendo no laboratório: Os experimentos de Milgram ... 187
    Sugerindo influências no aumento e na diminuição da obediência ... 192
    Teorizando as razões para os níveis de obediência ... 194
Pesquisando a Obediência Atualmente ... 198
    Estudando a obediência de maneiras éticas ... 199
    "Todo mundo junto agora!" ... 199

CAPÍTULO 13: Entrando na Linha: Conformidade e Normas Sociais ... 201

Abordando as Razões para as Normas Sociais ... 202
    Fazendo personificações: O desejo de imitar ... 203
    Obtendo informações de outras pessoas ... 203
    Admitindo a necessidade de se encaixar ... 204
Convivendo Bem: As Maneiras pelas quais as Pessoas Entram em Conformidade ... 205
    Absorvendo as opiniões das outras pessoas ... 205
    Alinhando sua percepção com os outros ... 206
    Escolhendo se conformar em vez de escolher estar certo ... 207
Encarando os Custos da Não Conformidade: Ostracismo ... 208
    Admitindo que ninguém gosta de um rebelde na vida real ... 209
    Sentindo-se deixado de lado: A dor do ostracismo ... 210

CAPÍTULO 14: Persuadindo Pessoas a Participarem com Suas Libras ... 213

O Vale das Sombras da Persuasão ... 214
    Considerando os argumentos racionalmente: Processamento profundo ... 215

    Sendo influenciado pelas aparências: Processamento raso...216
    Apelando para as emoções..................................217
Reconhecendo os Seis Princípios da Persuasão.................218
    "A mão lava a outra": O desejo da retribuição................218
    "Você realmente sabe o que faz!": Sendo consistente.........219
    Nove em cada dez anunciantes usam a prova social...........222
    "Que coincidência, eu também!": O desejo de ser amado.....223
    "Confie em mim e no meu jaleco branco":
      Respondendo a figuras de autoridade 224
    "Não deixe para depois, ligue agora": Implicando escassez ...225
Combatendo a Persuasão: A Resistência nem Sempre É Inútil ...225

PARTE 5: AVALIANDO RELACIONAMENTOS, GRUPOS E SOCIEDADES ... 227

CAPÍTULO 15: Relações Interpessoais: Gostando, Amando e Vivendo com Outras Pessoas ... 229

Considerando uma Perspectiva Evolucionista sobre a Atração ...230
Descobrindo Por que Você Gosta das Pessoas de Quem Gosta ...232
    Definindo um rosto bonito 233
    Preferindo rostos medianamente bonitos...................234
    Escolhendo um companheiro..............................235
    Gostando de pessoas que são como você...................238
Focando as Pessoas que Você Ama............................238
    Desenvolvendo tipos de apego na infância 239
    Procurando o "gene gay"..................................240
    Elementos em interação: O exótico se torna erótico.........243
Vivendo com Outras Pessoas: Altruísmo Recíproco..............249
    Cooperando uns com os outros 250
    Pegando os traidores.....................................251
"Eu Conheço o Meu Lugar": O Poder e o Status Social............252

CAPÍTULO 16: Examinando os Benefícios e Perigos dos Grupos Sociais ... 257

Introduzindo o Desejo de Separar Pessoas em Grupos 258
    Categorizando pessoas apenas pela diversão................259
    Favorecendo pessoas no seu grupo 260
    Segurança em números: Abordagem motivacional 262
Vendo os Grupos em Ação: Tomada de Decisão em Grupo......264
    Apreciando a sabedoria das multidões 264
    Descobrindo como um grupo de pessoas inteligentes
      pode tomar decisões ruins..............................265
    Aceitando que até mesmo especialistas podem ser
      estúpidos em um grupo................................267
Examinando a Abordagem Econômica do Comportamento
    em Grupo 269
    Competindo por recursos.................................269

Aumentando o contato para remover conflitos 271
Forçando a cooperação para curar divisões 271

CAPÍTULO 17: Superando Diferenças Multiculturais 273

Conhecendo as Pessoas que Participam de Experimentos 274
Examinando os Pensamentos Ocidental e Não Ocidental 276
Tendo visões diferentes de si mesmo. 277
Exibindo diferenças culturais em julgamentos 279
Considerando as diferenças perceptivas 280
Testando as consequências das variações perceptivas. 281
Reconhecendo o que as Culturas Têm em Comum 283

PARTE 6: A PARTE DOS DEZ 285

CAPÍTULO 18: Dez Perguntas para Aproveitar ao Máximo os Artigos Psicológicos 287

Como o Resultado é Generalizado para a Vida Fora
do Laboratório? 288
Os Autores Estão Realmente Medindo o que Dizem
que Estão Medindo? 289
Os Pesquisadores São de uma Universidade
Bem-conceituada? 290
Quantas Pessoas Estão no Experimento? 290
Os Participantes São WEIRD? 292
O Experimento Envolve Qualquer Característica de Demanda? . . 293
O Experimentador Estava Cego para as Condições? 294
Qual Era a Condição de Controle? 296
O Senso Comum Sustenta a Conclusão? 297
Existe uma Explicação Mais Simples? 297

CAPÍTULO 19: As Dez Melhores Maneiras para Mergulhar Mais Fundo na Psicologia Social 299

Consultando Revistas Científicas 300
Tornando-se um Acadêmico do Google 301
Procurando Sociedades de Psicologia. 302
Usando a Rede da Psicologia Social. 303
Preconceito e Viés: Destacando Dois Sites Úteis. 303
Comunicando-se por Meio de Blogues 303
Seguindo os Feeds do Twitter 305
Assistindo a Aulas Online 306
Ouvindo Palestras TED 307
Trabalhando Eficientemente com a Wikipédia 307

ÍNDICE 309

Introdução

Na vida, não faltam conselhos disponíveis. Livros de autoajuda, sermões, pais e celebridades distribuem regularmente sugestões sobre todos os aspectos da sua vida social. Se você quer saber como fazer amigos e influenciar pessoas, como ganhar corações e mudar mentes, como acreditar em si mesmo ou saber quando confiar em outras pessoas, então alguém lhe dirá em cinco passos fáceis. Mas a psicologia social (e este livro) pode lhe oferecer algo melhor que um conselho. Ela pode lhe dar conhecimento.

Psicologia Social Para Leigos usa as ferramentas da ciência para entender por que as pessoas se comportam como se comportam. Por que são atraídas por algumas pessoas, mas não por outras? Por que não são convencidas por um argumento político elegante, mas são persuadidas pelo endosso de uma celebridade? De onde vem o preconceito e como ele influencia nossos pensamentos e ações? Neste livro, você verá como os métodos experimentais podem ser usados para revelar o funcionamento interno de todos esses fenômenos psicológicos. E, sim, há alguns conselhos também.

Sobre Este Livro

Psicologia Social Para Leigos cobre toda a gama de tópicos e fenômenos que você discutiria em um típico curso universitário de psicologia. Entretanto, foi escrito com o mínimo possível de jargões e termos técnicos desanimadores. Não há nenhum pré-requisito para que se leia este livro. Você será capaz de entendê-lo sem qualquer exposição anterior a estudos psicológicos ou científicos. Tudo o que você precisa é ter curiosidade sobre pessoas, e este livro lhe fornecerá uma visão geral de uma das áreas mais empolgantes e dinâmicas da ciência social.

A psicologia social trata do imenso campo do comportamento humano, mas também trata do *seu* comportamento. Sempre que possível no livro, eu apresento alguns exercícios práticos que são inspirados em experimentos psicológicos reais. Se você mesmo testá-los, será capaz de *vivenciar* o fenômeno social sobre o qual está aprendendo.

E mais uma coisa: a internet mudou para sempre o mundo da ciência e da educação. Existem recursos *online* extraordinários para aprender sobre psicologia social, como aulas teóricas, experimentos dos quais você pode participar e blogues de alta qualidade escritos pelos próprios cientistas enquanto conduzem suas pesquisas. Mas como todos os aspectos da internet, o truque é saber onde estão as coisas boas e evitar o restante. Nós fornecemos a você uma lista completa dos melhores recursos para explorar *online*.

Penso que...

Ao escrever este livro, fiz algumas suposições sobre você. Não pense muito mal de mim. Em especial, eu supus que você:

» É um estudante universitário que estuda psicologia e quer um guia acessível sobre psicologia social como um complemento às leituras do seu curso, ou um leitor geral que simplesmente se interessa em saber mais sobre esta área tão fascinante.

» Tem um domínio básico de psicologia em geral, mas não é, de maneira alguma, um especialista no tema.

» Sabe que há muita pesquisa psicológica por trás de tudo isso, mas não quer necessariamente ler sobre todo o assunto.

» Será altamente seletivo sobre quais partes do livro quer ler.

Ícones Usados Neste Livro

Os *ícones* são pequenas imagens úteis que apontam uma informação particularmente importante sobre a psicologia social. Ao longo deste livro você encontrará os seguintes ícones, convenientemente localizados nas margens esquerdas:

CAÇADOR DE MITOS

Quando vir este ícone, pode esperar para ser surpreendido: Ele cobre uma gama de crenças e histórias amplamente aceitas como verdade e as coloca em xeque. As coisas nem sempre são como parecem...

LEMBRE-SE

Lembre-se do que vem depois deste ícone, pois é vital que você domine esses pontos para poder entender o restante do capítulo.

PAPO DE ESPECIALISTA

Este ícone o direciona para informações mais técnicas e detalhadas sobre o conceito ou o experimento que estamos discutindo. Ele fornece a base para o cientista nerd que há dentro de você.

EXPERIMENTE

Está tudo muito bem enquanto você lê sobre os pensamentos e comportamentos de outras pessoas, mas esses pequenos exercícios lhe permitem experimentar diretamente o fenômeno psicológico. Se você vir este ícone, então se prepare para colocar seu cérebro sob a lente do microscópio!

 Pequenas novidades úteis que o ajudam a ganhar compreensão e conhecimento.

Além Deste Livro

Você pode acessar a Folha de Cola Online, através do endereço: www.altabooks.com.br.

Procure pelo título do livro/ISBN.

De Lá para Cá, Daqui para Lá

Se você é iniciante na ciência da psicologia, então talvez queira começar pelo início deste livro e ler com calma até o final. A psicologia social cobre uma ampla gama de tópicos, métodos e maneiras de entender o comportamento humano. Simplesmente vire a página e você estará no caminho! Se você já assistiu a algumas aulas de psicologia, ou está assistindo a alguma atualmente, pode ir até um tópico específico para tratar de uma necessidade ou questão pontual que você tenha. Use o sumário e o índice para ajudá-lo a navegar pelo livro. Independente da maneira que você ler este livro, temos certeza de que aproveitará essa jornada!

1
Conhecendo a Psicologia Social

NESTA PARTE . . .

Descubra as bases da psicologia social — entenda a identidade, a motivação e o poder das forças sociais.

Conheça a gama de disciplinas que compreendem a psicologia social e descubra como conseguir as respostas certas para as perguntas certas.

Entenda os experimentos, a operacionalização e a importância de tirar conclusões sólidas dos resultados.

> **NESTE CAPÍTULO**
> - Mapeando o território da psicologia social
> - Entendendo as pessoas à sua volta
> - Explorando relacionamentos, família, grupos e culturas

Capítulo 1
Introduzindo a Ciência da Psicologia Social

A psicologia social é uma ciência fascinante. Ela investiga sentimentos, pensamentos, culturas e as formas como as pessoas se relacionam umas com as outras. Antes da ciência social, esses aspectos da vida humana eram discutidos apenas no contexto da arte, da religião e da filosofia. Mas agora os seres humanos podem gerar conhecimento científico sobre seu eu social.

Neste capítulo, defino o âmbito da psicologia social, os tipos de comportamento, ações e processos de pensamento que ela tenta entender e quais ferramentas utiliza. Em sua busca, a psicologia social devorou ideias e técnicas de ciências vizinhas, como a psicologia cognitiva, a neurociência e a biologia evolucionária. Embora tenham mudado ao longo da curta história da psicologia social, seus objetivos se mantêm constantes: entender as pessoas e seus relacionamentos umas com as outras.

Olhando pelo Microscópio dos Psicólogos Sociais

Qual é o foco da psicologia social? São os pensamentos, as pessoas em sociedade ou as culturas ao redor do mundo? A resposta é: são todos esses níveis em conjunto. Imagine um grande microscópio olhando não para células ou criaturas, mas para pessoas. No começo deste livro, apontamos esse microscópio nos menores blocos de construção da psicologia social — os pensamentos e as atitudes que existem dentro das cabeças das pessoas e que governam seus comportamentos. Depois me distancio para olhar primeiro para as crenças que as pessoas têm de outras pessoas, e então para as maneiras como exercem poder e influenciam umas às outras. Na parte final do livro, nos distanciamos novamente e observo como as pessoas interagem e se relacionam, formando amizades, famílias e culturas.

Mas, afinal, o que define a ciência da psicologia social? Bem, as suas fronteiras mudam continuamente, como em todas as ciências ativas e em desenvolvimento. Mas se você quer uma definição curta e concisa da abrangência da psicologia social, não conseguirá uma melhor do que a definição que Gordon Allport deu em 1954. Ele disse que a psicologia social é:

> *A investigação científica de como os pensamentos, sentimentos e comportamentos dos indivíduos são influenciados pela presença real, imaginada ou implícita dos outros.*

Gostaríamos de destacar dois aspectos dessa definição:

» O que distingue a psicologia social do restante dos campos é o foco na causa e nos efeitos da "presença dos outros".

» Essas outras pessoas não precisam estar fisicamente presentes. Então você pode estar sob influência de forças sociais quando está no meio de uma festa ou quando está completamente sozinho. Por exemplo, discutimos conformidade, obediência, persuasão e autoridade nos Capítulos 12, 13 e 14, respectivamente, o poder dos estereótipos no Capítulo 10, e o pertencimento a grupos nos Capítulos 16 e 17.

Para ser franco, todo aspecto do comportamento humano que envolve mais de uma pessoa terá interesse para os psicólogos sociais. Os psicólogos sociais querem entender de quem você gosta e quem você ama, por que você busca ajudar algumas pessoas e machucar outras, o que você pensa de si mesmo e o que pensa de outras pessoas, e as conexões que faz entre você e os outros. As próximas seções revelarão em maior profundidade os fenômenos que os psicólogos sociais estudam e as ferramentas científicas que empregam.

Vasculhando a caixa de ferramentas dos psicólogos sociais

A psicologia social é uma ciência interdisciplinar. Quando você interage socialmente com outra pessoa, você está usando seu sistema visual para reconhecer as emoções dessa pessoa, seu sistema auditivo para processar a fala dela e seus sistemas de memória para dar sentido ao que está sendo dito e prever o que ela pode dizer em seguida. Então, para entender essa interação social, os psicólogos sociais podem valer-se dos diversos campos da psicologia cognitiva e da neurociência.

Além do mais, durante essa interação social, seu comportamento é um balé preciso e bem aprendido de ações coordenadas — uma educada inclinação de cabeça para mostrar que você está escutando, acenar com a cabeça e murmurar "aham" precisamente nos momentos certos e mudar a postura do seu corpo para mostrar que você aceita o que a outra pessoa diz. Você aprende todas essas coisas quando é criança e tudo isso pode ser ligeiramente diferente em diversas culturas. Então, para entender completamente essa interação social, os psicólogos sociais podem recorrer à psicologia do desenvolvimento, à psicologia transcultural ou até mesmo à sociologia ou à antropologia.

No Capítulo 2, examinamos como a psicologia social se conecta a essas disciplinas diretamente relacionadas. Além disso, olho dentro da caixa de ferramentas dos psicólogos sociais para ver como eles desenvolveram suas próprias ferramentas, tais como enquetes, entrevistas e estudos de campo. Mas há uma ferramenta que é tão importante para a psicologia social que merece um capítulo próprio: o experimento.

Dominando o poder do experimento

Os experimentos são a ferramenta mais poderosa que temos na psicologia social e, na verdade, em toda a ciência. Eles nos permitem tirar conclusões fortes e duradouras. Com um experimento, podemos distinguir duas coisas que acontecem ao mesmo tempo e identificar se uma coisa causa a outra. Por exemplo, pessoas ricas tendem a ser motoristas menos gentis. Elas são mais propensas a cortá-lo na estrada. Isto quer dizer que se você é um motorista egoísta, então você é mais autocentrado ao longo da vida e mais propenso a ganhar dinheiro para si mesmo? Ou que ter dinheiro e possuir um carro caro o tornam uma pessoa mais mesquinha? A resposta surpreendente, como discuto no Capítulo 15, é que o dinheiro e o poder *podem fazer* com que você seja menos atencioso em relação aos outros. É somente devido a experimentos cuidadosamente projetados que podemos fazer essa afirmação ousada.

Experimentos ganham seu poder a partir de projetos e análises cuidadosas. No Capítulo 3, examinamos o que faz um bom experimento em psicologia social e o que faz um ruim. Como você verá, as pessoas que estudam química e física realmente têm uma vida fácil. Eles fazem uma ciência simples, em que você tem que medir coisas diretas, como massa, calor e velocidade. Mas, na psicologia social, temos que medir coisas como felicidade, preconceito e um sentido de pertencimento. Não há um "estereotímetro" (medidor de estereótipo) para preconceito, da mesma maneira que existe um termômetro para a temperatura. Então, como mostraremos, os psicólogos sociais precisam ser inteligentes e criativos com a forma de fazer sua ciência.

NADA DE DIVÃS AQUI!

Este box é o único lugar no livro inteiro em que falamos de Sigmund Freud. Isso pode parecer muito estranho para não psicólogos, que frequentemente assumem que ele é a figura dominante na psicologia. Realmente, se você disser para as pessoas que está atualmente estudando psicologia, a primeira coisa que elas podem dizer é: "Ah, não me analise!" (Isso rapidamente se tornará cansativo para você.) Na verdade, Freud é, na melhor das hipóteses, uma figura à margem na psicologia empírica contemporânea. Suas ideias tiveram uma enorme influência na cultura popular e nos romances e filmes da época. Suas ideias sobre terapia tiveram uma influência duradoura na psiquiatria, embora atualmente poucas pessoas sigam suas teorias originais. Os traços de suas ideias que ainda restam na psicologia são frequentemente inúteis. Por exemplo, alguns livros sobre criação dos filhos dizem aos pais para não abraçar demais seus bebês pequenos durante seus primeiros meses de vida. A razão para este conselho pode ser atribuída à crença de Freud de que o amor incondicional de uma mãe poderia produzir uma criança excessivamente dependente, que nunca se liberta da influência da mãe. Agora sabemos (devido ao trabalho duro com estudos e experimentos) que isso é um absurdo e a afeição dos pais não tem tais efeitos negativos na criança. De maneira similar, simplesmente não há evidências para a maioria das teorias específicas de Freud sobre impulsos inconscientes e as influências causais que as ações dos pais têm sobre uma criança.

Resumindo, Freud foi um pensador excepcional, mas um pesquisador fraco. Ele teve somente um pequeno número de pacientes, que usou para gerar suas ideias, e ele nunca buscou medir seus sucessos sistematicamente. Há ainda evidências que sugerem que o pequeno número de pacientes de que ele tratou nunca obteve melhora, ou ainda piorou, mas Freud continuava a insistir em suas teorias mesmo assim. Então, se alguém supor que você está aprendendo a realizar análise freudiana, sinta-se à vontade para lhe dizer que isso é basicamente um absurdo. Ou lhe diga para ligar para a sua mãe.

Cavando as fundações da psicologia social

Para entender a maneira como fazemos a psicologia social atualmente, você precisa entender o passado. Assim como a psicologia social estuda fenômenos como o conflito, a agressão e o preconceito, também o faz com os resultados de eventos da vida real, como a Segunda Guerra Mundial e o Holocausto. Além disso, a psicologia social é a filha da própria psicologia. No passado recente, a psicologia concebia pessoas como coisas bem diferentes — como máquinas de aprendizado, como computadores, como seres sociais e como conjuntos de desejos conflitantes. A maneira como a psicologia definiu as pessoas teve consequências profundas no modo como a psicologia social estuda a interação entre as pessoas.

Por outro lado, uma pessoa pode dizer que a psicologia social é uma das ciências mais novas que existem. Embora nossa espécie tenha criado um entendimento social durante milhares de anos, não se trata de uma *ciência*. Isto é, não é um conhecimento que foi construído com um método sistemático de experimentação e de testes de hipóteses. Desde seu início, cerca de 500 anos atrás, o método científico foi aplicado para entender cada faceta do mundo ao nosso redor. Mas foi bem depois de estudarmos as estrelas, os planetas, os oceanos, os animais, as células, as moléculas e os átomos que viramos o microscópio de volta para nós mesmos e para o nosso comportamento. Neste sentido, a psicologia social é realmente uma das ciências mais recentes.

Entendendo o que as Pessoas Pensam e o que as Faz Agir

Se você é um zoólogo e quer entender o comportamento social das formigas, você passará um bom tempo de joelhos com uma lupa e provavelmente será picado. Os psicólogos sociais têm um luxo que os zoólogos não têm: podemos simplesmente perguntar às pessoas o que elas pensam e as razões para seus comportamentos. Podemos medir diretamente as atitudes das pessoas. E raramente somos mordidos.

Como mostrarei na Parte 2, os psicólogos sociais desenvolveram muitas ferramentas sofisticadas para medir, mapear e registrar as atitudes das pessoas em relação a várias coisas: etnias, religiosidade, sabores de sorvete e impostos. Mas eles rapidamente descobriram um grande problema. O que as pessoas dizem sobre suas atitudes nem sempre informa — na verdade, raramente o faz — o que elas realmente farão. Então os zoólogos podem rir por último, no final das contas.

Perguntando às pessoas o que elas pensam

Você acha que nossa sociedade deveria gastar mais dinheiro ajudando pessoas que são pobres? Essa parece ser uma pergunta bem direta. Imagine que você poderia me dar uma resposta sobre alguma opinião que você possua em uma palavra só ou em um argumento com uma hora de duração. Em ambos os casos, você reportaria o que a psicologia social chama de *atitude explícita*: a opinião e as crenças que você afirma em voz alta.

Mas tem um problema. No Capítulo 4, mostramos o número excepcional de fatores que podem mudar a resposta que você der para essa pergunta. Você foi questionado por uma pessoa atraente? Ela se apresentou como sendo de uma associação de caridade para os desabrigados ou da Aliança dos Pagadores de Impostos? Antes de fazer a pergunta, ela falou sobre sua última declaração do imposto de renda ou sobre um tempo em que você mesmo sentiu os efeitos da pobreza? Quais foram as palavras exatas que ela usou — ela disse gastar mais dinheiro com "pessoas pobres" ou com "o estado de bem-estar"?

Os psicólogos sociais descobriram repetidamente que podiam influenciar facilmente as atitudes explícitas que as pessoas reportam. As pessoas podem dizer que têm uma atitude, mas então se comportam de maneira completamente oposta. Isso leva a um número de questões práticas e científicas: como você mede o que as pessoas *realmente* pensam? Elas ao menos têm atitudes estáveis e duradouras que as fazem comportar-se de uma ou de outra maneira?

Medindo o que as pessoas realmente pensam

Os psicólogos sociais agora têm as ferramentas científicas para olhar sob a superfície de suas atitudes cotidianas. Se lhe perguntarmos: "Você acha que homens e mulheres são igualmente capazes no ambiente de trabalho?", você provavelmente dirá que sim. Em outras palavras, sua atitude explícita seria que homens e mulheres são iguais.

Mas imagine que lhe mostremos uma imagem de uma pessoa e que você tenha que pressionar um botão para identificá-la como homem e outra como mulher. Poderíamos prever que você seria ligeiramente mais lento para pressionar o botão da mulher se ela fosse mostrada vestindo um terno ou um traje do corpo de bombeiros do que se fosse exibida em uma casa ou na cozinha. A diferença ao pressionar o botão pode ser imperceptível para você, uma questão de poucos milissegundos, mas os psicólogos sociais têm computadores que podem medir e somar tais diferenças.

Embora a maioria das pessoas reporte atitudes explícitas de que tratam as pessoas da mesma maneira, independente do sexo, raça ou nacionalidade, em experimentos como este suas reações em milissegundos para palavras ou imagens são diferentes dependendo se estas se referem a homens ou mulheres, rostos negros ou brancos, e nomes cristãos ou muçulmanos. Essas diferenças são chamadas de *atitudes implícitas*. No Capítulo 5, mostramos como são medidas e como podem ser usadas para prever o comportamento das pessoas. Também trato de uma questão por vezes desconfortável: essas atitudes implícitas refletem o que as pessoas *realmente* pensam?

Prevendo o comportamento das pessoas

Quando foi a última vez que alguém lhe perguntou: "Por que você fez isso?" Talvez tenha sido depois que você nitidamente ignorou um amigo, foi inesperadamente gentil com um estranho ou bateu em seu irmão. Imagine que a pessoa que lhe perguntou isso queria saber sobre suas atitudes, pois ela supôs que seu comportamento foi causado por elas. Você estava com raiva do seu amigo, sentiu-se atraído pelo estranho ou levemente irritado com seu irmão. Isso parece uma suposição razoável e de senso comum, mas a psicologia social descobriu evidências extraordinárias do contrário: frequentemente são os nossos comportamentos que causam nossas atitudes.

No Capítulo 6, você conhecerá a dissonância cognitiva, uma das teorias mais poderosas, elegantes e contraintuitivas na psicologia social. Você acha que seria mais feliz com este livro se o tivesse comprado pela metade do preço? Se seu companheiro o tratasse mal, você acha que o amaria mais ou menos? Essas parecem ser perguntas óbvias, mas a dissonância cognitiva faz uma série de previsões notáveis que são corroboradas por uma experimentação cuidadosa.

Quem Sou Eu, Quem É Você e Por que Eles Fizeram Aquilo?

Como um colecionador olhando uma borboleta alfinetada em um quadro, até agora nos focamos no indivíduo fora do seu habitat natural. Exploramos as atitudes e crenças que existem dentro da cabeça dos indivíduos e como isso pode determinar seu comportamento. Mas pessoas, assim como borboletas, vivem em um contexto social no qual interagem umas com as outras e com o mundo ao seu redor. Na Parte 3 do livro, começamos a explorar como as pessoas geram crenças sobre si mesmas e sobre as pessoas ao seu redor, e como entendem o comportamento social umas das outras.

Como você pode ter adivinhado, as opiniões que as pessoas têm sobre as outras não são sempre completamente justas, objetivas ou racionais. Nessa parte do livro, exploramos como você faz julgamentos sobre outras pessoas e como os estereótipos e o preconceito podem construir certos grupos ou tipos de pessoas. Mas primeiro há uma pessoa que está na extremidade receptora de mais do seu preconceito e pensamento tendencioso do que qualquer outra: você mesmo.

Construindo sua noção de si

Minha cena recorrente favorita no programa de ficção científica *Doctor Who* é quando ele se regenera de um corpo velho para o novo. O novo ator interpretando o Doutor pula de trás do console da TARDIS, olha loucamente para suas mãos e corre até um espelho. Ele então tenta entender quem ele é, como é e se gosta de seu novo gosto para roupas.

Embora você (provavelmente) não seja um Senhor do Tempo, também precisa passar por um processo de autodescoberta e formação de identidade. Isso leva mais do que os cinco minutos que o Doutor tem antes que os Daleks ataquem novamente. No Capítulo 7, exploramos esse processo. Ele começa na infância, tem uma reviravolta na adolescência e continua durante a vida adulta. Você não está apenas tentando entender quem você é, mas também, mais importante, como se encaixa no mundo social. A conclusão à qual a maioria de nós chega durante esse processo é a de que, na verdade, somos pessoas muito boas!

Amando a si mesmo

Você é impressionante. Você é melhor que a média na maioria das coisas, você é mais moral, mais correto em suas opiniões e faz as escolhas certas. Pelo menos é isso em que você tende a acreditar. O problema é: é nisso que todo mundo acredita também. E embora seja impossível que todos sejam acima da média, é nisso que a maioria acredita.

Não importa o quão autodepreciativo ou modesto você pareça na superfície, você mantém uma opinião muito boa sobre si mesmo. No Capítulo 8, observamos a evidência de que você, como todo mundo, tem um conjunto robusto de tendências egoístas. Você tende a acreditar que seus sucessos são devidos a suas qualidades pessoais, mas seus fracassos são devidos ao seu azar. Enquanto as outras pessoas têm preconceitos e opiniões subjetivas, suas próprias visões parecem mais como fatos objetivos.

Embora você possa pensar que estou fazendo você ser um egoísta terrível, você é perfeitamente normal e saudável. De fato, essas tendências egoístas parecem ser uma parte vital do seu "sistema imunológico" psicológico, que, mais ou menos, o mantém feliz e são, não importando o que você experiencie.

Explicando as ações dos outros

Contudo, não passamos a vida toda pensando em nós mesmos. Pegue uma revista de fofocas, ligue a TV e ouça uma conversa escondido e as chances são de que você escute pessoas tentando entender outras pessoas. Por que seu chefe o repreendeu no corredor? Por que uma celebridade linda e loira deu um pé na bunda de outra celebridade linda e loira? Por que a garçonete lhe deu aquela olhada estranha?

Se você tiver a infelicidade de ainda não ter lido este livro — e provavelmente mesmo que já tenha lido —, então é provável que você busque sistematicamente explicações incorretas para o comportamento de outras pessoas. Como demonstramos no Capítulo 9, na vida cotidiana, você, como todo mundo, tende a explicar o comportamento das outras pessoas em termos de suas personalidades. O chefe que o repreendeu é rude, a celebridade está apaixonada e a garçonete é uma esnobe.

Você tende a pular para essas conclusões sobre a personalidade e negligenciar as explicações em termos da situação. Você não considera que o chefe estava apenas pensando sobre outra coisa, que a garçonete achou que o tinha reconhecido e que a celebridade loira tem um filme novo chegando e seu time de relações públicas precisa que ela apareça nas revistas. Mais tarde, na Parte 4 deste livro, tentamos convencê-lo sobre o quão poderosos esses fatores situacionais são em determinar comportamentos. Mas no Capítulo 9, explicamos como essa tendência para explicações de personalidade — chamadas de *erro fundamental de atribuição* — domina seu pensamento em relação a outras pessoas.

Julgando e rotulando os outros

O detetive Sherlock Holmes era famoso por sua habilidade de deduzir coisas notáveis das pessoas com apenas um olhar. Ele deduziria que um visitante da 221B Baker Street, por exemplo, era um diretor de escola do interior que suspeitava que sua esposa estava tendo um caso por causa da lama em seus sapatos, pó de giz em sua manga e por seu colarinho não estar engomado, sugerindo uma esposa vitoriana que já não ligava mais para ele.

Você pode não ter olhos para detalhes e os poderes dedutivos de Sherlock Holmes, mas isso não o impede de fazer generalizações e conclusões infundadas sempre que conhece outras pessoas.

Você é configurado para categorizar e rotular outras pessoas. Explicamos no Capítulo 10 como esse processo de formação de impressão, elaboração de julgamento e generalização pode ser uma maneira muito útil de entender e prever as pessoas ao seu redor. Mas também pode facilmente levar à parcialidade e ao preconceito, conforme você tira conclusões baseadas em suas próprias suposições, em vez de baseá-las nas pessoas que vê na sua frente. Examinamos como esse processo de estereotipagem ocorre e como pode ser evitado.

Medindo o Poder das Forças Sociais

Você pode achar que é uma pessoa independente que defende suas opiniões, mesmo que seja um pouco teimosa de vez em quando. Não importa o quanto você *ache* que é independente, poderíamos apostar que muito de sua vida e de suas decisões estão sob a influência das forças sociais.

Saia na rua ou vá a uma sala cheia de pessoas da sua idade. Elas estão vestindo o mesmo tipo de roupa que você, algumas das mesmas marcas? Olhe a sua lista de músicas ou sua estante de livros — quantos desses autores ou músicos você descobriu completamente sozinho e quantos seus amigos ouviram ou leram? Na verdade, poderíamos argumentar que sua própria concepção de si mesmo como uma pessoa única e independente é algo que você tirou das pessoas ao seu redor, ou que é uma ideia que foi comercializada para você pela indústria da moda para que (ironicamente) eles possam vender unicamente a você as mesmas roupas que todo mundo compra.

Na Parte 4 deste livro, exploramos todas as maneiras pelas quais o mundo e as pessoas ao seu redor podem influenciar suas ações, desde a maneira como seu trabalho muda você até o porquê de obedecer a seu chefe ou a seus professores. Exploramos as razões por que você sente um desejo de imitar e seguir seus amigos e companheiros e por que os vendedores e anunciantes conseguem persuadi-lo facilmente para que compre coisas novas.

Controlado pela situação

Você já teve que usar um uniforme? O preto e branco de um garçom, a farda de um soldado, ou apenas aquela roupa de trabalho que todo mundo usa no escritório. Usar um uniforme muda quem você é e como age?

No Capítulo 11, contaremos a história de um dos estudos mais famosos na psicologia social, o experimento da prisão de Stanford. Foi uma demonstração forte de que tanto quanto suas atitudes, crenças e intenções, a situação em que você é colocado — o restaurante, o exército ou o escritório — pode determinar seu comportamento. No caso do experimento da prisão de Stanford, jovens normais e felizes se tornaram prisioneiros abalados e sem ânimo ou guardas sádicos e opressivos, dependendo de qual identidade receberam do pesquisador. As conclusões deste experimento reverberam pela sociedade atualmente.

Obedecendo à autoridade

Sr. Tanner era o nome do pior professor na minha escola. Ele tinha um furúnculo no pescoço parecido com uma bola de bilhar enterrada pela metade e uma veia sádica tão grossa e feia quanto a sua peruca ruiva. Ele dava aula de educação física, na maior parte do tempo gritando. Um dia, ele falou para um menino correr até o outro lado do campo, e o pobre menino correu diretamente por um arbusto de espinhos, em vez de contorná-lo, então o professor não gritou com ele.

Nós obedecíamos ao Sr. Tanner por medo. Mas a maior parte da obediência na nossa sociedade não vem do medo. Racionalmente, sabemos que as consequências da desobediência são pequenas. Seria fácil violar as leis de estacionamento ou regulamentos fiscais, ou furtar e sair impune. Mas no momento em que alguém com autoridade — um policial, um professor ou até mesmo um cientista — nos pede para fazer algo, somos compelidos por uma força a obedecer.

Exploramos o poder da autoridade no Capítulo 12. Você, como muitas pessoas, pode achar que a obediência à autoridade é algo que as outras pessoas fazem evocando imagens de nazistas com botas de cano alto saudando seus líderes. Nossa cultura, você pensaria, recompensa os rebeldes e desafia as autoridades. Mas alguns experimentos muito atraentes provaram que você não precisa de ameaças ou do medo do Sr. Tanner para fazer com que as pessoas o obedeçam. Você só precisa de um jaleco branco, uma voz calma e autoridade; então, poderá fazer pessoas boas se comprometerem com os atos mais malignos.

Sendo alguém na multidão

Ser uma ovelha não é muito divertido. Você existe para ser tosquiada ou morta, e tudo pelo benefício de pessoas que usam seu nome como insulto. Quem seria uma ovelha? Bem, pode não ser de muito consolo, mas aquelas pessoas usando macacões, comendo carneiro e usando o nome da ovelha em vão — elas também são ovelhas. Por mais que as pessoas precisem de calor da lã e sustento da carne, elas têm uma necessidade humana básica de pertencer a um grupo, de agir e sentir o mesmo também.

Exploramos o desejo de conformar no Capítulo 13. Às vezes seguimos as ações de outros porque somos desinformados. A primeira vez que você entrou em um ônibus ou pagou na saída de um serviço de bufê, você provavelmente olhou para a pessoa à sua frente para ver como era feito. Na maioria das vezes, seguimos as ações dos outros somente porque parece certo. Ou talvez porque não seguir os outros, ser deixado de fora do grupo, nos faça sentir muito mal. A única coisa pior que ser uma ovelha é ser uma ovelha solitária.

Persuadindo e convencendo

Talvez você esteja folheando este livro na livraria, decidindo se vai ou não comprá-lo. Ou talvez, dados os meus comentários sobre obediência, se vai roubá-lo. Deixe-me dizer algumas coisas.

Primeiro, você claramente tem um bom olho para livros. Você gosta de livros bem escritos e de boa qualidade. Se você está pensando em comprar este livro — e é inteiramente sua escolha, claro —, então você talvez queira fazê-lo o quanto antes. Ele já está esgotado em muitas lojas, já que muitos, muitos estudantes e leitores interessados já compraram suas cópias. Na verdade, já que esta cópia talvez esteja pela metade do preço, você talvez queira agir rápido. Mas não decida comprá-lo agora. Primeiro termine de ler mais algumas páginas deste capítulo e então tome sua decisão. Tudo bem para você? Afinal, eu o escrevi só para você!

No Capítulo 14, revelamos os truques de mente Jedi que nós (ou os anunciantes antes de mim) empregamos para compeli-lo a comprar este livro. Explicamos as técnicas de rotulação, golpe baixo (do inglês *low-ball*), pé na porta (do inglês *foot-in-the-door*), reciprocidade e outras. Você mesmo pode usar esses poderes da mente, ou resistir a tentativas de persuasão armado com conhecimento. Mas, para isso, você precisa comprar o livro.

Vivendo a Vida Social

Mostramos como as atitudes dentro da sua cabeça se relacionam às ações que você tem, como levam a pensamentos sobre as pessoas ao seu redor e como essas pessoas podem influenciar e determinar suas ações. Na Parte 5 discutimos como todas essas ideias e forças se juntam quando você interage com outras pessoas, gerando amizades e família, em grupos ou fora deles, e culturas e conflitos.

Gostando, amando e respeitando

Os grupos de pessoas que definem a sua vida — amigos, família e colegas — estão unidos pelas forças sociais. Você gosta de algumas dessas pessoas. Você ama outras. E tem algumas cuja autoridade você respeita. Felizmente para pessoas que escrevem novelas de qualquer classificação, você nem sempre respeita aqueles que você ama, gosta daqueles que você respeita ou mesmo gosta daqueles que você ama.

Mapeamos essas forças concorrentes e entrelaçadas no Capítulo 15. Se você já quis saber por que algumas pessoas são atraentes e outras não, por que você se apaixona por um tipo de pessoa e não por outro, ou o que acontece com você quando ganha poder e dinheiro, este é um bom lugar para começar.

Pensando e decidindo

O homem que projetou o Mini não gostava muito de camelos: "Um camelo é um cavalo projetado por um comitê", ele disse, desdenhando. Embora achemos que ele foi um pouco injusto com o camelo, ele tem um bom ponto sobre os problemas com a tomada de decisão em grupo. Não importa o quão inteligentes as pessoas sejam individualmente em um grupo, juntas em um comitê elas são capazes de decisões espetacularmente ruins.

Explicamos os perigos e os fracassos do *pensamento em grupo* no Capítulo 16. Um encontro particularmente desastroso na década de 1960 entre o presidente Kennedy e seus principais conselheiros levou a uma série de decisões que chegaram assustadoramente perto de começar uma guerra nuclear. Seguindo isso, os psicólogos sociais viram a urgência em estudar exatamente por que e o que sai errado quando as pessoas colhem informações para tomar decisões.

Apesar dessas armadilhas, somos criaturas sociais notavelmente bem-sucedidas. Quando foi capaz de evitar a guerra nuclear, o mesmo presidente inspirou uma nação a cooperar em larga escala e enviou homens à Lua com um décimo da tecnologia que existe no seu celular. No restante do capítulo, exploramos quando e como as pessoas cooperam e ajudam umas às outras.

Vivendo em culturas diferentes

E também, no Capítulo 17, o microscópio dos nossos psicólogos sociais se afasta para um campo mais amplo de visão — a cultura. Como mostraremos, existem muitas diferenças em como as pessoas ao redor do mundo pensam sobre si mesmas, sua sociedade e seu lugar nela. Essas não são apenas diferenças teóricas e abstratas na perspectiva filosófica. Elas se traduzem em mudanças de comportamento mensuráveis, diferenças em como as pessoas literalmente movem seus olhos por um cenário, interpretam o que veem e lembram de seu mundo.

A descoberta difundida das diferenças culturais também me leva a reexaminar a suposição científica que tem apoiado muitos dos experimentos ao longo deste livro: que as pessoas são praticamente as mesmas no mundo inteiro, e então é justificável executar experimentos com (em sua maioria) estudantes de psicologia norte--americanos brancos e ricos e assumir que nossas conclusões valem para o resto da população mundial. Essa é uma suposição que a psicologia social fez preguiçosamente por muitos anos, e só agora estamos descobrindo suas consequências.

Olhando de Baixo para Cima pelo Microscópio

Comecei este capítulo pedindo que você imaginasse um microscópio aproximando um sujeito de sua ciência. Mas de uma maneira crucial, um psicólogo social olhando por um microscópio é muito diferente de um biólogo olhando por um microscópio. Enquanto estiver lendo sobre todas essas teorias e experimentos, não se esqueça de que, quando você está olhando pelo microscópio da psicologia social, você não está somente olhando para organismos, ou pessoas, você está olhando também para si mesmo.

> **NESTE CAPÍTULO**
>
> Descobrindo as disciplinas da psicologia social
>
> Vendo a psicologia social em ação
>
> Investigando a mente de um caubói

Capítulo 2
Explorando o Território da Psicologia Social

Quando você pensa em um cientista, provavelmente pensa em uma única pessoa: um gênio solitário, trabalhando em um laboratório cheio de tubos de ensaio borbulhantes ou rabiscando coisas ilegíveis em um quadro-negro. Mas a ciência moderna é, na verdade, um trabalho de equipe. Psicólogos sociais, como todos os cientistas, trabalham com muitas outras pessoas, compartilhando ideias, métodos e dados. Eles também colaboram com colegas em disciplinas bem diferentes, das ciências sociais à neurociência e biologia evolucionária. Então, em vez de gênios solitários, talvez você deva pensar nos cientistas sociais mais como um time de super-heróis, cada um com sua própria especialidade e superpoder (embora lamentavelmente agora eu esteja imaginando muitos dos meus colegas usando macacões de lycra...).

Neste capítulo, apresento a você as várias especialidades e disciplinas que formam a psicologia social moderna. Discuto as disciplinas da psicologia da personalidade e cognitiva, da sociologia e da etnografia, e a nova pesquisa empolgante da neurociência social que está revigorando a ciência com uma nova fonte de dados. Revelo como as ideias da biologia evolucionária estão sendo usadas para entender descobertas intrigantes e gerar novas hipóteses.

Mas o que é um time de super-heróis de ciência social sem uma missão? Neste capítulo, mostraremos como as diferentes disciplinas da psicologia social podem trazer novos insights e especialidades para abordar uma pergunta em particular. Claro, a ciência pode investigar todos os tipos de assunto, mas neste capítulo investigamos por que as taxas de homicídio são tão altas entre os homens no sul dos Estados Unidos. Ou, colocando mais diretamente, por que os *caubóis* entram em brigas? Explorar essa pergunta mostra que as questões sociais podem ser abordadas de muitos ângulos diferentes e demonstram como as várias disciplinas da psicologia social podem ser usadas para testar ideias usando uma variedade de métodos engenhosos.

Olhando as Disciplinas que Compreendem a Psicologia Social

Nesta seção, mostro uma visão geral de como a psicologia social é praticada atualmente. A vantagem de ser uma disciplina relativamente nova é que a psicologia social está aberta a novas perspectivas. Ela incorporou rapidamente as descobertas da psicologia da personalidade, da psicologia cognitiva e aplica avidamente as ferramentas da neurociência e biologia modernas para entender os fenômenos sociais.

Fazendo o levantamento das pesquisas da psicologia da personalidade

A *psicologia da personalidade* é chamada às vezes de psicologia das diferenças individuais. Seu objetivo é medir e quantificar as maneiras pelas quais somos diferentes uns dos outros. *Personalidade* é um termo familiar nas conversas cotidianas. Na psicologia, personalidade significa o seu padrão de comportamento, as crenças e as emoções que o tornam diferente das outras pessoas. Sua personalidade é algo estável ao longo do tempo e através de situações diferentes. Em outras palavras, se um dia você está com muita raiva por causa de uma multa de estacionamento injusta, não chamaríamos isso de parte da sua personalidade, porque ela estaria limitada àquele dia e àquela experiência.

As principais ferramentas de pesquisa da psicologia da personalidade são os questionários e as enquetes. Os pesquisadores pedem que os participantes respondam a um grande número de perguntas sobre seus comportamentos, hábitos, gostos e desagrados. Depois, os pesquisadores realizam análises estatísticas nas respostas (chamada de análise fatorial) para ver se existem padrões consistentes. Por exemplo, um pesquisador pode descobrir que se as pessoas disseram que têm um grande número de amigos, então elas também disseram que gostam de festas e que não gostam de ficar sozinhas. Um grupo diferente de pessoas pode ter respondido consistentemente de maneira oposta, que elas têm poucos amigos, não gostam de festas e gostam de ficar sozinhas. A estatística pode identificar esses padrões e então classificar as pessoas ao longo de uma escala. Neste caso, os pesquisadores a nomearam como escala de introversão-extroversão. Se os pesquisadores sabem onde alguém está na escala — a pontuação de extroversão —, então eles podem prever como a pessoa responderá a todas essas perguntas, e também prever como poderia se comportar em um grande número de situações.

PAPO DE ESPECIALISTA

Psicólogos da personalidade debatem o número exato, mas parece que cinco traços diferentes são necessários para capturar as diferenças principais que vemos entre as pessoas. Elas são chamadas de traços de personalidade *Big Five*. São eles: 1) Abertura para a experiência, 2) Escrupulosidade, 3) Extroversão, 4) Amabilidade e 5) Neuroticismo (frequentemente lembrados pelo acrônimo OCEAN — do inglês *opennes, conscientiousness, extraversion, agreeableness e neuroticism*). A afirmação é que a maioria das diferenças entre as pessoas pode ser expressa por esses cinco traços. Em outras palavras, se sabemos onde você se enquadra nessa escala, sabemos a maioria das coisas que é possível deduzir sobre sua personalidade.

A interação entre a psicologia social e a da personalidade é interessante. De certo modo, elas estão em desacordo uma com a outra. A psicologia da personalidade pergunta como as características de indivíduos diferentes determinam seus comportamentos, independente das situações em que estiverem. A psicologia social pergunta como as diferentes situações sociais podem determinar o comportamento, independente das diferenças que existem entre as pessoas.

Essa é uma tensão útil entre os dois campos. Por exemplo, depois da Segunda Guerra Mundial, as pessoas queriam entender como o povo alemão comum pôde ter apoiado o que os nazistas fizeram. Uma hipótese da personalidade era que o povo alemão respondia melhor à autoridade, e então era mais propenso a obedecer ordens. Em contraste, Stanley Milgram criou a hipótese de que não havia diferença entre o povo alemão e o povo norte-americano, por exemplo, e que ambos poderiam agir para obedecer ordens terríveis se fossem compelidos pela *situação*. Veremos como ele testou essa hipótese no Capítulo 12.

USANDO UM CRONÔMETRO PARA ENTENDER A MENTE

PAPO DE ESPECIALISTA

Para entender esses processos cognitivos, os psicólogos usam estudos de tempo de reação, que ainda são a ferramenta mais usada em um laboratório cognitivo e, cada vez mais, também na psicologia social. A lógica por trás dos estudos de tempo de reação é bem elegante e tais estudos foram primeiramente usados em um laboratório por um oftalmologista holandês chamado Franciscus Donders, no final do século XIX. Como você se lembra, a ciência psicológica trata de transformar os conceitos mentais em coisas que você pode contar, e Donders descobriu uma maneira de fazer isso, o que ele chamou de *cronometragem mental*.

Donders deu a seus participantes uma tarefa muito simples, chamada de experimento do tempo de reação de *escolha*. Uma luz piscava em uma tela, eles tinham que pressionar um botão se ela fosse verde e outro se fosse vermelha. Atualmente, mediríamos seu tempo de reação nessa tarefa com computadores, mas Donders tinha ótimos dispositivos com mecanismos de relógio de latão para suas medições. Os participantes realizavam essa tarefa diversas vezes, e ele elaborava quanto tempo, em média, os participantes levavam para identificar a cor. Donders descobriu que esse tempo de reação incluía muitas coisas: o tempo que leva para os olhos processarem o sinal, para o cérebro processar a cor, para o participante tomar uma decisão, para o cérebro mandar um sinal à mão e para os músculos se contraírem. Mas Donders estava interessado apenas em um elemento — o tempo de decisão.

Sua solução inteligente foi dar aos participantes uma segunda tarefa. Nesse estudo de tempo de reação *simples*, a luz tinha apenas uma cor, e as cobaias pressionavam um botão. Em ambos os experimentos, os participantes tinham que notar uma imagem e pressionar o botão, mas no primeiro eles também tinham que tomar uma decisão. Então Donders *subtraiu* o tempo do segundo experimento de tempo de reação simples do primeiro, o experimento de tempo de reação de escolha. A diferença entre esses dois corresponde apenas ao tempo de decisão. Com esse método simples, porém eficaz, Donders mediu as funções mentais, contribuindo para o começo da psicologia científica.

Esse método continua a ser usado atualmente nas psicologias cognitiva e social. A lógica básica continua nas diferenças no tempo de reação, que elas correspondem a diferenças no processamento mental. No Capítulo 5, você verá exemplos de tempos de reação sendo usados para investigar as atitudes implícitas que as pessoas não admitem em voz alta.

Entrando no laboratório da psicologia cognitiva

A psicologia cognitiva é o estudo das funções e processos mentais. Os psicólogos cognitivos investigam de quais coisas as pessoas se lembram e de quais se esquecem; como podemos focar nossa atenção em algumas coisas no mundo e ignorar outras; como aprendemos e usamos o idioma; e como tudo isso nos permite tomar atitudes e decisões.

Você pode ler sobre a rica interação entre as psicologias social e cognitiva no Capítulo 4. Em muitos capítulos ao longo do livro, você verá como o processo social pode ser desmembrado em séries de processos cognitivos. Por exemplo, imagine ter que decidir se deve confiar ou não em uma pessoa que você acabou de conhecer. Isso é um julgamento social e pode ser influenciado por representações sociais, como os estereótipos. Mas esse julgamento é determinado por processos cognitivos; por exemplo, como você percebe a pessoa que conheceu, como distribui sua atenção visual a ela, quais representações de memória você ativa para a outra pessoa, como você aplica esse conhecimento passado para categorizar essa pessoa e como pesa essa informação quando toma suas decisões.

Não queremos que você pense que a psicologia social é basicamente uma psicologia cognitiva que passa a ser aplicada a situações sociais. Muitas descobertas experimentais enfatizam justamente a importância das forças sociais.

Por exemplo, considere o tipo simples de experimento de tempo de reação de escolha que Donders estudou cem anos atrás (veja o box "Usando um cronômetro para entender a mente"). Nos últimos anos, Natalie Sebanz e Guenther Knoblich descobriram que se duas pessoas realizando tal tarefa sentam uma próxima à outra, então elas são imediatamente influenciadas pela tarefa e pelas instruções uma da outra. Em outras palavras, quando você adiciona outra pessoa ao experimento, até mesmo os primeiros experimentos simples da psicologia cognitiva mostram que as influências sociais têm um efeito imediato e poderoso.

Brincando com as engenhocas da neurociência

A neurociência é o estudo do cérebro. Se os psicólogos cognitivos estão interessados no *software* da mente, então os neurocientistas estão interessados no *hardware*: o sangue, as entranhas e os mecanismos biológicos que permitem que você pense. Eles estudam o cérebro, sua anatomia e estrutura e como ele funciona em ação. Eles querem saber onde a linguagem é processada no cérebro, o que acontece com a informação visual enviada dos olhos e onde as memórias são formadas, armazenadas e perdidas.

OLHANDO DENTRO DO CÉREBRO

PAPO DE ESPECIALISTA

Um *scanner* de IRM pode fazer mais do que tirar fotografias como uma máquina de raios x. Ele pode observar as mudanças que ocorrem com o passar do tempo. Quando usado no cérebro, um *scanner* de IRM é capaz de detectar mudanças no fluxo sanguíneo (contraste BOLD, do inglês *blood-oxygen-level dependent*). Os neurônios no cérebro precisam de energia, que eles obtêm no sangue. Então, o fluxo sanguíneo é uma maneira indireta para medirmos a atividade neuronal.

O *f* de fIRM refere-se à *função* que o cérebro está executando. Enquanto os participantes estão no *scanner*, os pesquisadores podem mostrar imagens de rostos, por exemplo. As mudanças que ocorrem no fluxo sanguíneo enquanto eles olham essas imagens podem nos dizer quais partes do cérebro têm a função de entender rostos.

Bem, não exatamente. Lembre-se de que o fIRM está observando a atividade do cérebro inteiro. Enquanto os participantes estão no *scanner*, estão fazendo mais do que apenas olhar rostos. Eles também estão processando áreas de cores bidimensionais, lembrando-se de imagens, pensando nas instruções que o pesquisador lhes passou, sentindo-se entediados, tentando não se mover muito, esperando que o experimento não dure muito tempo e planejando o que comer no jantar naquela noite. Todos esses pensamentos são atividades mentais acontecendo no cérebro e mudando o fluxo sanguíneo.

Para descobrir quais partes das atividades cerebrais correspondem a quais partes de função mental, os pesquisadores podem usar uma forma da técnica que Donders inventou cem anos atrás: a subtração. Por exemplo, os pesquisadores interessados na percepção de emoção mostrarão aos participantes imagens de rostos felizes, mas também mostrarão algo diferente, como imagens de rostos neutros, sem expressão. Eles então subtraem a atividade cerebral durante a visualização do rosto feliz da atividade cerebral durante a visualização do rosto neutro. O que sobrar, os pesquisadores esperam, é a atividade cerebral que é especificamente relacionada a olhar emoções, não imagens ou rostos em geral. Com essa técnica, os pesquisadores podem tentar *localizar* a função mental de regiões específicas do cérebro.

A chave para fazer um bom experimento de neurociência é escolher a condição de controle certa. Particularmente na psicologia social, essa pode ser uma decisão complicada. Neste exemplo, a condição de controle era um rosto neutro, sem expressão. Mas isso existe? Um rosto "sem expressão" não é um rosto que parece entediado e ressentido? Na neurociência social, é vital entender exatamente como os estímulos são vistos e interpretados pelas pessoas no *scanner* se quisermos entender exatamente o que o cérebro está fazendo.

Anteriormente, nosso conhecimento sobre estes assuntos vinha principalmente de cutucar o cérebro de pacientes que já haviam morrido ou inserir sondas no cérebro de animais e medir o comportamento de neurônios individuais. Mas agora temos várias tecnologias que nos permitem registrar a atividade do cérebro inteiro de uma pessoa viva e acordada.

Os últimos 30 anos viram essa tecnologia chegar até as mãos dos cientistas sociais, que frequentemente referiam-se a si mesmos como neurocientistas sociais. Sua técnica de imagem cerebral sobre a qual você lerá muito é fIRM, que significa imagem por ressonância magnética funcional e é muito parecida com a máquina de IRM dos hospitais (ou em todos os episódios de *House*). O paciente deita em uma mesa e é lentamente movido para dentro de um anel ou túnel branco pequeno. Esse *scanner* produz um campo magnético forte que interage com os vários átomos do corpo de diferentes maneiras. Medindo essa interação, o *scanner* pode construir imagens tridimensionais do interior do corpo, distinguindo ossos e diferentes tipos de tecidos moles. Confira o box "Olhando dentro do cérebro" para mais detalhes.

Técnicas como a fIRM dão medidas indiretas da atividade cerebral enquanto um participante está assistindo à tela do computador e fazendo ações simples com a mão. Outras técnicas, como registros PER, medem a atividade do cérebro a partir de eletrodos no couro cabeludo, e o IRM de difusão pode mapear as conexões entre as áreas cerebrais. Essas técnicas diferem no que exatamente lhe dizem sobre o cérebro, o quão precisas são sobre a cronometragem de eventos e o tamanho das regiões que conseguem discriminar.

Utilizar essas técnicas para estudar a interação social diretamente é muito difícil. Mas usando projetos experimentais inteligentes, os pesquisadores podem contornar essas limitações. Por exemplo, Chris Frith e seus colegas colocaram seus participantes em um *scanner* de fIRM e pediram que jogassem pedra, papel e tesoura. Ao contar até três, eles faziam as formas com as mãos e então viam na tela o que seus oponentes haviam escolhido e quem havia ganhado.

Aqui está a parte inteligente do experimento: diziam a eles que seu oponente era outro participante do experimento ou que estavam jogando contra um computador que escolhia aleatoriamente. Então, em ambas as condições, o participante tinha que escolher uma forma de mão, seguir uma estratégia e tentar ganhar. Mas no caso em que pensam que estão jogando contra uma pessoa real, eles também estão prevendo o comportamento da outra pessoa: eles estavam fazendo cognição social. Se olharmos para as diferenças entre a ativação cerebral nesses dois casos, subtraindo um do outro, o que nos resta é a ativação cerebral que corresponde especificamente ao pensamento sobre o comportamento da outra pessoa.

> ## FICÇÃO CIENTÍFICA E FATO CIENTÍFICO
>
> Existem várias afirmações extravagantes feitas sobre a neurociência. Várias empresas dizem que estão comercializando máquinas de fIRM que detectam se alguém está mentindo. Houve afirmações de que imagens cerebrais poderiam detectar se um prisioneiro era propenso a cometer um crime novamente. Depois do 11 de Setembro, várias empresas estavam comercializando máquinas de fIRM que podiam ser colocadas nos aeroportos para identificar terroristas. Não há indicações atualmente de que as técnicas de imagens cerebrais possam (ou devam) executar qualquer uma dessas funções — e existem boas razões para achar que nunca o farão. Na verdade, alguns neurocientistas argumentam que muitas dessas suposições básicas que temos feito sobre as imagens cerebrais devem ser repensadas. Tudo isso torna a neurociência um campo muito empolgante, mas uma dose saudável de ceticismo é muitas vezes necessária.

Entender onde algo acontece no cérebro pode nos dar insights valiosos que não podemos descobrir apenas observando o comportamento. Por exemplo, os pesquisadores observaram ativação na amídala quando alguns participantes olham para rostos específicos. A função exata dessa área do cérebro é muito debatida, mas parece ser relacionada à incerteza e ao medo. Essa ativação é mais alta quando um grupo, como norte-americanos brancos, olha rostos de um outro grupo, como norte-americanos negros.

Em outra aplicação da neurociência na psicologia social, os pesquisadores pediram aos participantes para considerar questões morais e políticas, como se casais homossexuais deveriam ter o direito de adotar. Em alguns participantes, pensar nessas questões ativava áreas do cérebro relacionadas à repulsa, mas em outros não. Se olharmos apenas para seus comportamentos, sabemos apenas o resultado da decisão, mas a neurociência pode ajudar a revelar os pensamentos e motivações que os produzem.

Envolvendo-se com a sociologia

A sociologia é o estudo do comportamento social humano, das estruturas sociais e das interações interpessoais. De várias maneiras, ela se parece muito com a psicologia social. Certamente há muita sobreposição entre as disciplinas. A principal diferença está na escala de análise. Os sociólogos tendem a focar grupos de pessoas, como: classe média-alta, idosos, católicos ou adolescentes desempregados. Eles pesquisam e estudam esses grupos de pessoas e então tentam entender como eles interagem uns com os outros. Os psicólogos sociais, entretanto, costumam dar enfoque aos *indivíduos*. Como todos os grupos de pessoas são formados por indivíduos, há uma interação útil e produtiva entre os sociólogos e os psicólogos sociais.

Por exemplo, há alguns anos houve motins por toda a cidade de Londres. Mais tarde, um grande grupo de sociólogos tentou entender por que os motins aconteceram, entrevistando as pessoas envolvidas. Em parte, os motins eram uma reação contra a polícia, que, dias antes, havia atirado em um homem desarmado que eles achavam que estava carregando uma arma. Outro problema era a tensão entre uma cultura cada vez mais materialista, que valoriza acirradamente o consumo, a pobreza relativa e o desemprego de um grande número de jovens na capital. Outro motivo era simplesmente o tédio e a emoção da aventura.

Enquanto os sociólogos foram capazes de identificar esses temas recorrentes entre os grupos e subgrupos de manifestantes, os psicólogos sociais podem investigar como eram representados na mente dos indivíduos. Eles podem executar experimentos com as pessoas para ver se a violência é intrinsecamente recompensadora e para quem. Eles podem investigar se as pessoas veem os policiais como parte de sua comunidade ou como um grupo à parte que não é confiável e quais fatores produzem esse pensamento de "nós X eles". Finalmente, eles podem olhar a tomada de decisão dos próprios policiais. O que pode ter feito com que chegassem à conclusão de que seu suspeito estava armado, já que ninguém havia visto uma arma diretamente?

Rastreando as ideias da biologia evolucionária

A biologia evolucionária é o estudo de como os organismos mudam ao longo do tempo enquanto se adaptam ao seu ambiente. Os seres humanos são o resultado de milhões de anos de evolução. Assim como as formigas, os chimpanzés e os saguis, uma parte central da sua história evolucionária diz respeito a como os seres humanos se adaptaram para conviver e cooperar uns com os outros. Quando os psicólogos sociais fazem uma pergunta como: "Por que não confiamos em estranhos?", ou "Por que sentimos ciúmes?", um biólogo evolutivo pode responder que as pessoas evoluíram até esse ponto. Os psicólogos evolutivos buscam respostas para seu comportamento cotidiano no seu passado evolutivo.

Entretanto, a psicologia evolucionária tem um aspecto intrigante. O mundo em que você vive hoje não é o mundo no qual seus ancestrais evoluíram. De várias maneiras, você é igual ao papagaio kakapo — não exatamente adequado para o mundo em que vive (veja o box "O que o papagaio mais rápido do mundo e o seu cérebro têm em comum?").

O QUE O PAPAGAIO MAIS RÁPIDO DO MUNDO E O SEU CÉREBRO TÊM EM COMUM?

Na Nova Zelândia, vive um papagaio chamado kakapo. Ele é gordo e verde e não pode voar. O kakapo macho atrai uma companheira construindo uma estrutura parecida com uma tigela, chamada de lek, e produzindo uma vocalização grave e alta. Isso exige tanto esforço que eles só podem entrar na época de reprodução uma vez a cada quatro anos, quando uma árvore específica produz uma fruta rica em energia que cai no chão. As fêmeas acham difícil localizar o som grave e quase nunca acham um macho. Se dois são capazes de procriar, a criação dos filhotes é frequentemente nada gratificante. O kakapo constrói um ninho no chão, que é facilmente invadido por ratos e furões. Os roedores são capazes de encontrar o kakapo porque ele emite um odor forte. O meio de defesa do papagaio é deitar-se no chão e ficar realmente muito quieto. Isso raramente é um problema para os roedores, que comem muitos dos ovos que são produzidos a cada quatro anos.

Você não ficará surpreso em saber que os kakapo estão à beira da extinção. Felizmente, eles ainda sobrevivem atualmente graças ao esforço combinado de um grande time de conservacionistas. Mas por que os kakapo existem? Se você acredita em evolução ou design inteligente, o kakapo parece ser um exemplo espetacularmente pobre de ambos.

A resposta para este enigma está na primeira coisa que lhe contei sobre esse pássaro. Ele vive na Nova Zelândia. A ilha esteve isolada por milhões de anos, produzindo biodiversidades únicas com pouquíssimos mamíferos e muitas espécies únicas de pássaros. Então, com a chegada dos Maori, no século XIII, e dos europeus, no século XVIII, houve a introdução de ratos, furões e outros roedores. Por milhares de anos, a única ameaça aos kakapos vinha das águias. Esses predadores caçavam de cima e eram incapazes de ver os kakapos verdes se estivessem deitados no chão e ficassem muito parados. Até os seres humanos começarem a desnudar as ilhas de suas árvores; a planta que produzia as frutas de que os kakapo gostavam era comum e dava frutos regularmente. O grande número de kakapos significava que os machos e as fêmeas normalmente se encontravam, mesmo que seus chamados fossem difíceis de encontrar.

Resumindo, o kakapo é uma criatura perfeitamente evoluída para um nicho ambiental específico. Só que esse nicho já não existe mais. Ele evoluiu para um mundo em que não vive mais. A proposta provocativa da psicologia evolucionária é que também somos kakapo. Os psicólogos evolutivos estudaram o pensamento e as interações sociais humanas e afirmam que temos muitos vieses e particularidades estranhas. Como o kakapo, seu cérebro é uma produção da evolução que não faz mais sentido no mundo atual.

As características definidoras da espécie humana — agricultura, cidades, escrita — surgiram entre 5.000 a 10.000 anos atrás, apenas. Isso é extraordinariamente recente na escala da história biológica. Algumas das características mais difundidas de nossas vidas atuais — o uso de máquinas, eletricidade, computadores — aconteceram em momentos relativamente recentes, em alguns casos há duas gerações. A evolução não precisa de centenas de gerações para mudar uma espécie; ela pode acontecer bem rápido. Mas muitas das pressões de seleção que existiram por centenas de milhares de anos, moldando nossa espécie, não existem mais atualmente.

Alguns psicólogos evolutivos afirmam que existem características da nossa cognição e comportamento que não fazem mais sentido no contexto de nossas vidas atualmente. Mas elas fazem sentido quando consideramos as pressões de adaptação que moldaram o curso de nossa evolução. Nós gostamos de rostos simétricos, somos fracos para raciocínios com probabilidade e tomamos decisões irracionais repetidamente. Dessa forma, estamos congelados na defesa contra perigos agora redundantes. Tomamos decisões que apenas têm sentido no contexto da nossa história evolucionária.

EXPERIMENTE

Se você for sortudo o suficiente para ter conhecido ambas, pense nas suas duas avós. Agora responda a esta pergunta: qual delas ama mais você? Essa é uma coisa terrível para se perguntar, e tenho certeza de que você diria primeiramente que ambas o amam. Mas — se você tivesse que escolher uma — qual delas você acha que o ama mais?

Quando os pesquisadores fizeram essa pergunta, e sempre que a faço em palestras, a resposta óbvia é sempre a mesma. Uma das avós morava mais perto enquanto cresciam, visitava mais ou dava presentes de aniversário melhores. Para a grande maioria das pessoas, essa avó mais amorosa era a mãe de sua mãe. Por que você acha que isso acontece?

Os psicólogos sociais ofereceram uma resposta a esse fato estranhamente confiável sobre avós. Não há um jeito fácil de lhe dizer isso, mas isso tem tudo a ver com a infidelidade da sua mãe. Ou melhor, a impossibilidade de isso acontecer. A sua mãe pode estar muito certa de que você é biologicamente relacionado a ela. Claro, pode haver adoções, doações de óvulos, trocas acidentais de bebês no hospital, mas, tirando esses casos, sua mãe pode ter certeza que você é dela.

Contudo, isso não é verdadeiro para o seu pai. Não queremos difamar a sua família, mas é logicamente possível que o homem que estava no momento do seu nascimento e assinou a sua certidão de nascimento não seja a pessoa que o concebeu nove meses antes. Essa é somente uma característica inevitável de como nós, mamíferos, nos reproduzimos.

Então agora considere a perspectiva de suas avós. Suponha que elas sejam configuradas para maximizar o sucesso de seu material genético. Suponha que elas tenham recursos limitados que possam usar para garantir o sucesso de seus genes. A mãe de sua mãe tem certeza que metade dos genes dela está em sua mãe, e que metade deles está em você. A mãe de seu pai não tem essa certeza. Então, se suas avós seguem a lógica darwiniana, a mãe de seu pai é menos propensa a investir os recursos dela em você. Existe a chance de você não carregar nenhum material genético dela e esse investimento seria perdido. Mesmo que hoje tenhamos o teste de DNA que pode remover tal incerteza, a perspectiva evolucionária é que favorecer a filha da filha se tornou uma configuração da nossa espécie, e tal comportamento persiste atualmente.

Claro, você talvez seja capaz de pensar em explicações alternativas sobre o porquê de a mãe da mãe parecer ser uma avó mais afetuosa. Mas este exemplo ilustra como o raciocínio evolutivo pode ser aplicado ao comportamento humano atualmente.

Os psicólogos evolutivos tentam identificar essas qualidades ancestrais de nosso comportamento e tentam encaixá-las na estrutura do nosso longo passado evolutivo. Suas ideias são, muitas vezes, altamente controversas para outros psicólogos. A crítica mais frequente é que muitas dessas teorias são completamente impossíveis de ser testadas. Já que não podemos voltar no tempo e observar ou fazer experimentos em nossos ancestrais, não existe uma maneira de falsificar essas ideias. Veremos esses argumentos muitas vezes ao longo deste livro.

A Psicologia Social em Ação

A esta altura, você tem uma ideia do território da psicologia social moderna e das disciplinas que a habitam. Mas lembre-se de que a ciência é uma ferramenta para arrancar respostas pela raiz. Então vamos aplicar esses métodos e ideias!

Nesta seção, ilustramos como as ideias e os métodos da psicologia social podem ser aplicados para um problema em particular: a cultura violenta do homem branco no sul dos Estados Unidos. Esta seção relata o trabalho de Dov Cohen e Richard Nisbett, que pesquisaram exaustivamente essa questão. Claro, na psicologia social, alguém poderia fazer muitas perguntas e assumir várias rotas para as respostas. Mas este caso serve como um ótimo exemplo do processo que os psicólogos sociais usam e da maneira com que utilizam todas as ferramentas à sua disposição para caçar as respostas para sua pergunta.

Fazendo as perguntas certas

Entender as causas da violência é de valor prático óbvio; então, como a psicologia social pode ajudar?

Fazer a pergunta certa é o primeiro passo do entendimento. E é o mais importante. Fazer a pergunta certa pode destravar os fenômenos que você está tentando entender. Fazer a pergunta errada pode levar a anos infrutíferos de frustração. A psicologia social, como todas as ciências, segue um processo de teste de hipóteses que impulsiona nosso entendimento.

Aqui está uma pergunta para começar nossa investigação: nos EUA, por que a taxa de homicídios é mais alta nos estados do sul do que nos do norte? Se você classificar todos os estados pelo número de homicídios por indivíduo da população, os valores de 2003 mostram que dos dez estados no fim da lista, com as taxas mais altas de homicídio, nove são do sul. Dos dez melhores estados com as taxas de homicídio mais baixas, nenhum é do sul. Por que essa diferença existe?

A esta altura, o cientista social poderia apresentar várias hipóteses. Uma hipótese é uma adivinhação, uma explicação possível. Uma boa hipótese faz uma afirmação clara sobre as causas de alguma coisa e, por isso, faz previsões sobre o que acontecerá no futuro. Os cientistas podem então testar essas previsões com estudos e experimentos. Se as previsões estiverem erradas, então eles podem rejeitar essa hipótese.

Como exploramos no Capítulo 3, é assim que os cientistas fazem progressos, rejeitando possíveis hipóteses e diminuindo as maneiras pelas quais podemos explicar algo. Parece estranho, mas, por essa razão, uma boa hipótese é algo que podemos claramente mostrar que está errado. Realmente, ter ideias que podemos provar conclusivamente que estão erradas é a definição do progresso científico!

Então vamos gerar algumas hipóteses sobre por que existem mais homicídios nos estados do sul dos EUA.

» Os estados do sul são, em média, mais quentes, e um aumento na temperatura leva a um aumento na violência.

» Os estados do sul têm mais pobreza que os do norte e situações de pobreza estão relacionadas ao aumento de criminalidade.

» Existem diferenças nas leis de armamento no sul, o que significa que a violência e o crime são mais propensos a terminar em homicídios.

Todas essas hipóteses são plausíveis. Estudos mostraram, por exemplo, que os crimes violentos aumentam sempre que a temperatura sobe. A pobreza realmente é correlacionada às taxas de criminalidade. Outros estados nos EUA e em outros países, como o Canadá, têm leis de armamento similares às do sul, mas eles não têm taxas altas de homicídio.

Aqui está outra hipótese:

Há uma diferença cultural entre o norte e o sul que produz mais violência masculina.

Essa é a hipótese que explorarei em mais detalhes. Ela está no nível adequado de análise para a psicologia social, já que foca o indivíduo e sua mentalidade cultural. A hipótese gera imediatamente muitas questões que podem ser exploradas: qual é a natureza da diferença cultural entre o norte e o sul? De onde ela vem? Serve a qual função? Quais são as diferenças psicológicas e comportamentais produzidas por essas variações culturais? Você pode usar muitas ferramentas da psicologia social para responder a essas perguntas.

Entendendo a cultura dos caubóis

Os antropólogos descreveram o que chamam de "cultura de honra" que existe em muitos lugares no mundo todo. Nessas sociedades, o mais importante é a honra, ou a reputação. Se essa reputação é ameaçada, por um desrespeito ou insulto leve ou real, então um homem (normalmente) precisa fazer qualquer coisa que possa para punir o autor e restaurar sua honra. Isso frequentemente significa recorrer à violência. Você pode encontrar culturas de honra por todo o mundo.

A ideia de uma cultura de honra parece capturar alguns dos estereótipos que as pessoas têm sobre homens no sul dos Estados Unidos. Quando as pessoas pensam em um *caubói*, elas geralmente imaginam seu estereótipo lutando para proteger sua honra em um duelo de armas ao meio-dia ou em uma briga de bar. Em qualquer caso, a violência começa com um pequeno insulto e se intensifica para algo fatal. Ela também é evidente em como as pessoas no sul se veem. A frase "Não mexa com o Texas" começou como um slogan posicionado ao longo das estradas do Texas em uma campanha para não jogar lixo nas ruas. Mas rapidamente os texanos se apoderaram dele para resumir sua própria atitude. Agora você pode encontrá-lo em camisetas, adesivos de para-choques, coldres e até mesmo em um submarino nuclear, no brasão do *USS Texas*.

Encontrando as raízes da cultura de honra

A sociologia pode ter um papel vital na elaboração de perguntas para a psicologia social. Como discuti no caso dos motins de Londres, os sociólogos foram capazes de identificar potenciais motivos e crenças na mente dos manifestantes que geraram hipóteses que os psicólogos sociais podem testar.

O que a sociologia pode nos dizer sobre a "cultura de honra" no sul dos EUA? A resposta está nas ondas de imigração da Europa e nos diferentes tipos de imigrantes.

> » **Fazendeiros:** Uma onda de imigração para a América do Norte veio do sul da Inglaterra. Eles eram os famosos peregrinos norte-americanos e, em sua maioria, fazendeiros. Eles se fixaram no que é agora o nordeste da América do Norte e estabeleceram terrenos agrícolas.

> **Pastores:** Outra onda de imigração veio do norte da Inglaterra, da Escócia e da Irlanda. Essas pessoas eram, em sua maioria, pastores. Eles se mudaram para as áreas mais ao sul dos EUA e então deslocaram-se para o oeste pelo país.

Por que esses dois tipos de pessoas desenvolveram práticas culturais diferentes?

Quando possui um campo, você pode alimentar um grande número de pessoas, e roubá-lo é bem difícil. Em outras palavras, as comunidades agrícolas tendem a ser muito estáveis. Elas podem fornecer comida e riquezas, mas apenas com um esforço combinado ao longo de muito tempo. Comunidades agrícolas de sucesso podem suportar um grande número de pessoas e são capazes de empregar pessoas para manter a ordem em suas sociedades. No norte, a riqueza não tende a mudar de mãos rapidamente porque leva-se muito tempo para acumular terras e para que ela produza lucros.

Os pastores do sul tiveram uma sociedade bem diferente. Quando você possui um rebanho de animais, você tem que vigiá-los constantemente. Alguém pode roubar todos eles durante a noite. Em outras palavras, comunidades de pastoreio podem ser bem voláteis. A riqueza pode mudar de mãos da noite para o dia e não é acumulada gradualmente. As sociedades de pastoreio também são pouco povoadas. Os rebanhos de animais ocupam bastante espaço e não alimentam tantas pessoas quanto as colheitas. Essas sociedades escassamente povoadas e relativamente pobres não podiam contratar policiais ou pessoas para proteger suas riquezas e, mesmo que pudessem, não conseguiriam cuidar dos rebanhos de todo mundo ao mesmo tempo.

Os sociólogos argumentam que a única coisa que evitava que as pessoas roubassem umas das outras nas sociedades de pastoreio do sul era a cultura de honra. Sem a aplicação efetiva da lei, a única coisa para deter os ladrões é a ameaça de retaliação à pessoa à qual haviam feito mal. Se você tem uma reputação de alguém que não deve ser contrariado ou insultado, que devolve tudo em dobro, então as pessoas serão dissuadidas de roubar de você. Mas se você é alguém facilmente manipulável, que não defende suas próprias ideias, então não há nada que impeça as pessoas de o roubarem. Em outras palavras, sua honra é sua única proteção. Então faz sentido que você tenha que defendê-la a qualquer custo.

Mas estamos falando de um modo de vida de centenas de anos atrás, você pode argumentar. Quais são as evidências que mostram que essas atitudes persistem ou, ainda, explicam a taxa de homicídios nos estados do sul dos EUA atualmente? Antes que recorramos à psicologia para uma resposta, podemos fazer outras duas observações sociológicas:

> Se você olhar o mapa dos EUA colorido por essas ondas de imigração ao norte e ao sul 200 anos atrás, ele carrega uma semelhança impressionante com o mapa de votos para republicanos ou democratas nas últimas eleições.

> Em outras palavras, parece possível que eventos de muitas gerações atrás ainda tenham alguma influência na sociedade atual.
>
> » Podemos espiar um pouco mais as estatísticas de homicídios comparando o sul e o norte. Alguns homicídios foram executados durante algum outro crime. Um ladrão atira em um funcionário do banco, por exemplo. Para esses homicídios relacionados a crimes, o sul e o norte são iguais. Não há diferenças. Mas você também pode contar os homicídios não relacionados a crimes. No sul, atualmente, mais que o dobro desses homicídios existem como resultado de algo como uma briga em um bar.

Então, claramente, existe uma diferença entre essas duas sociedades que precisa de uma explicação. Mas como provamos que a cultura de honra persiste até os dias atuais e que influencia o comportamento dos caubóis dos tempos modernos?

Encontrando respostas com a psicologia social

A sociologia, a história e a antropologia podem servir à psicologia social, identificando os fenômenos sociais. Mas isso não é tudo. É comum encontrar palestras sobre psicologia social que começam com algo que um pesquisador notou em um episódio de *Os Simpsons* ou em outro programa de TV. Uma palestra, por exemplo, explorou um assunto que foi levantado em *Seinfeld* — por que Elaine não consegue ver que é uma péssima dançarina? Isso começou um projeto totalmente empírico examinando como parte da incompetência das pessoas reside em não reconhecer o que é uma competência.

As outras ciências, artes e mídias sociais são fontes vitais de inspiração para as hipóteses na psicologia social. Mas tudo o que elas podem fazer é nos ajudar a identificar e fazer perguntas interessantes. Para encontrar as hipóteses e testá-las, precisamos das ferramentas da psicologia social.

Buscando respostas sobre a violência do sul dos EUA, recorremos à sociologia para informar sobre nosso conceito da cultura de honra e contexto histórico para nos dar uma ideia sobre a função desse comportamento. Mas até agora não temos uma evidência psicológica direta. Por exemplo, a imagem de um *caubói* que descrevemos pode não ser uma descrição precisa do que as pessoas realmente são no sul dos Estados Unidos. Agora mostrarei como a psicologia social pode testar nossas hipóteses sobre os norte-americanos atualmente.

Dados de pesquisa

As enquetes são frequentemente empregadas como um primeiro passo na psicologia social. Um grande número de pessoas é inquirido e perguntas específicas são feitas para explorar a hipótese do pesquisador. Entretanto, tudo o que as enquetes podem oferecer são evidências correlacionais. Ou seja, tudo o que elas mostram é que as respostas que as pessoas dão às perguntas são conectadas de alguma maneira. Como mostrarei, o que podemos concluir com base nos padrões de resposta em dados de pesquisa é sempre limitado.

A hipótese sendo testada é a de que a cultura de honra descrita por antropólogos e historiadores ainda existe atualmente na mente dos homens norte-americanos do sul. Transformando essa ideia em algo que pode ser contado, os pesquisadores construíram um estudo de levantamento. Nesse exemplo, os pesquisadores enviaram enquetes às pessoas no norte e no sul dos EUA. Eles fizeram algumas perguntas simples sobre como essas pessoas poderiam se comportar. Por exemplo, eles perguntaram: "Você aprovaria se um homem socasse um homem adulto estranho e esse estranho fosse um bêbado que esbarrou no homem e na sua esposa?". Essa ação foi significantemente aprovada por mais pessoas dos estados do sul. De maneira similar, perguntaram a eles se estava tudo bem se um menino de 10 anos reagisse brigando quando alguém rouba seu dinheiro do lanche. Então isso lhe dá algumas razões para pensar que nossa hipótese pode ser verdadeira.

Entretanto, pode haver outras explicações para esse padrão de respostas da enquete? Outras enquetes descobriram que, quanto mais alguém é propenso a se envolver em um crime, mais provável é que essa pessoa tenha tomado um sorvete e é menos provável que tenha um bicho de estimação. Quer dizer que para reduzir o crime devemos banir os sorvetes e dar um cachorrinho para todo mundo?

Não, existem outras explicações para esses padrões de dados de pesquisa. Como já mencionei, quando o tempo fica mais quente, as pessoas ficam mais propensas a cometer crimes violentos e, então, também ficam mais propensas a consumir sorvetes. Além disso, famílias mais ricas são mais propensas a ter um bicho de estimação (pois é caro manter um filhote) e é menos provável que pessoas mais ricas tenham membros da família envolvidos em crimes. Em outros casos, os cachorrinhos e o sorvete não estão diretamente ligados ao crime, mas estão conectados por meio de fatores adicionais de tempo e riqueza.

Também pode haver outras explicações para nossas enquetes de pessoas do norte e do sul. Talvez o sul simplesmente tenha mais crimes violentos e, então, as pessoas estejam mais familiarizadas com o comportamento violento e o aceitem mais. Mas isso não tem nada a ver com a cultura de honra. Não que possamos provar apenas com uma enquete.

Estudos de campo

Em um estudo de campo, os pesquisadores observam algo sobre o comportamento como ocorre naturalmente "na natureza". Eles controlam alguns fatores da situação; então, um estudo de campo é um pouco como um experimento.

Mas falta o ingrediente-chave de atribuição aleatória — chegarei nisso na próxima seção.

Em um famoso estudo de campo, Philip Zimbardo (encontraremos com ele muitas vezes neste livro) deixou um carro estacionado ao lado da rua com o capô levantado. Na verdade, ele deixou dois carros — um em Palo Alto, na Califórnia, e um no Bronx, em Nova York. Ambos foram deixados a cerca de uma quadra de universidades famosas, a Universidade Stanford e a Universidade de Nova York, respectivamente. Os pesquisadores então esgueiraram-se para o outro lado da rua para observar o que aconteceria.

Contudo, os pesquisadores mal tinham posicionado seus equipamentos no Bronx antes que os transeuntes se servissem da bateria do carro, do conteúdo do porta-luvas e do radiador. Quarenta e oito horas mais tarde, 23 atos de roubo e vandalismo haviam deixado o carro em pedaços, pelado e batido.

O carro em Palo Alto também chamou a atenção dos locais. Depois de cinco dias, um transeunte notou que estava chovendo e abaixou o capô para proteger o carro. Além desse gesto de ajuda, o carro ficou intacto.

O estudo de campo claramente revela que existiram atitudes diferentes com a propriedade e o crime em Palo Alto e em Nova York. Em Nova York, na época, vandalismo e crime eram comuns e visíveis por todos os lados. Palo Alto, em contraste, é quase opressivamente limpa e bem-comportada. Quando morei lá, sempre me senti envergonhado por sair de casa sem roupas passadas e unhas bem-feitas.

Mas o que você pode concluir além do fato de que existem diferenças entre as duas comunidades? Não muito, a partir de um estudo de campo. As diferenças poderiam ter a ver com a riqueza, o tempo, as atitudes locais, a probabilidade de a polícia tomar uma atitude ou até mesmo o valor relativo dos carros.

Estudos de campo vêm sendo usados de maneira similar para iluminar a diferença entre culturas no norte e no sul dos EUA. Os pesquisadores executaram um estudo de campo enviando cartas para concessionárias de veículos no norte e no sul. As cartas pediam uma entrevista de emprego e pareciam ser genuínas. Havia dois tipos de carta. Em um, o candidato explicava que estava tendo problemas para conseguir uma entrevista, porque "Eu fui condenado por um crime, a saber, homicídio culposo".

Ele continua explicando que, uma noite, em um bar, um bêbado se gabou por ter dormido com sua noiva, e então o desafiou para uma briga. Sem querer recuar, eles saíram do bar. O bêbado pulou nele pelas costas e, para se defender, o homem bateu nele com um cano que encontrou no chão, matando-o. Como você pode ver, existem muitos detalhes aqui que apelam para a cultura da honra. O candidato estava defendendo sua reputação e o bom nome de sua noiva. Ele foi atacado injustamente e revidou para se defender.

A segunda carta começou da mesma maneira: "Eu fui condenado por um crime". Mas dessa vez o crime era roubo de veículo automotor. O candidato explicou que ele era jovem e precisava do dinheiro para pagar as contas, então decidiu roubar carros caros. Como você pode ver, esta carta tem semelhanças com a primeira, mas o crime não é conectado à cultura de honra de maneira nenhuma.

As concessionárias de veículos no norte e no sul responderiam de maneiras diferentes a essas duas cartas de emprego? Os pesquisadores *operacionalizaram* essas perguntas de duas maneiras (ou seja, eles pegaram o conceito inicial e transformaram em algo que podiam medir).

> » **Primeira operacionalização:** Eles apenas contaram o número de concessionárias de carros que responderam com um formulário de candidatura e um convite para se candidatar. Para a carta do roubo de carros não houve diferenças entre as respostas do norte e do sul. Entretanto, para a carta do homicídio culposo, as concessionárias do sul foram mais propensas a responder com um formulário de candidatura.
>
> » **Segunda operacionalização:** Os pesquisadores contaram o número de palavras positivas nas cartas de apresentação das concessionárias (nós o encorajamos a candidatar-se, muito obrigado por sua carta, e assim por diante). Os nortistas usaram mais palavras positivas na resposta ao candidato que havia confessado o roubo. Para os sulistas, contudo, eles expressaram acolhimento igual ou até maior para a pessoa que havia matado um homem do que para a pessoa que havia sido condenada por roubo.

Esse estudo de campo mostra que — nesta amostra de revendedores de carros — existem atitudes diferentes no norte e no sul em relação a crimes que são cometidos em defesa da honra de uma pessoa. Mas o quanto podemos generalizar esse resultado? Existem outras explicações? Talvez seja apenas o caso de que as pessoas no sul sejam mais acostumadas a casos de homicídio porque é mais comum; essa familiaridade explica a diferença com o norte — não tem nada a ver com a cultura da honra propriamente dita. Para escapar desses argumentos redundantes, precisamos de dados mais fortes, então os pesquisadores recorreram aos experimentos de laboratório.

Experimentos

Os experimentos são a ferramenta mais poderosa que a psicologia social pode usar. Um experimento bem projetado, com dados claros e não ambíguos, fornece um bloco de construção sólido de evidência. Pode ser apenas um bloco pequeno, mais como uma peça de Lego, mas todo experimento bem projetado diz *algo* conclusivamente, e desses pequenos blocos construímos o conhecimento científico.

Experimentos são tão importantes para a psicologia social que reservamos todo o Capítulo 3 para explicar o que torna um experimento bom ou ruim e como você pode projetar um.

A ideia-chave é que, em um experimento, os pesquisadores tomem o controle da situação social — tudo o que os participantes do experimento veem e escutam. Eles criam (pelo menos duas) versões diferentes de um experimento que diferem em apenas um aspecto. Por exemplo, os participantes podem interagir com um pesquisador, que lhes pergunta sobre suas opiniões políticas. A única diferença entre as duas versões do experimento é se o pesquisador com quem eles interagem é homem ou mulher. O experimentador analisará então algum aspecto do comportamento dos participantes que foi medido cuidadosamente. Por exemplo, eles podem quantificar se o participante deu mais respostas de esquerda ou de direita. Se há uma diferença sistemática entre os participantes que interagiram com um homem ou uma mulher, podemos concluir — cautelosamente — que o sexo de um entrevistador pode mudar as crenças políticas que um participante adotará publicamente.

O Capítulo 3 tem muito mais exemplos do método experimental funcionando. Por enquanto, vamos ver como ele pode nos ajudar a testar nossas hipóteses sobre a cultura da honra. Os pesquisadores executaram uma série de experimentos em uma universidade no interior do estado de Illinois, nos EUA. Esse *campus* é incomum por ter um número aproximadamente igual de alunos homens da área mais rural ao sul e das áreas mais urbanas ao norte. Em outras palavras, os pesquisadores têm tanto participantes sulistas quanto nortistas e podem atribuir a eles condições experimentais aleatoriamente.

Particularmente, gostamos desses experimentos pela quantidade de maneiras criativas com que os pesquisadores operacionalizaram suas ideias. Questionários, cotonetes químicos e dispositivos de medição mecânica foram todos usados para quantificar a cultura da honra.

Gostaríamos que você imaginasse que está participando de um desses experimentos. Como todos os participantes, você seria um homem branco norte-americano do norte ou do sul. Você aparece no laboratório e alguém em um jaleco pede que dê uma amostra de saliva. Depois perguntam se você se importaria de levá-la para outro laboratório no final do corredor. Você concorda. No seu caminho pelo corredor, você vê um cara grande e musculoso. Você acha que ele é outra pessoa fazendo o experimento, mas ele está, na verdade, atuando em um papel que foi dado para ele pelos pesquisadores. Na condição de insulto, ele esbarra em você, resmunga "idiota" e então sai perambulando. Na condição de controle, ele passa silenciosamente. Você então dá uma segunda amostra no próximo laboratório.

Como pode ver, a condição de insulto é um caso claro de que sua honra está sob ameaça. Então como você reagiria? Como poderíamos medir as respostas dos participantes para comparar os sulistas e os nortistas?

Em primeiro lugar, os pesquisadores simplesmente perguntaram aos participantes que foram insultados sobre o incidente. Os nortistas foram mais propensos a dizer que se divertiram com a coisa toda. Os sulistas reportaram mais raiva que diversão. Eles também perguntaram aos participantes se achavam que os outros que viram o incidente consequentemente pensariam neles como menos homens. Os sulistas acharam que sua masculinidade diminuiria aos olhos dos outros se tivessem sido insultados, mas não havia diferenças entre o norte e o sul na condição de controle. Essas respostas claramente se encaixam no padrão de cultura de honra para o sul. Mas esses sulistas estão realmente com raiva? Talvez eles só estivessem dando a resposta que eles achavam ser a correta, dada a sua criação, mas não estivessem realmente se sentindo com raiva ou menos homens.

Em seguida, os pesquisadores recorreram a operacionalizações mais inovadoras para explorar essa questão. Em um experimento, os participantes tinham que voltar a passar pelo mesmo homem musculoso que os havia insultado (ou não) anteriormente. O corredor era bem estreito, principalmente dado o tamanho do homem. Duas pessoas não poderiam passar ombro a ombro. Alguém tinha que desistir e esperar ao lado enquanto a outra pessoa passava. Foi pedido que o homem musculoso mantivesse seu território e não desistisse de maneira nenhuma. O que os participantes fariam nessa situação?

Os pesquisadores assistiram aos participantes andarem em direção ao grande homem e mediram o quanto eles chegavam perto dele antes de decidir esperar ao lado e deixá-lo passar. Na condição de controle, onde ninguém havia sido insultado, os homens sulistas esperavam ao lado a uma grande distância. De certo modo, eles eram mais educados e respeitosos para com a outra pessoa. Mas na condição de insulto eles chegaram muito mais próximo ao homem, menos da metade da distância, antes de desistir. Os nortistas mostraram uma diferença muito menor entre as duas condições.

Em outra versão do experimento, os participantes entravam no laboratório depois de ser (ou não) insultados e apertavam a mão do pesquisador. Eles eram capazes de medir a força do aperto de mão dos participantes. Com certeza, se as cobaias sulistas haviam sido insultadas, elas davam um aperto de mão bem mais forte.

Então aqui temos dois aspectos de comportamento — a força de seus apertos de mão e a distância entre eles e o outro homem que não saía do caminho. Os participantes provavelmente mal tinham consciência de como estavam agindo em relação a isso. Ainda assim, os homens sulistas mostraram mais agressividade e comportamento assertivo exatamente nas condições em que sua honra havia sido ameaçada.

Finalmente, os pesquisadores realmente observaram aquelas amostras de saliva. Lembre-se de que eles pegaram duas, uma antes e uma depois do incidente do insulto, para que pudessem medir as mudanças em cortisol e testosterona. Estes hormônios têm uma função complexa no corpo, mas em geral eles parecem estar relacionados ao estresse e à agressão. Os nortistas mostraram pouca diferença, independentemente do que aconteceu a eles no corredor. Mas os sulistas tinham um aumento significativo nesses níveis de hormônios se haviam acabado de ser insultados.

Os dados experimentais contam uma história notavelmente consistente. Dos sentimentos relatados de raiva e masculinidade aos aspectos sutis de comportamento, como apertos de mão e distância interpessoal, à produção corporal de hormônios que influenciam o comportamento: os sulistas são afetados quando sua honra é ameaçada. Esses são experimentos completos que usam atribuições aleatórias e possuem condições de controle bem projetadas. Então sabemos que não é só o fato de os sulistas sempre terem um aperto de mão mais firme ou que todo mundo tem um pico de testosterona quando é insultado. Podemos concluir que essas mudanças ocorrem especificamente nos sulistas quando eles são insultados.

Esse poder e precisão são o melhor que a psicologia social experimental pode entregar. No Capítulo 3, exploramos como os psicólogos sociais projetam e analisam os experimentos para sondar os processos e mecanismos que estão por trás de nossa vida social.

> **NESTE CAPÍTULO**
>
> Compreendendo a diferença entre o entendimento cotidiano e científico
>
> Montando a caixa de ferramentas da psicologia social
>
> Observando os experimentos da psicologia social em ação

Capítulo 3

Montando um Kit: As Ferramentas da Psicologia Social

Todos os dias, nós utilizamos conhecimentos acerca de outras pessoas. Por exemplo, quando tentamos adivinhar por que um pai parece irritado, quando prevemos como um amigo reagirá a uma festa surpresa ou quando deduzimos por que uma pessoa está correndo rua abaixo. Essas crenças são moldadas pelas nossas experiências, histórias, educação, instrução religiosa, por assistir a novelas etc. Mas, frequentemente, esse conhecimento cotidiano é muito diferente da psicologia social científica. Na verdade, mostramos neste capítulo que, frequentemente, o "senso comum" cotidiano é o maior inimigo da psicologia social.

Como os psicólogos sociais provam suas afirmações? Como todos os profissionais, os psicólogos sociais precisam de um conjunto de ferramentas para executar seu trabalho. A ferramenta à qual recorrem com mais frequência é o experimento. Aqui falamos sobre a lógica por trás do projeto do experimento e como ele dá aos cientistas a habilidade de tirar conclusões sobre raízes causais do comportamento humano. Para fazer isso, tenho que falar sobre algo que pode deixar as pessoas desconfortáveis: estatística. Se você fica desconfortável com a matemática e sente-se tentado a pular estas seções, por favor, aguente. Prometo que não existem fórmulas e equações intimidadoras aqui.

Neste capítulo, mostramos como os psicólogos sociais combatem o inimigo superficial do senso comum e por que as ferramentas das técnicas experimentais e estatísticas são tão importantes na construção do conhecimento. Não entraremos nos detalhes de como você realiza cálculos estatísticos, mas quero transmitir a notável conexão que a psicologia social pode fazer entre qualidades maravilhosas da experiência humana e o poder do método científico. Isso torna a psicologia social muito mais interessante do que falar de romances e muito mais complicada do que a física e a química. Isso pode até encorajá-lo a pegar um livro sobre estatística.

A PSICOLOGIA SOCIAL NA ARTE E NA RELIGIÃO

A *Epopeia de Gilgamesh* é uma das histórias mais antigas que nossa espécie conta e que ainda sobrevive até os dias atuais. Ela foi criada, estimamos, há cerca de 4.000 anos. Versões foram escritas em tábuas de pedra do tamanho da palma da mão algumas centenas de anos depois e redescobertas no século XIX. É a lenda de um Gilgamesh, um rei, de deuses e monstros do submundo. Mas não é só uma lista de batalhas vencidas e perdidas. É um registro complexo de orgulho, ciúmes, amor e amizade (e também uma ótima leitura). Mesmo nossas histórias mais antigas são psicologicamente ricas. Elas contêm conhecimento sobre o que motiva as pessoas, o que elas temem e como amam.

As escrituras — o Vedas, a Bíblia, o Alcorão e a Torá — são similarmente ricas em insights psicológicos. Elas contêm parábolas sobre como as pessoas se comportam, em que acreditam e como deveriam agir umas com as outras. Nos sermões, essas histórias são recontadas até os dias atuais e aplicadas na vida moderna. De várias maneiras, essa atividade é uma forma de psicologia social. Por milhares de anos, em um contexto artístico e religioso, as pessoas têm feito generalizações sobre o comportamento social humano e aplicado-as a situações novas. Mas, de uma maneira muito importante, esse conhecimento não está nem próximo da ciência. Essas observações e generalizações não estão destiladas em teoria e não foram testadas sistematicamente. Por isso, precisamos do método científico.

Encarando o Maior Inimigo da Psicologia Social: O Senso Comum

Quando você conta entusiasmadamente às pessoas sobre as descobertas de um engenhoso experimento de psicologia social cuidadosamente executado, uma resposta muito comum que você ouve é: "Bem, isso é só senso comum, não é?". Se você for um estudante, ouvirá isso de amigos que estudam outras matérias e de sua família em casa. Para eles, depois de vários anos de estudo árduo, você acaba com um diploma em senso comum básico.

Nesta seção, confrontamos o conhecimento da psicologia social e o conhecimento do senso comum. Mostramos que as coisas que para muitas pessoas parecem óbvia e tediosamente verdadeiras mostram-se ser simplesmente falsas quando os cientistas executam experimentos cuidadosos. Por que então as pessoas frequentemente querem continuar com suas crenças relativas ao senso comum e ignoram as conclusões da psicologia social? A resposta para isso é em si uma parte fascinante da psicologia social, que introduzimos aqui e discuto mais na Parte 3 deste livro.

Desafiando a noção de senso comum

Uma vez, li um artigo de jornal no qual o colunista estava discutindo um trabalho científico recente. Os pesquisadores descobriram que quando as pessoas experimentavam longos períodos de ansiedade, tinham a tendência a ganhar peso. O colunista estava muito nervoso com o fato de que haviam gastado dinheiro para provar esse fato. Era óbvio, a partir de experiências cotidianas, que comemos mais quando estamos tristes ou nervosos. Ele resumiu a pesquisa em uma observação maravilhosamente concisa: "Isso é somente senso comum dispendiosamente transformado em ciência". O senso comum é o maior inimigo da psicologia social, alegremente descartando os resultados da pesquisa científica.

Certamente, as pessoas têm um rico senso de psicologia popular, um entendimento da mente e do comportamento dos outros, que usam todos os dias. Mas achar que isso é o mesmo que o entendimento *científico* do comportamento é um grande erro. No entanto, não acredite no que lhe dizemos: coloque seu próprio conhecimento de senso comum para ser testado!

EXPERIMENTE

Leia cada uma das seguintes afirmações e use o seu senso comum (e não a pesquisa da internet!) para decidir se parecem verdadeiras ou falsas.

1. **Para mudar o modo como as pessoas se comportam, você deve primeiro mudar suas atitudes.**

2. Quanto mais você é recompensado por uma atividade, mais você gostará de fazê-la.

3. Quando as pessoas decidem coisas como um grupo, elas normalmente tomam decisões mais moderadas do que quando tomam decisões individuais.

4. Se estiverem sozinhas, as pessoas são menos propensas a ajudar alguém que pode estar com problemas na rua.

5. Em média, homens heterossexuais têm mais parceiras sexuais do que mulheres heterossexuais.

Agora continue lendo e veja quantas você acertou...

Nenhuma dessas afirmações é verdadeira. Mesmo que cada uma pareça concordar com o senso comum da maioria das pessoas, a psicologia social possui evidências sólidas de que todas elas são falsas.

Você pode ler muito mais sobre os aspectos perturbadores das atitudes nos Capítulos 4 e 5, e mais relacionado às afirmações 1 e 2 no Capítulo 6. Discutimos o pensamento em grupo no Capítulo 16.

A PSICOLOGIA SOCIAL E A SOCIEDADE

A ciência parece cada vez mais central em nossas vidas e conversas. Não é só o fato de que as histórias científicas estejam nas manchetes de notícias, como a descoberta da partícula subatômica bóson de Higgs ou o mapeamento do genoma humano. A perspectiva científica informa muitas histórias e ideias em discussões públicas — especialmente a psicologia social. Quando falamos sobre a melhor maneira de criar um filho, por que algumas pessoas cometem crimes terríveis (discutimos a ideia da crueldade no Capítulo 11) ou até mesmo por que um casal de celebridades termina um relacionamento, um cientista social é sempre chamado.

Como um cientista, isso me parece um passo muito positivo. Não que pensemos que as visões científicas atuais sejam necessariamente corretas e devam dominar a discussão. É porque cada vez mais pessoas percebem que o que importa não é quem tem a opinião e o volume em que gritam, mas a *evidência* que suporta uma opinião. Os cientistas são pessoas que, por dever do ofício, coletam e analisam evidências. Entretanto, a atenção cada vez maior na ciência social tem um lado ruim. Isso significa que, cada vez mais, a psicologia social tem que ficar frente a frente com o seu maior inimigo: o senso comum.

Não temos evidências que provem que a afirmação 5 seja falsa. Na verdade, nem precisamos de evidências aqui. Logicamente, a afirmação deve ser falsa. Considere isso: sexo heterossexual, por definição, significa sexo entre um homem e uma mulher. Então se estivermos contando parceiros sexuais, cada vez que ocorre o sexo heterossexual, existe um parceiro sexual masculino e um feminino. Se quisermos descobrir quantos parceiros sexuais homens e mulheres têm em média, dividimos o número de parceiros sexuais masculinos e femininos pelo número de homens e mulheres. Bem, nós vimos que existe um número igual de parceiros de cada sexo e que há um número igual de homens e mulheres. Portanto, eles devem ter um número igual de parceiros sexuais, em média. Para muito mais sobre relacionamentos interpessoais, confira o Capítulo 15, em vez de confiar no seu senso comum.

Aceitando que o senso comum pode não ter sentido

Se você descobriu que seu senso comum não é tão bom quanto pensava, então você pode se alegrar tentando este experimento com seus amigos e familiares sabe-tudo. Diga a um grupo deles que você acabou de ler a respeito de um estudo sobre relacionamentos em seu livro de psicologia social. Explique que, quando se trata de tipos de personalidade, os opostos se atraem. Seu público pode reclamar que eles sempre souberam disso: é apenas senso comum. Então encontre outro grupo de amigos ou familiares. Diga a eles que seu livro informou que, quando se trata de tipos de personalidade, as pessoas mais parecidas umas com as outras se dão melhor. Novamente eles podem reclamar que isso é óbvio: é senso comum que "quem se mistura com porcos farelos há de comer".

Você pode dar à metade das pessoas uma afirmação e para a outra metade, outra afirmação que diz exatamente o contrário, como no exemplo de relacionamentos anterior. O que acontece é que a maioria das pessoas acha que essas afirmações completamente opostas são provavelmente verdadeiras e que elas já sabiam disso desde o princípio. Essa é uma marca do conhecimento de senso comum sobre a psicologia: ele é perfeitamente feliz em contradizer a si mesmo. Este não é o caso da psicologia social científica.

Confirmando as tendenciosidades no pensamento social

Por que as pessoas afirmam tão prontamente que uma assertiva (ou seu oposto) concorda exatamente com o que elas já sabiam? Bem, os psicólogos sociais estudaram esse fenômeno e entenderam que é um viés sistemático da maneira que pensamos sobre o mundo. Volte a pensar sobre nosso colunista do jornal lendo que cientistas descobriram que pessoas ansiosas ganham peso. Quando ele leu isso provavelmente pensou em todas as vezes em que comprou chocolate para se animar ou todas as vezes em que viu uma personagem de um seriado ser chutada pelo namorado e, na próxima cena, comer um pote de sorvete na cozinha. Essas memórias e imagens todas parecem confirmar a ideia que sentimentos negativos causam o ganho de peso, e então ele sente que já sabia os resultados do estudo desde sempre.

E se o colunista tivesse lido que os cientistas afirmavam que a ansiedade leva as pessoas a perderem peso? Achamos que ele teria buscado na memória e imaginado uma pessoa esquelética e com cara de preocupada cutucando a comida e então empurrando o prato com um suspiro. Ele pode ter se lembrado da vez em que chegou em casa da faculdade deprimido e sua mãe perguntou se ele estava se sentindo bem, porque parecia que ele tinha perdido peso. Em outras palavras, ele teria sido capaz de encontrar uma quantidade igual de lembranças de evidências anedóticas que tornam senso comum que sentimentos negativos causam perda de peso.

Isso é chamado de *viés de confirmação*. O senso comum tem uma tendência a buscar na memória apenas evidências que confirmam ou sustentam uma ideia. Não temos a tendência de pensar na evidência contrária a uma ideia. Esse é o trabalho do cientista. É por isso que usamos cuidadosamente o método científico para contar evidências confirmantes ou não, para pesá-las estatisticamente e excluir explicações concorrentes.

Tratamos de vieses relacionados ao *self* (ego) no Capítulo 8 e escrevo mais sobre tais vieses no pensamento social nos Capítulos 9 e 10. Mas por agora quero deixar uma coisa clara. Algumas vezes pode ter parecido que dissemos que os cientistas estão sempre certos e os não cientistas entendem errado as coisas. Não é nada disso! Esses vieses ocorrem com todos: com os cientistas também. Na verdade, houve casos embaraçosos. Na seção anterior, "Desafiando a noção de senso comum", expliquei por que é impossível que homens heterossexuais tenham um número de parceiras sexuais mais alto, em média, que mulheres heterossexuais. Entretanto, um artigo publicado certa vez em um jornal de psicologia social fazia exatamente essa afirmação.

Os pesquisadores haviam inquirido a população de estudantes de uma pequena cidade universitária, perguntando o número de vezes em que os alunos homens e mulheres haviam feito sexo heterossexual com outros membros da comunidade universitária. Eles realizaram uma análise estatística, escreveram seus resultados, tiveram seu artigo revisado por um editor e por outros cientistas do campo, e o publicaram. Foi só depois de o artigo ter sido publicado que alguém apontou que seus resultados eram logicamente impossíveis. Aparentemente, a descoberta que jovens do sexo masculino eram sexualmente ativos se encaixava tão bem com o viés de confirmação de todo mundo que ninguém pensou em questioná-la rigorosamente. Na verdade, tudo o que os pesquisadores mostraram é que os jovens do sexo masculino afirmarão que tiveram mais parceiras sexuais que jovens do sexo feminino, e essa descoberta, admitimos, é simples senso comum.

EXPERIMENTANDO COM A MINHA MAQUIAGEM

Quando eu estava na faculdade, experimentei usar delineador. Eu estava fazendo um teatro estudantil e um dia esqueci de tirar o delineador depois do ensaio. Uma menina em um pub disse que combinava comigo e, então, por algumas semanas, brinquei com um tipo de look nerd New Romantic. Como um experimento, acho que falhei. Esse é um uso perfeitamente razoável da palavra "experimento" no sentido de "tentar" ou "experimentar", com o qual as pessoas estão bem familiarizadas. Mas não está nada próximo do que queremos dizer com um "experimento" em psicologia.

Se eu realmente tivesse experimentado com o delineador, por exemplo, eu teria usado maquiagem em dias aleatórios ou sistematicamente variados e teria ido a uma série de bares e pubs escolhidos aleatoriamente, entregando enquetes padronizadas para as pessoas que encontrasse. Eu poderia então ter testado a hipótese de que o delineador aumentava a minha atração para as outras pessoas vendo se havia um aumento de níveis maior do que o acaso para as classificações das enquetes quando eu estava usando maquiagem. Mas até isso seria um experimento pobre pelos padrões da psicologia. Talvez seja o caso de que o delineador me fazia *sentir* mais artístico e interessante, e que a mudança no meu comportamento fosse percebida como mais atraente (uma hipótese improvável, eu admito, mas possível).

Um teste melhor seria ter uma amiga passando a maquiagem em mim, usando ora um lápis de olho de verdade, ora um lápis falso que não deixasse nenhuma marca. Assim, eu não saberia se estava ou não usando a maquiagem enquanto interagisse com outras pessoas. Se ainda houvesse uma diferença nas pontuações da enquete, poderíamos excluir a explicação da confiança e ter evidências melhores de que o delineador me tornava mais atraente.

Eu nunca executei esse experimento adequadamente, e parei de usar delineador depois de algumas semanas. Infelizmente, isso teve mais a ver com os olhares fulminantes dos meus amigos do que com as evidências baseadas nas conclusões. Mas isso aconteceu mais ou menos ao mesmo tempo em que troquei o curso de filosofia pelo de psicologia e a razão era que eu havia me apaixonado por experimentos. Na filosofia, as discussões e os debates entre grandes pensadores podem se estender por séculos sem serem resolvidos. Mas o poder incrível do experimento significa que, se você seguir o método adequadamente, qualquer um pode testar uma hipótese e impulsionar nosso entendimento.

Entrando no Mundo Fascinante do Experimento da Psicologia Social

Quando eu era jovem, perdi muito tempo jogando videogames. Em um chamado *Street Fighter II* você tinha que lutar com os inimigos mais formidáveis, surrando, socando, chutando e pulando. Cada personagem com o qual você jogava tinha um movimento especial, como arremessar bolas de fogo ou puxar o esqueleto dos inimigos para fora do corpo pela boca. Para realizar esses movimentos especiais, você precisava de uma série complicada de botões. Era muito difícil acertar, mas se você conseguisse realizar o movimento especial, você era absolutamente invencível.

Embora o senso comum seja um inimigo formidável para os psicólogos sociais, estes possuem um movimento especial: o experimento científico. Também é algo complicado de conseguir acertar e certamente envolve um monte de pressionamentos de botões complicados. Mas se os cientistas sociais conseguem acertar, alcançam conclusões invencíveis.

Nesta seção, explicamos o que é um experimento e de onde ele tira seu poder. Explico os três elementos-chave de um experimento de psicologia social — atribuição aleatória, manipulação e medição — e mostro como eles se combinam e o que podem provar.

Apreciando o poder incrível do método científico

A ciência é um método sistemático que nos permite desenvolver, testar e rejeitar teorias. Ela não fornece certezas e não produz teorias que estão sempre certas. Mas, a longo prazo, o método científico aplicado corretamente sempre tropeça para a frente em direção à verdade, construindo o conhecimento gradualmente. Esse progresso ascendente é muito diferente do conhecimento de senso comum. Não estamos mais sábios em nossos entendimentos cotidianos do que qualquer um de nossos avós ou dos avós deles. O senso comum não acumula. Mas a ciência, a longo prazo, está sempre construindo conhecimento.

Você pode pensar no método científico como uma série de passos:

1. **Observe o mundo.**
2. **Forme uma explicação para o que você vê. Isso é chamado de hipótese. Você pode formar uma hipótese particular porque ela vem de uma teoria que você tem.**

3. **Teste sua hipótese em um experimento.** As hipóteses fazem previsões sobre o que acontecerá, e um experimento é sempre uma maneira de descobrir se essa previsão é verdadeira. Isso envolve manipular cuidadosamente e medir coisas sobre o mundo, que são chamadas de variáveis experimentais. Analise seus dados usando a estatística para ver se as previsões se tornaram realidade.

4. **As suas previsões se realizaram?** Você tem o suporte para a sua hipótese e para a sua teoria. Agora você precisa escrever exatamente o que você fez para que outras pessoas possam realizar o mesmo experimento e conseguir o mesmo resultado. Isso é chamado de replicação e é uma parte vital do método científico. Agora você pode gerar mais hipóteses e previsões da sua teoria e voltar ao Passo 2 para testá-las.

5. **As suas previsões não se realizaram?** Você deve rejeitar essa hipótese. Se isso acontecer vezes suficientes, você deve rejeitar também a teoria toda. Volte ao Passo 2 e tente modificar sua teoria ou começar novamente.

Isso, basicamente, é o método científico. Em algumas centenas de anos desde que começamos a usá-lo, ele produziu novas maneiras de entender os céus, nossos corpos e a matéria em si. Ele gerou ideias que eram radicalmente diferentes de qualquer uma anterior. Ele produziu a tecnologia que deu poder às revoluções industrial e da informação. Mais tarde, quando voltamos o método para nós mesmos, ele produziu a psicologia social.

PAPO DE ESPECIALISTA

O método científico como o conhecemos começou no século XIII, nas universidades da Europa. Antes disso, existiam sociedades, como os antigos babilônios, os gregos e os romanos, o Califado Abássida e a dinastia Han, que eram tecnologicamente talentosas e faziam observações assustadoramente precisas do mundo. Mas foi só no Renascimento, no século XVI, que pessoas como Francis Bacon foram capazes de articular um método científico completo, uma maneira de adquirir conhecimento por meio da experimentação e do teste de hipóteses que poderia gerar conhecimentos novos e duradouros.

Existe uma coisa revolucionária sobre o método científico. Ela fica entre os passos 3 e 4 anteriores. O que decide qual hipótese mantemos e qual jogamos fora? É qualquer coisa que aconteça no seu experimento. O próprio universo decide quais teorias e crenças podemos manter. Isso era uma revolução. Antes disso, as pessoas com autoridade decidiam no que deveríamos acreditar: padres, reis e filósofos. O slogan da Royal Society, a primeira instituição científica, é *Nullius in verba*, ou "Não acredite nas palavras de ninguém".

PAPO DE ESPECIALISTA

Vamos aplicar o método. Imagine que você vê alguém desmoronando em um vagão de trem vizinho enquanto aperta o peito. Ninguém vai ajudar e isso parece estranho para você. Você forma uma hipótese de que, às vezes, as pessoas não ajudam estranhos com problemas porque se sentem incapazes de fazer qualquer coisa útil sozinhas. Isso gera a previsão de que quanto mais pessoas estão no vagão do trem quando uma pessoa está com problemas, mais propensas elas ficam a ajudar. Há uma força nos números.

Então você realiza um experimento cuidadoso para testar essa hipótese. Você contrata um ator para fingir um infarto em vários vagões de trem com diferentes números de pessoas neles, e mede cuidadosamente a probabilidade de as pessoas irem até o homem caído e ajudá-lo.

O que você descobrirá — sabemos isso porque os psicólogos sociais fizeram precisamente esses experimentos — é que quanto mais pessoas estão no trem, *menor* é a probabilidade de outras pessoas ajudarem. Então, suas previsões estavam erradas, sua hipótese pode ser rejeitada e você talvez tenha que revisar suas suposições e sua teoria. Ou você pode se preocupar que não realizou o experimento corretamente e que ele tinha algumas falhas. Por exemplo, talvez um vagão de trem cheio esteja repleto de tipos diferentes de pessoas (por exemplo, viajantes habituais) do que vagões quase vazios (por exemplo, turistas) e é essa a diferença que explica por que alguns ajudaram e outros não. Então, você volta, repensa sua teoria, refina seus experimentos e tenta novamente. Você está seguindo perfeitamente o método científico.

Projetando um experimento

Nesta seção, descrevemos a elaboração de um experimento para responder a uma simples questão: uma xícara de chá torna uma pessoa mais agradável? Prometemos que os experimentos neste livro são frequentemente mais interessantes, mas começar com algo simples é uma boa ideia. Temos uma hipótese bem simples sobre o ato de beber chá e os efeitos que isso pode ter no comportamento social; especificamente, como isso pode fazer com que você interaja com pessoas de maneira diferente. Então vamos testá-la.

Em nosso primeiro experimento simples, temos duas pessoas: Alan e João. O fator que controlamos é se eles bebem chá ou não. Alan está em uma *condição experimental* e recebe uma xícara de chá. João está no outro grupo e não recebe nada. Então medimos algo: eles interagem com um pesquisador e são filmados. Mais tarde, outros pesquisadores (que não sabem em quais condições estão Alan e João) assistem a esses vídeos e escrevem o quão amigavelmente Alan e João estão agindo. Eles contam o número de sorrisos dados, o número de amabilidades que murmuram e assim por diante. Digamos que Alan teve uma pontuação mais alta na nossa escala de cordialidade. Agora nós provamos que o chá torna as pessoas mais amáveis? Tire um momento e pense em outras explicações para os nossos resultados.

Suas explicações provavelmente podem ser colocadas em duas categorias: elas podem ter a ver com as *diferenças entre as pessoas*, Alan e João neste caso, ou elas podem ser devidas às *diferenças entre as condições experimentais*, neste caso, receber ou não uma xícara de chá. O método científico nos dá soluções notáveis para cada um desses dois conjuntos de problemas.

Diferenças entre as pessoas

Aqui estão algumas razões por que Alan pode ter tido uma pontuação mais alta que João na escala de cordialidade depois de beber uma xícara de chá:

» Alan sempre foi mais amável que João.

» João não dormiu bem na noite passada, então está se sentindo um pouco mal-humorado hoje.

» A pesquisadora lembrou João de sua ex-namorada, que partiu seu coração, e ele ainda está magoado.

» Alan está usando delineador e está se sentindo especialmente confiante e paquerador hoje.

O problema é que existem milhões de diferenças em potencial entre Alan e João. Como podemos ter certeza de que suas pontuações diferentes no teste são devidas ao chá e não a qualquer outro desses fatores? Podemos medir quantos fatores forem possíveis (suas pontuações de cordialidade antes do teste, seu nível de sono, suas opiniões sobre a pesquisadora), mas de quantas precisamos? Como sabemos quais medir? O outro problema é que realmente não estamos interessados em Alan e em João em particular; estamos interessados nos efeitos do chá em todas as pessoas.

Esse parece ser um problema intransponível. Como podemos lidar com o fato de que as pessoas são diferentes de tantas maneiras: sua educação, sua personalidade, seu humor naquele dia, se gosta ou não da pesquisadora, e assim por diante. Tudo isso poderia influenciar como se comportam em nossos experimentos. Como descontamos todos esses fatores sobre as pessoas para que possamos focar aquilo que nos importa: se é o efeito do chá ou qualquer outra coisa que estudarmos em psicologia social?

CONHECENDO O SR. COMUM

O escritor Kevin O'Keefe descobriu o "norte-americano comum": Bob Burns. O'Keefe observou os resultados de quantas enquetes sobre norte-americanos ele podia possivelmente encontrar. Ele olhou as respostas comuns de cada uma. Então encontrou uma pessoa no país que deu o maior número de respostas comuns. Como o norte-americano comum, Bob Burns come manteiga de amendoim pelo menos uma vez por semana e prefere a lisa à granulada, ele vai à igreja pelo menos uma vez por mês e mora a uma distância de 20 minutos de carro de um Wal-Mart e cerca de cinco quilômetros de um McDonald's. Assim, se realizarmos todos os nossos experimentos em Bob Burns, poderíamos aprender algo sobre o norte-americano comum? Provavelmente não. E o Sr. Burns pode também não estar muito interessado nisso.

Se tivermos dois grupos de pessoas, aquelas que recebem uma xícara de chá e aquelas que não recebem, então podemos tentar ter certeza de que em cada grupo existe um número igual de pessoas amáveis, de pessoas que bebem chá regularmente, de homens e mulheres, de extrovertidos e introvertidos, de pessoas felizes e tristes. Mas é praticamente impossível medir ou controlar todos esses fatores — são fatores demais. Então como temos certeza de que esses dois grupos de pessoas são exatamente os mesmos em todos os aspectos, tirando o fato de que um grupo recebe chá e o outro não?

A resposta é bem notável: nós desistimos. Nem tentamos medir ou controlar todos esses fatores. Não fazemos nada e deixamos tudo isso nas mãos dos deuses. Ou ainda, deixamos para o acaso. Isso é chamado de *atribuição aleatória.* E significa que você coloca seus participantes aleatoriamente em suas condições experimentais. Quando as pessoas chegam ao seu laboratório, você tira cara ou coroa, literalmente, para colocá-las no grupo do chá ou no grupo sem o chá. Essa jogada da moeda é que resolve o problema experimental de todas as diferenças que existem entre as pessoas.

LEMBRE-SE

Isso pode parecer um detalhe metodológico pequeno, mas a atribuição aleatória é a chave para o método experimental na psicologia social. As ciências, como a química, não têm esse problema. As moléculas de hidrogênio são idênticas umas às outras e se comportam da mesma maneira em todo o mundo. Mas nós estudamos pessoas, e elas diferem em todos as maneiras que mudam como se comportam. Contudo, podemos executar experimentos científicos rigorosos nelas, graças ao poder da atribuição aleatória.

Aqui está o raciocínio por trás da atribuição aleatória. Se você colocar pessoas em dois grupos aleatórios, então pode ter certeza que em *qualquer coisa que medir* sobre elas — altura, inteligência, gostar de música pop dos anos 1980 — a média entre esses dois grupos será mais ou menos a mesma. Podemos ir ainda mais além nesse pensamento. Ao longo dos últimos 100 anos, desenvolvemos ferramentas estatísticas muito inteligentes. Elas podem nos dizer com grande precisão qual a probabilidade de uma diferença entre os dois grupos existir por causa de uma aleatoriedade.

Resumindo, não podemos medir ou controlar todas as maneiras pelas quais as pessoas são diferentes. Então, em experimentos, nós as atribuímos a grupos aleatórios, *porque sabemos exatamente como a aleatoriedade se parece.* No nosso exemplo do chá, podemos atribuir pessoas aleatoriamente ao grupo do chá e ao do sem chá. Se as pontuações no teste são diferentes entre esses dois grupos, podemos dizer se a diferença é devida à aleatoriedade ou à diferença real em seus comportamentos. Se estiverem se comportando de maneira diferente, então podemos ter certeza de que é devida ao fato de alguns terem bebido chá e outros não, e que não é só porque pegamos participantes mais felizes, amigáveis e menos sonolentos em um grupo e não no outro.

Note que essa lógica só funciona se seus participantes realmente forem atribuídos aleatoriamente. Digamos, por exemplo, que você executou esse experimento do chá em uma universidade e o fez em dois estágios, pela manhã e à tarde. Seus participantes podiam se inscrever em qualquer um desses dois períodos. Isso não é atribuição *aleatória*. Pode ser que as pessoas que escolheram o período da manhã sejam alunos mais motivados e extrovertidos que terão uma pontuação maior no teste de cordialidade.

CAPTURANDO A ALEATORIEDADE

PAPO DE ESPECIALISTA

Que diferença duas médias devem ter para que você conclua que isso não ocorre devido ao acaso? Digamos que você parece perder sempre para sua amiga no cara ou coroa com uma moeda da sorte específica que ela sempre carrega. Você fica desconfiado, então você pega emprestada a moeda, leva para casa e tira cara ou coroa 100 vezes. Você esperaria tirar 50 caras se a moeda fosse honesta: se houvesse uma chance igual de tirar cara ou coroa. Mas você não ficaria muito assustado se tirasse 52 caras. Ou talvez 55. Mas se tirasse 70 caras, você começaria a ficar preocupado que sua amiga estivesse trapaceando? Como você sabe quantas caras são demais?

Usando a estatística, podemos colocar probabilidades específicas nesses resultados diferentes. Podemos dizer que, se a moeda é honesta, então há uma chance de 38% de você tirar 52 caras ou mais em 100 tentativas. Isso não é nem um pouco improvável. Mas há uma chance de apenas 18% de tirar 55 caras ou mais, e uma chance de 0,004% de tirar 70 caras ou mais.

Então, agora que quantificamos essas probabilidades, a pergunta permanece: quão improvável o número de tentativas deve ser antes de dizermos que a moeda não é honesta? Na ciência social, nós concordamos que devemos impor um limite e dizer que se algo tem uma chance menor que 5% de acontecer, então ele não acontece apenas por acaso. Algo mais está acontecendo. Para o exemplo do cara ou coroa, você precisaria tirar 59 caras ou mais em 100 tentativas para ultrapassar a marca dos 5%. Se isso acontecesse, você teria base científica para entrar em uma briga com sua amiga por causa da moeda da sorte.

De maneira similar, digamos que você execute seu experimento, analise seus resultados e descubra que existe uma chance de 6% de conseguir as diferenças que você encontrou por acaso. A convenção é que você, na verdade, não descobriu nada: essas pequenas diferenças são só aleatórias. Mas se você descobriu que existe uma chance menor que 5% de conseguir seus resultados, você pode concluir que isso é mais do que apenas a aleatoriedade trabalhando: você tem um resultado significativo.

Ou, para pegar outro exemplo, digamos que a pesquisadora resolva colocar as pessoas em grupos diferentes de acordo com a primeira letra de seus sobrenomes. Isso não é aleatório: pessoas que vêm da mesma parte do mundo frequentemente têm o mesmo sobrenome. Então isso tecnicamente tenderá a que se escolha colocar números desiguais de culturas e etnias diferentes nos dois grupos. A atribuição aleatória só funciona se for feita pelo pesquisador e se for realmente aleatória.

Diferenças entre as condições experimentais

A atribuição aleatória resolve o problema de todas as diferenças que existem entre os participantes em nossos experimentos. Voltando ao nosso experimento sobre o chá com Alan e João, você talvez tenha pensado em outras explicações para o porquê de eles terem pontuações diferentes em nosso teste de cordialidade. Queremos ver se o *chá* teve algum efeito na cordialidade, mas se Alan tem uma pontuação maior que João depois de tomar uma xícara de chá, pode ser porque:

- » Bebidas quentes ajudam a esquentar o corpo e era um dia frio, o que deixava as pessoas sem chá irritadas.
- » Ficar bem hidratado aumenta sua cordialidade.
- » João ficou um pouco chateado quando viu Alan receber uma xícara de chá. Ele se sentiu um pouco ressentido com a pesquisadora e, por isso, foi pouco amigável.
- » As pessoas acreditam que se sentem melhor quando tomam chá pela manhã. Essa crença melhorou o humor de Alan e o levou a agir mais amigavelmente com a pesquisadora.

Então por que a bebida ajudou Alan? Foi por causa do chá especificamente ou foi por outras razões? Como podemos excluir essas outras explicações? Para lidar com as diferenças entre as pessoas, podemos usar o poder da atribuição aleatória. Infelizmente, não há um remédio mágico para lidar com esse problema.

A questão é que temos um fator específico que queremos estudar: nossa hipótese experimental de que um aumento no consumo de chá melhorará a performance na escala da cordialidade. Mas veja nossas duas condições experimentais — tomar uma xícara de chá e não tomá-la. Essas duas condições certamente diferem nesse fator crucial do chá. Mas também diferem em todo um conjunto de outras maneiras — beber líquidos, ficar aquecido, receber algo bom do experimentador, e assim por diante. O termo técnico para esses outros fatores é *confundidor* ou *variáveis de confusão*. Elas são diferenças indesejadas entre as condições experimentais. São indesejadas porque não podemos dizer se as diferenças entre as pontuações das condições são devidas a um fator que nos importa ou devidas a todas as outras variáveis de confusão.

DICA

Quando dois psicólogos sociais discutem sobre um resultado, geralmente é porque um acha que o outro tem variáveis de confusão em seu experimento. Muitas vezes é difícil projetar experimentos sobre o comportamento social sem nenhum fator passível de confundir os resultados. Quando você lê sobre uma nova pesquisa, pensa cuidadosamente sobre a existência de qualquer variável de confusão que poderia fornecer uma explicação diferente daquela dos pesquisadores originais.

O problema é bem conhecido e é tratado mais facilmente em outras ciências, como a medicina. Quando testa um novo remédio, um médico dá a um grupo o remédio real e para o outro, um *placebo*: um comprimido que parece o mesmo mas não tem efeitos médicos. Isso garante que em todos os aspectos — visitas ao médico, crença de estarem em um teste, a esperança de melhorar — os dois grupos sejam idênticos. A única diferença é se eles tomaram ou não o remédio.

Mas, na psicologia social, isolar e controlar as condições experimentais são muitas vezes mais difíceis porque estamos estudando o comportamento social das pessoas, que é baseado em suas experiências do mundo real, onde fatores causais estão frequentemente inter-relacionados. Veja o caso do "viés da própria raça" para reconhecimento de rostos. Isso significa, por exemplo, que norte-americanos brancos conseguem reconhecer e lembrar melhor de rostos de outros norte-americanos brancos do que de norte-americanos negros.

Podemos concluir que as pessoas processam melhor os rostos de seu próprio grupo racial? Bem, sim, de certo modo. Mas, das evidências que apresentei aqui, pode não ter nada exatamente a ver com a raça. As sociedades ainda são racialmente segregadas até certo ponto. Se você é branco nos Estados Unidos, é mais provável que passe mais tempo com pessoas brancas. Em outras palavras, existe uma variável de confusão presente. Para os participantes brancos, os rostos negros pertencem a outro grupo social, mas também são rostos menos familiares. As diferenças entre rostos brancos e negros têm a ver com grupos raciais ou com rostos familiares? Como veremos no Capítulo 10, os pesquisadores tiveram muito trabalho desconfundindo essas variáveis. Mas espero que você tenha entendido o quanto essa questão pode ser complicada na psicologia social.

A melhor maneira de contornar o problema das variáveis de confusão é reprojetar o experimento com mais cuidado. O caso ideal é aquele em que a *única* diferença entre as duas condições esteja no fator importante para você. Em nosso exemplo, a hipótese experimental é a de que a presença do chá melhora a cordialidade. Em uma condição, a pesquisadora faz uma xícara de chá normal. Em outra, é água quente com leite, açúcar e um substituto de chá descafeinado. Agora nós removemos todos os confundidores? Bem, não exatamente...

Temos certeza de que as duas bebidas têm o mesmo gosto? Poderíamos melhorar a pesquisa fazendo também um teste de sabor antes do experimento principal, para ver se outros participantes podem notar a diferença entre as duas bebidas ou se têm uma preferência por uma delas. Isso é bom, mas mesmo supondo que as duas bebidas tenham o mesmo gosto, ainda resta uma variável de confusão.

CAPÍTULO 3 **Montando um Kit: As Ferramentas da Psicologia Social**

No nosso projeto atual, quando os pesquisadores entregam uma xícara de chá, eles sabem se ela tem chá ou não. Você pode achar isso surpreendente, mas temos boas evidências que nos fazem acreditar que o conhecimento que os pesquisadores têm sobre a condição experimental tem o potencial de influenciar o comportamento dos participantes e mudar os resultados.

Experimentos em escolas, por exemplo, envolveram um cientista entrando em uma sala de aula e tirando algumas crianças de lá para um "teste cognitivo". Foi dito à professora quais crianças pontuaram na categoria "altamente inteligente". Mais tarde, o cientista voltou à sala de aula. Ele pediu à professora que desse notas às performances das crianças e continuou seu próprio teste.

Na verdade, não houve nenhum "teste cognitivo" no primeiro momento. O cientista escolheu algumas crianças aleatoriamente e disse para a professora que elas eram altamente inteligentes. Essa informação falsa tinha dois efeitos. Ela aumentava a avaliação da performance do aluno pela professora, mas também aumentava a performance do aluno no segundo teste. O que provavelmente aconteceu é que a professora formou uma opinião positiva dos alunos "altamente inteligentes". Ela então dava mais atenção a eles, os chamava para responder perguntas e talvez fazia perguntas para desafiá-los. Desta maneira, a expectativa da professora mudou o comportamento das crianças e suas pontuações no teste.

De maneira similar, no decorrer de um experimento de psicologia social, se um pesquisador tem conhecimento sobre a condição e espera que os participantes reajam de uma certa maneira, a expectativa pode mudar o comportamento desses participantes. Então, um projeto ainda melhor para o nosso experimento seria ter um segundo pesquisador que fizesse as bebidas, um chá de verdade e o outro não, em uma caneca azul e em uma vermelha. Os fazedores de bebidas entregariam, então, as canecas ao outro pesquisador, sem dizer qual bebida está em qual caneca. Agora temos algo se aproximando de um bom projeto. A única diferença entre as duas condições é a presença ou a ausência de chá. Mas ainda há mais uma coisa com a qual nos preocupar...

Operacionalização: Transformando conceitos em coisas que você pode contar

A *operacionalização* é o que torna a psicologia social uma ciência. É o processo de pegar um conceito — conformidade, preconceito, felicidade, culpa, alívio, atração, tédio — e transformá-lo em algo que pode ser observado e medido. Com o experimento do chá, por exemplo, dissemos que queríamos testar se ele tornava as pessoas melhores. Como operacionalizamos isso? Qual é a medida correta de "gentileza"?

Claro que em ciências como física e química isto é fácil. Elas têm balanças, velocímetros, papéis de tornassol e termômetros. Todos esses dispositivos podem medir um conceito como massa, velocidade, acidez e calor, e dar a eles um número. Fácil. Mas nós não temos engenhocas com mostradores e leitores que possam nos dizer o quanto as pessoas estão felizes ou se elas gostam de alguém ou, ainda, se são obedientes. Então, na psicologia social, temos que trabalhar muito duro para encontrar maneiras pelas quais possamos medir e quantificar essas coisas.

Muitas vezes podemos apenas pedir que as pessoas nos deem números. "Qual o seu nível de felicidade em uma escala de 1 a 7?", por exemplo. Mas frequentemente fazer perguntas como essas às pessoas não funciona porque estamos medindo um processo inconsciente sobre o qual elas não conseguem nos contar, porque sentem-se pressionadas a nos dar uma resposta socialmente aceitável ou porque não queremos que elas saibam o que o experimento está estudando. Este é o grande desafio da ciência social, mas é uma das razões de poder ser uma ciência estranhamente criativa. Aqui estão alguns exemplos reais de operacionalizações na psicologia social:

» **Afeição.** Um experimentador entrevista os participantes. Durante a entrevista ele sutilmente imita a postura e os gestos dos participantes para ver se isso o torna mais agradável. No final da entrevista, o experimentador "acidentalmente" derruba uma caixa de lápis de cima da mesa. A afeição é operacionalizada pelo número de lápis que o participante o ajuda a recolher antes de ir embora.

» **Atração.** Pesquisadoras do sexo feminino fizeram uma entrevista de pesquisa com participantes do sexo masculino enquanto estavam em pé em uma ponte baixa ou em uma ponte alta. No final da pesquisa, elas deram a eles um número de telefone para que ligassem e descobrissem o resultado da pesquisa. As pesquisadoras não estavam nada interessadas na pesquisa. Elas estavam operacionalizando a atração interpessoal para ver se os participantes ligavam ou não para a pesquisadora e a chamavam para sair. Os participantes eram mais propensos a fazer isso se tivessem encontrado a pesquisadora em uma ponte alta. Eles confundiam o medo que sentiam em pé na ponte alta com excitação em relação à outra pessoa.

» **Obediência.** Os participantes andavam em grupos em um campo. Eles vagavam em seu próprio passo ou marchavam ao mesmo tempo uns com os outros. Mais tarde era pedido que eles jogassem punhados de pequenas larvas por uma canaleta que ia até um moedor. A obediência à autoridade foi operacionalizada como o número de larvas que eles jogavam pela canaleta, seguindo essas ordens. Nenhuma larva foi ferida, já que a canaleta levava até outra caixa. Mas os participantes jogavam mais larvas pela canaleta se houvessem marchado juntos.

Você verá uma grande variedade de outras operacionalizações neste livro. Para cada uma, a pergunta que você deve se fazer é: essa operacionalização mede o que deve medir?

O PRIMEIRO EXPERIMENTO DE PSICOLOGIA SOCIAL

Apesar de não ser muito debatido, o primeiro experimento de psicologia social foi provavelmente executado por Norman Triplett na Universidade de Indiana, em 1898. Ele estava assistindo a ciclistas treinarem e notou que os tempos eram mais rápidos quando eles pedalavam em grupos, se comparados a quando pedalavam sozinhos. Ele excluiu cuidadosamente vários fatores físicos. O efeito não foi somente devido ao ciclista líder quebrar as correntes de ar, por exemplo, ou porque as pessoas pedalam em um ritmo mais regular quando podem ver outras. Ele concluiu que as pessoas eram mais motivadas a ter melhor desempenho quando estavam na presença das outras. Em outras palavras, ele deu uma das primeiras explicações *sociais* para um comportamento individual, que ele denominou de *facilitação social*.

A facilitação social se refere à descoberta de que as pessoas desempenham melhor suas tarefas quando estão na presença dos outros. Isso foi provado como verdade até mesmo para baratas, que passavam mais rápido pelos labirintos quando observadas pelas outras. Entretanto, Max Ringelmann, um pesquisador europeu, tentou investigar o mesmo fenômeno. Ele pediu a pessoas que cortassem lenha, sozinhas ou em grupo. Ele descobriu que, em grupos, as pessoas tendiam a cortar *menos*. Ele argumentou que isso acontecia porque elas podiam ver que outras pessoas também estavam realizando a tarefa, então ficavam menos motivadas, e ele denominou isso de *vadiagem social*. Essa história do primeiro experimento de psicologia social já feito tem duas lições importantes para nós. Primeiramente, você tem que ser muito cuidadoso ao generalizar de uma situação para a outra. Em segundo lugar, você deve ser muito cuidadoso ao generalizar de uma cultura para a outra, como veremos no Capítulo 17.

Entendendo os Experimentos e as Estatísticas

Agora você entende alguma coisa do poder e das dificuldades do método científico. Nesta seção, mostraremos como aplicar esse entendimento aos experimentos que você leu neste livro, na mídia e em artigos científicos. Para isso, você precisa de uma compreensão básica de jargões científicos e estatística. Palavras técnicas longas e linguagem matemática alienígena são o que distancia muitas pessoas de lidarem com a pesquisa científica. Mas não precisa. Na seção posterior, "Levando a terminologia experimental a sério", mostraremos como um conhecimento limitado de jargões científicos é o suficiente para destravar o estudo de psicologia social mais difícil de ler, e você não precisa saber como executar nenhum cálculo complicado para entender por que os cientistas usam a estatística e o que ela pode revelar. Demonstraremos que se você entende algumas ideias básicas por trás da estatística, você vê como permite que os cientistas coletem evidências de suas teorias. Também descreveremos como você pode aplicar essas ideias quando lê sobre os experimentos neste livro e em outros lugares.

Para esta seção, imagine um experimento que estuda como as pessoas entram em acordo com aqueles ao seu redor. (Você pode ler sobre os experimentos reais deste tópico no Capítulo 13.) Montamos um experimento em que era pedido aos participantes que subissem dois andares de elevador. Antes de eles mesmos pegarem o elevador, observavam outras pessoas chamarem-no pressionando rapidamente o botão duas vezes. Quando os participantes chamarem o elevador, eles também pressionarão o botão duas vezes? Racionalmente, todos nós sabemos que apertar o botão apenas uma vez é o suficiente para chamar o elevador, mas as pessoas são dispostas a entrar em conformidade com o comportamento das outras mesmo quando não têm uma razão racional para isso.

Queremos estudar uma coisa em particular. As pessoas têm mais propensão a entrar em acordo com o comportamento de outras pessoas que estão no mesmo grupo social delas? Neste caso, teremos participantes da University College London. As outras pessoas que eles observarão serão todos atores seguindo minhas instruções. Eles vestirão roupas que os identifiquem como alunos da University College London ou da Imperial College London, do outro lado da cidade. A pergunta de nossa pesquisa é: a conformidade dos nossos participantes será determinada pela associação com a faculdade?

Levando a terminologia experimental a sério

O projeto experimental tem seu próprio jargão. Fazer um esforço para entender esses termos vale a pena, já que pode ajudar muito a clarear seu raciocínio. Quando você ler sobre um experimento, tente identificar esses elementos diferentes para ajudá-lo a compreender a estrutura e a lógica do experimento e, assim, julgar sua força.

Participantes

São os seres humanos que participam do experimento. Costumávamos chamá-los de "sujeitos" e você ainda se depara com essa palavra em artigos de pesquisas mais antigas (ou de pesquisadores mais velhos). Em nosso exemplo, os participantes são alunos da University College London.

Variáveis independentes ou condições experimentais

São as coisas que o pesquisador controla. Às vezes, dizemos que eles *manipulam* essas variáveis. No nosso exemplo, estamos manipulando a variável independente do grupo social dos transeuntes. Ou podemos dizer que este experimento tem duas *condições* experimentais: a condição de endogrupo (transeuntes usando roupas da University College London) e a condição de exogrupo (usando roupas da Imperial College London).

Variável dependente

Essa é a principal coisa que o pesquisador mede. É o foco do experimento, as previsões que o pesquisador fez. Se você vir uma tabela ou um gráfico com alguns dados, é quase certo que seja a variável dependente.

Neste exemplo queremos estudar a conformidade, que pode se referir a muitos tipos diferentes de comportamento. Temos a conformidade *operacionalizada* aqui a um comportamento em particular: pressionar o botão do elevador duas vezes depois de ver outros fazê-lo. Isso é algo específico que podemos medir. Também poderíamos operacionalizar isso como quanto tempo leva para que os participantes pressionem o botão duas vezes pela primeira vez ou quantas vezes depois eles repetem essa ação. Poderíamos até medir a força com que eles apertam o botão a cada vez.

Hipótese experimental

Esta é uma afirmação que conecta as variáveis independentes com a variável dependente. É o ponto crucial do experimento: o ponto em que os dados se encontram com a teoria. No nosso exemplo, a hipótese experimental é que a afiliação do transeunte ao grupo influenciará o grau de conformidade exibido pelos participantes.

Hipótese nula

Esta é a afirmação de que não há conexão entre as variáveis independentes e a dependente: de que a hipótese experimental está errada. Então aqui nossa hipótese nula é a de que as roupas dos transeuntes não terão efeito nenhum no nível de conformidade exibido pelos participantes.

Covariáveis

Estas são coisas que os pesquisadores podem medir mas não são o foco do experimento. Por exemplo, o pesquisador pode manter o controle da idade dos participantes porque espera que participantes mais velhos tomem decisões mais lentamente. Esse efeito da idade não é realmente relevante à hipótese do experimento. Então, os pesquisadores simplesmente mantêm o controle das idades dos participantes para poder contabilizá-las em suas análises.

Estatística descritiva

Estes são números ou gráficos que resumem os dados. O exemplo mais comum são os valores médios das variáveis dependentes em condições diferentes.

Estatística inferencial

Estas são as análises estatísticas que pesam as diferenças que foram encontradas nos dados. Os resultados das análises são apresentados de muitas maneiras, mas normalmente um valor p é relatado. Essa é a probabilidade de as diferenças encontradas serem devidas ao acaso. Se o valor p é menor que 5% (geralmente escrito como $p < 0,05$), então as diferenças são ditas como sendo *estatisticamente significantes*. Em outras palavras, elas não são devidas ao acaso.

LEMBRE-SE Lembre-se de que a *significância estatística* tem um significado estatístico preciso de algo não ser devido apenas à aleatoriedade do acaso. Resultados "significantes" não são necessariamente importantes, dignos de nota ou empolgantes (embora o pesquisador que os encontrou pense que são). Então, quando escrever trabalhos sobre pesquisas, tenha o cuidado de ser claro sobre qual sentido da palavra você está usando.

PAPO DE ESPECIALISTA Na ciência, nós nunca podemos realmente provar que uma teoria é verdadeira. Isso pode soar pessimista, mas é uma parte essencial do método científico. Tudo o que podemos fazer é usar evidências para rejeitar ou *falsificar* uma hipótese ou uma teoria. Um experimento é como um machado: tudo o que podemos fazer é cortar coisas. Os experimentos nunca provam diretamente que uma teoria está certa; tudo o que fazem é fornecer suporte indireto, rejeitando todas as outras teorias até que apenas uma teoria plausível permaneça. Por exemplo, às vezes você ouve pessoas dizerem coisas como "a evolução é apenas uma teoria: a ciência nunca a provou". Bem, isso é verdade, mas apenas no sentido de que a ciência nunca prova que qualquer teoria é positivamente verdadeira. Mas o que a teoria da evolução fez foi juntar uma enorme quantidade de dados convincentes, provando que outras teorias concorrentes são falsas. Então, embora ela não tenha sido "provada", quase unanimemente, a evolução é a melhor teoria que temos para explicar os dados que temos e isso é o melhor que conseguimos com o método científico.

Tirando conclusões

O método científico tem regras que determinam o que você está autorizado a concluir, de acordo com seus dados e sua estatística inferencial. Quando psicólogos sociais revisam os artigos uns dos outros, eles ficam extremamente atentos a essas regras e não permitem que o artigo seja publicado se acham que as regras foram quebradas.

Muitas vezes, o resultado mais importante da análise estatística de um pesquisador é o valor p — a probabilidade de os resultados serem devidos ao acaso ou a um efeito real das manipulações experimentais. A convenção é a de que se a probabilidade for maior que 5%, concluímos que as diferenças entre as condições foram apenas devidas ao acaso. Neste caso, a hipótese nula é apoiada, e os dados não permitem que você diga muito mais. Então, você acharia muito difícil conseguir que seu experimento fosse publicado em um jornal, porque seus dados permitem que se diga pouca coisa.

Mas se a estatística inferencial diz que os resultados têm uma chance menor que 5% de ocorrer ao acaso, então as diferenças são julgadas como muito grandes para uma chance aleatória. Neste caso, elas são chamadas de diferenças *significantes*: isso significa que a hipótese nula pode ser rejeitada.

LEMBRE-SE

Resultados significantes não provam que a hipótese experimental é verdadeira. Tudo o que mostram é que você pode rejeitar a hipótese nula. Em outras palavras, você provou que existe alguma conexão entre as variáveis dependente e independentes. Essa conexão poderia ser a descrita pela sua hipótese experimental ou poderia ser outra explicação que você ainda não excluiu ou na qual ainda não pensou.

O que esses 5% de significância realmente significam? Pense novamente no exemplo da moeda da sorte suspeita do box "Capturando a aleatoriedade", anteriormente neste capítulo. Dissemos que, se você tirou 59 caras ou mais, a convenção científica seria concluir que a moeda não era honesta. Mas, lembre-se, não é o caso de maneira nenhuma que a moeda seja *definitivamente* honesta se você tirar 58 caras, mas sua amiga está *definitivamente* trapaceando se você tirar 59. É só que, à medida que o número de caras aumenta, nós sabemos que a probabilidade de a moeda ser honesta fica cada vez menor. De maneira similar, não é realmente o caso de um experimento com um valor p de mais de 5% não ter descoberto nada, mas um experimento com um valor p de menos de 5% certamente tem diferenças reais e genuínas.

A marca dos 5% é inteiramente arbitrária. Convencionamos esse número cerca de 100 anos atrás e nunca voltamos a mudá-lo. A marca dos 5% era o esboço de um compromisso entre o que as pessoas pensavam que era muito improvável (uma chance de 1%) e não tão improvável assim (uma chance de 10%). Não há nenhuma base matemática ou científica real.

Você pode se sentir um pouco surpreso com isso. Nós temos um método científico muito rigoroso detalhando como os experimentos são projetados. Temos técnicas estatísticas complexas para quantificar a probabilidade com grande precisão. E todas essas ferramentas altamente sofisticadas visam um alvo — o nível de significância de 5% — que é simplesmente inventado. Parece estranho, não? Isso significa, por exemplo, que 5% de todos os experimentos psicológicos sobre os quais você lê são, provavelmente, devidos ao acaso? Isso indicaria que um em cada 20 experimentos em cada revista e livro didático está simplesmente errado!

Felizmente, esse não é o caso. A psicologia social, como as outras ciências, tem uma prática de *replicar* resultados. Isso significa que depois que alguém executa um experimento, outros pesquisadores em outros laboratórios pelo mundo tentam copiar o experimento exato para conseguir os mesmos resultados. Se não conseguem, voltamos à prancheta e tentamos descobrir o porquê. Então, mesmo que cada experimento individual tenha que passar apenas pelo nível dos 5%, no geral, por meio de um processo de replicação, podemos construir um conjunto de ideias e dados que são sólidos e confiáveis.

Fortalecendo as evidências

Nos últimos anos, muitos pesquisadores ficaram preocupados com os padrões de evidência em nosso campo e, em particular, nossa confiança no nível de significância de 5%. Existem duas razões para a preocupação. Uma é que nós não estamos levando tempo suficiente replicando os resultados e compartilhando os dados de replicação. Existem alguns experimentos, diz o argumento, que não são replicados adequadamente antes ou depois de serem publicados em jornais de alto nível e escritos em livros didáticos. Se as pessoas tentam replicar o experimento, mas não conseguem os mesmos resultados, ninguém fica sabendo, porque ninguém se dispõe a publicar um experimento que "não conseguiu" replicar. Essas práticas correm o risco de permitir resultados fracos se tornarem conhecimentos aceitos.

A outra preocupação é mais séria. Vários casos de alto nível de fraude científica ocorreram recentemente, em que os pesquisadores simplesmente inventaram dados ou brincaram com seus resultados para conseguir significância. Se não estivermos replicando resultados o suficiente e se estivermos apenas confiando no nível de significância de 5%, a preocupação é que esses casos de fraude passem despercebidos.

A boa notícia é que muitas pessoas na psicologia social estão tentando enfrentar esses problemas de frente. Primeiramente, eles estão montando revistas, sites e grupos de laboratório que são focados em replicações sistemáticas e compartilhamento de dados, independente dos resultados. Em segundo lugar, os psicólogos sociais estão se tornando cada vez mais sofisticados em como lidam com seus dados. Em vez de apenas confiar no valor p, fornecer estatísticas que dão uma visão mais profunda do tamanho e da natureza do efeito está se tornando cada vez mais comum. Muitas revistas pedem aos pesquisadores que publiquem todos os seus dados também *online*, para que outros pesquisadores possam analisar seus resultados de maneira independente.

Os problemas de fraude e não replicação na psicologia social chegaram até a mídia popular nos últimos anos. O lado ruim é um constrangimento temporário e o fato de que alguns resultados de "livros didáticos" talvez tenham que ser reescritos. Mas o lado bom é que esses problemas provocaram uma reavaliação vigorosa em como conduzimos a pesquisa na psicologia social que pode fortalecer nossa ciência.

Reconhecendo experimentos sociais bons e ruins

Os resultados de um experimento são apenas tão bons quanto a qualidade do próprio experimento. Argumentamos anteriormente que, como psicólogos sociais, nós devemos ter muito cuidado com o senso comum. Acreditar na conclusão de um experimento só porque ele concorda com o que você pensava em primeiro lugar é muito fácil. Um bom cientista sempre pesa a força dos métodos experimentais e a evidência, em vez do atrativo da conclusão.

Por exemplo, um estudo perguntava se as diferenças entre homens e mulheres poderiam ser observadas em bebês muito novos. Essa é uma boa pergunta para se fazer. Alguns acham que as diferenças entre os sexos são configuradas em nossa biologia. Outros acham que nossa cultura espera que os meninos ajam de uma maneira e as meninas de outra, e que as crianças aprendem isso lentamente de sua sociedade à medida que crescem, e agem de acordo.

Então, os pesquisadores testaram sua hipótese. Eles encontraram bebês que não tinham mais do que duas semanas de idade conseguindo os registros de uma ala de maternidade. Eles observaram esses bebês e contaram coisas simples sobre sua atividade, como o quanto moviam seus membros e com que frequência choravam.

Eles descobriram que os meninos eram mais ativos. Não muito, mas havia uma diferença estatisticamente significante. Eles agitavam mais seus braços e pernas. Eles também choravam mais e eram mais barulhentos. Isso estava de acordo com a crença que muitas pessoas têm que meninos são mais barulhentos e têm mais energia que as meninas, e mostrava que essa diferença estava presente desde muito cedo, presumivelmente antes de os bebês meninos e meninas poderem aprender como "deveriam" agir. Então essa é uma boa evidência de que tais diferenças entre os sexos são inatas?

Bem, nesse caso existia uma variável de confusão. Descobriu-se que o hospital que deu os registros de nascimento aos pesquisadores era em Nova York e servia a uma área predominantemente judia da cidade. Frequentemente, oito dias depois que um menino judeu nasce, ele é circuncidado. Então, na verdade, há outra explicação para o porquê de aqueles meninos estarem agitando suas pernas um pouco mais e chorando um pouco mais alto.

Claro, outros estudos foram feitos desde então e os pesquisadores descobriram algumas pequenas diferenças entre meninos e meninas. O ponto da história é que bons cientistas precisam ser incrivelmente cuidadosos para evitar variáveis de confusão, fraquezas no projeto do experimento e problemas em suas análises. Eles não podem simplesmente concordar com uma conclusão porque parece ser verdadeira.

O que gostaríamos que você fizesse é que mantivesse muitas das ideias deste capítulo na cabeça à medida que lê sobre os experimentos neste livro e em outros lugares. Veja se você consegue pensar em explicações alternativas para qualquer descoberta ou afirmação. No final deste livro, no Capítulo 18, damos uma lista de controle de coisas para perguntar quando ler uma afirmação em psicologia social. Mas, por enquanto, seja inquisitivo, cético e construtivo. Em breve, você mesmo fará experimentos.

2 Entendendo Atitudes e Ações

NESTA PARTE...

Entenda tudo sobre atitudes: o que elas são, o que fazem e como medi-las.

Saia em busca de atitudes implícitas, as conexões entre suas ideias, pensamentos e sentimentos que funcionam sob a sua consciência cotidiana.

Descubra as ligações entre as atitudes que governam o que pensamos e sentimos e como fazem com que nos comportemos no mundo.

> **NESTE CAPÍTULO**
> Entendendo as atitudes
> Observando as atitudes e os comportamentos
> Considerando as complicações das atitudes

Capítulo 4
Avaliando Atitudes: Os Átomos Problemáticos da Psicologia Social

A titudes são o conjunto de gostos, amores, irritações e preferências que cercam sua opinião em relação ao mundo à sua volta. As atitudes são vitalmente importantes, afetando como as pessoas conduzem seus relacionamentos pessoais e como organizam a sociedade em geral. Em democracias, as atitudes das pessoas selecionam líderes e os tiram do governo. Se uma sociedade é baseada no consumo, as atitudes das pessoas em relação a um produto podem levar uma empresa à riqueza ou à falência.

Considere a internet por um momento. As pessoas muitas vezes pensam nela como uma loja muito grande de conhecimento onde descobrem informações lendo jornais ou recorrendo à Wikipédia. Mas os psicólogos sociais não veem os usuários de internet consumindo conhecimento, mas trocando atitudes:

compartilhando fotos e artigos, "curtindo" os posts do Facebook uns dos outros e assistindo a vídeos específicos porque milhões de outras pessoas estão assistindo a esses clipes naquele dia. Contadores de visitas, tendências, comentários e "curtidas" são as maneiras pelas quais as atitudes das pessoas moldam a internet. Quando os psicólogos sociais olham a internet, eles veem não tanto uma superestrada de informação, mas uma superestrada de *atitudes*. Para um pouco mais de detalhes, veja o próximo box, "Acha que suas atitudes não contam?".

Medir, entender e prever as atitudes das pessoas é central para a vida delas e para a psicologia social. De fato, alguns especialistas pensam nas atitudes como átomos da psicologia social — os blocos de construção fundamentais do pensamento social. Mas assim como os cientistas agora entendem que os átomos não podem explicar tudo o que se observa, e que outras partículas e forças estão trabalhando, os cientistas sociais sabem que as atitudes não são tão diretas quanto as pessoas imaginam.

Neste capítulo, eu lhe mostro como os cientistas buscam entender esses átomos da psicologia social, introduzindo algumas ferramentas, como pesquisas e enquetes, que os psicólogos usam para medir atitudes. Trato também de algumas das forças que influenciam as atitudes das pessoas e revelam como os problemas surgem quando os pesquisadores confiam nas pessoas declarando suas "verdadeiras" atitudes. O fato é que atitudes declaradas nem sempre refletem o comportamento.

Adotando uma Atitude para Atitudes

Como muitos termos na psicologia social, a palavra "atitude" é muito usada na fala cotidiana. Portanto, você precisa entender claramente seu significado no contexto científico.

LEMBRE-SE Essencialmente, a *atitude* de alguém é o valor que uma pessoa coloca em alguma coisa, e os psicólogos sociais frequentemente chamam essa "coisa" de *objeto da atitude*. Uma atitude é basicamente uma avaliação sobre se o objeto daquela atitude é "bom" ou "ruim". O termo técnico para essa avaliação é *valência*, que neste contexto não significa nada mais que um sinal de positivo (+) ou negativo (-).

Embora um conjunto de atitudes possa ser complexo, heterogêneo e até mesmo contraditório, individualmente elas são bem simples. Por exemplo, eu tenho uma atitude em relação a comer porcarias. Na maioria das vezes, é uma atitude negativa, porque eu sei que não é saudável e esses alimentos são gordurosos. Mas, ocasionalmente, quando estou com o humor certo ou com muita fome, tenho também atitudes positivas em relação a comer besteiras.

O trabalho difícil para os psicólogos sociais é entender tais atitudes opostas, de modo que possam prever — e talvez influenciar — quando eu posso escolher ser virtuoso (mordiscando delicadamente uma salada verde) e quando escolherei não ser saudável (me empanturrando com um *cheeseburger* duplo com bacon).

ACHA QUE SUAS ATITUDES NÃO CONTAM?

Suas atitudes moldam a internet de maneiras que você pode não perceber. Empresas como o Google e o Facebook tentam manter o controle de quais sites você visita, de quais páginas gosta e quais coisas você compra. Eles vendem esse produto para anunciantes: pacotes de informação sobre todas as suas atitudes. Cada vez que você faz uma busca no Google, por exemplo, a empresa usa, pelo menos, 50 bits de informação sobre você para decidir quais páginas lhe mostrar, quais esconder e quais produtos anunciar. Portanto, suas atitudes estão moldando continuamente o mundo que você vê online.

Nesta seção, investigamos uma maneira útil de abordar atitudes, os efeitos que elas podem ter e como os psicólogos tentam medi-las.

Descobrindo as três dimensões das atitudes

Na década de 1960, os psicólogos Rosenberg e Hovland disponibilizaram uma maneira clara e simples de pensar sobre atitudes. Eles disseram que cada atitude tem três dimensões, o ABC das atitudes:

> **LEMBRE-SE**

» **Afeto:** É o termo que os psicólogos usam para sentimentos e emoções. Significa que cada atitude tem um aspecto emocional positivo ou negativo. Imagine uma escala de medida que vai de aversão extrema em uma ponta, passa por desgosto leve, por afeição e vai até amor extremo. Cada atitude está em algum lugar dessa escala. Por exemplo, considere algo comum: "manteiga". Todos têm um sentimento em relação a ela, seja positivo ou negativo.

» **Comportamento:** As atitudes devem se conectar a ações e comportamentos de alguma maneira. Se você diz: "Eu odeio manteiga" e então come alegremente um pouco em uma torrada quando lhe oferecem, parece gostar e compra um pote mais tarde, sua atitude provavelmente *não* é a de odiar manteiga. Na seção "Tendo um Problema de Atitude", a seguir neste capítulo, eu explico que os cientistas descobriram um relacionamento intrigante e complicado entre as atitudes e as ações. Mas como uma definição inicial que tenta capturar o significado da palavra, Rosenberg e Hovland pensaram que as atitudes *devem* ter, pelo menos, alguma conexão com o comportamento.

» **Cognição:** As atitudes podem ser expressadas em pensamento ou em discurso — elas têm um componente cognitivo. Se você perguntar a alguém: "Você gosta de manteiga?", e a pessoa simplesmente encolher os ombros, incapaz de dizer qualquer coisa, ela realmente não tem uma atitude explícita. Claro, ela pode ter uma atitude *implícita* detectável em seu comportamento, como discuto no Capítulo 5. Mas se você não consegue dizer qual é a atitude, sob o esquema de Rosenberg e Hovland, você não tem uma.

Entendendo o que as atitudes fazem

Você pode ter uma certa atitude em relação a algo por muitas razões. No Capítulo 10, falamos de como suas experiências, observações e tendências produzem suas opiniões e preferências específicas em relação aos julgamentos que faz sobre outras pessoas, mas aqui eu discuto as funções que suas atitudes realizam: o que elas fazem por você. Em 1960, o psicólogo Daniel Katz descreveu quatro funções diferentes, e essa estrutura é útil ainda hoje.

Função de conhecimento

Suas atitudes são parte de como você entende o mundo. Ainda que atitudes sejam subjetivas, elas o ajudam a *organizar* informações e imagens mentais objetivas, e focar quais fatos são importantes.

Então você provavelmente tem uma atitude negativa em relação a Adolf Hitler, por causa de sua responsabilidade pela Segunda Guerra Mundial e pelo Holocausto, e não devido ao fato de ele ter sido vegetariano ou um pintor.

Em outras palavras, suas atitudes concentram você em um conjunto de fatos acima de outro.

Função utilitária

A *função utilitária* indica que suas atitudes podem servir a um propósito prático. Elas podem ajudá-lo a alcançar objetivos importantes. Como discutimos no Capítulo 13, um objetivo que todo mundo tem na vida é se sentir parte de um grupo. Adotar atitudes que estão de acordo com outros membros do grupo é uma maneira poderosa de se sentir mais próximo deles. Você já fingiu gostar de uma banda que nunca escutou, ou amar um livro que nunca leu, só para se encaixar em um grupo de pessoas que você quer que o aceite?

Adotar atitudes pode servir a outras funções também. Expressar uma visão negativa das pessoas que bebem e dirigem, por exemplo, pode reduzir esse comportamento na sociedade. Esse aspecto da função da atitude é às vezes chamado de *instrumentalidade*, a ideia-chave sendo que cada atitude é um meio para um fim.

Função de defesa do ego

Por *defesa do ego*, queremos dizer que as pessoas são mais felizes quando têm uma visão positiva de si mesmas. Mas sua autoestima pode ser atacada por todos os lados: uma nota zero em um trabalho, uma mensagem de término de namoro no telefone ou o olhar presunçoso de uma criança de seis anos quando ganha de você no xadrez.

LEMBRE-SE: Uma função das atitudes é proteger as pessoas contra esses efeitos potencialmente prejudiciais. Se você acha que a professora que lhe deu a nota é uma idiota, que nunca gostou do cafajeste com quem estava namorando ou que deixou a criança ganhar porque você é uma boa pessoa, essas experiências não o atingem muito. No Capítulo 8, você verá como as pessoas são sistematicamente tendenciosas em como se veem, e descobrirá como as atitudes o protegem do mal.

Função de valor expressivo

Algumas das suas atitudes são mais que referências e caprichos: elas expressam valores que são fundamentais para quem você é. Por exemplo, a igualdade pode ser um princípio importante para você, o que determina como reage a injustiças no mundo, quais partidos políticos apoia e até mesmo a carreira que escolhe. Esses valores são algumas das atitudes mais fortes que uma pessoa possui: elas são mais resistentes à mudança e têm uma influência maior no comportamento.

DICA: Evidências recentes mostram que expressar seus valores centrais parece impulsionar sua funcionalidade mental. Se você quer ir melhor em um teste, ter mais força de vontade para resistir a uma tentação ou ser um negociador mais eficaz e perspicaz, tente escrever uma pequena lista dos seus valores centrais antecipadamente.

Descobrindo maneiras de medir atitudes

Como você sabe, as pessoas medem atitudes através de perguntas a outras pessoas. Algumas enquetes e questionários perguntam sobre fatos objetivos, como altura, peso ou renda, mas essas não são atitudes. As perguntas que medem suas atitudes são as que buscam sua opinião subjetiva sobre alguma coisa. (Você está feliz com o seu peso? Acha que deveria ter um salário mais alto?)

Questões subjetivas podem ser simples e diretas (por exemplo, se você gosta de manteiga) ou multifacetadas, perguntando sobre muitos aspectos diferentes de uma atitude. Por exemplo, para investigar as atitudes de uma pessoa em relação à França, você pode perguntar: "Você passaria suas férias na França? Gosta de comida francesa? Tem algum amigo francês?". Combinando todas as respostas estatisticamente, você pode ter uma ideia da atitude geral de uma pessoa em relação à França. Ou pode olhar para os aspectos separadamente para ver se existe alguma contradição interessante em potencial; por exemplo, talvez as pessoas gostem da comida de um país, mas não do clima.

MENTIRAS, MALDITAS MENTIRAS E QUESTIONÁRIOS

O público normalmente pensa em questionários como uma maneira de descobrir o que as pessoas pensam. Mas questionadores inteligentes e inescrupulosos podem conseguir as respostas que querem muito facilmente. Minha ilustração favorita vem de um show de TV do Reino Unido, o Yes, Prime Minister. Em um episódio, dois funcionários civis discutem o plano do primeiro-ministro para reintroduzir o Serviço Nacional, em que jovens trabalham no exército por um ano depois de sair da escola. O primeiro-ministro está animado com a ideia porque uma enquete revelou que os eleitores são a favor dela, diz seu funcionário civil Bernard Woolley. O senhor Humphrey responde que, nesse caso, eles devem apenas realizar outra enquete para mostrar que os eleitores são contra ela — e ele mostra a Bernard como fazer isso.

Humphrey: *"Você sabe o que acontece — uma moça bonita chega até você. Obviamente, você quer criar uma boa impressão, não quer parecer um bobo, quer? Então ela começa a lhe fazer algumas perguntas: 'Sr. Woolley, você está preocupado com os números de jovens sem trabalho?'"*

Bernard: *"Sim."*

Humphrey: *"Você está preocupado com o aumento do crime entre os adolescentes?"*

Bernard: *"Sim."*

Humphrey: *"Você acha que há falta de disciplina em nosso sistema escolar?'*

Bernard: *"Sim"*

Humphrey: *"Você acha que os jovens acolhem um pouco de autoridade e liderança em suas vidas?"*

Bernard: *"Sim."*

Humphrey: *"Você acha que eles respondem a um desafio?"*

Bernard: *"Sim."*

Humphrey: *"Você seria a favor de reintroduzir o Serviço Nacional?"*

Bernard: *"Ah, bem, acho que sim."*

Humphrey: *"Sim ou não?"*

Bernard: *"Sim."*

Humphrey: *"Claro que você seria, Bernard. Afinal de contas, você disse a ela que não poderia dizer não a isso. Então eles não mencionam as cinco primeiras perguntas e publicam a última."*

Bernard: *"É isso mesmo que eles fazem?"*

Humphrey: *"Bem, não os bem-conceituados, mas não existem muitos desses. Então a mocinha conseguiria, alternativamente, o resultado oposto."*

Bernard: *"Como?"*

Humphrey: *"Sr. Woolley, você está preocupado com a ameaça da guerra?"*

Bernard: *"Sim."*

> *Humphrey: "Você acha que há perigo em dar armas aos jovens e ensiná-los a matar?"*
>
> *Bernard: "Sim."*
>
> *Humphrey: "Você acha que é errado forçar as pessoas a pegar em armas contra sua vontade?"*
>
> *Bernard: "Sim."*
>
> *Humphrey: "Você seria contra a reintrodução do Serviço Nacional?"*
>
> *Bernard: "Sim."*
>
> *Humphrey: "Pronto. Vê, Bernard? A amostra perfeitamente balanceada."*

LEMBRE-SE

Esses exemplos todos usam perguntas de sim ou não, mas a maioria dos questionários em psicologia social usa o que é chamado de *escala Likert*. Essas perguntas pedem que você dê uma resposta graduada por uma escala marcada. Por exemplo, você pode perguntar: "Você gosta de manteiga? Por favor, responda de 1 a 7, onde 1 significa 'nem um pouco' e 7 significa 'muito'". Essas respostas graduadas refletem melhor as atitudes mistas das pessoas que — deixando a manteiga de lado — raramente são polarizadas a respostas do tipo preto ou branco, mas são mais normalmente pintadas em tons de cinza.

Fazendo um grande número dessas perguntas a um grande número de pessoas e executando métodos sofisticados de análise estatística, os psicólogos têm uma maneira excelente de medir e entender as atitudes das pessoas. Entretanto, como o box "Mentiras, malditas mentiras e questionários" revela, as coisas não são tão simples.

Tendo um Problema de Atitude

Os psicólogos sociais têm um problema de atitude! Talvez eu deva refazer essa frase: eles têm um problema com atitudes. Embora as pessoas tenham um forte sentido de quais são suas próprias atitudes e os psicólogos sociais tenham uma maneira direta de descobri-las com questionários (como descrevemos na seção anterior), as notícias boas acabam por aí.

LEMBRE-SE

Os psicólogos sociais têm dois grandes problemas com atitudes. Até mesmo quando as pessoas lhes dizem sobre as atitudes delas em relação a alguma coisa, essas atitudes afirmadas não combinam necessariamente com:

» Como as pessoas se comportarão no futuro.

» O que elas *realmente* pensam.

Esses problemas existem devido ao fato que as atitudes que as pessoas transmitem para os pesquisadores podem ser facilmente influenciadas. A maneira como o pesquisador faz a pergunta pode determinar fortemente a resposta.

Continue lendo para descobrir alguns exemplos surpreendentes de como as pessoas podem ser influenciadas quando falam de suas atitudes (até mesmo se contradizendo completamente ao longo de uma única entrevista), assim como algumas maneiras específicas de como as respostas sobre as atitudes podem ser desviadas.

Examinando o relacionamento entre atitudes e comportamento

Nesta seção, consideramos a ligação entre as atitudes e o comportamento e testamos a ideia de que as atitudes são vistas como as causadoras do comportamento.

EXPERIMENTE

Ao lado de cada pergunta a seguir, coloque um número entre 1 para "discordo totalmente" até 5 para "concordo totalmente":

- Dedicar-se a exercícios físicos regulares três vezes por semana favorece a saúde.
- Ingerir comidas variadas todos os dias, incluindo cinco ou mais porções de frutas frescas e vegetais, contribui para o bem-estar.
- É essencial que todos os cidadãos exercitem seu direito de votar se o governo tiver que refletir efetivamente o desejo do povo.
- A falta de moradia é um problema social sério que precisa de atenção.

Qual foi a média das suas respostas? Para a maioria das pessoas é cerca de 4.

Agora responda a essas perguntas usando o mesmo sistema de 1 a 5:

- Eu separo um tempo para me dedicar a exercícios físicos regulares, pelo menos três vezes por semana.
- Eu consistentemente como, pelo menos, cinco porções de frutas frescas e vegetais por dia.
- Eu votei nas últimas eleições.
- Eu fiz algo recentemente para tratar do problema de falta de moradia, como fazer uma contribuição, falar com uma pessoa sem moradia ou escrever para o meu político local.

Qual foi a média das suas respostas dessa vez? Eu acho que foi muito mais próxima de 1. Pelo menos é para a maioria das pessoas. Por que isso acontece?

O primeiro conjunto de perguntas questiona sobre suas atitudes em relação a certos problemas e ações, e o segundo conjunto pergunta se você executou ou não as ações que sensatamente surgiriam dessas atitudes. Quase todo mundo que faz esse teste sai se sentindo culpado e hipócrita, porque as atitudes das pessoas não parecem refletir bem suas ações. Para saber mais, leia o próximo box, "As atitudes nem sempre refletem as ações".

LEMBRE-SE

O senso comum sugere que as atitudes explícitas deveriam causar os comportamentos, mas isso não acontece. Por quê? A resposta elegante e surpreendente é que o senso comum entende tudo ao contrário. A psicologia social mostra que muitas vezes é o comportamento que determina as atitudes. Discutimos essa ideia fascinante e a evidência por trás dela no Capítulo 6. Por enquanto, você só precisa entender que perguntar às pessoas o que elas pensam sobre algo é uma maneira surpreendentemente inútil de prever como irão se comportar.

AS ATITUDES NEM SEMPRE REFLETEM AS AÇÕES

PAPO DE ESPECIALISTA

A descoberta de que as atitudes nem sempre refletem as ações chegou como uma surpresa para os primeiros psicólogos sociais. Richard LaPierre, um professor da Universidade de Stanford, fez uma demonstração poderosa da desconexão entre as atitudes e o comportamento na década de 1930. Ele viajou pelos EUA com alguns colegas da China. Na época, muitas pessoas nos EUA possuíam um forte estereótipo negativo sobre os chineses. LaPierre escreveu para hotéis de beira de estrada e restaurantes ao longo da rota, perguntando se acomodariam ele e seus convidados chineses. Dos 128 que escreveram respondendo, 92% lhe disseram que recusariam servir os clientes chineses. Uma atitude realmente negativa. Mas quando ele viajou pelo país, visitando os mesmos hotéis e restaurantes, os viajantes chineses foram tratados com cortesia em 249 dos 250 estabelecimentos, com apenas um recusando-os. De fona notável, as atitudes fortemente negativas não previram o comportamento.

Em 1969, o psicólogo Allan Wicker realizou uma enquete da pesquisa que havia medido as atitudes das pessoas em relação a algo e então também mediu seus comportamentos. Os estudos haviam perguntado às pessoas o que elas pensavam sobre a frequência de comparecimento à igreja, mediram quantas vezes por semana elas iam à igreja e as atitudes dos alunos em relação a colar em provas, e depois contaram quantas vezes eles fizeram isso. Ao longo de 42 estudos assim, Wicker descobriu que o coeficiente médio de correlação era de cerca de 0,15. Se você não sabe estatística, acredite em mim, isso é incrivelmente baixo. Em termos matemáticos, significa que 2,25% da variação no comportamento de uma pessoa, em média, pode ser atribuído a suas atitudes. Em termos cotidianos, de todos os fatores que causam que você vá à igreja, cole em uma prova ou seja gentil com um cliente de certa raça, apenas cerca de 2% deles são suas atitudes explícitas.

Sentindo a força... para ser consistente

Agora quero considerar os resultados que mostram que as pessoas parecem ter uma memória mais fraca sobre as escolhas que fazem, o que é muito interessante do ponto de vista de um psicólogo cognitivo. Mas para o psicólogo social, o experimento é uma forte demonstração do poder da *consistência* sobre atitudes explícitas.

LEMBRE-SE

As pessoas ficam bem felizes em aprovar crenças que não são próprias e dar razões elaboradas para elas apenas para que as respostas pareçam consistentes. (Para ver um exemplo da cultura popular de como os questionadores influenciam as respostas, confira o box anterior "Mentiras, malditas mentiras e questionários".)

Os pesquisadores Lars Hall e Petter Johannson entrevistaram pessoas nas ruas sobre uma variedade de questões políticas. Os pesquisadores deram aos participantes um questionário que perguntava, por exemplo, sobre um controle maior da imigração. A pessoa tinha que fazer um X em algum lugar ao longo de uma linha entre "fortemente a favor" e "fortemente contra". Depois de preencher o questionário, a pessoa o entregava de volta ao pesquisador, que o olhava e fazia algumas perguntas de acompanhamento, como: "Eu vi aqui que você marcou ser a favor de controles imigratórios; você pode me dizer por quê?". Então a pessoa dava uma série de razões.

Você deve achar que essa é uma enquete política padrão. Mas no meio havia um truque. Enquanto os participantes a preenchiam, o pesquisador olhava sobre o ombro do participante, copiando as respostas em outra enquete. O pesquisador copiava tudo, até mesmo a letra da pessoa, mas com uma diferença. Em algumas questões, onde a pessoa fazia um X sobre "contra" os controles de imigração, por exemplo, o pesquisador invertia a resposta e colocava um X sobre "a favor". Quando a pessoa devolvia a folha respondida, o pesquisador colocava a nova versão em cima dela e entregava a folha para a pessoa novamente.

Uma grande surpresa foi que a maioria das pessoas não percebeu a fraude de maneira nenhuma. Elas não notaram que algumas das respostas haviam sido invertidas. Além disso, muitas deram um conjunto de explicações inteiramente razoáveis da posição política que *era o oposto exato do que acreditavam*. Então a pessoa que havia dito primeiro que era contra controles maiores sobre a imigração, momentos depois, viu seu X próximo do "a favor" e, em vez de contestar que não era isso o que pensava, explicou ao pesquisador que estava preocupada que o sistema de saúde não conseguiria lidar com um aumento da população e que novos imigrantes poderiam ocupar uma vaga de emprego do povo local.

LEMBRE-SE

O experimento mostra a forte necessidade que as pessoas têm de parecer consistentes quando respondem a perguntas de pesquisadores, mesmo que elas não o sejam.

Ficando bonito para a pessoa com a prancheta: As pessoas querem que gostem delas

O experimento de Hall e Johannson, na seção anterior, sugere que as pessoas querem parecer consistentes para que sejam vistas com bons olhos. As pessoas também usam outras maneiras de parecer boas.

Imagine conhecer alguém em uma festa e se apresentar a essa pessoa. Você pode dizer algo como: "Eu sou estudante e gosto de música ao vivo". Mas você provavelmente não começaria a conversa com: "Eu sou racista e realmente não gosto de gente pobre".

Quando você fala com as pessoas que conhece, muitos fatores influenciam as coisas que diz a elas. O que você realmente pensa e sente é um fator e o desejo de parecer uma pessoa razoável é outro: por isso o desejo de dar respostas consistentes e coerentes que façam sentido. O Capítulo 14 descreve como os pesquisadores podem usar muitos desses fatores na persuasão para influenciar ativamente suas opiniões, mas aqui consideramos que esses aspectos podem causar problemas consideráveis se você quiser descobrir o que as pessoas *realmente* pensam. Se você quer prever como se comportarão futuramente, bem, isso é um problema ainda maior.

Quando as pessoas falam com os outros — até mesmo pesquisadores —, elas querem passar uma boa impressão delas mesmas. Podemos chamar isso de *viés de autoapresentação*. Às vezes, apresentar-se bem é mais importante para as pessoas do que ser preciso ou honesto em suas respostas. Historicamente, esse viés de autoapresentação causou problemas aos pesquisadores.

Sondagens de boca de urna perguntando às pessoas em quem votaram são realizadas por entrevistadores que ficam do lado de fora dos locais de votação no dia da eleição. Nos Estados Unidos, as empresas que realizam essas enquetes notaram uma peculiaridade estranha. Quando comparavam o resultado das enquetes ao resultado real da eleição depois de todos os votos serem contados, descobriam que as enquetes sobrevalorizavam os votos para o Partido Democrata. A diferença foi particularmente notável nas eleições de 2004, que teve uma taxa elevada de participação e foi uma disputa acirrada. É compreensível que as sondagens de boca de urna sejam imprecisas, já que nem todo mundo quer dizer em quem votou, mas por que eles se desviaram consistentemente a favor dos democratas?

Uma pista encontrada foi que a discrepância entre a enquete e o resultado verdadeiro foi maior nas localidades em que os pesquisadores de boca de urna eram mulheres, alunas de graduação. Além disso, muitas das pessoas que falavam com os pesquisadores eram mais velhas e homens. Estudos separados mostraram que homens mais velhos acreditavam que mulheres mais novas são, em média, mais propensas a apoiar o Partido Democrata.

LEMBRE-SE

Em termos gerais (como discutimos no Capítulo 15), pessoas gostam de pessoas que são parecidas com elas mesmas. Portanto, os pesquisadores formularam a hipótese (confirmada mais tarde por experimentos) de que os homens são mais propensos a dizer a pesquisadoras jovens que votaram no Partido Democrata para se tornar mais agradáveis ao olhar delas. Claro, nem todo homem faz isso, mas os que fazem estão em número suficiente para distorcer os resultados da enquete de boca de urna. Além disso, como os resultados da enquete foram transmitidos antes do final da votação, em uma disputa tão acirrada esse viés pode ter influenciado o curso da própria eleição.

Em alguns países, o uso de enquetes de boca de urna não é permitido, e muitas pessoas reconhecem que essas pesquisas não são uma maneira muito boa de julgar quem venceu as eleições. Contudo, elas ainda são usadas nos Estados Unidos, principalmente por duas razões:

» Elas fornecem fatos objetivos úteis, tais como quantas pessoas votaram, suas idades e gêneros.

» Elas ajudam âncoras de TV a preencher o tempo enquanto os noticiários esperam pela contagem dos votos.

Mesmo que você remova os efeitos de tendência de uma entrevistadora jovem e bonita, as pesquisas nem sempre são mais precisas que enquetes de boca de urna, porque as respostas também podem ser enviesadas de manteiras mais sutis, como meu próximo exemplo mostra.

Os pesquisadores Ara Norenzayan e Norbert Schwarz enviaram enquetes a estudantes pedindo que lessem uma história sobre um assassino em massa e respondessem às perguntas sobre o que o levou a cometer seus crimes. Cada pacote continha uma carta do pesquisador na primeira página pedindo a ajuda da pessoa. Metade das cartas tinha um cabeçalho afirmando que o pesquisador trabalhava para o "Instituto de Pesquisa de Personalidade", e a outra metade tinha um cabeçalho que dizia "Instituto de Pesquisa Social".

O cabeçalho era a única diferença entre esses pacotes de materiais de pesquisa. Mas os participantes que responderam às perguntas do Instituto de Pesquisa de Personalidade eram cerca de 10% mais propensos que os outros a dizer que as ações do assassino em massa eram devidas a algo em sua personalidade; os participantes que responderam às perguntas do Instituto de Pesquisa Social eram 20% mais propensos que os outros a dizer que suas ações eram devidas a algum fator social, como violência na mídia, pressões sociais ou uma criação infeliz.

LEMBRE-SE

Esses resultados são notáveis. Os participantes estavam dando respostas ponderadas e atenciosas para perguntas difíceis. Ainda assim suas atitudes eram influenciadas em alto grau por uma linha, um detalhe acidental, uma página da enquete.

Influenciando com ancoragem e configuração

A formulação exata de uma pergunta pode sutilmente determinar sua resposta. Ilustramos duas dessas maneiras aqui: os efeitos de ancoragem e configuração. Em cada caso, pequenas mudanças na linguagem ou no foco da sentença podem ter efeitos surpreendentemente grandes na resposta.

Ancoragem

Aqui está um exemplo que você pode testar com seus amigos. Diga a eles: "Quando meu primo se formou, alguns anos atrás, seu primeiro salário foi de R$20.000. De quanto você acha que vai ser o seu?". Descubra a média das respostas deles. Agora faça a um grupo separado de amigos esta pergunta: "Quando meu primo se formou, alguns anos atrás, seu primeiro salário foi de R$40.000. De quanto você acha que vai ser o seu?". Eu não tenho ideia de como são os seus amigos ou quanto uma pessoa normalmente recebe assim que sai da faculdade, mas eu aposto que o segundo grupo deu uma resposta média mais alta.

LEMBRE-SE

Este efeito é chamado de *ancoragem e ajuste*: quando você faz uma pergunta às pessoas, elas tendem a começar com um ponto de referência (a âncora) e então dar suas respostas como um pouco maior ou um pouco menor (o ajuste). Esse ajuste raramente é grande o suficiente para resultar em uma estimativa precisa. Em outras palavras, as estimativas das pessoas são puxadas em direção à âncora.

Configuração

O presidente da Terra se vira para o herói e diz: "Bruce/Arnold/Sylvester, há uma chance em dez de que, se você lançar aquele míssil nuclear diretamente na nave-mãe alienígena, ele os destruirá completamente e conterá a explosão para que o planeta Terra seja salvo e todos possam viver em paz e liberdade. É tão louco que pode até funcionar!". Nesse ponto, a maioria das pessoas começa a animar o nosso herói. Mas imagine que outra voz se eleve, dizendo: "Isso significa que existe uma chance de 90% de todos morrermos de uma forma terrível. Ou imediatamente com a explosão nuclear ou mais lentamente com uma combinação de doenças radioativas e a retaliação dos alienígenas. Não vamos nos dar ao trabalho". Como você se sente sobre esse plano?

LEMBRE-SE

Este é um exemplo de configuração. O ponto é que a mesma escolha pode ser configurada em termos de um ganho (10% de chance de sucesso) ou de uma perda (90% de chance de fracasso). Daniel Kahneman e Amos Tversky mostraram convincentemente que as pessoas são muito *contrárias à perda*. Em outras palavras, elas são mais propensas a tomar decisões se pensarem nos ganhos do que nas perdas.

Tais pequenas mudanças na linguagem podem ter efeitos surpreendentemente altos nas respostas. Elizabeth Loftus executou uma enquete na qual perguntava às pessoas uma das duas questões a seguir:

Você tem dores de cabeça frequentemente e, se sim, com que frequência?
Ou
Você tem dores de cabeça ocasionalmente e, se sim, com que frequência?

As pessoas que responderam a primeira pergunta disseram que sofriam de dores de cabeça, em média, a cada três dias. As pessoas que responderam a segunda disseram a cada dez dias. Todos estavam respondendo às mesmas perguntas sobre uma experiência bem clara — com que frequência eles tinham dores de cabeça —, mas pequenas mudanças de *frequentemente* para *ocasionalmente* aumentaram suas respostas em um fator de três.

O problema é a interpretação das palavras que você usa em sua pergunta. Em uma enquete, 61% dos norte-americanos disseram que apoiavam o governo a gastar mais em "assistência aos pobres". Mas quando a mesma população foi questionada sobre se apoiava um gasto maior em "bem-estar", apenas 21% foram a favor. Em outras palavras, se você pergunta às pessoas sobre seus programas individuais de bem-estar — como ajudar financeiramente pessoas com doenças de longa duração e pagar refeições para famílias de baixa renda —, as pessoas são amplamente a favor. Mas se você pergunta sobre "bem-estar" — que se refere exatamente aos mesmos programas que acabou de listar —, elas são contra. A palavra "bem-estar" tem conotações negativas, talvez devido à maneira que muitos políticos e jornais a representam.

Portanto, a configuração de uma pergunta pode influenciar altamente a resposta de muitas maneiras, o que é importante se seu objetivo é obter uma "medida verdadeira" do que as pessoas pensam. (Você pode descobrir muito mais sobre essas *heurísticas de tomada de decisão*, como são chamadas, fazendo aulas de psicologia cognitiva ou lendo um dos livros de Kahneman e Tversky.) Da próxima vez que ouvir um político dizendo: "pesquisas provam que a maioria das pessoas concorda comigo", fique muito atento. Se as perguntas fossem configuradas com pequenas diferenças, a minoria das pessoas teria essa visão.

O FRASEADO IMPORTA

Claro, esses problemas (e oportunidades!) são bem conhecidos nos círculos políticos, mesmo que não sejam discutidos em público. Assim como as eleições oficiais, muitos países agora fazem referendos durante as eleições, nos quais os cidadãos dão suas opiniões sobre um único assunto, tal como se juntar ou deixar a União Europeia ou permitir o casamento gay.

Políticos e ativistas gastam uma grande quantidade de tempo e esforço antes da votação discutindo sobre a linguagem específica usada nas perguntas do referendo. Você pergunta às pessoas se querem uma integração europeia mais próxima ou se querem entregar os poderes do seu governo nacional aos europeus? Esses pontos podem parecer, praticamente, exatamente a mesma coisa. Mas como você sabe, as pessoas podem dar respostas bem diferentes. Muitas vezes, então, a verdadeira batalha entre os ativistas não é pelo coração e mente das pessoas, mas pelas palavras e frases da questão.

NESTE CAPÍTULO

Investigando as atitudes implícitas

Entendendo como os cientistas medem atitudes implícitas

Fazendo o Teste da Associação Implícita

Capítulo 5

Descobrindo as Atitudes e Associações Implícitas

Como cabos, canos e fios que conectam as casas no seu bairro fora da visão, no subterrâneo, as conexões entre suas ideias, pensamentos e sentimentos estão sob sua consciência cotidiana. Você talvez não perceba que essas *atitudes implícitas* existem em sua mente, mas, não obstante, elas têm influência sobre seu comportamento.

Por exemplo, duvidamos de que já tenha lhe ocorrido o pensamento consciente: "Eu não confio em londrinos." Se eu lhe perguntar se você acha que morar em uma parte específica do país o torna mais confiável, você provavelmente dirá que não. Mas os estudos mostram que as pessoas no Reino Unido tendem a ser desconfiadas de pessoas com sotaque londrino, em comparação com pessoas com sotaques do nordeste da Inglaterra. Alguns bancos notaram essa tendência e localizaram todos os seus *call centers* de atendimento em Yorkshire, porque os clientes que ligam acham as vozes das pessoas com quem falam mais confiáveis.

Neste capítulo, exploramos onde essas associações da sua mente se originam e como os pesquisadores podem medi-las no laboratório. Mostramos o efeito poderoso que as atitudes implícitas podem ter no seu comportamento, mesmo quando você não está nada consciente delas. Essa realidade faz surgir a questão desafiadora do que determina nosso comportamento social: sua mente consciente ou sua mente inconsciente?

Trazendo as Atitudes Implícitas à Luz do Dia

No Capítulo 4, falamos sobre atitudes *explícitas* — aquelas nas quais você pode pensar ou falar em voz alta: "Eu amo sushi", "Eu odeio pessoas que verificam o Facebook no celular enquanto você está falando com elas" ou "Os novos filmes do *Star Wars* são uma grande decepção".

LEMBRE-SE

Atitudes implícitas, pelo contrário, são avaliações não ditas e associações na sua mente, incluindo aquelas das quais você talvez nem esteja consciente.

Aqui estão apenas dois exemplos de atitudes implícitas que os psicólogos sociais descobriram:

» As pessoas muitas vezes conectam a cor verde com sentimentos de paz, e a vermelha com sentimentos de raiva e paixão.

» As pessoas muitas vezes esperam que os asiáticos sejam bons em matemática e que os negros sejam bons em esportes.

Nesta seção, investigamos de onde vêm esses tipos de crenças e preconceitos e revelo como eles podem ser usados para influenciar seu comportamento.

Os psicólogos sociais são muito interessados nas atitudes implícitas e seus efeitos no comportamento. Como vimos no Capítulo 4, medir quais são as "verdadeiras" atitudes das pessoas perguntando para elas explicitamente é surpreendentemente difícil. Elas dão respostas diferentes em momentos diferentes para pessoas diferentes, e então parecem realizar o comportamento oposto. Contudo, as associações implícitas podem ser medidas pelos psicólogos sociais sem que as pessoas estejam conscientes de que suas atitudes estão sendo estudadas. Então, mesmo atitudes que as pessoas não querem admitir publicamente, como sentimentos negativos sobre pessoas de raças diferentes, podem ser estudadas. Pelo menos essa é a afirmação de alguns psicólogos sociais. Como discutiremos, nem todos concordam.

Conhecendo os mestres: Anunciantes

No caso de você estar pensando o quanto as atitudes e associações implícitas são poderosas e se precisa saber mais sobre elas, reservamos um momento aqui para falar dos verdadeiros especialistas no campo.

Os anunciantes são extremamente adeptos de explorar as atitudes que as pessoas já possuem. Por exemplo, considere os nomes dos comprimidos para dormir — Ambien, Lunesta, Sonata. Por que os anunciantes usam esses nomes, em vez de nomes químicos como tartarato de zolpidem? A razão está no som. Os nomes das marcas soam familiares e calmantes, os nomes das substâncias, chocantes e exóticos. De maneira similar, eles embalam bebidas energéticas em prata com vermelhos e azuis vívidos e chás de ervas, com tons pastéis de rosa e amarelo, porque essas cores evocam certos sentimentos nas pessoas, de serem estimuladas ou acalmadas.

Assim como a exploração das associações existentes na sua mente, os anunciantes também são mestres em criar conexões. Folheie uma revista e veja quantas propagandas incluem uma imagem de uma pessoa jovem e atraente que não tem nada a ver com o produto. Essa mulher em cima do capô desse carro esportivo é um exemplo do tipo de pessoa que os anunciantes esperam que compre o carro? Ela foi colocada lá por que ajudou no projeto do motor? Infelizmente, não.

Ninguém é burro o bastante para pensar conscientemente: "Se eu comprar aquele carro esportivo, as mulheres se jogarão em cima dele como toalhas em uma cadeira de praia." Bem, quase ninguém. Os anunciantes a estão usando para criar uma associação entre aquele carro e os sentimentos de atração que um comprador do sexo masculino pode sentir. Então, quando o comprador pensa naquele carro, ele sente parte daquela atração novamente.

A publicidade é uma indústria de bilhões de reais pela simples razão de que essas atitudes implícitas funcionam.

De onde veio isso? As origens das atitudes implícitas

Cérebros são notavelmente bons em aprender padrões e regularidades no mundo, conhecidos como associações. Falamos mais sobre *associações* implícitas na seção "Fazendo conexões: Associações implícitas".

Eu acho que o exemplo mais impressionante do aprendizado associativo vem da psicologia do desenvolvimento. Os bebês não conseguem falar ou preencher um questionário, mas os pesquisadores podem estudá-los observando mudanças em suas batidas cardíacas, com que rapidez eles sugam uma chupeta e como viram a cabeça e os olhos na direção de algumas imagens e para longe de outras.

Notavelmente, eles descobriram que crianças recém-nascidas, assim que saem do útero, percebem a diferença entre histórias em sua própria língua e histórias lidas em uma língua estrangeira. Elas podem até sentir a diferença entre músicas que são temas de novelas e outras peças musicais. Mas como? Elas têm padrões de linguagem e partituras de músicas em seu DNA?

Não! Essa habilidade é tudo questão do aprendizado que ocorre antes mesmo do nascimento. No final da gestação, os pais dessas crianças passaram a ler histórias para seus filhos ainda na barriga. Além disso, como podem fazer muito pouco no final da gestação, as mães se sentam em seus sofás e assistem a TV. No final da gestação, os fetos já se desenvolveram suficientemente para ouvir sons. Você não pode escutar muito bem no útero (parece que está no fundo de uma piscina), mas pode ouvir alguma coisa através dos tecidos e do líquido amniótico. Os fetos são máquinas de aprendizado tão incrivelmente avançadas que adquirem os ritmos e cadências de sua língua nativa e até mesmo percebem as músicas temas das novelas.

Depois que você nasce, ao longo da infância e da vida adulta, seu cérebro continua a ser uma máquina notável de aprendizado. Como discutimos na próxima seção, como todas as pessoas, você é altamente sensível ao número de vezes que percebe pessoas e objetos, cores e sons, e se essas coisas parecem juntas ou separadas. Essas experiências do mundo, ou do mundo visto pela TV e pelos filmes, criam suas atitudes implícitas — tudo sem a sua percepção consciente.

EXPERIMENTE

Aqui está um exercício revelador para examinar seus próprios conceitos sociais implícitos. Experimente.

O mais rápido que puder, imagine um cientista. Descreva o máximo que puder da pessoa que imediatamente vem à sua mente. Como o seu cientista se parece? Aposto que é homem, com pelo menos 30 anos, razoavelmente alto e magro, branco ou asiático e talvez use óculos.

Agora, se eu lhe fizer perguntas explícitas — "Os cientistas são do sexo masculino? Os cientistas têm problemas de visão?" —, você provavelmente diria: "Depende" ou "Não tenho ideia". Você mesmo talvez seja uma mulher cientista ou uma feminista fervorosa. Mas mesmo assim, as chances são de que você descreveu um homem neste exercício.

Não importa quais são as suas crenças políticas ou de gênero — ou seja, suas atitudes explícitas —, você assiste aos mesmos programas de TV, lê os mesmos livros e assiste aos mesmos filmes que as outras pessoas.

LEMBRE-SE

Seus valores pessoais não criam suas atitudes implícitas; o que faz isso é a sua exposição ao mundo e à cultura à sua volta.

Reconhecendo a força poderosa da mera exposição

O mero efeito da exposição é como a gravidade. Está em toda a sua volta, o tempo todo, influenciando gentilmente o seu comportamento. Na verdade, como a gravidade, os efeitos da exposição são tão penetrantes que esquecê-los é fácil. Eles são uma força poderosa que molda seus gostos e aversões, o que você compra e o que ouve, e talvez até tenha dado uma mãozinha sobre onde você vive e no que trabalha.

EXPERIMENTE

Se você é do Cazaquistão, ou fala cazaque, acho que essa demonstração não funcionará com você. Caso contrário, tente a sorte e teste suas intuições sobre a língua.

Aqui estão duas palavras em cazaque: *tzikagt* e *solmin*. Uma significa amoroso ou dedicado, e a outra significa nocivo ou repelente. Você consegue adivinhar qual é qual?

Se você for como os participantes do experimento do psicólogo social Bob Zajonc, você disse que *tzikagt* é a palavra negativa e *solmin* é a palavra agradável. Por que isso? Na verdade, no experimento de Zajonc e no meu exemplo, as palavras são inventadas — elas não têm nada a ver com qualquer língua real (minhas desculpas aos falantes de cazaque!). Como você pode ter opiniões sobre palavras que são totalmente inventadas?

Bem, a primeira palavra parece menos familiar para falantes do português. Ela realmente usa letras relativamente incomuns e as liga de maneiras não usuais. As letras *tz* aparecem apenas em algumas raras palavras em português (como *blitz*). Em contraste, *solmin* tem combinações de palavras mais familiares para os falantes do português. Você vê palavras como *some* e *sopa* muito mais frequentemente. Na verdade, entre um milhão de palavras que você possa ler, cerca de 11 mil provavelmente tenham as letras *so* nelas em algum lugar, e apenas cerca de seis têm *tz*. Seus sentimentos positivos por *solmin* são causados pela familiaridade dessas letras e sons. *Tzikagt* soou como uma palavra negativa para você só porque não é familiar.

LEMBRE-SE

Zajonc chamou esse fenômeno de *efeito da mera exposição*. No geral, quanto mais você convive com algo, mais familiar essa coisa é e mais você gosta dela. Essa realidade foi demonstrada de várias maneiras e tem pouco a ver com a percepção consciente.

A APLICAÇÃO DE ZAJONC

Bob Zajonc é um grande nome na psicologia social e também o mais mal pronunciado (o sobrenome, ou seja, não "Bob"!). Você deve falar como a palavra inglesa "science", mas com um som de "z" no começo.

A pronúncia não é "za-jonk", como pronunciei uma vez em um elevador... quando o próprio estava parado atrás de mim!

Em outro experimento de Zajonc, os participantes recebiam várias opções de polígonos (formas com lados retos, como pentágonos e hexágonos), e pedia-se que escolhessem quais eles preferiam. A maioria sentiu que estava escolhendo aleatoriamente, mas, na verdade, um dos polígonos havia sido apresentado a eles entre outros estímulos em um experimento que haviam acabado de completar. A forma era apresentada muito rapidamente, e imediatamente seguida de outra imagem. Os participantes não tinham percepção consciente nenhuma da forma. Apesar disso, eles eram muito mais propensos a dizer que preferiam aquela forma específica quando tinham opções.

O efeito da mera exposição explica por que a Nike, a Coca-Cola e outras empresas gastam milhões para expor seus logotipos aos olhares das pessoas muitas vezes por dia em cartazes, ônibus, produtos, celebridades e até em filmes. Também explica por que os vilões em filmes norte-americanos são mais propensos a ter nomes com as letras z, k e v.

EXPERIMENTE

De quais letras você gosta? Imagine que você está brincando de roleta, mas a roleta contém letras, em vez de números. Escreva uma ou duas letras nas quais você apostaria. Por que você acha que as escolheu?

Você se sente sortudo, vagabundo? A realidade do egoísmo implícito

Você talvez se ache muito superior ou talvez esteja se sentindo um pouco para baixo. Mas independentemente dos seus sentimentos explícitos sobre o seu ego, uma aplicação surpreendente do efeito da mera exposição é impulsionar seu *egoísmo implícito*. As coisas que são associadas a você se tornam muito familiares, e essa familiaridade lhe agrada. O efeito do egoísmo implícito é importante, porque ele penetra em muitas das decisões na sua vida.

Por exemplo, você muito frequentemente vê uma coisa que é particular para você: seu nome. Você o escreve e lê muitas vezes por dia. Escuta pessoas falando seu nome o tempo todo. Então, quando pede que as pessoas digam qual letra preferem, a chance é a de que escolham a primeira letra do seu nome ou do sobrenome (ou até do apelido). Se perguntar a elas por quê, elas provavelmente não saberão e se sentirão envergonhadas se você disser o porquê.

LEMBRE-SE

O nome desse efeito é *egoísmo implícito* e ele se estende muito além de quais letras você acha que dão sorte.

Em uma grande análise dos dados do censo dos Estados Unidos, os pesquisadores descobriram que os nomes eram relacionados, em níveis acima do puro acaso, a ocupações e localizações. Em outras palavras, se você observar todos os dentistas nos Estados Unidos, eles têm mais propensão a ser chamados de Dennis do que em outras profissões. Se você observar todas as pessoas que se chamam Louise, é mais provável que elas morem na Louisiana do que pessoas com outros nomes. Claro, nem todo advogado se chama Larry e mora em LA. Os efeitos são pequenas diferenças de frações de 1%, mas significativas.

EXPERIMENTE

Só pela diversão, da próxima vez que estiver em um grupo grande de pessoas, pergunte sobre o nome e a profissão dos pais de todo mundo. Você tem uma boa chance de ouvir sobre algumas jornalistas chamadas Maria e enfermeiros chamados João (mas, claro, você tem que tirar a probabilidade de conseguir essas combinações por coincidência).

Os dados ficam ainda mais surpreendentes. Em um estudo de notas escolares, os pesquisadores descobriram que entre os alunos que tiram notas 10, mais do que você esperava tinham os nomes Alan e Alice, em média. Além disso, mais Bettys e Bobs tiravam 8,5.

Claro, suas notas na vida não são algo que você escolhe, como suas letras favoritas ou o seu emprego. A afirmação é que se você se chama Alan, você simplesmente gosta da letra *a* um pouquinho mais do que se você se chamasse Frank. E então você valoriza um pouquinho mais tirar uma nota A (ou seja, 10) no seu trabalho escolar. Você batalha mais para conseguir a nota e acaba com mais As no seu boletim.

Claro, talvez existam outras explicações para esses resultados. Talvez, por alguma razão, os pais que escolhem os nomes começando com a letra *a* coloquem mais pressão acadêmica em seus filhos. Mas existe uma evidência experimental para o egoísmo implícito ser o causador desse efeito. Os pesquisadores deram um teste para as pessoas e ofereceram um prêmio caso se saíssem bem. Eles deram diferentes nomes para o prêmio em condições experimentais diferentes e descobriram que as pessoas batalhavam mais para ganhar se o prêmio tivesse a mesma letra inicial de seus nomes. Então não é algo especial dos Alans e das Abigails.

Assim, se Charlie estiver tirando muitas notas Cs (ou seja, 7,5), para que ele se torne um chef, tente oferecer a ele chocolates se ele conseguir notas maiores!

Fazendo conexões: Associações implícitas

O efeito da mera exposição e o egoísmo implícito das duas seções anteriores mostram que quanto mais percebe uma coisa em particular, mais positivamente você a vê; esse é um tipo de atitude implícita. Mas aqui eu quero discutir outro tipo: as *associações implícitas*. Essas são conexões *entre* dois conceitos ou coisas.

LEMBRE-SE

Sempre que percebe duas coisas ao mesmo tempo ou de uma maneira que as conecte, você descobre uma associação entre elas. Como a frequência das coisas no seu mundo, você pode aprender as associações sem consciência, absorvendo os padrões no mundo à sua volta.

Você tem muitas dessas associações sobre as quais provavelmente não esteja consciente. Por exemplo, visualize um pássaro cantando. É menor ou maior que uma pomba?

Eu aposto que você disse menor. Isso porque você aprendeu implicitamente um padrão sobre o mundo: que a maioria dos pássaros que cantam é pequena. A não ser que você seja um ornitólogo, isso provavelmente não era um conhecimento *explícito* que você possuía. Você não sabia que sabia disso; mas você tinha a associação.

As pessoas têm todos os tipos de associações implícitas sobre outras pessoas. Algumas são baseadas em padrões verdadeiros que existem no mundo — que os homens são, em média, mais altos do que as mulheres, por exemplo. Mas muitas são baseadas não no que você observa diretamente, mas em como as pessoas são descritas em conversas ou as retrataram na mídia. No Capítulo 3, por exemplo, discutimos o estereótipo de que o homem heterossexual tem mais parceiros sexuais que uma mulher heterossexual, mesmo que isso não possa ser verdadeiro, falando logicamente. Contudo, você provavelmente descobriu essa associação implícita pela maneira que as pessoas falam de si mesmas e dos outros.

Vá até o Capítulo 10 para saber mais sobre estereótipos, a maneira que constrói crenças sobre certos grupos de pessoas e como você — muitas vezes falsamente — aplica esse conhecimento aos outros.

Medindo Atitudes Implícitas

Se você tem uma empresa de publicidade, então pode ver atitudes implícitas no trabalho colocando outdoors, dirigindo anúncios de TV e inserindo seus produtos em programas de TV e filmes. Logo você veria que as atitudes implícitas podem ser criadas e manipuladas. Mas os cientistas sociais não querem apenas criar atitudes implícitas nas pessoas, eles também querem estudar quais atitudes implícitas já existem nelas. Nesta seção, discutimos como os especialistas medem essas atitudes implícitas, o que elas revelam sobre as atitudes explícitas e como se relacionam ao comportamento humano. Você talvez tenha adivinhado rapidamente o problema central aqui: como pode sondar as associações implícitas na mente de alguém se você não pode perguntar a essa pessoa diretamente (as pessoas muitas vezes estão inconscientes de suas atitudes implícitas)? Bem, você recorre à psicologia cognitiva, que tem um kit de ferramentas bem desenvolvido para investigar pensamentos e conceitos. Os psicólogos cognitivos estudaram o aprendizado associativo para entender, por exemplo, como a memória organiza a informação e como os bebês aprendem categorias de objetos.

O cérebro não armazena informações em pequenos pacotes individuais, como livros em uma prateleira ou os arquivos no seu computador. Em vez disso, ele o faz em uma rede de associações e conexões. Quando você pensa em uma coisa (digamos, um carro de família), você está efetivamente pegando uma parte dessa rede, e todas as ideias e memórias associadas são um pouquinho puxadas junto também.

EXPERIMENTOS *PRIMING*

A maneira mais comum de ativar uma ideia em um experimento é mostrar uma palavra ou uma imagem a alguém. Então, os cientistas talvez mostrem rapidamente a palavra *ENFERMAGEM* na tela. Isso prepara todos os conceitos que o seu cérebro associa com enfermagem, como *hospital, comprimido, injeção*, assim como memórias específicas que você tenha sobre enfermeiros que conheceu.

Os cientistas revelam que essa preparação ocorre com a ferramenta preferida da psicologia cognitiva: os tempos de reação. Em experimentos *priming*, o participante pode receber a tarefa de decidir se uma palavra na tela é uma palavra própria do português (como *CAMINHÃO*) ou uma palavra sem sentido (como *TAMINHÃO*). As palavras sem sentido não importam — seu papel é só dar aos participantes o que fazer no experimento. Logo antes de a pessoa ver a palavra, ela ouve outra palavra que é falada ao seu ouvido. Se ela escuta a palavra real *ENFERMAGEM* primeiro, é mais rápida em responder à palavra *MÉDICO* imediatamente em seguida. Isso porque *ENFERMAGEM* ativa parcialmente o conceito *MÉDICO*, e assim parte da tarefa de ativar essa palavra no cérebro já foi feita.

O resultado experimental de que *ENFERMAGEM* prepara *MÉDICO* (mas não *CAMINHÃO* ou *SALSICHA*) é uma demonstração científica de que, na mente daquele participante, esses dois conceitos estão ligados. Agora, você provavelmente pode ver como os especialistas podem usar essa ferramenta para investigar problemas na psicologia social. Por exemplo, se *ENFERMAGEM* também prepara a palavra *MULHER* na mente das pessoas, então isso é uma evidência de que elas têm uma visão de gênero estereotipada da enfermagem como uma área feminina.

Os cientistas usam essa característica do cérebro para estudar atitudes implícitas. Nesta seção, discutimos como os experimentos *priming* são uma maneira de medir a associação entre duas ideias em termos de tempos de reação (descrevemos as origens do *priming* no Capítulo 5). Em *priming*, você supõe que as diferenças nos tempos de reação são relacionadas às diferenças na maneira que os conceitos são associados na mente. O conceito de *priming* é central a muitos experimentos em cognição social. Isso funciona porque o cérebro armazena associações entre ideias e informação. Quando você ativa uma ideia no cérebro, você também ativa parcialmente, ou *prepara*, todas as ideias associadas a ela. Por ativação eu só quero dizer trazer algo à mente de alguma maneira. Para mais sobre *priming*, leia o box anterior, "Experimentos *priming*".

Investigando a ativação automática do comportamento

O cérebro não armazena só conceitos desmembrados como um dicionário; ele também armazena ações, sentimentos, gestos e emoções. Os psicólogos sociais como John Bargh mostraram que esses aspectos podem ser preparados e que eles podem influenciar diretamente o comportamento sem que você esteja consciente disso.

EXPERIMENTE

Imagine você sentado em um cubículo com um computador. Ele exibe imagens de blocos amarelos na tela e você deve digitar o número de blocos que vê a cada vez. Você vê centenas de conjuntos de blocos amarelos. Você está fazendo esse experimento por quase uma hora e seus dedos estão doendo. Então o computador exibe as palavras: "Erro ao salvar os dados. Por favor, comece o experimento novamente". Como você se sentiria a essa altura?

Nesse experimento original, uma pequena câmera gravava as reações dos participantes no momento em que eram avisados que todo o seu trabalho havia sido perdido. Os pesquisadores codificaram o quanto as pessoas pareciam agressivas ou com raiva. Se eles franziam as sobrancelhas ou xingavam, por exemplo.

Os participantes foram colocados em duas condições diferentes e em uma condição os níveis de raiva e agressão exibidos pelos participantes eram muito mais altos. A diferença entre as condições era muito sutil. De fato, os participantes não estavam nem cientes dela. Entre cada conjunto de blocos amarelos, um rosto piscava na tela. O rosto aparecia muito rapidamente e era imediatamente substituído pela próxima imagem, e assim os participantes não estavam conscientes de que tinham visto alguma coisa. (Essa técnica é chamada de *apresentação subliminar*.) Mesmo embora não estivessem conscientes de qualquer rosto, algo naqueles rostos mudou seu comportamento em uma condição.

Metade dos participantes brancos nesse estudo eram apresentados subliminarmente a rostos de homens brancos, e a outra metade, a rostos de homens negros. Aqueles que viram os rostos de negros exibiram mais raiva e agressão quando descobriam que seu trabalho havia sido perdido.

A apresentação subliminar de rostos foi o suficiente para preparar o estereótipo de norte-americanos negros para esses participantes. Parte de seu estereótipo era a ideia de que norte-americanos negros são mais agressivos e raivosos. Então, a percepção dos rostos ativava parcialmente os sentimentos de raiva, que extravasava como agressão real quando os participantes recebiam a má notícia.

LEMBRE-SE

Os experimentos *priming* são uma ferramenta muito útil para estudar os conteúdos comportamentais, sociais e perceptuais de um estereótipo e a maneira pela qual ele é ativado. Por exemplo, os participantes norte-americanos receberam vários trabalhos com os blocos que tinham que rearranjar em uma frase. Aqueles participantes cujo enigma incluía palavras como *Flórida* e *cinza* eram preparados com estereótipos de pessoas velhas, e isso acarretava que saíssem andando mais devagar do laboratório depois que terminavam o enigma. Descreveremos mais exemplos como este ao longo do livro. Por enquanto, quero focar outra ferramenta para medir atitudes implícitas na próxima seção.

Experimentando o Teste de Associação Implícita (TAI)

O TAI é um experimento que pode medir como dois pares de conceitos são relacionados. Por exemplo, ele pode lhe dizer o quanto alguém associa qualidades positivas com rostos brancos e qualidades negativas com negros; ou se as ciências eram vistas como uma atividade masculina e as humanidades, como feminina.

Como o teste funciona

A lógica do TAI é bem direta. Os participantes recebem o trabalho de categorizar duas coisas diferentes em dois grupos, pressionando dois botões específicos. Eles repetem esse processo muitas vezes e a cada vez podem categorizar qualquer tipo de coisa, porque elas aparecem aleatoriamente.

Por exemplo, eles têm que categorizar o nome de uma pessoa como masculino ou feminino e matérias universitárias como sendo de ciências ou humanidades. Então na tela eles veem *Janice* e pressionam o botão para feminino, e então veem *Geologia* e pressionam o botão para ciência, depois *David, Clarice, História, Física*, e assim por diante.

LEMBRE-SE

Aqui estão dois aspectos cruciais do experimento:

» Os participantes só têm dois botões para usar em sua tarefa de categorização.

» Os pesquisadores, a cada rodada, trocam qual botão é usado para qual categoria.

> ## PROVANDO SEUS PRÓPRIOS PRECONCEITOS
>
> Você mesmo pode fazer o TAI em https://implicit.harvard.edu (em inglês), os pesquisadores da Universidade de Harvard colocaram o experimento online para as pessoas tentarem. Mais de um milhão de pessoas fizeram o experimento por todo o mundo, tornando-o um dos maiores experimentos de psicologia já executado.
>
> Visite o site e escolha seu país na lista à esquerda. Você pode então usar o TAI para medir o preconceito implícito que possui com base em raça, gênero, peso corporal e orientação sexual.
>
> Quando minha esposa fez o TAI, o site informou a ela que, como a maioria das pessoas, associa as mulheres com humanidades e os homens com ciências. Mesmo ela mesma sendo uma professora de ciências e o pai dela sendo professor de humanidades! Talvez, independentemente das atitudes explícitas dela e de sua escolha de carreira, em algum lugar na mente dela ela ainda nutra a atitude implícita de que a ciência é um trabalho masculino.

Então, a primeira vez que um participante realiza a tarefa, ele pode pressionar o botão D para categorizar nomes como femininos e assuntos como humanidades. Ele pressiona o botão K para nomes masculinos e assuntos científicos. Mas então é pedido que ele realize essa tarefa novamente, dessa vez categorizando nomes femininos e assuntos científicos com o botão D e nomes masculinos e humanidades com K. O botão que os participantes apertam pode parecer um aspecto arbitrário e nada importante do experimento, mas alguns pesquisadores argumentam que isso pode revelar as atitudes implícitas dos participantes.

Conclusões

Os participantes respondem mais rapidamente quando têm que apertar o mesmo botão para coisas que eles associam uma à outra. Neste exemplo, a maioria das pessoas seria mais rápida para responder quando categoriza nomes femininos e assuntos de humanidades com um botão e nomes masculinos e ciências com o outro. Elas seriam comparativamente mais lentas na segunda tentativa, categorizando nomes femininos e ciências com um botão e nomes masculinos e humanidades com o outro.

Os pesquisadores TAI observam os tempos de reação média com uma configuração de botões e subtraem dos tempos de reação com a outra configuração. Eles afirmam que esse número indica o grau com o qual um participante associa pares específicos de conceitos uns com os outros.

Muitos experimentos TAI provaram atitudes raciais. Pedia-se aos participantes que categorizassem rostos negros e brancos, por exemplo, e também que categorizassem palavras como positivas (*bolo*, *filhotes*, *afago*) ou negativas (*assassinato*, *fome*, *dor*). Como discutimos no Capítulo 4, em um estudo de questionário é pouco provável que as pessoas aprovem atitudes racistas explícitas, por causa do estigma social óbvio contra o racismo. Mas mesmo os participantes que não mostram sinais de racismo quando perguntados explicitamente ainda parecem associar rostos negros com coisas negativas e brancos com positivas. No geral, isso acontece se os próprios participantes norte-americanos forem brancos ou se forem negros, já que, afirmam os pesquisadores, ambos os grupos cresceram no mesmo país e, portanto, aprenderam as mesmas atitudes implícitas.

Algumas evidências sugerem que as pontuações TAI preveem comportamentos melhor do que medidas explícitas. Um estudo nos EUA observou enfermeiras trabalhando em uma sala de emergência. Elas tinham o trabalho muito difícil de decidir a prioridade dos pacientes — se os pacientes eram alta prioridade para o médico, porque estavam sangrando ou incapazes de respirar, ou se eram baixa prioridade, porque tinham "só" quebrado um membro ou estavam com um vírus. Nenhuma das enfermeiras possuía atitudes racistas explícitas. Ainda assim, os pesquisadores descobriram que o tamanho da diferença do tempo de reação em seus TAI previa uma tendência de que as enfermeiras colocassem pacientes negros para a lista de baixa prioridade.

Investigando os resultados do TAI

Alguns pesquisadores duvidam da força dessas descobertas. A capacidade do TAI de prever o comportamento no mundo real é altamente discutida. Mas existe uma questão mais profunda — o que exatamente o TAI está medindo?

Achamos que, no geral, não somos pessoas preconceituosas. Eu apoio a igualdade nos direitos de união, de salários e oportunidades. Eu estou envolvido em campanhas contra a tipagem de gênero nos brinquedos de crianças. Eu sei que tenho alguns preconceitos: por alguma razão, eu não suporto golfe — as pessoas que jogam ou as pessoas que assistem —, eu fico com raiva só de pensar nisso. Mas, em geral, eu tento ser mente aberta.

Ainda assim, o TAI sugere que eu tenho atitudes negativas em relação a pessoas de diferentes grupos raciais, que eu associo as mulheres com o ato de ficar em casa cuidando das crianças e que eu tenho muitas outras visões que eu argumento explicitamente contra. Eu tenho mentido para mim mesmo por todo esse tempo que não sou uma pessoa preconceituosa?

Se você mesmo fez o teste TAI, talvez tenha tido o mesmo choque. Isso levanta a questão — o TAI está *realmente* medindo as minhas e as suas atitudes?

Os pesquisadores respondem a essa pergunta de duas maneiras. Como você pode ver, essas respostas discordam uma da outra (o debate continua em conferências e artigos de jornais atualmente):

> **Resposta 1: O TAI dá uma medida direta de suas atitudes implícitas.**
> Ele reflete seus verdadeiros sentimentos em relação a diferentes grupos de pessoas; sentimentos que você não mostraria em um questionário sobre suas atitudes. Na vida cotidiana, você tenta esconder essas avaliações negativas por educação ou porque você não quer parecer preconceituoso. Ou você pode saber que tem visões negativas em relação a, vamos dizer, pessoas gays, e está fazendo uma tentativa sincera de compensar essas visões. Independentemente da sua motivação para se comportar sem preconceito em público, seus verdadeiros preconceitos implícitos existem, espreitando sob a superfície, e o TAI pode vê-los.

> **Resposta 2: A conclusão da Resposta 1 perde uma distinção importante.**
> Existe uma diferença crucial entre as visões preconceituosas que alguém pode ou não ter conscientemente e o conhecimento daquela pessoa sobre estereótipos específicos e preconceitos na sociedade.
> Por exemplo, eu sou um homem inglês. Eu não acho que tenha qualquer preconceito específico a favor ou contra tais pessoas. Eu conheci algumas boas e algumas ruins. Mas depois de viver nos Estados Unidos por muito tempo, eu tenho um sentido muito bom dos estereótipos e das atitudes implícitas que os norte-americanos associam com homens ingleses: eles são afeminados, intelectuais, pretensiosos e esnobes. Eles falam sobre jogo limpo, mas são moralmente suspeitos. Eles têm dentes podres e ainda assim são inexplicavelmente atraentes para algumas mulheres. Eles jogam críquete, bebem chá e amam a Rainha.
> Agora imagine que eu fiz um TAI provando minhas associações implícitas a pessoas inglesas. Ele pode muito bem descobrir que eu associo pessoas inglesas com críquete, chá e intelectuais. Mas isso é apenas um reflexo do meu conhecimento do estereótipo — não o fato de que eu mesmo tenho essas crenças preconceituosas genuinamente.
> De maneira similar, se você fizer o TAI e ele mostrar que você tem associações negativas em relação a pessoas gays, talvez isso esteja simplesmente refletindo seu conhecimento do estereótipo cultural. Você absorveu esse estereótipo de como as pessoas gays são ruins em esportes, afeminadas e exibicionistas. Talvez você tenha descoberto que esse estereótipo existe observando como as pessoas são provocadas na escola ou assistindo como as pessoas gays são retratadas na TV e nos filmes.
> Você teria que ser extraordinariamente sem percepção para viver em sociedade e não estar ciente dos estereótipos que são atrelados a pessoas gays, mulheres ou muçulmanos. E esse conhecimento dos estereótipos na sociedade é o que aparece no teste TAI. Não necessariamente suas *próprias* atitudes implícitas, e certamente não suas atitudes explícitas escondidas.

Descobrindo como as atitudes implícitas e explícitas interagem

As duas visões na seção anterior parecem extremamente opostas, mas de certo modo ambas são verdadeiras. Para explicar como, eu observo um outro experimento nesta seção. Este é particularmente inteligente porque mede atitudes explícitas e implícitas ao mesmo tempo.

Em um experimento, os participantes receberam um item, e então foi pedido que clicassem em um dos dois botões com seu mouse: *curtir* ou *não curtir*. Os itens eram coisas como *bolo* e *férias*, para os quais a maioria clicou em *curtir*; ou *câncer* e *dor de cabeça*, para os quais clicaram em *não curtir*. Os pesquisadores ficaram especialmente interessados em um item em particular, o conceito de *pessoa negra*. Os participantes, que eram estudantes brancos norte-americanos, todos clicaram *curtir*. Mas no caminho para clicar no botão *curtir*, o ponteiro do mouse dos participantes desviou-se ligeiramente em direção ao *não curtir*.

Se você estivesse vendo o ponteiro do mouse talvez não notasse nada de diferente. Mas os pesquisadores analisaram cuidadosamente as trajetórias dos ponteiros e descobriram um desvio sistemático em direção ao botão de *não curtir* quando os participantes estavam declarando explicitamente que gostavam de pessoas negras.

Esse resultado é uma demonstração maravilhosa da complexidade causal das crenças e comportamentos. As ações das pessoas — mesmo as simples, como clicar em um mouse — são o resultado de muitas influências que competem e interagem. As respostas dos participantes neste experimento foram dominadas por sua atitude explícita de que gostavam de pessoas negras. Mas no momento que tomavam essa decisão, eles também ativavam seu conhecimento de todas as associações negativas que a sociedade norte-americana tem em relação a pessoas negras.

O experimento mostra que você não pode impor um limite claro entre as atitudes explícitas que você tem conscientemente e as associações implícitas que absorveu do mundo por acaso. Você não pode separar totalmente essas atitudes porque ambas podem ter uma influência no comportamento.

Por exemplo, um gerente do sexo masculino pode acreditar sinceramente que homens e mulheres são igualmente capazes para um trabalho de pesquisa que ele anunciou. Mas e se ele tiver uma pilha de 100 candidaturas para ver rapidamente? Essa leve dificuldade que ele tem pareando mulheres com ciência — essa reação mais lenta que aparece no TAI — pode ser o suficiente para algumas mulheres que eram casos duvidosos acabarem na pilha de rejeitados.

Ou imagine que você está em um elevador e alguém o chama para que segure a porta. Quando você o faz, nota que a pessoa é negra. Aquelas associações levemente negativas — que arrastaram o ponteiro do mouse em direção ao botão não curtir — podem ser suficientes para diminuir a sua velocidade um pouco para que não consiga apertar o botão a tempo.

LEMBRE-SE

Meu ponto é que essas associações implícitas podem não refletir suas próprias visões, mas simplesmente aquelas que você absorveu do mundo ao seu redor. Elas podem ter apenas um pequeno efeito no seu comportamento. Mas as consequências desse comportamento podem ser gigantes para a pessoa que não consegue a entrevista de emprego, que vê a porta do elevador se fechar e que vai para a lista de baixa prioridade na sala de emergência.

Portanto, você deve ser muito cuidadoso com a maneira como os diferentes grupos sociais são retratados na mídia. Algumas pessoas dizem que está tudo bem em dizer que o personagem mais burro em um programa de TV é sempre a mulher loira, assim como o fato de os personagens muçulmanos sempre acabarem sendo terroristas. Está tudo bem, o argumento diz, porque todo mundo sabe explicitamente que nem todas as loiras são burras e nem todos os muçulmanos são maus. Mas eu argumento que se todas essas associações forem repetidamente vistas na TV, elas se infiltram na memória das pessoas e são perpetuadas na sociedade.

Essa situação não é um caso do "frenético politicamente correto"; é um entendimento científico de como a memória e as atitudes implícitas funcionam.

> **NESTE CAPÍTULO**
>
> Aceitando que o comportamento pode moldar atitudes
>
> Entendendo a dissonância cognitiva
>
> Observando sua autopercepção
>
> Comparando teorias concorrentes

Capítulo 6
Investigando a Ligação entre Comportamento e Atitudes

Aqui estão duas visões sobre a conexão entre atitudes e comportamento de dois gigantes da história dos EUA. John Adams foi um dos fundadores dos Estados Unidos e um líder da guerra revolucionária contra a Grã-Bretanha. Em uma carta, ele escreveu:

A Revolução foi efetuada antes de a Guerra ser iniciada. A Revolução estava nas mentes e nos corações das pessoas... Essa mudança radical nos princípios, nas opiniões, nos sentimentos e nas afeições das pessoas foi a verdadeira Revolução Americana.

Adams está expressando uma ideia poderosa aqui: que grandes ações requerem uma mudança no coração e na mente das pessoas; que atitudes e crenças são a causa do comportamento.

Mas aqui está outra visão, de Abraham Lincoln, que percebeu que às vezes o oposto é verdadeiro: o comportamento das pessoas pode causar uma mudança em suas atitudes. Lincoln sabia que outro político, de cujo apoio ele precisava, não gostava nada dele. Lincoln fez uma coisa inteligente mudando sua atitude. Ele descobriu que o político era um colecionador de livros raros. Então Lincoln escreveu a ele pedindo emprestado um dos seus exemplares mais valiosos. O político concordou de má vontade, não desejando recusar um pedido do presidente. Depois de emprestar o livro a ele, entretanto, o político ficou mais amigável em relação a Lincoln e, a tempo, ofereceu seu apoio.

Por que o político mudou sua atitude? Bem, você não empresta um dos seus bens mais valiosos para um homem que você detesta. Depois que o político executou o comportamento de emprestar o livro ao presidente, isso causou uma mudança em sua atitude em relação a gostar de Lincoln.

Neste capítulo, pesamos essas duas visões de atitudes e comportamento uma contra a outra. Incrivelmente, as evidências científicas se empilham a favor da visão de Lincoln. Em várias situações cotidianas — como se sente em relação ao seu trabalho, ao seu parceiro ou aos seus filhos —, seu comportamento causa suas atitudes. Eu revisarei as duas ideias poderosas — dissonância cognitiva e teoria da autopercepção — que explicam como e por que isso acontece.

FORÇANDO O PROBLEMA: MUDANÇAS DE COMPORTAMENTO E OS DIREITOS CIVIS

Alguns historiadores argumentam que a visão de Lincoln provou-se correta devido a uma revolução ocorrida mais tarde na América — o movimento dos direitos civis. Na década de 1950, no Sul, as reações foram negativas em relação à integração racial. Parecia que a população branca nunca aceitaria a igualdade entre ela e os negros. Entretanto, os ativistas dos direitos civis e os políticos fizeram passar leis que proibiam a segregação. Bebedouros separados, ônibus e escolas para brancos e negros se tornaram ilegais. Essa não foi uma revolução de corações e mentes, como Adams havia descrito: essa foi uma revolução feita por meio de uma lei contra o que muitos viam como o desejo do povo sulista. No entanto, quando desfeita a segregação, depois que as pessoas foram obrigadas a se comportar a favor da igualdade, ocorreu uma mudança lenta, mas sísmica, de atitude. Os norte-americanos brancos começaram a se sentir mais favoráveis em relação aos negros. Claro, não era o fim da luta de maneira alguma, mas alguns historiadores argumentam que a maior mudança nas atitudes das pessoas no Sul foi produzida por essa mudança forçada de comportamento.

Lidando com Ideias Conflitantes: Dissonância Cognitiva

Ninguém gosta de pessoas hipócritas; alguém que diz uma coisa e faz outra. Os políticos que cortam os benefícios das pessoas e ainda assim levam milhares em reivindicações de despesas falsas; os líderes religiosos que falam sobre a santidade da vida em família e têm casos a portas fechadas: essas pessoas são a escória da escória na opinião pública. Assim como achamos hipocrisia e inconsistência intoleráveis em outras pessoas, também lutamos com o sentimento em nós mesmos.

LEMBRE-SE

Este sentimento é chamado de *dissonância cognitiva*: o estado de ter um conjunto de ideias ou agir de maneiras que entram em conflito umas com as outras.

Os psicólogos sociais descobriram que as pessoas percorrem um longo caminho para reduzir suas dissonâncias cognitivas. Elas criam novas crenças ou se comportam de novas maneiras para reduzir essa dissonância, mesmo quando esse comportamento parece simplesmente irracional para as outras pessoas. Então, esses políticos que sonegam suas declarações de impostos provavelmente se convenceram de que estão economizando o dinheiro do contribuinte. O líder religioso que está tendo um caso pode achar que é tudo um teste de Deus para provar a pureza de sua fé.

Aqui está outro exemplo simples. Digamos que eu acredite que sou uma pessoa decente e bondosa. Eu acredito que as pessoas deveriam cuidar umas das outras e que todo mundo tem direito à dignidade humana básica. Mas esta noite eu passo por um morador de rua que obviamente está com necessidades e não paro para ajudá-lo. Minhas ações não combinam com minhas crenças, uma situação que produz dissonância cognitiva dentro de mim.

Como eu posso reduzir essa dissonância? Bem, e se eu achar que esse morador de rua fez com que essa situação acontecesse consigo mesmo? Talvez ele estivesse bêbado, usado drogas ou estivesse ilegalmente no país. Se ele infringiu a lei, então não merece minha ajuda.

DICA

Criando a crença de que o morador de rua é de alguma maneira não merecedor, eu reduzo minha dissonância cognitiva. O ponto não é se a crença é verdadeira ou não, porque eu não a criei para ter uma visão precisa do mundo; eu a inventei para reduzir minha dissonância.

O termo *dissonância cognitiva* foi cunhado pelo psicólogo social Leon Festinger, que era fascinado pela interação de comportamentos e atitudes. Ele percebeu não apenas que as atitudes são uma causa fraca do comportamento, mas também que, em alguns casos, o comportamento cria atitudes.

Festinger observou que quando as crenças e os comportamentos de um indivíduo se contradizem, o resultado é uma dissonância cognitiva. Ele teorizou que os seres humanos têm uma necessidade básica de reduzir a dissonância cognitiva de qualquer maneira possível, porque é um estado de espírito muito desconfortável. Assim, muitas vezes as pessoas reduzem a dissonância criando crenças novas ou rejeitando uma antiga.

Experimentando a dissonância cognitiva

A curiosidade de Leon Festinger sobre o comportamento e as atitudes começou com seu estudo sobre seitas apocalípticas, descritas em seu livro *When Prophecy Fails* ("Quando a Profecia Falha"). Vale a pena entender o que ele descobriu em seu estudo dos cultos. Depois de ver tais comportamentos contraintuitivos e surpreendentes nos seguidores das seitas, Festinger executou uma série de experimentos, observando o mesmo comportamento em pessoas comuns. Seu trabalho é um exemplo maravilhoso da interação entre a observação de pessoas no mundo e uma experimentação cuidadosa no laboratório. Como veremos nesta seção, mesmo que não tenha estado em um culto religioso, aposto que você também já respondeu ao poder da dissonância cognitiva.

EXPERIMENTE

Imagine que você aderiu a um culto. Claro que você não se inscreveu para entrar em um culto. Tudo começa de um jeito bem diferente. Sua vida não está indo muito bem e você conhece algumas pessoas que parecem boas e interessadas em você; você aparece em alguns de seus encontros. Depois do churrasco (de hambúrgueres sem carne e kebabs vegetais), elas começam a falar sobre como a vida delas mudou da água para o vinho depois que se juntaram a esse grupo e sobre como estão felizes. Elas falam sobre um líder carismático e a promessa de que na semana que vem você poderá conhecê-lo e assistir a palestras com o grupo.

Logo você está indo a reuniões regulares com o líder. Elas custam um bom tanto de dinheiro, mas você tem o suficiente no banco e decide reduzir suas saídas, mudando-se para uma casa maior na periferia da cidade com os outros membros do grupo. O líder tem uma personalidade magnética e, em particular, lhe diz que vê grandes coisas em você. As aulas estão indo bem, e você está descobrindo que muitas coisas que achava que eram verdade eram apenas mentiras que lhe contaram enquanto crescia. Você percebe que as coisas com as quais se importava — dinheiro, propriedade, família — são ilusões. Com grande alívio, você permite que o grupo tome conta da sua conta bancária e responda às cartas que seus pais lhe enviam.

Agora o líder reúne e seleciona alguns seguidores para ir ao seu quarto para uma revelação especial. Ele lhe diz que é a reencarnação de um deus poderoso. Ele teve uma visão de que o mundo acabará na próxima segunda-feira à meia-noite. Ele suplica por sua ajuda para preparar o resto do grupo para a vida no outro mundo. Juntos vocês queimam o restante de sua propriedade, as memórias da sua vida passada. Todos se juntam no topo de uma colina na segunda-feira à noite. Vocês deram tudo para estar aqui com seu líder. Vocês cantam canções exuberantes de louvor e passam uma bebida de limpeza especial para prepará-los para o fim. Você dorme sabendo que esta é a sua última noite na Terra.

Então, a manhã de terça-feira chega. Você está em um campo cercado por pessoas enlameadas e confusas. O líder desapareceu... mas não para a vida após a morte; seu caminhão também sumiu, junto com a maior parte do dinheiro coletado pelo grupo.

Tente imaginar como você se sentiria. Você ainda acredita nas coisas estranhas e excêntricas que o líder lhe ensinou?

O que fascinou Festinger não foi apenas que muitos dos seguidores em tais situações continuassem a acreditar, mas também que eles frequentemente acreditavam *ainda mais* nos líderes das seitas. Aqui está a sua teoria. As previsões do seu amado líder falharam espetacularmente e você e os outros estão com uma dissonância cognitiva severa. Todas as suas crenças nos ensinamentos do líder estão inteiramente em desacordo com a continuação da existência do planeta. O que você pode fazer? Você tem duas opções básicas:

» Descartar todas as suas crenças sobre o culto, admitir que você estava errado em acreditar e reconhecer que foi enganado. Isso exigiria que você revertesse muitas crenças ardentemente possuídas.

» Assumir que você estava certo em acreditar e que o líder estava correto em seus ensinamentos. A única coisa que ele entendeu errado foi o detalhezinho do dia exato do fim do mundo.

A história possui muitos exemplos de pessoas rejeitando a primeira opção e, por mais louco que pareça para as outras pessoas, aceitando a segunda. Isso aconteceu muitas vezes com os seguidores das seitas apocalípticas. No dia seguinte ao fim do mundo, os crentes racionalizavam ou explicavam o fato de ainda estarem vivos de uma maneira que fortalecia ainda mais suas crenças.

Essa reação é totalmente sem sentido, claro. Se um meteorologista não vê um furacão chegando ou se um economista não prevê uma quebra da bolsa de valores, você pararia de escutá-los. Mas se um líder admirado faz a previsão mais dramática que se pode imaginar (o próprio fim do mundo) e erra, a história nos mostra que a fé nesse líder religioso *cresce*.

> ## "ISSO NÃO TEM LÓGICA, CAPITÃO"
>
> Em uma das seitas que Festinger estudou, os membros decidiram que Deus havia premiado sua fé, decidindo no último momento não destruir o mundo. Essa racionalização serviu para confirmar suas crenças, resolvendo assim sua dissonância cognitiva.
>
> Essa racionalização é incrivelmente circular: o fracasso do fim do mundo é tido como evidência a favor do sistema de crenças que previram (de maneira errada) que o mundo acabaria! Tal lógica tortuosa é comum diante da dissonância cognitiva.
>
> Muitos cultos atualmente exploram ativamente esses mecanismos psicológicos. Para seus seguidores iniciados, eles promovem o que parecem ser crenças bizarras no estilo de ficção científica. Mas eles não o fazem já no início. As primeiras coisas que lhe dizem quando você começa a participar dos encontros são normalmente mensagens inofensivas de afirmação da vida. Só quando as pessoas começam a pagar por mais e mais aulas, ou a comprometer seus recursos para o culto, os aspectos mais extremos são revelados: que o líder é uma reencarnação de Jesus, que o mundo é governado por pessoas-lagartos ou que todos os seres humanos são alienígenas habitando corpos humanos.
>
> A esta altura, os seguidores sacrificaram muitos membros do culto: talvez eles já tenham dado todo o seu dinheiro ou perdido contato com suas famílias. Seu comportamento colocou a ameaça da dissonância cognitiva no ponto máximo e, então, suas atitudes se adaptam para evitá-la. Isso significa acreditar em todos os ensinamentos da seita, não importa o quão ridículos sejam. Perversamente, a própria estranheza dessas crenças faz com que os seguidores comprometidos sejam ainda mais propensos a acreditar nelas.

Normalmente, os seguidores do culto explicam seu fracasso do fim do mundo de várias maneiras. (Talvez Deus tenha mudado de ideia ou o líder tenha cometido um pequeno erro ao interpretar as datas do Calendário Maia.) Mas, nesses casos, os fracassos da profecia levam a um aumento da fé.

Considerando as consequências da justificação insuficiente

Para testar suas teorias sobre a dissonância cognitiva, Festinger colocou os participantes em uma situação em que se viam fazendo algo desagradável — mentindo a um estranho. Ele denominou isso de *conformidade induzida*. Ele queria saber as consequências dessa ação — como realizar esse comportamento influencia as atitudes dos participantes?

No experimento, uma pessoa recebia primeiro uma tarefa tediosa. Mostravam a ela um tabuleiro de xadrez de peças quadradas de madeira e pediam que rodasse cada uma em 90 graus de cada vez. Então ela começava de novo, girando cada peça mais 90 graus. Depois disso, felizmente para o participante, o "experimento" acabava.

Na verdade, o comportamento interessante ainda estava por vir. Enquanto se preparava para ir embora, um pesquisador se aproximava do participante e pedia um favor. Eles estavam com poucos funcionários, o pesquisador se desculpava, e perguntava se o participante se importava em ajudar por um momento. O participante concordava, e era pedido que ele falasse com a próxima pessoa que participaria do experimento. O pesquisador perguntava ao participante se ele diria à próxima pessoa que o experimento era muito interessante e agradável, o que era claramente uma mentira. Por esse incômodo, o participante recebia US$1 ou US$20 como pagamento (as duas condições experimentais).

O participante executava a tarefa, mentia para a pessoa que estava esperando para participar e pegava seu pagamento. Então — e essa é a medida crucial — perguntavam ao participante o quanto ele *realmente* tinha gostado do experimento original.

Os resultados eram notáveis e completamente contraintuitivos. Os participantes que receberam US$20 diziam que, para ser sinceros, não tinham realmente gostado da tarefa original. Era um pouco tediosa. Mas as pessoas que receberam US$1 afirmavam terem gostado da tarefa original de virar as peças. Eles podiam ter ficado entediados no começo, mas passaram a gostar eventualmente.

O que está acontecendo aqui? Por que as pessoas que receberam *menos* dinheiro para contar uma mentira acabaram acreditando nessa mentira? Festinger produziu uma explicação elegante para esse comportamento, que também explica o comportamento enigmático que observou nas seitas apocalípticas da seção anterior: as pessoas buscam reduzir a dissonância cognitiva, criando uma crença nova ou rejeitando uma antiga.

Foi pedido a todos os participantes no experimento de Festinger para que mentissem à pessoa na sala de espera. A maioria das pessoas não se vê como mentirosa, mas se acham pessoas honestas e decentes. Então, o fato de que os participantes mentiam produzia dissonância cognitiva para eles. Como eles podem reduzir essa experiência desagradável?

Os participantes que receberam US$20 têm uma solução. Eles mentiram porque receberam uma quantia substancial de dinheiro. (Pelos padrões atuais, US$20 vale cerca de US$150.) Essa justificativa monetária reduz a dissonância. Faz sentido terem mentido, porque haviam sido recompensados generosamente para fazê-lo.

Os participantes que receberam US$1 não tinham tal solução. Eles mentiram, mas não foram pagos para isso, porque US$1 não valia muito, mesmo em 1950.

LEMBRE-SE

Festinger afirmou que as pessoas do US$1 tinham *justificativas insuficientes* para suas ações. Essas pessoas ainda têm dissonância cognitiva. Elas acham que são pessoas honestas, mas mentiram e não têm uma desculpa. Então, para reduzir a dissonância, esses participantes mudaram suas crenças. Eles decidiram que, na verdade, o experimento não tinha sido tão ruim no fim das contas. Na verdade, eles até gostaram. Se eles gostaram, eles não estavam mentindo quando falaram com a pessoa na sala de espera. Com esse novo conjunto de crenças, a dissonância desapareceu.

Como Festinger disse: "Pessoas passam a acreditar e amar as coisas pelas quais elas sofrem". Pode não ser a coisa mais romântica do mundo para colocar em um cartão do dia dos namorados, mas isso tem um sólido suporte científico.

Explicando o poder das fraternidades

As pessoas encontram a dissonância cognitiva em todos os caminhos da vida. Por exemplo, ritos de iniciação são uma característica comum de muitos clubes, sociedades e organizações. Você pode vê-los em fraternidades, em batalhões do exército e em panelinhas do ensino médio. Para se tornar um membro do grupo você deve passar por uma série de atividades desafiadoras e, normalmente, desagradáveis. Nas universidades norte-americanas, isso é chamado de *trote*.

Eu estava andando pelo *campus* de uma universidade dos EUA e vi três filas de jovens do sexo masculino alinhados em frente a uma casa. Embora a temperatura estivesse congelante e tivesse neve espessa por todo o lado, eles estavam usando apenas cuecas. Eles se embarralhavam para a esquerda e para a direita gritando "bleep bleep" a cada passo. Na varanda da casa, outro jovem estava sentado, embrulhado em um casaco quente, jogando bolas de neve neles. Sempre que alguém era acertado, eles caíam no chão gritando "bloop bloop bloop". Este era um jogo de Space Invaders humano.

O membro da fraternidade na varanda estava dando o trote nos novos alunos. Se aguentassem esse tratamento (e piores) por uma semana, eles tinham uma chance de entrar para a fraternidade. Agora, como você acha que esses jovens alunos se sentiam em relação ao cara na varanda? Como você se sente em relação a pessoas que o provocam para sua própria diversão? Bem, quando você é aceito no grupo, os novos membros da fraternidade não sentem nada além de amor e respeito por seus torturadores. Eles têm justificativas insuficientes para aguentar a experiência do trote. Afinal de contas, nenhuma pessoa racional deita na neve seminua por escolha própria.

A única maneira de racionalizar seu próprio comportamento para reduzir sua dissonância cognitiva é acreditar que a fraternidade é uma instituição maravilhosa, com caras ótimos com os quais querem conviver desesperadamente.

Justificando tudo... por amor!

A dissonância cognitiva não só ajuda a explicar as fraternidades e os cultos (veja as seções anteriores). Ela também ajuda a explicar nossos sentimentos e comportamentos cotidianos, como insistir em relacionamentos ruins.

Talvez você já tenha tido um relacionamento ruim, olhado para o desleixado pouco atraente no sofá e pensado em como você acabou namorando alguém que não faz nada além de assistir a TV e comer salgadinhos fazendo barulho. Talvez o pensamento que lhe venha à cabeça seja: "Por que diabos eu estou namorando essa pessoa? Acho que devo realmente amá-la muito". Festinger diria que você tem justificativas insuficientes para estar nesse relacionamento e que, para reduzir sua dissonância cognitiva, você o justifica para si mesmo supondo que "deve ser amor".

Recentemente, dois pesquisadores forneceram uma demonstração elegante desse ponto no que se refere a como as pessoas se sentem sendo pais. (Para minha conexão pessoal com essa pesquisa, verifique o box "Cientistas *versus* bebês"!)

Os estudos mostram repetidamente que os pais, comparados aos casais sem filhos, têm menos satisfação com suas vidas e casamentos, são mais predispostos a ter depressão e menos propensos a experienciar a felicidade. Então, de um ponto de vista puramente racional, por que as pessoas buscam ser pais? Por que elas falam sobre ser pais em tons tão reverenciais, descrevendo a experiência como uma realização de vida? Por que ser pai é idealizado, quando traz infelicidade relativa?

Steven Moch e seu colega de trabalho Richard Eibach perguntaram às pessoas o quanto elas gostavam de ser pais e mães. Eles usaram uma variedade de medidas, pedindo às pessoas para classificar frases sobre a importância das crianças para estimar quantas horas elas queriam passar com seus filhos no fim de semana. Os pesquisadores criaram a hipótese de que a dissonância cognitiva influenciava como os pais respondiam a essas questões.

CIENTISTAS *VERSUS* BEBÊS

Meu amigo Steve visitou minha esposa e eu algumas semanas depois que nossos gêmeos nasceram. A vida não é fácil com gêmeos recém-nascidos, e nós já temos um filho de 2 anos. Quando eu abri a porta para Steve em suas roupas imaculadas e bem passadas, eu não tinha dormido mais que três horas por dia, tinha baba de bebê na camiseta e no cabelo e cheirava a xixi e desespero. Steve foi uma grande ajuda naquela semana enquanto cuidávamos das três crianças, as alimentávamos durante o dia, dormíamos em turnos e comíamos a comida que ele fazia. Em retorno, eu descobri, muito tempo depois, que demos a ele a ideia para um experimento. A questão básica da pesquisa de Steve era: por que diabos as pessoas passam pelo trauma de ter filhos? Embora, para sermos justos, não foram apenas meus filhos que o fizeram se perguntar isso.

Para testar sua ideia, eles dividiram os pais em três grupos:

» Ao primeiro grupo eram contados alguns fatos sobre ser um pai. Eles eram informados que custa, em média, cerca de US$200.000 para criar uma criança até os 16 anos de idade nos Estados Unidos. Esse é o custo de comida, roupas, remédios, e assim por diante. Depois de aprender sobre o fardo financeiro substancial que seus filhos haviam colocado sobre eles, os pais preenchiam os questionários sobre o quanto eles idealizavam ser pais.

» Ao segundo grupo eram contadas as mesmas informações sobre os custos, mas também alguns dos benefícios práticos de ser um pai. Quando você for mais velho, estará bem melhor se tiver filhos. Você será mais feliz e saudável se seus filhos, e talvez os filhos deles, o visitarem, se preocuparem e cuidarem de você quando estiver em uma idade avançada.

» Ao último grupo não foi dada nenhuma informação e foi simplesmente pedido que preenchessem os questionários.

EXPERIMENTE

Quem você acha que ama mais os filhos? Os pais que receberam apenas a informação sobre os custos de se ter filhos ou aqueles que também receberam as vantagens? A esse ponto você deve ter adivinhado a resposta, mas tente fazer essa pergunta a alguém que não tenha lido esse capítulo.

LEMBRE-SE

A resposta notavelmente contraintuitiva é que quando recebem *apenas* as informações do fardo financeiro de ser um pai, as pessoas idealizam mais o ser pai, dizendo que passariam mais tempo com seus filhos e dariam mais valor a esse tempo. Aquelas pessoas experienciaram a maior dissonância cognitiva. Para remover essa dissonância, elas mudaram suas atitudes. Elas racionalizaram o custo financeiro e emocional de ser um pai dizendo a si mesmas que ser pai era uma atividade enormemente recompensadora.

ENTÃO, O QUE VOCÊ QUER DE ANIVERSÁRIO?

Talvez seu aniversário esteja chegando e você espere que seus pais sejam um pouco mais generosos comprando algo um pouco especial. O que você pode fazer para aumentar o valor do seu presente de aniversário? Lembrar seus pais de quando você tinha seis anos, era o aniversário de casamento deles e você se levantou cedo para fazer um fudge[1] de café da manhã?

Não, para aumentar o seu apreço por você, lembre-os do tempo em que você jogava futebol na sala da frente e quebrou as melhores taças de vinho que eles tinham e tentou culpar o peixinho dourado. Eles então tentam justificar para si mesmos por que eles aguentaram você todos esses anos. A única explicação é que eles devem realmente amá-lo muito.

---

1. N. T.: Fudge é uma sobremesa com toque suave que pode ter sabor de chocolate.

A pesquisa revelou que as pessoas têm filhos, independentemente do fardo e dos custos consideráveis porque, de alguma maneira, elas idealizam ser pais... não apesar dos custos, mas *por causa* deles.

Claro, os pesquisadores não estão dizendo que a única razão pela qual as pessoas têm filhos é a dissonância cognitiva. Ninguém duvida das recompensas consideráveis de ser pai. O ponto é que ser pai tende a ser idealizado: o lado negativo de ser pai tende a ser ignorado e encoberto. Esses resultados não são apenas limitados ao ser pai, claro. Você poderia dizer o mesmo sobre comprar um trailer. Depois de ser lembrado dos custos para se manter um trailer — contas de combustível, taxas de estacionamento, orçamento de manutenção —, eu preveria que as pessoas ficassem mais propensas a lhe dizer que comprar um trailer é o melhor investimento que já fizeram e que valorizam a liberdade que isso traz. Casas móveis ou filhos: parte da razão de amarmos essas coisas *apesar* dos custos é a dissonância cognitiva.

Observando algumas objeções à teoria da dissonância cognitiva

A ideia de Festinger continua a gerar novas hipóteses e experimentos até hoje. Entretanto, alguns pesquisadores não estão convencidos de sua teoria. Eles acham que a dissonância cognitiva faz algumas suposições estranhas sobre como os processos mentais funcionam.

LEMBRE-SE

O problema é que a teoria de Festinger afirma que a dissonância é produzida quando um conjunto de atitudes ou comportamentos se contradizem. Quando, por exemplo, você acredita na promessa do seu guru de que o mundo acabará na sexta-feira, dia 13 de dezembro, e hoje é 14 de dezembro, essas duas ideias claramente se contradizem, e você precisa resolver essa dissonância de alguma maneira. Mas a objeção continua, os sentimentos e comportamentos humanos não são normalmente definidos tão claramente. Com que frequência as pessoas realmente passam por seus pensamentos e comportamentos, verificando para ver se são consistentemente lógicos? Não com muita frequência, eu espero.

Tendo em conta tais objeções, outras teorias surgiram, uma das quais eu discuto na próxima seção.

Olhando para Você Mesmo: A Teoria da Autopercepção

O pesquisador Daryl Bem pensou que a dissonância cognitiva (que eu discuto nas seções anteriores) não refletia precisamente como as pessoas se sentem sobre seus próprios pensamentos. Ele argumenta que, muitas vezes, as pessoas não sabem exatamente como se sentem, ou que como se sentem é ambíguo e muda a cada momento.

Os Capítulos 4 e 5 relevam: as atitudes são coisas evasivas. Muitas vezes, as pessoas parecem acreditar em coisas bem contraditórias: elas apoiam a teoria de "dar dinheiro a pessoas pobres", mas não apoiam na prática "programas de bem-estar". Os seres humanos não são como o Sr. Spock, em *Jornada nas Estrelas*, com uma compreensão robótica de lógica e de suas próprias mentes, e então, como podem as contradições lógicas gerar mudança de atitude e comportamento? Assim, Bem propôs uma alternativa: a teoria da autopercepção.

USANDO A TEORIA DA AUTOPERCEPÇÃO A SEU FAVOR

Um velho rabino morava na Alemanha. Um dia, algumas crianças se reuniram em frente a sua casa, gritando ofensas e jogando pedras em sua janela. O rabino saiu para falar com elas. "Meninos", ele disse: "Eu quero dizer obrigado. Eu acho que o que vocês disseram sobre mim era verdade. Aliás, quero pagar para que voltem amanhã e façam a mesma coisa". As crianças acharam isso estranho, mas pegaram o dinheiro do rabino. No dia seguinte, elas voltaram e gritaram mais ofensas. Novamente o rabino saiu, agradeceu e lhes deu mais dinheiro para voltar. No terceiro dia, os meninos gritaram seus insultos, jogaram pedras e então bateram à porta do rabino. "Desculpem-me, meninos", disse o rabino: "Vocês fizeram um ótimo trabalho, mas eu não tenho dinheiro para pagá-los. Vocês voltam mesmo assim?". Com raiva, os meninos recusaram e foram embora. Eles nunca mais incomodaram o rabino.

O astuto rabino não tentou persuadir os meninos para parar com os insultos, não ameaçou puni-los com a polícia ou com seus pais e nem tentou mostrar a eles que seus insultos estavam errados ou que magoavam. Mas ele mudou seus comportamentos com sucesso e inteligência manipulando sua autopercepção.

Os meninos queriam insultá-lo e assustá-lo, mas ele saiu e ofereceu dinheiro a eles. Se você estivesse sentado do outro lado da rua e visse o rabino entregar aos meninos algumas moedas depois que eles jogaram pedras, assumiria que eles estavam fazendo isso por dinheiro. Ele fez os meninos perceberem o próprio comportamento da mesma maneira; eles também concluíram que estavam agindo para ser pagos. Como qualquer trabalhador, se não eram pagos, iriam embora!

Explicando-se a si mesmo

Aqui está como a teoria da autopercepção funciona. Quando vê outras pessoas, você busca explicações para suas ações. Por exemplo, enquanto está em pé em uma plataforma de trem, você vê uma senhora comendo furiosamente e então conclui que ela provavelmente está com fome. Se duas pessoas se abraçam quando se encontram, você acha que estão apaixonadas.

LEMBRE-SE

A teoria da autopercepção afirma que você olha para o seu próprio comportamento de maneira similar e chega a conclusões. Então, você come um sanduíche inteiro enquanto lê o jornal, olha para baixo, para o pacote vazio, e conclui: "Eu devia estar com fome". Você se vê sentado em frente à mesma pessoa na mesa de jantar por vários anos e assume que ambos estão em um relacionamento amoroso longo.

A teoria da autopercepção — assim como a teoria da dissonância cognitiva — também faz a previsão contraintuitiva de que o comportamento pode causar as atitudes. Embora o senso comum diga que você não precisa observar seu comportamento.

Para saber se está com fome ou apaixonado (você apenas sabe), as previsões da teoria da autopercepção foram repetidamente corroboradas. Muitas vezes, as atitudes seguem os comportamentos e parecem ser uma maneira pela qual as pessoas explicam suas próprias ações. Continue lendo para ver como...

Vendo que recompensas e punições podem sair pela culatra

Os pesquisadores descobriram que a teoria da autopercepção faz previsões surpreendentes sobre como as pessoas respondem a recompensas. Digamos, por exemplo, que você quer encorajar crianças a desenhar durante o recreio. Talvez você ofereça a elas uma recompensa por desenhar, então elas associam o desenhar com uma recompensa agradável.

Os pesquisadores executaram exatamente esse experimento. Foi dito a um grupo de crianças que cada uma receberia como recompensa um adesivo depois da atividade de desenhar durante a aula. Outro grupo fez a mesma atividade, mas não esperava ser recompensado. Então, na hora do recreio, foram deixados papéis e gizes de cera na mesa. A variável dependente dos pesquisadores eram quantas crianças escolheriam voltar a desenhar quando tivessem a escolha.

LEMBRE-SE

O resultado surpreendente foi que pouquíssimas crianças escolheram pegar um giz de cera quando foram anteriormente recompensadas. A razão, diz a teoria da autopercepção, é que elas "viram" seu próprio comportamento — desenhar e ganhar um adesivo — e assumiram que a razão de desenhar inicialmente era para ganhar o adesivo. Na hora do recreio, sem nenhum adulto por perto para dar adesivos, elas não tinham razão nenhuma para desenhar.

Esse resultado foi surpreendente na época e pareceu ir diretamente contra qualquer entendimento do senso comum, que dizia que as pessoas certamente são mais propensas a fazer alguma coisa se forem recompensadas por isso. Esse pensamento levou a muitos anos de programas em escolas e prisões que recompensavam pessoas por apresentar um bom comportamento, tal como tirar boas notas ou só ficar longe de problemas. O problema com esses esquemas é que as pessoas, percebendo seu próprio comportamento, assumiam que a razão pelo comportamento positivo é a recompensa. Então o comportamento pode melhorar quando a pessoa ainda está na escola ou na prisão, mas quando sai e a recompensa desaparece, também desaparecem todas as melhoras.

Surpreendente, você não acha? Recompensar o bom comportamento pode fazer as pessoas se comportarem de maneira pior!

Avaliando a teoria da autopercepção

Mencionamos a teoria da autopercepção e a teoria da dissonância cognitiva muitas vezes ao longo do livro. Você pode ver que elas fazem previsões muito similares sobre o comportamento humano. Na verdade, você pode ver os exemplos na seção "Lidando com Ideias Conflitantes: Dissonância Cognitiva" — os cultos, as fraternidades, os relacionamentos ruins e o ser pai — e explicar os mesmos resultados com a teoria da autopercepção. Então qual delas é uma explicação melhor para o relacionamento entre nossos comportamentos e atitudes?

Bem, ambas as teorias parecem fazer um bom trabalho explicando os dados de pesquisas disponíveis, e ambas têm seu lugar:

> » A teoria da dissonância cognitiva é mais fácil de aplicar quando as atitudes e o comportamento são claramente definidos e fáceis de interpretar.
>
> » A teoria da autopercepção é mais fácil de aplicar quando as atitudes e os sentimentos são incertos ou ambíguos.

Então, por enquanto, afirmar que uma é superior à outra é impossível.

Talvez uma terceira teoria que faça um trabalho melhor apareça. Como afirmo no Capítulo 3, os cientistas nunca provam realmente que uma teoria é verdadeira acima de todas as outras; tudo o que podem fazer é rejeitar teorias quando os dados permitem, e essas duas teorias continuam de pé depois de todos esses anos.

3 Pensando sobre Nós Mesmos e sobre os Outros

NESTA PARTE . . .

Descubra como estabelecer uma identidade.

Entenda as armadilhas e os pontos positivos do viés da autoconveniência.

Aprenda como entender o que causa o comportamento dos outros.

Mantendo um olho aberto no viés e no preconceito.

> **NESTE CAPÍTULO**
>
> Criando um sentido de *self*
>
> Explorando as consequências da identidade
>
> Alcançando sucessos e autoestima saudável

Capítulo 7
Fazendo a Eterna Pergunta: Quem Sou Eu?

Ao longo dos anos, a pergunta "Quem sou eu?" foi feita por filósofos, reis, profetas e — sobretudo — adolescentes deprimidos depois de assaltar o armário de bebidas de seus pais. Aqui não estamos realmente interessados no que os filósofos ou os teólogos têm a dizer; não iremos discutir a alma ou as definições de consciência. Estamos muito mais preocupados com esse adolescente introspectivo. Em outras palavras, queremos explorar como as pessoas entendem a si mesmas. O que elas pensam que são seus pontos fortes e suas fraquezas, quais pessoas e grupos sociais são importantes para elas e quais histórias contam sobre si mesmas.

A tecnologia moderna trouxe as questões de identidade para um foco mais nítido nos últimos anos, possibilitando a formação de laços sociais com mais pessoas do que seus avós conheceram em toda a vida deles. A mídia social é maravilhosa, mas cria uma forma especial de ansiedade: o pânico da autoapresentação. Gerações atrás, as pessoas se conheciam geralmente frente a frente, quando um mero olhar lhe dizia a idade, o sexo, a renda provável e o passado de uma pessoa. A mídia social não fornece nada disso. Twitter, Facebook e blogues lhe dão uma página em branco quando você se inscreve, deixando que você se defina para o mundo. (Sobre lutas pessoais com a mídia social, veja o box "As dificuldades de definir a si mesmo".)

Neste capítulo, exploramos como as pessoas definem seu sentido de *self*: quem pensam que são e como escolhem se apresentar para o mundo. Revelamos que as forças sociais afetam esses pensamentos pessoais introspectivos, que são um reflexo não somente de quem você é, mas também de como se conecta ao mundo social. Além disso, discutimos como seu autoconceito determina sua autoestima, à medida que você tem sucesso na vida e pelas suas respostas a desafios.

Construindo Seu Sentido de *Self*

O conceito de *self* é o que eu chamo de um problema cheio de nós. Você não sabe como desfazê-los, por onde começar e nem mesmo se deveria tentar. As pessoas passam muitas horas na igreja ou na terapia tentando entender quem são e qual o seu lugar no mundo. Para os psicólogos sociais, você não *encontra* seu verdadeiro *self*, ou o descobre depois de ele rolar para baixo do divã de um terapeuta. O "*self*" é algo que é *construído*. Ele é o personagem central que você inventa na história da sua vida.

AS DIFICULDADES DE DEFINIR A SI MESMO

Achamos o processo de se inscrever em uma mídia social dolorosamente difícil e normalmente isso nos faz sentir um pânico existencial. "Devo mencionar primeiro o meu trabalho, porque talvez seja por isso que as pessoas me procuram?" Mas gostamos de pensar que há mais em mim do que trabalho. "Menciono que sou pai?" Minha família é uma parte predominante na minha vida, mas também é algo privado. "Devo dizer que sou inglês?" Isso fazia parte da minha identidade quando eu morei nos Estados Unidos — não porque eu vagava por aí bebendo chá e vestindo roupas de críquete, mas porque isso importava para as pessoas ao meu redor. Mas me apresentar para outra pessoa inglesa dessa maneira seria estranho. "Eu digo que sou fã de Tom Waits?" Isso é legal ou só me faz parecer velho? Ou retrô é legal?

Então, chega o horror da foto do perfil. Quando eu fiz minha inscrição no Facebook, tentei colocar uma foto minha que não fosse horrível, mas também que não parecesse que eu havia posado para ela. Desperdicei uma hora fazendo uma foto aparentemente "casual"!

Se eu lhe perguntasse sobre um amigo próximo, tenho certeza de que você poderia me contar sobre seu caráter e ilustrá-lo com anedotas e comportamentos típicos. Você provavelmente passa muito tempo observando outras pessoas e formando uma ideia sobre quem elas são e o que as motiva. Na verdade, eu tenho certeza de que, como a maioria das pessoas, você passa mais tempo observando os rostos dos outros e pensando sobre seus pensamentos e ações do que olhando seu próprio reflexo ou ruminando sobre você. Portanto, como as pessoas formam seus autoconceitos é uma questão interessante para os psicólogos sociais.

EXPERIMENTE

Da próxima vez que interagir com um bebê, tente este experimento. Com a permissão dos pais, coloque uma marca brilhante e colorida na testa do bebê. Use maquiagem ou talvez uma gota de iogurte de frutas. Não use uma caneta permanente (ou coloque a gota de iogurte no lábio superior da criança, se não se importar que ela fique se parecendo com Hitler)! Agora, carregue o bebê cuidadosamente até um espelho e veja o que ele faz.

A pesquisa mostra que os bebês menores de 18 meses esticam os braços em direção ao espelho, tentando tocar o ponto colorido; os mais velhos que isso levantam uma das mãos até a cabeça para tocar a marca.

LEMBRE-SE

Alguns pesquisadores usam esse comportamento como evidência de que por volta dos 18 meses de idade as crianças desenvolvem um sentido de *self*. Elas percebem que também são um objeto no mundo. O experimento foi replicado com vários primatas e apenas os seres humanos e seus parentes mais próximos, os chimpanzés, passam no teste. Para nossa visão pessoal, veja o box "Estou de olho em mim, garota!".

ESTOU DE OLHO EM MIM, GAROTA!

Não tenho certeza se os experimentos com bebês e de autoidentidade revelam tanto sobre um entendimento do *self* quanto os espelhos o fazem. Como muitos experimentos em psicologia do desenvolvimento afirmam que as crianças adquirem um conceito em um estágio específico, você pode encontrar adultos lutando regularmente com testes similares. Por exemplo, em muitos eventos esportivos, uma grande tela mostra closes das ações. Durante uma calmaria no jogo, a câmera muitas vezes passeia pela multidão. Você sempre pode ver que ela leva uns bons momentos antes que as pessoas projetadas na tela de exibição reconheçam que estão vendo a si mesmas. Chimpanzés inteligentes!

Descobrindo como você pensa sobre sua identidade

Aqui está um exercício simples para ajudá-lo a responder à questão "Quem sou eu?". Você pode perguntar e responder a essa questão de várias maneiras, claro, mas estou interessado no que vem à sua cabeça primeiro.

EXPERIMENTE

Pegue um pedaço de papel e escreva "Eu sou..." e deixe o resto da linha em branco. Repita isso em dez linhas. Agora volte e complete as afirmações iniciadas.

Quando você acabar, revise a lista e categorize as afirmações usando temas como os seguintes:

DICA

» **Atributos físicos sobre você:** Sua idade ou aparência.
» **Atributos psicológicos:** Se você é uma pessoa alegre ou um pessimista.
» **Grupos sociais aos quais pertence:** Um estudante ou um fã de um time específico.
» **Gostos ou preferências:** Como ser fã de blues antigo ou aficionado por história.

Os psicólogos descobriram muitos padrões reveladores de como as pessoas escolhem completar frases simples como "Eu sou...". Elas dão respostas diferentes dependendo do seu humor no momento, da outra pessoa em quem estão pensando na hora e até da cultura em que foram criadas. (Discutimos as diferenças entre culturas e suas visões do *self* em mais detalhes no Capítulo 17.)

LEMBRE-SE

Existem muitas maneiras de responder à pergunta "Quem sou eu?", desde sua aparência até sua personalidade, de suas panelinhas sociais até seu país de origem, da sua biologia à sua religião. Todos esses diferentes aspectos do *self* são válidos para pessoas diferentes em diferentes momentos da vida ou mudam de acordo com a pessoa com quem se está falando no momento. Dentre todo esse emaranhado de aspectos do *self*, lembrar que não existe nada como o "verdadeiro *self*" é importante. Pelo menos não um que você possa descobrir por meio de uma dieta detox.

"Agora nós atravessamos o espelho, gente"

Como todo mundo, você passa a se entender por meio da maneira pela qual entende outras pessoas. Discutimos essa ideia, chamada de *teoria da autopercepção*, no Capítulo 6 como parte da discussão sobre como as pessoas explicam seu próprio comportamento. Alguns pesquisadores argumentam que a teoria da

LEMBRE-SE

autopercepção pode ser estendida à explicação de como as pessoas adquirem todo um sentido de quem são.

O *looking-glass self* (espelho de si próprio) refere-se à ideia de que você vê a si mesmo através dos olhos de outras pessoas — crucialmente, entretanto, não como os outros realmente o veem, mas como você *acha* que as outras pessoas o veem.

Um experimento inteligente mostra que essa teoria é pelo menos parcialmente verdadeira. Os participantes foram recrutados e foi pedido a eles que ajudassem a treinar estudantes de graduação que estavam se preparando para ser médicos clínicos. Os participantes sentavam em uma sala e respondiam a perguntas através de um interfone. Foi pedido que agissem de uma entre duas maneiras: de uma maneira muito reativa e emocional ou de uma maneira estável e fria. Disseram que suas ações seriam usadas para ajudar os estudantes da graduação a identificar diferentes tipos de comportamento.

Claro, sendo um experimento da psicologia social, isso era tudo lorota. Foi dito a um grupo de participantes que um clínico estaria lhes assistindo o tempo todo através de um espelho unidirecional. Ao outro grupo foi dito que eles não seriam observados. A variável dependente-chave era medida depois. Os participantes classificaram o quanto foram emocionalmente estáveis — não como pareceram durante o experimento, mas como realmente estavam.

Os participantes agindo de uma maneira mais emocionalmente responsiva e que pensaram que estavam sendo observados durante suas performances sentiram que eles próprios foram genuinamente mais emocionalmente responsivos. O resultado oposto ocorreu quando estavam agindo de maneira indiferente. Entretanto, este resultado não ocorreu quando os participantes achavam que não haviam sido observados.

OBSERVANDO AS CELEBRIDADES

Pense na vida bizarra das celebridades. O experimento do *looking-glass self* mostra que simplesmente imaginar um estudante de graduação observando você fingir ser alguma coisa tem o poder de mudar seu conceito sobre sua autoidentidade.

Imagine ser Charlie Sheen, sabendo que milhões de pessoas vão assistir-lhe toda semana em um seriado fazendo o papel de um narcisista superficial. Pense sobre o efeito que esse tipo de atenção tem no seu sentido de *self*, na sua personalidade e no seu comportamento.

LEMBRE-SE: Em outras palavras, a crença de que seu comportamento havia sido testemunhado por outra pessoa aumentou o sentimento dos participantes de que seu comportamento refletiu sua verdadeira natureza. O olhar fixo imaginado de outras pessoas multiplica o poder de autopercepção sobre a autoimagem das pessoas.

Vivendo pelos olhos dos outros: A teoria da comparação social

O *self* é formado por forças sociais, olhando-se tanto para fora quanto para dentro. Uma maneira pela qual outras pessoas moldam quem é você é descrita pela *teoria da comparação social*, de Leon Festinger: as pessoas adquirem um sentido de quem são, comparando a si mesmas com aqueles ao seu redor.

Imagine que você sinta que é bom em matemática, por exemplo, porque você foi o primeiro lugar da sua turma. Mas sente que é ruim em dançar depois de ver outras pessoas no baile da escola. (Não se preocupe, não vamos testá-lo com álgebra complexa ou insistir para que você dance pela casa.) Esses fatos não são objetivos, claro. Se acontece de você ser colocado em uma sala de futuros estatísticos profissionais, inevitavelmente você se sente relativamente ruim em matemática. Pelo lado bom, você pode sentir que é melhor na dança.

Festinger percebeu que essas comparações sociais não são inteiramente passivas ou acidentais. Os seres humanos buscam ativamente pessoas específicas com quem possam se comparar e selecionam habilidades ou características pontuais para a comparação.

LEMBRE-SE: Como discutimos no Capítulo 8, muitos mecanismos psicológicos protegem ou inflam sua autoestima: a comparação social é um desses mecanismos. Ela vem em duas formas:

» **Comparação social descendente:** Você busca e se compara a outros que você acha que são inferiores de alguma maneira, o que tem o efeito de aumentar sua autoestima. Essa forma é o tipo mais comum de comparação social.

» **Comparação social ascendente:** Você busca e se compara a pessoas que vê como superiores a você. Os pesquisadores descobriram que fazer este tipo de comparação social pode ter um efeito debilitante em sua autoestima.

Você pode ver esse mecanismo psicológico em vigor se algum dia for a uma reunião da escola (ou fazer o equivalente *online* de olhar as páginas do Facebook dos seus amigos da escola). Você pode medir o sucesso na vida de várias maneiras — renda, família, saúde e assim por diante —, e as pessoas tendem a escolher a medida que mais as lisonjeia. As pessoas com trabalhos de altos rendimentos mas sem vida familiar avaliam os outros com base em suas rendas e sentem-se bem consigo mesmas. As pessoas que nunca saíram da cidade do interior em que cresceram focam o casamento fracassado da pessoa que ganha bem e sentem-se bem por terem criado uma família feliz e saudável. As pessoas com trabalhos ruins e sem família podem observar que, pelo menos, não engordaram tanto.

Claro, às vezes a sua habilidade de fazer comparações descendentes é limitada. Por exemplo, evitar as comparações que a família e os professores podem fazer entre irmãos é difícil: muitas vezes, um é rotulado como esportivo, e o outro, como estudioso. Essas comparações têm um efeito substancial nos irmãos.

Psicólogos da personalidade e geneticistas têm estudado irmãos e descobriram resultados enigmáticos. Normalmente, irmãos compartilham muito dos seus genes e muito do seu ambiente, crescendo no mesmo lugar com os mesmos pais. Dadas todas essas influências compartilhadas, eles deveriam ser extremamente parecidos uns com os outros. Os cientistas tentam prever o quão similares os irmãos deveriam ser dados o conhecimento genético e a hereditariedade, estudos de gêmeos criados separados, e assim por diante. Entretanto, irmãos são muitas vezes bem *menos* parecidos do que você esperaria.

LEMBRE-SE

Uma explicação é que essas comparações sociais estão separando os irmãos. Imagine um par de gêmeos, por exemplo. Talvez um corra levemente mais rápido em um dia de esportes na escola. Essa criança pode escolher se comparar nessa dimensão física. Isso então se torna parte de sua identidade, que aumenta sua autoestima e motivação para treinar e melhorar mais adiante. Ainda assim, ela pode ter corrido mais rápido nesse dia de esportes só porque o outro gêmeo estava se recuperando de um resfriado. Mas a diferença aleatória na performance naquele dia pode iniciar uma corrente de comparações sociais e mudar a identidade, que muitos anos mais tarde produz um irmão mais atlético do que o outro.

Encontrando um Lugar no Mundo: Consequências da Identidade

Seu autoconceito tem um efeito notável em como você experimenta sucesso e fracasso na vida. A sabedoria convencional tem sido a de que uma alta autoestima é o fator mais importante. Mas a ciência psicológica recente revela a importância de como você interpreta seu autoconceito e se conecta com os outros.

Identificando-se com outros: Deleitando-se na glória refletida

Esta seção foi escrita no dia seguinte ao qual Andy Murray ganhou o torneio de Wimbledon. Um inglês alcançou pela última vez o prêmio mais desejado no tênis 77 anos atrás. Hoje, todos em Londres parecem estar muito mais felizes porque "*nós* finalmente conseguimos". Claro, Andy Murray não é inglês; ele é escocês. Ele não treinou no Reino Unido; ele foi para a Espanha e para a Flórida. Mas 17 milhões de pessoas por todo o país lhe assistiram e torceram por ele ontem, e hoje elas se sentem bem consigo mesmas.

Como podem as ações de um atleta afetar a autoestima de milhões? Quais conexões a maioria dos londrinos realmente tem com Andy Murray?

Os pesquisadores chamam este efeito de *deleitar-se em glória refletida* e tem sido demonstrado muitas vezes em experimentos. Por exemplo, em um *campus* universitário, os participantes receberam um teste para fazer e lhes foi dito que tinham pontuado muito bem ou muito mal. As pontuações verdadeiras eram irrelevantes, porque os pesquisadores estavam interessados de fato na próxima questão.

Eles perguntaram aos participantes sobre um jogo desportivo que sua universidade havia vencido. Os participantes que receberam a notícia de que tinham ido mal no teste pareciam se identificar mais com o time. Por exemplo, comparados às pessoas que pensaram que tinham ido bem no teste, eles eram mais propensos a dizer: "Nós jogamos muito bem", em vez de: "O time jogou bem". Este experimento mostra que a autoestima e a identidade social estão ligadas.

Contrariamente, quando as pessoas se associam com um time ou um grupo e eles perdem, elas tendem a se distanciar. Depois de perder uma final, os fãs de um time são menos propensos a vestir a camisa no dia seguinte. Antes de uma eleição, os apoiadores de um partido político podem ter placas em seus gramados ou *banners* em suas janelas. Mas no dia seguinte à derrota, as pessoas tiram esses sinais muito mais rápido do que as vitoriosas.

Os laços sociais que temos com certos grupos ou times estão ligados à nossa autoestima pessoal. Quando as pessoas se sentem mal consigo mesmas ou quando o time delas está ganhando, elas fortalecem esses laços. Mas quando o time delas perde, elas os cortam tão rápido quanto.

LEMBRE-SE A *teoria da identidade social* tenta contabilizar quando e como as pessoas buscam conexões com diferentes grupos sociais, e por que tratam as pessoas dentro de seus grupos sociais de maneira diferente daquela como tratam as que não pertencem ao grupo. Seu autoconceito não é uma entidade estática. Sua identidade e conexão com grupos diferentes aumentam e diminuem para que você tenha a melhor imagem possível. (Discutimos mais a teoria da identidade social no Capítulo 16.)

Não acredite na promoção do estereótipo

Com um golpe, a sociedade poderia remover a diferença entre o sucesso de meninos e meninas nas provas de matemática. Não mudando como as questões são elaboradas ou o quão difíceis são, mas simplesmente mudando como os alunos se identificam na primeira página de suas folhas de resposta.

Eu percebi que essa afirmação pode parecer exagerada, mas Claude Steele e outros pesquisadores descobriram um fato notável sobre os exames e a autoidentidade. Imagine que exista um estereótipo negativo sobre um aspecto da sua identidade e o teste que você está prestes a realizar: por exemplo, que meninas são ruins em raciocínios espaciais ou que norte-americanos negros tendem a ir relativamente mal em testes padronizados. Algumas dessas diferenças existiram no passado; Claude Steele e outros queriam saber se isso se devia a uma diferença real em habilidade ou era só porque as pessoas *acreditavam* que existia uma diferença.

A pesquisa mostra que se você fica consciente desse aspecto da sua identidade, sua performance em um teste desafiador sofre imediatamente. Se você tem uma caixa na frente de um teste de matemática em que tem que escrever "M" ou "F" para declarar seu sexo, as mulheres acabam indo pior nesse teste. Se você tem que declarar sua etnia antes de entregar sua prova, seus resultados podem cair se você for um norte-americano negro, mas sobem se você for um norte-americano asiático devido à visão estereotipada de suas habilidades.

Outro efeito notável dessa *ameaça do estereótipo* é que você pode tornar as pessoas conscientes de alguns aspectos de suas identidades simplesmente pedindo para que escrevam o estereótipo na frente do formulário. Fazendo isso, você as torna mais conscientes de suas expectativas sobre como se sairão e das atitudes sobre aquela parte de si mesmas, e essa consciência influencia diretamente sua performance.

Essas diferenças não são pequenas. Elas têm o mesmo tamanho das diferenças relatadas como a diferença média entre homens e mulheres em testes de matemática, ou a diferença média entre norte-americanos brancos e negros em testes padronizados.

Em outras palavras, as diferenças acadêmicas relatadas entre os sexos ou entre grupos étnicos podem não ser causadas por diferenças reais em habilidade, mas por diferenças *acreditadas* que vêm de estereótipos e preconceito.

Esforçar-se é melhor do que ser um gênio

Uma criança salta em você segurando um trabalho escolar, talvez ela seja sua filha, prima ou vizinha. Ela mostra com orgulho um grande A vermelho no final do teste. Como você a elogia?

Por décadas, as pessoas têm sido informadas de que o elogio é vital para uma criança feliz e saudável e que o trabalho mais importante ao criar uma criança é nutrir sua autoestima. Recentemente, entretanto, Carol Dweck e outros pesquisadores descobriram que *como* a pessoa é elogiada é muito importante. Eles descobriram que se você diz: "Que menina inteligente você é!" para a criança que lhe mostra um A, talvez cause mais mal do que bem a ela.

A razão é que o elogio pode moldar a visão da criança sobre si mesma. Você pode pensar sobre a habilidade ou o sucesso de duas maneiras gerais:

LEMBRE-SE

» **Teóricos da entidade**: Essas pessoas pensam que músicos, matemáticos ou atletas nascem desse jeito. Elas acreditam que a habilidade é uma coisa que ou você tem ou não tem. Quando você diz a uma criança que foi bem-sucedida: "Você é uma menina tão esperta!", está endossando essa visão da capacidade dela. Você está dizendo que ela foi bem-sucedida porque ela simplesmente é inteligente.

» **Teóricos incrementais:** Essas pessoas acreditam que o sucesso nasce do trabalho duro. Elas acham que quando você coloca mais esforço em alguma coisa, é mais provável que seja bem-sucedido. Quando você diz a uma criança: "Muito bem — você deve ter se esforçado muito!", está endossando uma teoria incremental da habilidade.

Você deve estar se perguntando se realmente importa no que uma criança acredita sobre seu sucesso, contanto que ela se sinta bem com isso. Bom, pense sobre o que acontece quando, inevitavelmente, a criança tem um dia ruim. Ela recebe todas as chamadas de atenção do árbitro, ou a prova trata de um tópico que ela não teve tempo de estudar. Como pode explicar esse fracasso?

Se a criança tiver uma teoria da entidade, é forçada a concluir que ela não é muito talentosa, inteligente ou privilegiada. Quando essas crianças falham, elas não querem tentar de novo. A autoestima delas fica danificada, porque elas têm que revisar suas opiniões de si mesmas descendentemente.

Mas se elas têm uma teoria incremental, podem explicar seus fracassos com o pensamento de que naquele dia elas não se esforçaram o suficiente, ou tentaram a estratégia errada quando estudaram para a prova. O fracasso não é tão prejudicial para sua autoestima porque ele só fala algo sobre o que aconteceu no dia, e não se a criança é fundamentalmente boa ou ruim em alguma coisa. Essas crianças são menos propensas a ficar desmotivadas pelo fracasso. Elas se levantam e tentam novamente. A longo prazo, essas crianças são bem-sucedidas e mais felizes.

Os resultados da pesquisa são muito claros. Por exemplo, se uma turma de matemática passa uma semana descobrindo como pode aumentar suas habilidades matemáticas por meio da prática, as notas das provas dos alunos aumentam em todos os sentidos. Se você treina os pais e os professores a elogiar o esforço, em vez de rotular uma criança como "talentosa", a performance da criança melhora.

Esses resultados vão contra sentimentos fortes de que certos tipos de habilidades — especialmente em esportes, matemática e artes — são coisas com as quais você nasce. Os especialistas testam os alunos incessantemente nas escolas, tentando rastrear a performance acadêmica; caçadores de talentos vasculham escolas buscando o próximo jogador de futebol gênio entre as crianças de 9 anos. Mas a pesquisa conta uma história clara e atraente.

DICA

Para seus filhos serem bem-sucedidos e felizes, você precisa convencê-los de que o sucesso vem do *esforço*, não de algum talento com o qual eles nascem ou não.

Portanto, Andy Murray venceu o título de Wimbledon não porque era britânico ou o jogador mais talentoso. Foi, em parte, por causa do seu autoconceito. Imediatamente depois da partida, ele falou primeiro sobre ter perdido no ano anterior e como isso o havia abalado. Mas, crucialmente, ele respondeu a isso retornando ao ginásio, trabalhando mais arduamente e treinando mais do que qualquer jogador no circuito profissional. Não foi sua crença em seu talento que o fez ganhar o torneio, mas sim sua fé na dedicação intensa.

> **NESTE CAPÍTULO**
>
> Identificando a tendência das pessoas ao autopreconceito
>
> Examinando por que as pessoas acham que estão sempre certas
>
> Buscando felicidades duradouras e tristezas perecíveis

Capítulo 8

Como Eu Sou Fantástico! Observando a Tendência Egoísta

Como você pode medir o resto do mundo? Se todo mundo formasse uma fila de acordo com quanto talento, atração ou moral tem, onde você ficaria? Você é bom o bastante para ir para o céu?

Um jornal nos EUA realizou uma enquete em que perguntou às pessoas quem elas achavam que passaria pelos portões dos céus. As pessoas ficaram divididas entre Bill Clinton, o presidente na época, com 52% achando que ele entraria;

Oprah Winfrey era uma aposta melhor, elas achavam, com 66%; e Madre Teresa pontuou ainda mais. Mas as pessoas que participaram da enquete identificaram uma pessoa com uma chance ainda maior de entrar no paraíso: elas mesmas.

Embora seja improvável que as pessoas pesquisadas tenham devotado a vida a servir a Deus e ajudar aos pobres e órfãos necessitados como a santa dos dias modernos, Madre Teresa, muitos achavam que tinham uma chance maior de ir para o paraíso do que ela: 87% contra 79%.

Claramente algo estranho está acontecendo aqui em relação à autopercepção das pessoas. Apesar de todas serem amplamente diferentes na aparência, personalidade e habilidades, os psicólogos sociais acham as pessoas muito parecidas em um aspecto: como veem a si mesmas.

Neste capítulo, observamos algumas das maneiras pelas quais as pessoas são tendenciosas quando pensam sobre si mesmas (chamadas de *ilusões positivas*). Muitas vezes elas têm uma visão inflada de seu próprio talento ou habilidade, acham que estão certas na maioria das vezes e se enganam no quanto um evento as fará felizes ou tristes.

Sabemos que os primeiros dois pontos soam como se eu estivesse descrevendo narcisistas terríveis, como alguém do programa de TV *O Aprendiz*, mas o fato é que embora a maioria das pessoas pareça modesta e humilde, a psicologia social mostra que elas inflam suas autoimagens sistematicamente. Todo mundo escolhe como se apresentar para os outros do lado de fora, mas por dentro a maioria das pessoas abriga um egoísta arrogante.

Olhando para Si Mesmo: Ilusões Positivas

"Conhece-te a ti mesmo": isso estava inscrito no Templo de Apolo em Delfos e é um dos conselhos mais antigos da sabedoria da Grécia antiga. Hoje, com constantes provas padronizadas nas escolas, testes de personalidade e aptidão no trabalho e testes *online* diários para descobrir "com qual personagem de *Game of Thrones* você se parece mais?", certamente chegamos a tudo o que os gregos antigos poderiam desejar em termos de conhecimento sobre nós mesmos?

Bem, não exatamente. Embora as pessoas certamente tenham muitas opiniões sobre si mesmas, todos esses julgamentos tendem a ter um viés sistemático e muito difundido. Como mostrarei, elas são presas fáceis das ilusões positivas. As pessoas tendem a superestimar suas forças, subestimar suas fraquezas e acham que são só um pouquinho melhores que o resto do mundo.

Acreditando que você é melhor que a média

Garrison Keillor começou seu livro sobre a cidade fictícia de Lake Wobegon dizendo que era o lugar onde "... todas as crianças eram acima da média". Claro, todos os pais acham que seus filhos são especiais e maravilhosos de alguma maneira. Mas é claramente uma piada e notadamente impossível que *todas* elas sejam acima da média. Surpreendentemente, os psicólogos descobriram que não são só os pais no livro de Keillor que têm tais ilusões positivas. No exercício a seguir, você pode ver se seus amigos e família também têm essa visão positiva de si mesmos.

EXPERIMENTE

Peça a alguém próximo de você para classificar a si mesmo em uma escala de 1 a 100. Você pode perguntar sobre qualquer qualidade que quiser, mas aqui estão algumas sugestões:

» Você é uma pessoa generosa?
» Como é o seu humor?
» Você é um motorista seguro?

Em cada caso, você pode escolher dizer às pessoas: "Me dê um número entre 1 e 100, onde 50 é uma pessoa comum", ou, depois que elas se classificarem, você pode perguntar: "Quanto você acha que uma pessoa comum pontuaria?".

Eu prevejo que para cada uma dessas perguntas, as pessoas se classificarão bem acima da "pessoa comum". Talvez não por uma margem ampla e arrogante, mas consistentemente mais alta em cada caso. Também você teria respondido o mesmo, se já não tivesse começado a ler este livro, claro.

DICA

Não se preocupe se não descobrir por meio da sua pequena enquete que a maioria das pessoas pensa que é acima da média, porque uma abundância de dados muito fortes apoia essa afirmação.

Em determinado ano, quase um milhão de estudantes norte-americanos preencheu enquetes antes de sair do ensino médio com 18 anos de idade: na enquete, 89% se classificavam como acima da média em "se dar bem com os outros". Se esses estudantes fossem juízes precisos de sua própria sociabilidade, cerca de 50% diriam que são acima da média, porque é isso que "média" significa. Mas a estimativa deles era muito, muito acima disso. Isso também não é uma característica somente dos estudantes norte-americanos. Os mesmos resultados foram replicados por todo o mundo.

EXPERIMENTE

O efeito acima da média não é só grande, ele também é teimoso. Um pesquisador pediu às pessoas para se classificarem como motoristas seguros: a maioria se classificou como "melhor que a média". Mas aqui está a reviravolta: na época que responderam à pesquisa, essas pessoas estavam se recuperando de acidentes de carro no hospital, os quais elas admitiram que foram culpa delas!

O efeito acima da média varia para diferentes tipos de qualidades, sendo mais forte para aspectos subjetivos e socialmente desejáveis. Por exemplo:

- Ser bom em matemática é objetivo e fácil de medir com um teste, então é menos provável de exibir o efeito.
- Ser agressivo não é visto, normalmente, como algo desejável, então exibe menos o efeito.
- Ser sociável, um bom amigo ou sortudo são qualidades desejadas, e elas são difíceis de medir objetivamente, então apresentam o efeito com mais frequência.

Se algo se reflete bem sobre você e é difícil de medir, você frequentemente assume que é melhor que a maioria.

Julgando a si mesmo como melhor do que era antes

As pessoas não apenas se veem como melhores que as outras, mas também como melhores do que eram antes. Essa comparação com um *self* passado é uma forma de *comparação descendente*, que discutimos no Capítulo 7. As pessoas aumentam sua autoestima, julgando a si mesmas favoravelmente contra outras pessoas, que neste caso inclui seus "eus" passados.

Pergunte a alguém o quanto essa pessoa era agradável há um ano e o quanto ela acha que é agradável atualmente.

A maioria das pessoas provavelmente se dá uma classificação mais alta para como é agora do que para como era no passado. As pessoas frequentemente pensam que estão melhorando, mesmo quando a pesquisa não revela nenhuma mudança objetiva nesses traços.

Entretanto, e isso é interessante, quando você pede que as pessoas classifiquem o quanto um amigo era agradável há um ano e o quanto essa pessoa é agradável agora, elas tendem a não ver uma diferença grande. Então, esse contraste lisonjeiro com o passado é algo que as pessoas só fazem quando pensam sobre si mesmas.

Estimando suas forças como raras, mas suas falhas como comuns

Apesar de frequentemente terem um viés positivo quando avaliam a si mesmas, as pessoas não são completamente cegas em relação a suas falhas. Contudo, mesmo aqui, elas exibem um viés de autoconveniência:

> » Elas tendem a ver os eventos negativos como causados por fatores *externos*, instáveis e específicos. Em outras palavras, elas falharam no teste de direção porque o examinador era malvado e isso não acontecerá com outro instrutor da próxima vez.
>
> » Elas tendem a ver eventos positivos como causados por fatores *internos*, estáveis e globais. Então, elas ganham um jogo de perguntas familiar porque são muito inteligentes, ganharão o jogo da próxima vez e provavelmente ganhariam naqueles shows de perguntas na TV.

Esse viés afeta também as crenças sobre as outras pessoas. As pessoas supõem que os aspectos ruins da própria personalidade são comuns. Por exemplo, ladrões de loja *superestimam* que um número alto de outras pessoas também roubem lojas. Se elas procrastinam bastante, pensam que a maioria das pessoas são da mesma maneira.

Mas as pessoas acham que suas boas qualidades são raras. Se ganham um troféu esportivo na escola, elas *subestimam* as outras pessoas que têm o mesmo troféu em algum lugar da estante da sala. Se são muito organizadas, elas tendem a pensar que as outras pessoas não possuem a mesma habilidade.

DICA — Lembre-se desse viés de autoconveniência se algum dia estiver lendo candidaturas para um emprego ou uma universidade. Meu recorde foi uma leva de candidaturas de alunos em que eu contei 17 pessoas com uma "sede de conhecimento sem igual"!

Autoincapacitação: O fracasso não é culpa sua

Muitas ilusões positivas têm um efeito benéfico para o *self*: elas fazem as pessoas mais felizes. Mas a necessidade de ter uma visão positiva de si mesmo é tão forte que o tiro pode sair pela culatra e, perversamente, fazer com que se sinta pior. Esse comportamento é chamado de autoincapacitação, e podemos apostar que você já fez isso.

EXPERIMENTE — Imagine a noite anterior a uma prova de matemática muito importante; você tem apenas algumas horas para estudar e está começando a entrar em pânico. Nesta situação, você já se viu decidindo sair com os amigos de repente? Ou ligando a TV e assistindo a uma maratona de séries? Ou começando um jogo de computador para terminar "só mais um nível" e então completando o jogo inteiro? Depois você cai no sono exausto, e seus livros estão intocados.

Quando realiza a *autoincapacitação*, você está se envolvendo em um comportamento que sabe que prejudicará suas chances de ser bem-sucedido: você sabe que não se sairá tão bem no teste se sair na noite anterior, mas o faz mesmo assim. Por que alguém prejudicaria suas próprias chances de sucesso?

Bem, aqui está uma possível resposta. Digamos que você estude muito. Você vai para a cama em um horário decente e consegue dormir por oito horas. Então você faz a prova de matemática mas não vai bem: você só consegue tirar 7,5. O que você pode concluir sobre si mesmo? Provavelmente, que não é bom em matemática, o que é um tiro bem grande na sua autoestima.

Mas se você se autoincapacitar, nunca estará nessa posição, já que está criando uma razão para o seu fracasso. Você estava destinado a tirar 7,5, e pode dizer isso a si mesmo, porque saiu para dançar até as 2h da manhã. Esse 7,5 não significa que você é ruim em matemática; só significa que você gosta de dançar.

A autoincapacitação parece um paradoxo, porque as pessoas estão deliberadamente prejudicando suas chances de sucesso. Na verdade, a autoincapacitação mostra que elas preferem falhar com certeza e com uma desculpa, em vez de se esforçar muito e encarar a *possibilidade* de fracassar, o que prejudica suas ilusões positivas de si mesmas.

Achando que Você Está Certo na Maior Parte do Tempo

No Capítulo 3, falamos sobre o maior inimigo da psicologia social: o senso comum. Sempre que você descrever uma descoberta ou um experimento, alguém, com certeza, exclamará: "Eu já sabia disso!". Esse fenômeno é chamado de *viés de retrospectiva*.

PAPO DE ESPECIALISTA

VIÉS E POLÍTICA

Durante as eleições norte-americanas de 2004, os democratas encontraram uma fraqueza no presidente republicano George W. Bush. Ele anunciou um corte de taxas para todos no país, mas quando os democratas revisaram os detalhes de seu plano, eles calcularam que, apesar de a maioria das pessoas receber algo de volta, 95% do dinheiro iriam para os 5% mais ricos da população. Os democratas fizeram dessa estatística uma manchete, convencidos de que isso retrataria mal o presidente aos olhos da maioria dos eleitores.

Contudo, Bush ganhou as eleições. Uma investigação aprofundada revelou uma possível razão pela qual o ataque democrata sobre o plano de taxas tenha saído pela culatra. Aparentemente, cerca de 40% da população norte-americana *pensou* estar na porção 5% mais rica ou quase lá. Os democratas usaram estatísticas cuidadosas para mostrar que Bush estava favorecendo uma pequena minoria de super-ricos, mas eles entraram em conflito com o autoconceito inflado das pessoas.

Os psicólogos sociais identificaram vários desses vieses que inflam o autoconceito das pessoas, convencendo-as de que estão certas, sempre estiveram certas e que pessoas com uma opinião diferente da delas estão simplesmente desinformadas. Esses vieses muitas vezes servem como uma função útil de proteção e nutrição da autoestima, mas eles também podem levar as pessoas a conflitos e confusões.

Nesta seção, descrevemos por que você sempre acha que fez a escolha certa, que suas crenças são perfeitas e que as outras pessoas estão simplesmente erradas!

Considerando que suas escolhas estão certas

Se algo é associado ao *self*, por escolha ou por acidente, seu valor cresce ao olhar das pessoas. Se alguma coisa não é associada ao *self*, porque a pessoa não escolheu ou a rejeitou, seu valor perceptível cai. Experimentos repetidamente mostram essa realidade. Isso funciona para coisas como sua casa e sua carreira, mas também para coisas triviais, como canecas e canetas que você possui que parecem muito melhores do que aquelas canecas e canetas quase idênticas, mas claramente inferiores, que as outras pessoas têm.

Em um experimento, foram mostradas aos participantes seis impressões de arte, e foi pedido que as classificassem em ordem de preferência. Era dito a eles, então, que poderiam levar uma delas para casa. Mas infelizmente o pesquisador mentiu, dizendo que apenas duas delas estavam em estoque. Os participantes receberam as opções entre as imagens colocadas no quarto e no quinto lugares. Sem surpresas, a maioria escolheu a imagem do quarto lugar.

Vários dias depois, o pesquisador chamou os participantes de volta ao laboratório. Mostrou a eles o mesmo conjunto de impressões e pediu para que as classificassem novamente. Tipicamente, a imagem que eles levaram para casa, anteriormente em quarto lugar, agora havia sido colocada na primeira ou segunda posição. A imagem que eles não escolheram para levar para casa caiu para o último lugar.

As pessoas estão acostumadas com a ideia de que suas opiniões determinam suas escolhas, mas este experimento mostra que surpreendentemente as escolhas também influenciam as opiniões.

As pessoas são inclinadas a qualquer coisa associada com elas mesmas e contra coisas que elas perderam ou pelas quais foram rejeitadas. Os concorrentes em um *game show* estimam que o valor dos prêmios seria muito maior se eles os tivessem ganhado. Os alunos ficam conscientes de repente de uma fraqueza da universidade depois que ela os rejeita. As pessoas concluem que testes padronizados são enviesados depois que falham em um.

Tendo certeza de que suas crenças estão corretas

LEMBRE-SE

Todo mundo é falível no que diz respeito ao pensamento enviesado, algo chamado de *realismo ingênuo*: a crença errônea de que sua própria visão subjetiva do mundo é uma visão objetiva verdadeira. Isso tem sido chamado de o maior viés do pensamento social. Ele penetra no raciocínio e explica por que as pessoas argumentam e falham em resolver suas diferenças.

Aqui vai um exemplo da minha própria vida. Quando comecei meu doutorado, comprei meu primeiro computador Apple. Eu o adorava, e estou no meu nono Apple Mac seguido. Neste momento, ao lado do meu laptop tem um iPad e, ao lado dele, um iPhone. Eles parecem bonecas russas de alta tecnologia. Eu tentei usar outros PCs, mas os acho incrivelmente mal projetados. Nada está onde eu espero que esteja e os menus são contraintuitivos. Eu tive um telefone Android uma vez, mas a capinha dele ficava caindo. Confesso que isso acontecia porque eu continuava jogando ele contra a parede devido à frustração. Resumindo, eu amo os produtos da Apple porque são os melhores.

Mas com essa última frase eu cometi um enorme erro: o pensamento enviesado. Eu acredito que os produtos Apple são melhores que os seus competidores, mas existe uma grande diferença entre uma opinião subjetiva e um fato objetivo. Objetivamente, não existe um sistema de computador "melhor": apenas o sistema operacional ao qual você está acostumado e que melhor atende às suas necessidades. Mas com computadores, times esportivos, partidos políticos e tipos de música, as pessoas frequentemente confundem suas opiniões com fatos sobre o mundo.

LEMBRE-SE

O realismo ingênuo produz outro efeito, chamado de *falso consenso*. As pessoas tendem a superestimar o número de pessoas que concordam com elas. Como acham que suas opiniões são reflexos verdadeiros do mundo, entender por que qualquer outra pessoa pensaria o contrário é difícil.

O MAIOR VIÉS DO MUNDO

O realismo ingênuo é incrivelmente difícil de evitar. Um professor de psicologia social pediu que seus alunos definissem tal realismo em sua prova. Então, ele perguntou a eles com que frequência achavam que a pessoa comum cometia esse erro e com que frequência eles próprios o cometiam. Os alunos pensavam que eles haviam cometido o erro com menos frequência do que as outras pessoas.

Em outras palavras, eles diziam que as *outras pessoas* confundiam suas opiniões subjetivas com fatos, mas que eles não o faziam. Incrivelmente, eles próprios demonstraram o viés do realismo ingênuo enquanto respondiam à pergunta da prova sobre o realismo ingênuo, quando você acharia que isso estaria em foco em suas mentes!

Esses vieses são tão difíceis de evitar porque as pessoas são limitadas por suas próprias experiências. O Capítulo 5 revela que você tende a gostar de coisas que experimenta bastante — o *efeito da mera exposição*. Eu gosto dos computadores da Apple porque sempre estive próximo deles e tive experiências positivas na maioria das vezes. Eu tenho dificuldade para imaginar gostar de PCs (ou de música country ou de navios de cruzeiro) porque pessoalmente não tive tantas experiências com eles e não consigo encontrar razões para gostar deles. Então eu acho, falsamente, que essas coisas são objetivamente ruins. Logo, as outras pessoas também devem reconhecer esses "fatos" e concordar comigo.

Referindo-se ao resto das pessoas como erradas!

Se eu acho que a minha opinião é objetivamente verdade, o que eu acho das pessoas que discordam de mim? Bem, elas devem ter o pensamento enviesado.

As consequências do realismo ingênuo (veja a seção anterior) estão todas ao seu redor. Veja qualquer artigo ou crítica de jornal online que tenha uma seção de comentários. Quase todas as brigas começam quando as opiniões subjetivas de duas pessoas colidem e cada uma está convencida de que a sua é a verdade objetiva.

Essa tendência foi mostrada em experimentos. Os pesquisadores perguntaram aos participantes se usariam uma placa de sanduíche anunciando um produto e andariam pelas ruas. Cerca de metade das pessoas disse que sim e metade disse que não. Os pesquisadores então pediram a elas para estimar quantas pessoas fariam a mesma escolha que a delas. Tanto as pessoas que disseram sim quanto as que disseram não estimaram que a maioria das pessoas tomaria exatamente a mesma decisão que elas.

Esse mesmo método de pensamento causa enormes problemas para jornalistas ou qualquer um tentando apresentar alguma coisa como verdade objetiva. Quando uma história discorda do ponto de vista do leitor, essa pessoa acusa o jornalista de ser tendencioso. Muitos jornais e canais de TV fazem a cobertura do ponto de vista de seus clientes por essa razão.

Mas as organizações como a BBC não podem fazer isso, porque todo mundo no Reino Unido a financia, e o governo instrui que ela seja o mais objetiva possível. Politicamente, a BBC é acusada frequentemente de ser tendenciosa pelos partidos de esquerda e de direita ao mesmo tempo, o que é exatamente o que você espera se ela estiver fazendo uma cobertura justa. Então, contraintuitivamente, quanto mais as pessoas acusam a BBC de ser tendenciosa, mais equilibrada ela provavelmente é.

Questionando-se por Quanto Tempo Algo o Faz Feliz

LEMBRE-SE

Geralmente, as pessoas são muito boas em adivinhar se algo as fará se sentir bem ou mal. Por exemplo, comprar um novo par de sapatos será bom; usá-los e ganhar uma bolha será ruim. Essa habilidade é chamada de *previsão afetiva*, em jargão psicológico. Como revelamos nesta seção, embora as pessoas sejam muito boas em julgar se algo é positivo ou negativo, elas muitas vezes são muito ruins em julgar por quanto tempo essa felicidade ou tristeza vai durar.

O psicólogo Daniel Gilbert e seus pares estudaram a previsão afetiva, porque ela é muito importante para entender as decisões que você toma. Você não só vive o momento, tem que fazer escolhas baseadas no que você acha que vai acontecer e como acha que vai se sentir. Vale a pena economizar para comprar aqueles sapatos ou você deveria sair para jantar? Os sapatos o farão feliz o suficiente a ponto de você não se importar em mancar por aí com uma bolha por alguns dias? Gilbert descobriu que as pessoas são normalmente muito boas em previsões afetivas, a não ser em antecipar a duração do benefício ou do problema.

Na discussão desta seção sobre previsão afetiva, não falaremos sobre eventos extremamente traumáticos e estressantes que provocam problemas clínicos de saúde mental severa. Em vez disso, focarei como as pessoas reagem a eventos extremamente negativos e positivos quando são sortudas o bastante para manter sua saúde mental.

Confiando que o tempo realmente cura

EXPERIMENTE

Veja como você se sai com este exercício. Identifique quais dos seguintes eventos você preferiria que acontecesse com você na semana que vem:

» Você é atropelado por um ônibus e perde o movimento das pernas.

» Você ganha um milhão de reais na loteria.

Essa provavelmente é uma das perguntas mais fáceis neste livro. Sem dúvida, você acha que ganhar na loteria o faria se sentir mais feliz do que ser atropelado por um ônibus. Mas agora imagine, como no filme *De Caso com o Acaso*, que existam duas versões de você. Uma ganha na loteria e se sente muito feliz. A outra é atropelada por um ônibus e se sente muito triste. Eventualmente, esses dois "você" se sentiram mais ou menos iguais, porque a felicidade de ganhar na loteria, com certeza, passará, e a infelicidade do acidente diminuirá.

Mas quanto tempo você acha que se passará antes de o sentimento bom de ganhar na loteria morrer e o sentimento ruim do acidente desaparecer? Quanto tempo antes que as suas duas versões fiquem igualmente felizes: um mês, um ano, uma década?

A maioria das pessoas acha que são anos, até mesmo décadas, antes que isso aconteça. Mas a resposta surpreendente é que são, em média, três meses. Não importa o quão maravilhosa ou terrível seja uma experiência de vida, cerca de três meses depois que ela acontece, suas emoções voltam ao normal.

A pesquisa é bem clara, mesmo para uma das piores experiências que possam acontecer a uma pessoa: a morte de um filho. O que os pais sentem quando seus filhos morrem é inimaginável para a maioria das pessoas, mas mesmo depois de experienciar o mais terrível dos eventos, depois de três meses os pais estão tão felizes quanto antes de seu filho morrer. Esse é o resultado de uma pesquisa longa com pais que passaram por essa exata situação.

Mudando de foco ao longo do tempo

Sempre que falo para as pessoas sobre a pesquisa da seção anterior, elas têm muita dificuldade em acreditar. Estão convencidas de que isso deve levar mais tempo, que suas previsões afetivas de anos e décadas devem estar certas.

As pessoas fazem estimativas tão longas, e então desacreditam que estão erradas, por causa de algo chamado *focalismo*. A ideia é que a natureza dramática inerente desses eventos — ser atropelado por um ônibus, perder um filho, ganhar na loteria — causa dificuldades para que as pessoas prevejam precisamente suas emoções sobre eles. As pessoas focam os aspectos extremos bons ou ruins e ignoram o resto que aconteceria em sua vida futura.

Pense novamente em como você faz previsões afetivas. Quando pedem que imaginem a morte de um filho e quanto tempo dura o luto, muitas pessoas veem a experiência como uma montagem em um filme muito triste: semanas de luto, vestindo preto; tentando limpar o quarto da criança, mas incapazes de mudar algo de lugar; vendo os amigos da criança felizes e abraçando seus pais; meses depois descobrir um brinquedo quebrado embaixo do sofá; passar pela parede da cozinha e ver todas as marcas feitas em cada aniversário, registrando a altura, e vendo as marcas pararem quando a criança ainda era impossivelmente pequena. Cada um desses momentos parece insuportavelmente triste. Quando visto dessa forma, imaginar que todos esses sentimentos horríveis possam desaparecer depois de apenas três meses parece impossível.

O ponto-chave é que, ao fazer suas previsões afetivas, você está *focando* os piores aspectos da experiência. Quando cria sua montagem mental da situação, você está olhando as cenas mais dolorosas e comoventes. Mas as pessoas não vivem suas vidas em montagens; elas vivem 24 horas todos os dias.

> **FOCANDO O ESPORTE**
>
> O princípio do focalismo funciona em todos os episódios das vidas das pessoas. Por exemplo, um grande evento esportivo. Se você fala com fãs de esporte no dia anterior ao seu time jogar a final de um campeonato, eles estarão obcecados com isso. Ganhar significa tudo, e perder é inconcebível.
>
> Pesquisadores perguntaram a tais fãs por quanto tempo eles achavam que ficariam felizes se o time deles ganhasse e quanto tempo levaria para que superassem se perdesse. A estimativa deles eram semanas, meses e até mesmo um ano. Ainda assim, alguns dias depois da vitória, ou derrota, de um campeonato, a felicidade cotidiana deles é praticamente a mesma.
>
> No Capítulo 7, escrevemos sobre o dia seguinte ao qual Andy Murray ganhou Wimbledon. Todos no Reino Unido pareciam muito felizes e radiantes. Mas alguns dias depois, quase ninguém estava falando sobre tênis. A intensidade das emoções era genuína, mas desapareceu rapidamente.

Então, as pessoas falham em imaginar esse tempo uma semana ou um mês depois do evento quando estão lavando roupa, sem pensar muito sobre isso; quando algo acontece no trabalho e elas precisam ficar concentradas; quando se voluntariam na antiga escola do filho e fazem conexão com outras crianças que as fazem sentir-se necessárias. Essas experiências cotidianas determinam o humor tanto quanto as grandes tragédias e sucessos da vida (veja outro exemplo no box "Focando o esporte").

Eu não quero dizer em momento algum que os pais que perderam um filho não estão mais tristes sobre o evento três meses depois. Claro, eles continuam devastados sempre que pensam sobre isso, provavelmente para o resto de suas vidas. Mas para muitos, em muitos momentos durante o dia, eles não estão pensando sobre seu filho perdido, e depois de cerca de três meses esses outros momentos mundanos são o que determinam sua felicidade geral.

Observando o papel do seu sistema imunológico psicológico

O resultado surpreendente da pesquisa sobre a previsão afetiva é que, em geral, você estará menos triste e menos feliz do que imagina.

Se você falar com pessoas em relacionamentos felizes e perguntar a elas como se sentiriam se levassem um fora amanhã, elas responderiam que isso as deixaria devastadas, que elas nunca amariam novamente. Mas quando você fala com pessoas solteiras que acabaram de levar um fora ou que estão solteiras há muito tempo, elas estão tão felizes quanto pessoas em casais.

De maneira similar, se você perguntar a pessoas o quanto ficariam felizes se ganhassem um aumento amanhã ou fossem despedidas e tivessem uma redução de salário, elas estimariam um grande impacto em sua felicidade. Ainda assim, os pesquisadores encontram pouquíssima correlação entre riqueza e felicidade. À medida que a renda aumenta por toda a sociedade ou ao longo da vida das pessoas, a felicidade relatada não muda.

LEMBRE-SE

As pessoas parecem ter desenvolvido um sistema imunológico psicológico robusto. Assim como seu corpo pode se recuperar e se reparar fisicamente de muitas doenças, você também pode se recuperar do pior que sua vida lhe der.

Se você tiver o azar de sofrer uma tragédia em sua vida, pode ir a um terapeuta freudiano que mergulha fundo na sua infância e culpa o seu relacionamento com seus pais. Ou você pode ler todos os livros de autoajuda na prateleira. Ou você pode ouvir o conselho que minha avó me deu, e talvez a sua também: "Pronto, pronto. Dê tempo ao tempo. Você ficará bem".

> **NESTE CAPÍTULO**
>
> Explicando as ações dos outros
>
> Definindo o erro fundamental de atribuição
>
> Localizando vieses em diferentes culturas e situações

Capítulo 9

Atribuindo Causas ao Comportamento das Pessoas

As maneiras pelas quais as pessoas explicam o comportamento umas das outras é um assunto fascinante. Muitas vezes você conhece pessoas, avalia suas ações e então faz suposições sobre elas muito rapidamente, sem propriamente entender como chegou a essa conclusão. Se você está pensando: "E daí?", lembre-se de que outras pessoas também estão fazendo a mesma coisa sobre o seu comportamento. Então, se você já sentiu algum dia que as pessoas o julgaram injustamente ou tomaram conclusões precipitadas sobre seu comportamento, você pode se perguntar como e por que as pessoas entendem as causas do comportamento alheio.

Não se pergunte mais, porque este capítulo fornece algumas possíveis respostas à medida que observo esses processos misteriosos. Introduzimos o que queremos dizer com *atribuição* no contexto psicológico social e revelamos o erro central que muitas pessoas cometem quando avaliam as causas do comportamento alheio, chamado de erro fundamental de atribuição.

Não pela primeira (ou última) vez neste livro, você descobre que a maneira pela qual as pessoas usam o chamado senso comum não parece combinar com a evidência científica dos experimentos. Leia o próximo box, "Amaciando o público", para um exemplo revelador e aparentemente contraintuitivo que foi usado com sucesso na publicidade.

AMACIANDO O PÚBLICO

Johnny Rotten era o rosto da juventude raivosa e descontente da Grã-Bretanha da década de 1970. Ele era o vocalista principal do Sex Pistols, a banda que definiu o punk com seus hits como "Anarchy in the UK", com o refrão "I am the Anti-Christ" (eu sou o Anticristo). Os membros da banda cuspiam do palco em seu público e a maioria dos shows terminava em violência. Deliberadamente provocativa, eles lançaram uma música antimonarquista, "God Save the Queen" (Deus salve a rainha), no dia do Jubileu de Prata da Rainha em 1977. Um jornal organizou uma campanha contra a gravadora e os funcionários da gravadora entraram em greve, em vez de produzir as cópias.

Então, o que as pessoas pensam sobre Johnny Rotten no Reino Unido atualmente? Um músico que influenciou uma geração? Um valentão violento que ajudava a piorar a sociedade? Que tal: especialista em produtos lácteos? De forma bizarra, quando um produtor de manteiga quis aumentar suas vendas alguns anos atrás, a firma escolheu o velho Johnny Rotten como o rosto para a campanha publicitária. Esse produto em particular é vendido com a virtude de ser à moda antiga e tradicionalmente inglês — precisamente as coisas que Johnny Rotten, agora John Lydon, rejeitava em sua juventude. Certamente ele era a pior pessoa para representar essa manteiga. Mas a campanha foi bem-sucedida, com as vendas aumentando em espantosos 85%.

Para ajudar a explicar o poder mágico de Lydon em vender manteiga, coloque-se no lugar das pessoas assistindo ao comercial pela primeira vez. A estranheza pura do rosto do punk anunciando o produto lácteo certamente exige uma explicação. Que razão fez Johnny Rotten, entre todas as pessoas, aceitar aparecer nesse anúncio?

Em outras palavras, que atribuições o público fez sobre seu comportamento: talvez uma quantia significativa de dinheiro explicasse suas ações? Afinal de contas, ele falou alegremente para todos que estavam escutando que ele fez a publicidade puramente para financiar uma turnê com sua banda. Em vez disso, as pessoas ignoraram sua explicação e cometeram o erro de atribuir suas ações ao fato de que ele realmente deva gostar dessa manteiga. De fato, como ele um dia foi Johnny Rotten e odiava todas as coisas estabelecidas, ele deve realmente gostar muito mesmo dessa manteiga tão tradicional para concordar em fazer o anúncio.

Em outras palavras, a inadequação louca de Johnny Rotten como o porta-voz de uma manteiga tradicional é precisamente o que faz dele uma força tão persuasiva. Esse resultado estranho certamente contraria o senso comum, mas você não pode argumentar contra um aumento de 85% nas vendas.

Introduzindo o Conceito de Fazer Atribuições

LEMBRE-SE *Atribuição* é um jargão psicológico para uma explicação que conecta o comportamento de uma pessoa a uma causa. Imagine que você escute uma pessoa no balcão de check-in de um hotel brigar com a recepcionista. Talvez você *atribua* esse comportamento à sua personalidade — ela é só uma pessoa mal-educada. Ou, notando as etiquetas em sua bagagem, você culpa o *jetlag* — o cansaço minou sua paciência.

No contexto das atribuições, os psicólogos sociais não estão realmente interessados no motivo pelo qual a pessoa agiu como agiu. Em vez disso, como veremos nesta seção, eles estão interessados em quando, como e por que as pessoas que lhe assistiam fizeram suas atribuições.

Entendendo quando você tende a fazer atribuições

LEMBRE-SE Você não explica tudo sobre o comportamento das outras pessoas; isso seria exaustivo. Imagine pensar por que alguém escolheu certa roupa naquele dia, por que pegou certo sabor de café, por que parou para conferir seu telefone antes de atravessar a rua ou por que ficou tão furioso com o psicólogo amador que o perseguia e fazia perguntas sobre cada movimento seu. Como todo mundo, você gera atribuições apenas para tipos específicos de comportamento em tempos específicos. Muitas vezes, você tenta explicar as ações de alguém quando o comportamento é incomum ou único: se é surpreendente, negativa ou atípica, a ação precisa de uma explicação.

Se você vê uma pessoa vestindo uma cartola verde enquanto anda pela rua, esse comportamento grita por uma explicação. Se o comportamento parece atípico — se a pessoa estiver vestida sobriamente com terno e gravata —, você busca uma atribuição. Além disso, se o comportamento é de alguma forma negativo — se a pessoa está sendo barulhenta e escandalosa —, você provavelmente se perguntará por quê.

Mas se é o Dia de São Patrício e todo mundo está vestido dessa maneira, cantando e dançando, você provavelmente não busca uma atribuição para explicar o comportamento desse indivíduo.

Decidindo entre uma pessoa "má" ou uma situação "ruim"

Neste capítulo, nossa preocupação é com dois métodos gerais de fazer atribuições para comportamentos que frequentemente causam erros:

LEMBRE-SE

» **Atribuições disposicionais:** Avaliam a causa de uma ação como *interna* de uma pessoa, como a personalidade ou o humor. Essas atribuições explicam o comportamento dizendo algo sobre as qualidades inerentes de uma pessoa. Então, acreditar que alguém está gritando na rua porque é uma pessoa furiosa é uma atribuição disposicional.

» **Atribuições situacionais:** Envolvem as causas que são *externas* à pessoa, como a situação, experiências recentes ou o comportamento de outras pessoas. Se você disser que alguém está gritando na rua porque acabou de receber uma multa de estacionamento, essa é uma atribuição situacional.

Esses dois tipos de atribuições não são apenas de interesse acadêmico, porque elas são imensamente importantes para a vida das pessoas e para a sociedade. Problemas sérios podem surgir quando as pessoas atribuem ações à causa errada.

Por exemplo, muitos argumentos legais chegam à mesma pergunta básica de atribuições. Em um julgamento de assassinato, por exemplo, os membros do júri se perguntam se o acusado foi responsável pelo crime ou algo sobre a situação causou que essa pessoa o fizesse. Em muitos casos, se um elemento situacional é provado — como um medicamento incapacitando o julgamento de alguém ou o acusado ser provocado por outros —, a punição pode ser reduzida ou até removida. O assassino de Harvey Milk, nos EUA[2], por exemplo, foi solto depois que sua defesa alegou que os aditivos em seu lanche haviam obscurecido sua mente.

Presa Fácil do Erro Fundamental de Atribuição

LEMBRE-SE

O *erro fundamental de atribuição* (EFA) é um erro comum que as pessoas cometem quando explicam o comportamento de alguém: elas fazem uma atribuição disposicional, quando deveriam fazer uma situacional (para as definições

---

2 Harvey Bernard Milk foi o primeiro homossexual autodeclarado a ser eleito para um cargo público na Califórnia, assassinado em 27 de novembro de 1978.

dessas duas atribuições, confira a seção anterior, "Decidindo entre uma pessoa 'ruim' ou uma situação 'ruim'").

Nesta seção, descrevemos como os pesquisadores descobriram o efeito que ficou conhecido como EFA (como tantas vezes com grandes descobertas, foi por acidente), como eles o demonstraram por meio de experimentos e como você pode descobrir como perceber que você mesmo está cometendo o mesmo erro.

Vendo a descoberta surpreendente de Jones e Smith

Os primeiros psicólogos sociais estavam muito interessados no processo pelo qual as pessoas geravam explicações para os comportamentos umas das outras. Eles realizaram alguns experimentos muito inteligentes para investigar esse processo, e enquanto o faziam se depararam com o que parecia ser um erro surpreendente e teimoso no raciocínio das pessoas.

Jones e Smith queriam entender como as pessoas fazem atribuições disposicionais (aquelas que comentam sobre a pessoa em vez de sobre a situação) sobre atitudes. Em seu experimento, eles perguntaram a um grupo de pessoas se eram a favor ou contra Fidel Castro, e então pediram aos membros que escrevessem uma redação apoiando suas visões. (Este experimento foi conduzido nos EUA na década de 1960, quando Castro era uma figura altamente controversa.) Outro grupo de pessoas leu essas redações e então classificou o quanto achavam que o escritor era a favor ou contra Castro.

> **PAPO DE ESPECIALISTA**
>
> ### TAMBÉM CONHECIDO COMO VIÉS DE CORRESPONDÊNCIA
>
> O erro fundamental de atribuição tem outro nome: viés de correspondência. Os termos são usados indistintamente na literatura de psicologia social. Alguns psicólogos pensaram que "erro fundamental de atribuição" era um rótulo um pouco extremo, porque o comportamento pode ser atribuído à personalidade em algum grau.
>
> Então, alguns cientistas propuseram que "viés de correspondência" capturava melhor esse aspecto graduado. Em outras palavras, as pessoas têm um viés para pensar que o comportamento corresponde a disposições ou a uma personalidade, em vez de a uma situação. Entretanto, este termo não pegou completamente, então você ainda encontra o uso de erro fundamental de atribuição em artigos e livros acadêmicos.

Sem surpresas, as pessoas que leram as redações a favor de Castro atribuíram a disposição ao escritor que a pessoa era pró-Castro. Mas os pesquisadores perceberam que precisavam de uma condição inicial — as pontuações para comparar com essas classificações. Então eles recrutaram outro grupo de classificadores e lhes disseram que os escritores das redações haviam sido *instruídos aleatoriamente* a escrever uma redação a favor ou contra Castro. Como os classificadores pensavam que os escritores haviam sido informados quais emoções expressar, os pesquisadores acharam que os classificadores não teriam nenhuma crença sobre a verdadeira opinião dos escritores. Mas não foi assim que os classificadores se comportaram.

Nessa condição de controle, os classificadores ainda disseram que as redações que expressavam o ponto de vista pró-Castro eram provavelmente escritas por pessoas que eram pró-Castro. Os pesquisadores se asseguraram duplamente de que os classificadores entenderam que eles haviam sido *instruídos* a expressar aquelas visões. Mas mesmo assim os classificadores tendiam a fazer uma atribuição disposicional, preferindo concluir que a redação era o resultado de como os escritores realmente se sentiam, em vez de uma atribuição situacional que era porque haviam sido informados a fazê-lo. Claramente o poder da situação é bem forte (algo que examinamos mais no Capítulo 11).

Smith e Jones descobriram um erro no pensamento das pessoas que eles chamaram de "viés de correspondência", embora talvez seja melhor conhecido pelo termo mais recente, erro fundamental de distribuição.

Revelando o EFA por meio de experimentos e experiências

O estranho viés que Jones e Smith descobriram foi o foco de vários experimentos, enquanto os psicólogos tentavam entender como e por que as pessoas cometem o erro fundamental de atribuição.

No exemplo mais famoso de uma demonstração experimental de EFA, Lee Ross e seus colegas pediram aos voluntários para participarem de uma demonstração de um jogo de perguntas. Eles escolheram dois participantes de um grupo maior e jogaram uma moeda na frente de todo mundo, tornando uma pessoa o questionador e a outra o competidor. Foi dito ao questionador para pensar em várias perguntas de conhecimentos gerais que fossem difíceis de responder. Então, o questionador fazia as perguntas ao competidor na frente de todos os outros participantes. Normalmente, o competidor ia mal neste teste e o questionador tinha que dizer as respostas à pessoa.

Os pesquisadores então pediam a membros do público que classificassem a inteligência do questionador e do competidor. Notavelmente, eles classificavam o competidor abaixo do questionador. A essa altura, o competidor — como você deve esperar — argumentava que esse teste era realmente injusto: claro que o questionador sabia as respostas de todas as perguntas — ele as havia selecionado!

CAÇADOR DE MITOS

Mas os membros do público, os reais participantes neste experimento, eram passíveis de fazer o EFA. Eles ignoravam a atribuição situacional para a performance ruim do competidor: o fato de ele não ter selecionado as perguntas. Em vez disso, eles pulavam para uma atribuição disposicional: o competidor não é tão inteligente quanto o questionador.

Da mesma maneira, como no exemplo do jogo de perguntas, os alunos em minhas aulas formam opiniões sobre mim. Toda semana eles me veem falar por uma hora ou mais, sem notas, sobre tópicos complexos que vão simplesmente além do seu entendimento, respondendo a qualquer pergunta que surja. Eles podem pular para uma atribuição disposicional e achar que minha performance é uma grande exibição de inteligência e que eu posso falar sobre qualquer coisa.

Mas essa atribuição ignora todas as forças situacionais complexas produzindo essa aula. Por exemplo, o fato de eu ter escolhido para minha aula apenas os tópicos que conheço e que sei que eles não conhecem; que eu posso ver minhas notas no meu laptop; e que — de acordo com a informação que eles têm — eu posso ter procurado essas coisas na Wikipédia momentos antes da aula.

STEPHEN FRY NÃO É TÃO INTELIGENTE QUANTO VOCÊ ACHA

Quando solicitados a nomear uma pessoa altamente inteligente, muitos britânicos dizem Stephen Fry. Ele apresenta um programa de TV de perguntas erudito e espirituoso chamado *QI*, que premia conhecimento pedante e obscuro (é muito mais divertido do que parece). Depois de assistir-lhe fornecer a etimologia grega de um termo técnico em microbiologia e então passar para uma discussão sobre *leitmotifs* musicais nos trabalhos de Shostakovich e ABBA, o público fica tentado a concluir que Stephen Fry sabe tudo sobre tudo. Mas isso seria um EFA. O público muitas vezes ignora que um time de pesquisadores busca essas informações a cada semana. Eles as escrevem no teleprompter em frente a Fry e cochicham em seu fone de ouvido.

Stephen Fry e outros mestres de perguntas televisivas não fingem em momento algum que são a fonte de todo o conhecimento que dispensam: muitos leem em cartões que seguram visivelmente à sua frente. Ainda assim, o EFA persiste na mente dos telespectadores e os mestres de perguntas televisivas continuam a ser nomeados rotineiramente como pessoas altamente inteligentes.

Então, se você quer ser visto como excepcionalmente inteligente, consiga um grupo esforçado de assistentes e um teleprompter.

Quando comecei a dar aulas, fiquei assustado com a tarefa de montar 25 horas de material que cobrisse toda a disciplina de psicologia. Um colega sênior me tranquilizou: "Você só tem que se certificar de que está cinco páginas à frente dos alunos no livro didático, e eles presumem que você sabe tudo!". Claro, eu tento não usar esse exemplo específico nas minhas aulas!

Identificando os sinais do EFA

Quando você o entende, começa a ver o EFA por toda parte. Você pode pensar nele como o viés que as pessoas têm em relação a pensar sobre personalidades, em vez de situações. Por exemplo, digamos que um político anuncie que está cortando pagamentos de previdência social para desempregados. Você talvez fique tentado a pular para a conclusão de que ele odeia pessoas pobres, em vez de considerar a rede complicada de previsões econômicas, acordos políticos e promessas ideológicas que produziram essa política.

Quando as pessoas vencem uma competição esportiva, por exemplo, elas também fazem o EFA, pulando para a atribuição de que foram bem-sucedidas por causa de suas disposições especiais — seu talento nato. Mas isso ignora seus anos de prática e treinamento, os recursos técnicos e o treinador especializado do qual se beneficiaram. (Embora não chamemos por esse nome, você pode ver o EFA trabalhando no Capítulo 7, na discussão sobre como os pais entendem os sucessos e fracassos de seus filhos.)

Você também pode pensar que o EFA é o erro de pensar que uma situação altamente influencial é fraca. No Capítulo 12, falamos sobre os experimentos perturbadores de Milgram nos quais ele coloca os participantes em uma situação em que é pedido que apertem um botão que causa imensa dor a uma pessoa inocente. Quando ele apresentou esses experimentos pela primeira vez para outros psicólogos, Milgram pediu a eles que adivinhassem quantos participantes obedeceriam a suas instruções. Normalmente, eles chutavam algo como cerca de 5% das pessoas. Na realidade, mais de 65% dos participantes obedeciam.

Assim como membros do público, esses psicólogos profissionais (que você talvez pense que deveriam saber mais) cometeram um erro fundamental de atribuição. Eles pensaram que a situação teria apenas uma fraca influência no comportamento dos participantes, pensando que as disposições dos participantes — seu bom senso e bondade — os impediria de machucar outra pessoa. Mas não.

Nos Capítulos 11 e 12, buscamos entender mais sobre o complicado poder causal da situação que compele tal comportamento.

Pegando o caminho mais simples para explicar o comportamento

Você talvez esteja pensando em por que as pessoas preferem priorizar disposições internas sobre situações externas quando buscam causas para explicar o comportamento. Uma resposta é a simplicidade.

Pensar em uma causa interna para o comportamento de uma pessoa é fácil — o professor rigoroso é uma pessoa ruim, os pais amorosos apenas amam seus filhos. Em contraste, explicações situacionais podem ser complexas e obscuras. Talvez o professor pareça ser malvado porque viu as consequências de não se esforçar em gerações de alunos e quer instilar a autodisciplina neles. Talvez os pais que estão se gabando das conquistas de seus filhos sejam frustrados sobre seus fracassos e conscientes do custo das mensalidades da escola. Esses fatores situacionais requerem conhecimento, insight e tempo para pensar. Pular para uma atribuição disposicional é muito mais fácil.

Você pode ver a mesma coisa acontecendo quando as pessoas fazem atribuições sobre objetos simples. Richard Nisbett e seus pares mostraram aos participantes um vídeo de uma lasca de madeira, presa nos redemoinhos e correntes de um riacho de movimento rápido, indo para lá e para cá. Eles perguntavam às pessoas o que estava acontecendo no vídeo. Os participantes eram propensos a falar sobre a lasca de madeira e suas disposições, como "queria" se mover ou ficar próximo a uma rocha (mesmo que, claramente, uma lasca de madeira não possa "decidir" ou "querer" nada). Poucas pessoas viram e contaram a história mais complicada sobre as correntes de água, como interagiam umas com as outras e as rochas moviam a lasca.

LEMBRE-SE As pessoas frequentemente buscam uma história simples de disposições sobre uma história complexa sobre a situação.

Vivendo com as consequências do EFA

A ignorância em relação ao EFA causa vários tipos de consequências, algumas sérias e outras um pouco menos. Discutiremos apenas duas nesta seção.

Imaginando a verdade sobre a vida de celebridades

O "jornalismo" de celebridades é um termo estranho e distorcido, que dá lucro, em sua maioria, a celebridades e jornalistas, claro. Nunca tanta coisa foi impressa sobre tão pouco!

LEMBRE-SE

O erro fundamental de atribuição é o enigma que move todas essas histórias, principalmente as imagens. Ele o empurra para ver as circunstâncias reais dessas imagens isoladas, selecionadas e retocadas, que geram a crença de que você está conhecendo essas pessoas.

CAÇADOR DE MITOS

Você provavelmente sente que conhece alguma coisa sobre as celebridades na sua tela. Você sabe como o Brad Pitt e a Paris Hilton são. Você já viu imagens deles sorrindo forçadamente, indo a clubes com outras celebridades com quem podem ou não ter um caso. Você já viu fotos deles manchados de lágrimas depois de terem sido dispensados mais uma vez.

Mas quando você olha para essas fotos de paparazzi, é instigado a cometer o erro fundamental de atribuição. Você busca uma explicação para o porquê de, digamos, eles parecerem tão zangados e atribui isso a suas disposições: eles devem ter um temperamento explosivo. Você não leva em consideração a situação ao redor da fotografia — que a celebridade está sendo seguida o dia todo por um bando de paparazzi. Ela pede pacientemente para ser deixada em paz, mas ainda é fotografada com lentes de longo alcance dentro da sua própria casa. Finalmente, ela tenta deixar os fotógrafos para trás dirigindo, mas é seguida por fotógrafos em motocicletas que olham através das janelas do carro. Enquanto sai do carro, um flash dispara em seus olhos e ela grita com raiva para o fotógrafo. Alguém tira uma foto dessa reação, imprime na revista, e os leitores pensam: "Ah, aí está o famoso temperamento de novo".

Na verdade, o processo em tais revistas pode ser ainda mais espantoso. Uma editora explicou como certa vez ela cobriu uma história sobre a atriz Jennifer Aniston. Seu ex-marido, Brad Pitt, tinha adotado um bebê naquela semana com sua nova parceira, Angelina Jolie. O time editorial sentou para discutir como Jennifer deve ter se sentido sobre isso. Então, eles olharam uma pilha de fotografias enviadas a eles pelos paparazzi que a seguiram naquele dia. Era um conjunto de fotos de Jennifer pegando um café e indo embora. Os editores decidiram que ela provavelmente estava muito chateada com o que "Brangelina" tinha feito. Então, eles encontraram uma foto onde Aniston parecia chateada — ou estava apenas apertando os olhos por causa do sol, saindo da cafeteria — e imprimiram com a seguinte manchete: "Jennifer em lágrimas por causa do novo Papai Brad".

Morrendo devido ao EFA

A tendência das pessoas de escolher simples atribuições disposicionais, em vez de complexas atribuições situacionais, pode ter consequências extremamente sérias. Depois dos ataques terroristas do 11 de Setembro, nos EUA, em 2001, o presidente George W. Bush fez essa declaração sobre o instigador Osama bin Laden: "A única coisa que eu sei, com certeza, sobre ele é que ele é mau". Ele afirmou basicamente que a razão para o ataque do 11 de Setembro era a disposição de um homem.

Na época, algumas pessoas começaram a fazer perguntas complexas sobre as forças situacionais: por que essas pessoas odeiam os EUA? O que esperam ganhar com um ataque terrorista? Mas muitos políticos e líderes extremistas condenaram essa discussão, dizendo que era antipatriótico reconhecer a possibilidade de que as ações dos EUA eram parte de uma cadeia casual que levou ao ataque. Então, forçada pelo erro fundamental da atribuição, a história contada sobre o 11 de Setembro se tornou uma das disposições — vilões e heróis —, em vez de uma história complexa de forças políticas e a política estrangeira de uma nação. Discutivelmente, essa história simples levou a várias consequências muito ruins para todos os envolvidos quando os EUA e seus aliados tomaram a ação militar em resposta ao 11 de Setembro.

Indo Mais Fundo no EFA

O erro fundamental de atribuição não é uma tendência estável consistente. Nem todas as pessoas cometem o erro no mesmo grau: diferenças na força do viés se aplicam em diferentes culturas; diferenças sutis em como as questões são feitas podem mudar as atribuições que você faz e a maioria das pessoas comete o EFA de maneiras diferentes quando pensam sobre si mesmas *versus* os outros.

Experimentando diferenças por todo o mundo

Países como os EUA e a maior parte da Europa têm o que os psicólogos chamam de culturas *individualistas*. Essas pessoas têm uma forte tendência a cometer o EFA — foi onde o efeito foi observado pela primeira vez. Mas os pesquisadores descobriram que as pessoas de culturas *coletivistas*, como a China e o Japão, têm uma tendência reduzida de cometer o EFA. Elas tendem mais a fazer atribuições situacionais para o comportamento das outras pessoas.

Além disso, Richard Nisbett descobriu com seu experimento da lasca de madeira (veja a seção anterior "Pegando o caminho mais simples para explicar o comportamento") que as pessoas de culturas coletivistas descrevem mais facilmente o comportamento de uma lasca de madeira em uma corrente barulhenta em termos da interação entre as correntes de água, rochas e a própria lasca. Elas têm uma tendência mais ampla de buscar explicações que não foquem as entidades individuais e suas disposições. Discutimos esta ideia com muito mais detalhes no Capítulo 17. Uma explicação é que as pessoas de culturas diferentes têm perspectivas diferentes do comportamento das pessoas, como apresentamos a seguir.

Apreciando o papel da perspectiva

A perspectiva que você tem em uma situação pode mudar as atribuições que faz. Por "perspectiva", queremos dizer perspectiva visual literal, assim como um sentido mais metafórico de pensar sobre o comportamento de alguém em diferentes contextos, com diferente conhecimento das razões por trás de suas ações.

Imagine que você veja, do outro lado de uma cafeteria, duas pessoas discutindo. A situação não é tão óbvia. Você não sabe o que levou àquele argumento ou quem disse o que para quem. Tudo o que pode ver são dois rostos raivosos. Sem surpresa, você explica o comportamento delas em termos de suas características salientes visíveis: são duas pessoas com muita raiva (ou seja, você faz uma atribuição disposicional).

Mas agora imagine que você esteja nessa situação, tendo uma discussão. Você sabe exatamente o que foi dito no estacionamento antes de entrar no café e como isso levantou uma discussão não resolvida de semanas antes, que esteve guardada desde então. Você sabe que está de dieta hoje, a fome o tem deixado de mau humor, e que seu parceiro pediu deliberadamente um café latte de caramelo sabendo que você não poderia tomar um. Todas essas forças situacionais são altamente salientes para você.

Em contraste, suas disposições não são óbvias. A não ser que esteja sentado ao lado de um espelho, você pode não perceber que está carrancudo olhando para o latte. Você pode não saber que sua voz está mais alta do que o normal. Neste caso, você atribui muito sensivelmente suas ações às forças situacionais que pode experienciar diretamente, ao contrário das disposições.

Os pesquisadores recriaram esse contraste de perspectiva em laboratório. Eles pediram a duas pessoas que tivessem uma discussão e as filmaram com câmeras diferentes. Uma era colocada no canto da sala, filmando ambas as pessoas. A outra era colocada logo acima do ombro de uma das pessoas, filmando da perspectiva dela.

Eles mostraram a filmagem de uma câmera ou outra para os participantes e então pediram que explicassem o comportamento que viram. Se estivessem assistindo do ponto de vista do outro lado da sala, as pessoas faziam atribuições disposicionais EFA normais. Mas quando assistiam à filmagem do ponto de vista de uma pessoa, elas eram mais propensas a atribuir as ações dessa pessoa à situação. Em outras palavras, uma simples mudança na perspectiva visual produziu um viés parecido com o do ator observador, mesmo embora os participantes nunca tivessem falado uns com os outros.

Percebendo o viés do ator observador

Os psicólogos sociais descobriram que as pessoas tendem a cometer o EFA mais sobre outras pessoas do que sobre si mesmas: algo chamado de *viés do ator observador*. Em outras palavras, comparado à frequência que você explica as ações de outras pessoas em termos de suas disposições, você é muito mais propenso a considerar a situação e suas disposições quando pensa sobre si mesmo (e não simplesmente porque está tentando evitar qualquer culpa!). Dado que, em tais casos, você possui mais fatos, talvez essa tendência não seja tão surpreendente.

EXPERIMENTE

As pessoas variam suas respostas quando colocadas em situações morais difíceis. Tente este exercício sobre raciocínio moral e veja com que precisão você consegue prever suas próprias ações. Para cada uma das ações a seguir, por favor, escreva "sim", se você a faria, "não", se você acha que não a faria, e "depende", se você acha que poderia ou não fazê-la, dependendo da situação:

- Emprestar dinheiro de seus pais sem pedir primeiro.
- Como um estudante, usar uma redação de um amigo do ano à frente do seu e que fez a mesma aula.
- Envolver-se romanticamente com alguém que ainda está em outro relacionamento.
- Ler um e-mail que alguém deixou aberto em um computador público.
- Contestar quando outro cliente murmura um comentário racista sobre um membro da equipe.
- Intervir quando você vê um jovem vandalizando alguma propriedade pública.

Agora volte à lista novamente, mas dessa vez responda às perguntas em nome de um amigo próximo. Escreva se você acha que "sim", essa pessoa faria isso, ou "não" ou "depende".

Você pode ou não achar que é mais honesto e honrado que seus amigos (poderia apostar que sim, dadas as ilusões positivas que você abriga em relação a si mesmo, como visto no Capítulo 8). Mas aqui não estamos tão interessados nas escolhas morais que você fez, sequer se você as fez em termos da situação (e respondeu "depende") ou suas disposições.

Para analisar seus dados, conte o número de respostas "depende" que você deu para si mesmo e para seu amigo. Se você for como a maioria das pessoas que executam essa tarefa, você tem mais respostas "depende" para si mesmo.

Este resultado mostra que quando pensa sobre suas próprias ações, você é muito mais propenso a levar a situação mais em conta e menos propenso a apenas pensar em termos de suas disposições.

Aqui está outro exemplo: pesquisadores perguntaram a alunos norte-americanos o que fez com que seus melhores amigos escolhessem o curso na universidade. Os alunos normalmente deram atribuições disposicionais, tais como "Eles querem ganhar muito dinheiro depois que se formarem". Quando perguntaram aos alunos por que escolheram seus próprios cursos, os alunos ainda nomearam algumas atribuições disposicionais, mas comparado ao pensamento sobre seus amigos, eles eram mais propensos a nomear fatores situacionais como "A engenharia é um campo com altos salários", ou "Meus pais queriam muito que eu estudasse isso".

Assim como o exercício anterior sobre tomadas de decisão morais, quando eles estão pensando sobre outras pessoas, os alunos focam disposições, mas quando pensam sobre suas próprias ações, focam a situação.

DICA

As pessoas muitas vezes ficam confusas sobre o erro fundamental de atribuição e o viés do ator observador. Elas tentam dar evidência experimental para uma teoria em suporte de outra, ou acham que uma é o oposto da outra. A maneira mais simples de pensar em seu relacionamento é que o EFA é um erro que você comete raciocinando sobre *outras pessoas*, e o viés do ator observador é uma diferença em como você pensa sobre você mesmo comparado a outras pessoas. Mais precisamente, o EFA é o erro de atribuir o comportamento a uma disposição, em vez de a uma situação; o viés do ator observador diz que as pessoas são mais propensas a cometer o EFA quando pensam sobre outras pessoas em comparação a si mesmas.

> **NESTE CAPÍTULO**
>
> Introduzindo estereótipos e preconceitos
> Investigando estereótipos em detalhes
> Revisando o viés e o preconceito em ação
> Combatendo o preconceito

Capítulo 10

Fazendo Julgamentos sobre Outras Pessoas: Tendência e Preconceito

Os seres humanos julgam uns aos outros o tempo todo. As pessoas na televisão, os companheiros viajantes no trem e os transeuntes: você provavelmente forma impressões e avaliações de todos eles durante seu dia. Você pode fazer esses julgamentos com base em pouquíssima informação, como mostraremos, porque você recorre ao seu rico conhecimento e experiência de conhecer pessoas no passado. Em outras palavras, você usa estereótipos sociais para fazer julgamentos sobre como alguém de terno e gravata pode ser diferente de alguém com tatuagens e uma jaqueta de couro. Seus julgamentos e preconcepções também podem ser influenciados de maneiras notavelmente sutis.

Imagine que você está assistindo a uma palestra. O coordenador do evento introduz o orador principal da seguinte maneira: "Permitam-me apresentar a vocês o orador de hoje. As pessoas que o conhecem o consideram uma pessoa muito atenciosa, trabalhadora, crítica, prática e determinada." Você escuta a palestra e depois alguém lhe pede para avaliar o orador pessoal e profissionalmente.

Quando Harold Kelley fez um experimento como este na década de 1950 com estudantes universitários, ele descobriu uma palavra que tinha um efeito particularmente poderoso em seus julgamentos sociais. Se a palavra "atenciosa" fosse substituída por "fria", o orador era visto como menos amigável e acessível, mais irritável e autocentrado. Embora tenha sido apenas uma palavra entre centenas faladas ao longo de uma hora, ela teve um forte impacto nos julgamentos que as pessoas fizeram.

Quando "atenciosa" e "fria" foram ditas anteriormente, elas *enquadraram* as percepções que os ouvintes tiveram do orador a partir daquele ponto. (Assim como o mesmo exato movimento da boca, por exemplo, pode ser visto como um sorriso amigável ou um sorriso afetado superior, dependendo do enquadramento inicial.) Tendo ouvido uma descrição de um palestrante como "frio", os ouvintes imaginaram um acadêmico estereotipicamente indiferente vivendo em uma torre de marfim. Daí em diante, os ouvintes notaram aspectos em seu comportamento que combinavam com esse estereótipo e ignoraram aqueles que não combinavam.

Neste capítulo, exploramos algumas coisas notáveis sobre os julgamentos que as pessoas fazem umas das outras, incluindo a natureza, a formação e os papéis de estereótipos e preconceitos. Revelamos que os julgamentos sociais que você faz são determinados tanto pelo que já está na sua cabeça quanto pelo que está em frente aos seus olhos.

LEMBRE-SE

Os experimentos e as teorias que descrevo neste capítulo são parte da *abordagem cognitiva* de entender estereótipos sociais, preconceito e diferenças de grupos, o que enfatiza como a informação social é aprendida e organizada em conceitos. (Esta abordagem não é a única maneira de examinar esses assuntos, e no Capítulo 16 falamos sobre as abordagens motivacional e econômica.) A abordagem cognitiva revela as muitas maneiras que os estereótipos têm de se perpetuar na sociedade. Esse insight faz tudo isso ficar mais importante, e mais difícil de entender, quando generalizações úteis são inseridas no preconceito.

Começando pelos Estereótipos e Espiando o Preconceito

Um estereótipo é normalmente uma coisa ruim. O policial durão e alcoólatra que não segue as regras é repreendido por seu chefe e sua mulher pede o divórcio, mas ele sempre pega os bandidos: isso é um estereótipo, e uma redação ruim. Nem todos os policiais são assim. Ou, se alguém lhe diz: "Este é meu novo namorado, ele é um corretor", e você olha esperando conhecer um homem grosseiro com cabelo grudento e suspensórios vermelhos, que não para de se gabar de seu novo Porsche e sua admiração por políticos de direita: isso é um estereótipo, e é uma crítica. Nem todos os corretores são assim. Por exemplo, um dia conheci um corretor que usava suspensórios pretos!

Nesta seção, discutimos os dois lados dos estereótipos, suas utilidades e seus perigos. Os estereótipos podem ser muito úteis, já que são uma forma de atalho mental, permitindo-nos fazer suposições precisas e eficientes. Se você supõe que uma menina de quatro anos com quem está falando não sabe ler, por exemplo, isso é um estereótipo. Você pode não estar certo, mas existe uma chance muito boa de estar, e se você faz essas suposições, não perderá tempo perguntando a ela quais são seus romances preferidos. Você talvez também suponha que, já que ela é uma menina, não gosta de brincar com Lego. Isso é novamente um estereótipo que pode não ser nem um pouco verdadeiro. O perigo aqui é que apenas oferecendo-lhe bonecas para brincar, em vez de brinquedos de construção, você está mandando sinais sobre atividades que meninas podem e não podem fazer. Por exemplo, a empresa Lego finalmente, devido a pedidos de muitos, apenas em 2014, lançou uma bonequinha feminina que era uma cientista.

Admitindo que estereótipos são apenas categorias

Quando as pessoas falam de estereótipos, elas normalmente acusam alguém de ser preconceituoso de alguma maneira. Se supõe que uma mulher é ruim fazendo baliza ou que um homem não consegue fazer duas coisas ao mesmo tempo, você está recorrendo a um estereótipo e aplicando-o de uma maneira preconceituosa. Se você supõe que todas as pessoas negras são boas em esportes e todos os asiáticos são estudiosos, está novamente recorrendo a estereótipos e fazendo suposições racistas.

CAÇADOR DE MITOS

Mas os estereótipos em si não são coisas ruins. Na verdade, eles são uma parte vital de como seu cérebro entende o mundo. Os estereótipos são simplesmente categorias e conceitos de diferentes tipos de pessoas. A partir do nascimento, você percebe o mundo em termos de conceitos. Perceber é categorizar, e, como revelamos no Capítulo 16, as pessoas são organizadores inveterados.

Quando um bebê vê uma criatura peluda de quatro patas e escuta um latido, essas duas percepções são associadas. Quando ele vir a coisa peluda com quatro patas novamente, provavelmente esperará ouvir novamente um latido. Embora possa levar alguns meses ainda para que aprenda a palavra, o bebê está formando lentamente o conceito de um "cachorro", e logo ele preencherá esse conceito com todos os tipos de conhecimento e experiências sobre cachorros.

Essa avaliação é uma coisa muito inteligente para um bebê fazer, porque quando ele encontra uma nova coisa peluda de quatro patas pode *aplicar* esse conceito. Então, mesmo que nunca tenha conhecido esse animal em particular antes, ele já sabe que talvez lata, lamba seu rosto e provavelmente busque um brinquedo que o bebê arremessar. Sua suposição conceitual — ou estereotípica — sobre cachorros é uma parte vital do seu entendimento do mundo. Elas podem não ser verdadeiras para todos os cachorros que o bebê conheça: alguns não latem e alguns olham para uma vareta com desdém. Mas as suposições são verdadeiras para cachorros suficientes para que o estereótipo seja útil.

LEMBRE-SE

O ponto-chave sobre conceitos e estereótipos é que eles são cognitivamente úteis. Você pode pensar que um mundo sem estereótipos seria um lugar maravilhoso, igualitário e tolerante. Verdade, não existiriam racismo ou sexismo, mas as pessoas também gastariam muito tempo conhecendo todo mundo como indivíduo. Imagine ter que perguntar a uma criança de dez anos se ela é casada ou verificar se um adulto trabalhando em um balcão de livraria sabe ler. Às vezes, fazer suposições é conveniente e útil, e é isso que são os estereótipos.

Entendendo que a categorização pode se tornar um preconceito

Em algum ponto, as generalizações úteis dos estereótipos podem virar preconceito. Quando exatamente algo muda de uma generalização útil para um estereótipo (potencialmente ofensivo) é um tema discutido, revisado e polêmico em nossa sociedade. Se você está andando por um beco escuro tarde da noite e um adolescente do sexo masculino com um capuz começa a segui-lo de perto, você pode ficar nervoso e segurar com mais firmeza sua carteira. Você não faria isso se no lugar do adolescente estivesse uma senhora idosa, talvez. Isso parece uma distinção razoável. Você está recorrendo ao seu conhecimento estereotipado de que senhoras idosas raramente são assaltantes. Você está jogando com as probabilidades, por assim dizer.

Mas e se você segurar sua carteira ainda mais forte se o adolescente for negro? Agora essa reação parece racista. Mas muitos policiais em todo o mundo param e revistam jovens de minorias étnicas e usam o mesmo argumento como justificativa: as estatísticas, eles dizem, sugerem que pessoas desses grupos são mais propensas a cometer crimes, e então eles estão simplesmente jogando com as probabilidades.

Aqui está outro exemplo. Meu supermercado local divide os brinquedos infantis em uma prateleira para meninos e uma para meninas. Como você tem um conhecimento rico sobre estereótipos de meninos e meninas, provavelmente pode imaginar que a prateleira dos meninos é cheia de armas e equipamentos esportivos e a das meninas é uma mancha cor-de-rosa e brilhante de bonecas, brinquedos de vestir e animais fofinhos com olhos grandes.

Quando eu fazia compras para meus gêmeos de seis anos, ficava incomodado quando via que o kit de cozinha que eu queria para o meu filho estava na prateleira "das meninas" e que o kit de ciências que eu queria para a minha filha estava na prateleira "dos meninos". Eu mandei um e-mail para o supermercado e disse que isso era descaradamente sexista. Quem é que pode falar que meninas devem cozinhar e que apenas meninos podem ser cientistas?

O supermercado respondeu que isso não é ser nem um pouco sexista; só estão tentando ajudar os consumidores. A maioria dos meninos gosta de armas e brinquedos de ação, e a maioria das meninas gosta de bonecas e brinquedos de faz de conta, eles afirmam. Então, dividir os brinquedos dessa maneira faz sentido.

Na realidade, isso frisa que estereótipos são coisas úteis, que refletem a maneira que o mundo é. Assim como a maioria (mas nem todos) dos cachorros morde, a maioria (mas nem todas) das meninas gosta de bonecas e brinquedos cor-de-rosa.

LEMBRE-SE

Mas o supermercado que classifica os brinquedos por gênero e os policiais que param e revistam com base na etnia estão perdendo um ponto importante. Os cachorros não ligam muito para o seu conceito do que é um "cachorro", mas as pessoas são muito sensíveis a como são categorizadas. Parar e revistar pessoas com base em sua etnia induz a um clima de medo e desconfiança; e se você classifica brinquedos por gênero, é claro que as meninas vão preferir bonecas, porque é o único tipo de brinquedo que dão para elas brincarem. Em vez de refletir passivamente uma realidade existente sobre o mundo, tais práticas estão ativamente criando uma.

Criando e Sustentando Estereótipos

Um estereótipo é simplesmente um conceito sobre um tipo de pessoa. Aqui estão apenas algumas das muitas características nas quais as pessoas baseiam os estereótipos:

» **Aparência:** Por exemplo, loiras são burras.

» **Gênero:** Por exemplo, homens amam futebol e mulheres, novelas.

» **Profissões:** Por exemplo, advogados são gananciosos.

» **Nacionalidade:** Por exemplo, ingleses são esnobes.

Se os seres humanos são bons em uma coisa é em categorizar pessoas e fazer suposições sobre elas. Se você e um amigo descrevem um jogador de futebol profissional, um pianista clássico, uma dona de casa italiana ou um lenhador canadense estereotipicamente, aposto que vocês mencionam, pelo menos, 80% dos mesmos atributos.

Nesta seção, descrevemos de onde vem toda essa informação rica e detalhada, por que certas pessoas compartilham dos mesmos estereótipos e como as pessoas mantêm um estereótipo mesmo quando ele é confundido pela realidade (como conhecer uma lenhadora canadense do sexo feminino que não combina com o estereótipo). Quebraremos alguns mitos populares no decorrer do caminho.

Seguindo o caminho dos estereótipos de volta à sua fonte

Alguns especialistas dizem que os seres humanos aprendem estereótipos ao observar cuidadosamente o mundo. As pessoas notam padrões no mundo social à sua volta: adolescentes são frequentemente mal-humorados, pessoas mais velhas são mais conservadoras, jogadores de golf são ricos e vegetarianos são normalmente politicamente liberais. Como discutimos no Capítulo 5, seu cérebro é como uma esponja que absorve esses tipos de associações.

CAÇADOR DE MITOS

Mas embora os estereótipos sejam feitos parcialmente de tudo que as pessoas notam e experienciam, isso não é, de modo algum, toda a história. Estereótipos consistem de mais do que observações objetivas. Infelizmente, embora as pessoas sejam muito boas em notar padrões no mundo social, elas também são altamente adeptas de ver coisas que não estão lá. Queremos dizer que pessoas tomam conclusões precipitadas, veem correlações inexistentes e ignoram evidências que contradizem suas crenças. (Para saber mais sobre vieses em julgamentos sociais, pule para a próxima seção.)

Além das coisas que você vê, ou acha que vê, no mundo real ao redor, você também obtém informações sociais do mundo imaginário por meio de livros, da televisão e de filmes. Por exemplo, poucas pessoas tiveram contato extensivo com a polícia, como investigadores de cenas de crimes ou psicólogos criminais. Mas graças aos programas de televisão que entopem os canais, eu aposto que você tem um conjunto rico de estereótipos sobre os tipos de pessoas que fazem esses trabalhos.

Revelando vieses em julgamentos sociais

Muitas pessoas estão convencidas de que existem diferenças físicas sólidas entre o cérebro feminino e o masculino, e que esta diferença explica e justifica os diferentes tipos de trabalhos e responsabilidades que homens e mulheres tendem a ter em nossa sociedade.

Recentemente, um artigo foi publicado, afirmando que o cérebro das mulheres e dos homens são diferentes. Os neurocientistas observaram as conexões entre diferentes áreas do cérebro. Eles afirmaram que o cérebro das mulheres têm mais interconexões entre as áreas e é por isso que as mulheres são melhores em fazer várias tarefas ao mesmo tempo e em pensamento holístico (ou seja, levar todos os aspectos em consideração). Em contraste, a afirmação segue, o cérebro masculino é menos interconectado, o que significa que os homens são melhores em focar tarefas únicas, como raciocínio espacial e lógico. Os pesquisadores concluíram, nos muitos artigos de jornal sobre seu trabalho, que a diferença entre o pensamento dos homens e das mulheres é configurada no cérebro.

CAÇADOR DE MITOS

Só que não é bem assim, e muitos outros neurocientistas estão chocados com essas afirmações. Muito importante é ressaltar que, além de digitalizar os cérebros, os pesquisadores deram aos participantes muitos testes diferentes de raciocínio espacial, processamento emocional, multitarefas, e assim por diante. Eles não encontraram diferenças entre os sexos na maioria desses testes, e nos que encontraram uma diferença, ela era muito pequena. Claro, eles não mencionam esse fato nas entrevistas com a mídia, em vez disso falam sobre as "diferenças bem conhecidas" entre como homens e mulheres pensam. Para mais objeções a esta pesquisa, leia o próximo box "O meu é maior que o seu".

A coisa notável foi a rapidez com que a mídia aceitou e proclamou as afirmações dos pesquisadores. Não porque os dados fossem tão fortes (na verdade, existem muitas boas razões para duvidar deles), mas porque as conclusões eram vendidas como suporte para os estereótipos existentes que as pessoas têm de homens e mulheres.

O MEU É MAIOR QUE O SEU

PAPO DE ESPECIALISTA

Muitos problemas e limitações se aplicam à técnica que os pesquisadores usaram para examinar as conexões no cérebro de homens e mulheres. Além disso, as diferenças eram realmente muito pequenas; muito, muito menores que a diferença da média de altura entre os sexos, por exemplo.

Realmente, a pequeníssima diferença em conectividade é provavelmente devida principalmente ao fato de que homens são simplesmente um pouco maiores que as mulheres, não que o cérebro deles seja fundamentalmente conectado de uma maneira diferente.

DICA: Na verdade, o artigo é muito pobre em evidências para a diferença de pensamento entre gêneros, mas excelente para vieses em julgamentos sociais.

Provando o que você já sabe: Viés de confirmação

LEMBRE-SE: As pessoas prestam atenção a informações que apoiam suas crenças e ignoram informações que as contradizem. Este *viés de confirmação* alimenta o hábito de estereotipar pessoas. Como os estereótipos guiam a percepção e fazem com que as pessoas rotulem aqueles que conhecem, os estereótipos têm uma natureza autoperpetuadora e podem ser extremamente resistentes à mudança.

Imagine que você tenha o estereótipo de que homens gays são exibidos e afeminados. Cada vez que você conhece um homem que é muito exagerado, ou vê um na televisão, você pensa: "Aí está mais um". Da sua perspectiva, você têm várias evidências positivas para essa generalização e seu estereótipo é comprovado repetidamente.

Mas você não presta atenção a todos os homens gays que *não são* exibidos e afeminados. De acordo com seu estereótipo, você simplesmente presume que esses homens são héteros. Como seu estereótipo guia e rotula sua percepção, você encontra confirmação dele por todo lado e fica cego a evidências conflitantes.

Chegando a conclusões erradas: Correlações ilusórias

As pessoas e os eventos que são incomuns tendem a atrair sua atenção e grudar na sua memória melhor que o cotidiano ou o comum. A memória e a percepção funcionam assim. Esse viés tem consequências para a percepção social: significa que as pessoas são mais propensas a notar a etnia de outras, por exemplo, quando são membro de um grupo minoritário, e mais propensas a notar seu comportamento quando é incomum.

Por exemplo, digamos que você esteja em um pub e vê um torcedor de futebol croata começando uma briga. Você não conheceu muitos croatas antes, e o evento é incomum, então você faz uma observação. Como você coloca uma ênfase nesses dois fatos, você é mais propenso a ver uma *correlação ilusória* (uma conexão ou relacionamento falso) entre eles. Como resultado, você chega à conclusão de que torcedores de futebol croatas são pessoas muito agressivas.

LEMBRE-SE: Sua conclusão é errada, porque você não nota as circunstâncias mais comuns em que a briga começa em um pub e o agressor é um inglês. Além disso, você não vê todas as vezes que torcedores de futebol croatas cuidam de suas coisas alegremente sem incomodar ninguém. Esse tipo de correlação ilusória pode entrincheirar estereótipos preexistentes ou levar gradualmente à formação de estereótipos completamente novos com o passar do tempo.

O ESTEREÓTIPO DO PAI SEM ESPERANÇA

Experimentei um pouco do estereótipo de correlação ilusória quando meus filhos eram bebês. Na Inglaterra, homens que têm responsabilidades iguais ou mais altas em criar seus filhos ainda são incomuns. Então, quando eu fui ao parque com meus gêmeos, havia apenas um ou dois outros pais. Inevitavelmente, um dos meus filhos perdia um brinquedo ou cutucava o outro no olho por acidente e eu me encontrava com uma criança berrando nos braços. Nessas ocasiões, eu podia ver as outras pessoas no parque olhando para mim e balançando a cabeça: outro pai infeliz e sem noção sobre bebês.

Essa resposta é duplamente injusta e parece envolver uma mistura de correlação ilusória e viés de confirmação. A correlação ilusória é que as pessoas não olharam para as mães segurando bebês berrando da mesma maneira porque esse evento é muito mais comum, e elas não pareciam me notar quando os bebês estavam brincando alegremente. Mas a ocorrência de duas coisas incomuns estourou como uma correlação e foi adicionada como confirmação irrefutável de seu viés estereotipado de pais novos: elas sabiam que estavam certas o tempo todo!

Fazendo suas previsões se tornarem realidade: Profecias autorrealizáveis

Quando você tem certa crença, age de acordo com ela e sua crença é realmente confirmada, isso é chamado de *profecia de autorrealização*, que é outro viés comportamental que ajuda a perpetuar estereótipos.

EXPERIMENTE

Imagine que sua única experiência em relação a ingleses venha de *Downton Abbey* ou algum outro drama televisivo do período aristocrático. Você pode muito bem ter o estereótipo de que os ingleses são muito formais e refinados. Mas então você é apresentado a uma pessoa inglesa pela primeira vez. Recorrendo ao seu conhecimento de *Downton Abbey*, você fica ereto para mostrar respeito e diz o cumprimento mais ornado que consegue expressar: "Um bom dia para você, senhor; estou encantado em conhecê-lo". O inglês — provavelmente bem assustado — resmunga de volta uma resposta cortês e educada, e fazendo isso age exatamente conforme o seu estereótipo.

De maneira similar, se você tem o estereótipo de que os norte-americanos são amigáveis e relaxados, você tende a sorrir mais quando conhece um deles. Eles sorriem de volta e o seu estereótipo é confirmado. Se um professor tem o estereótipo de que meninas são ruins em matemática, ele pode ser menos propenso a chamá-las para responder em sala de aula e é menos provável que as incentive com tarefas mais difíceis. Depois de vários períodos com esse tratamento, sem surpresa, algumas meninas ficam para trás dos meninos em suas realizações, confirmando assim o estereótipo.

Observando os Estereótipos em Ação

As pessoas têm todos os tipos de ideias estranhas e incorretas sobre o mundo. Eu conheci uma vez alguém que pensava que os novos filmes do *Star Wars* eram melhores que os originais: louco, claramente errado; mas, na realidade, não tão importante assim.

A significância e o poder dos estereótipos, entretanto, são que eles podem ser diretamente moldados ao comportamento entre duas pessoas. Se eu formo um estereótipo sobre você, isso afeta como eu ajo em relação a você, como você responde e os julgamentos que fazemos um sobre o outro. Nesta seção, exploramos como os estereótipos exercem essa influência muito real sobre suas interações sociais.

Apertando o botão "ativar estereótipo"

Você pode ficar surpreso com a rapidez com que um estereótipo pode virar uma ação. No momento em que um estereótipo vem à mente, ele pode influenciar seu comportamento, literalmente em um piscar de olhos. Nos experimentos descritos a seguir, os psicólogos sociais investigaram os estereótipos que participantes norte-americanos brancos têm de norte-americanos negros e suas consequências para o comportamento. Os pesquisadores focaram esses grupos principalmente porque eram o grupo racial majoritário e a maior minoria nos EUA na época (embora recentemente os grupos hispânicos e latinos tenham superado os norte-americanos negros em números). Como discutimos no Capítulo 5, todavia, é geralmente verdadeiro que os estereótipos sobre um grupo específico sejam compartilhados por todos os membros da sociedade, mesmo aqueles aos quais os estereótipos se aplicam. Então, as chances são de que, se esses experimentos fossem feitos com participantes norte-americanos negros, eles teriam mostrado um comportamento similar.

Em um experimento, os pesquisadores exibiram muito rapidamente imagens de rostos negros ou brancos para participantes brancos. O trabalho deles era identificar o mais rápido possível a imagem que vinha depois dos rostos. As descobertas são reveladoras e perturbadoras. Se lhes fossem mostradas apenas imagens de rostos negros, os participantes reconheciam as imagens de armas e equipamentos esportivos mais rapidamente — objetos associados ao estereótipo de norte-americanos negros.

Você deve pensar o quanto é preocupante que os participantes levem alguns milissegundos a menos para reconhecer uma bola de basquete em uma condição: isso é realmente uma evidência de preconceito? Temo que sim, porque em um experimento perturbador, os pesquisadores demonstraram que esses efeitos rápidos de ativação de estereótipo podem ter consequências.

> ## QUANDO ESTEREÓTIPOS SÃO FATAIS
>
> Nestes experimentos, os participantes brancos eram milissegundos mais rápidos para responder a palavras e imagens relacionadas à violência quando seus estereótipos de norte-americanos negros eram preparados. O mesmo comportamento pode ser observado fora do laboratório. Em situações policiais tensas, os oficiais têm que tomar os mesmos tipos de decisões de milissegundo sobre se o suspeito está ou não armado e se é uma ameaça imediata. Embora isso não possa ser provado em casos individuais, experimentos psicológicos sugerem que a raça de um suspeito pode ter um papel em tais decisões. Por exemplo, no Reino Unido, em 2011, Mark Duggan, um homem negro local, levou um tiro de um policial, em Londres, que acreditava que ele estava armado e era perigoso no momento, embora inquéritos posteriores tenham falhado em estabelecer que ele tinha qualquer intenção de atirar neles.
>
> Nos EUA, em 1999, Amadou Diallo, um imigrante do oeste da África, foi confundido por policiais em Nova York com um suspeito em um caso violento de estupro. A polícia o chamou e mandou que levantasse os braços. Ele buscou sua carteira para mostrar sua identidade, um policial gritou "Arma!", e o homem desarmado levou 19 tiros. Infelizmente, tais decisões de milissegundo em situações ambíguas podem ter consequências fatais.

Os participantes jogaram um videogame no qual tinham que pressionar um botão para atirar em pessoas que apareciam apontando uma arma para eles. Contudo, às vezes, a pessoa que aparecia de repente não estava segurando uma arma, apenas um objeto inocente, como um secador de cabelos. Os participantes tinham que tomar decisões muito rápidas de atirar ou não.

Os resultados mostraram que os dedos no gatilho dos participantes eram influenciados pela etnia da pessoa que aparecia em suas miras. Eles eram mais propensos a atirar em uma pessoa negra desarmada que em uma pessoa branca (e mais propensos a não atirar em uma pessoa branca armada). Claramente, em certas situações — como aquelas regularmente encaradas por policiais armados —, a ativação rápida de estereótipos pode ter consequências severas (verifique o box "Quando estereótipos são fatais" para alguns casos trágicos).

Assumindo o controle dos estereótipos: Processos controlados e automáticos

Atitudes têm duas caras, são coisas contraditórias e confusas, como discuto nos Capítulos 4 e 5. As pessoas podem lhe dizer clara e confiantemente que elas não têm preconceito racial, por exemplo, e ainda assim, quando os psicólogos pedem a elas que classifiquem palavras e imagens, elas parecem associar coisas boas com pessoas brancas e ruins com pessoas negras.

LEMBRE-SE Para entender o que está acontecendo aqui, você precisa distinguir entre atitudes explícitas, as quais se pode afirmar e explicar para as pessoas, e atitudes implícitas, que consistem em associações entre ideias, pessoas e valores. Atitudes implícitas moldam seu comportamento, mesmo que você não esteja ciente delas. Os pesquisadores usaram uma distinção similar para entender como os estereótipos podem influenciar o comportamento de diferentes maneiras em diferentes pessoas.

Quando você conhece alguém, os pesquisadores mostraram que a informação estereotípica é *automaticamente* ativada. Quando você conhece alguém que tem alguma deficiência, é russo ou é um lenhador, seu cérebro ativa imediatamente todos os conceitos e memórias associadas a essas categorias sociais. Muito desse conhecimento afeta os estereótipos ligados a essas pessoas na sociedade. Então, mesmo que você conheça e goste do povo russo, ter uma infância assistindo a filmes do James Bond ativa todos os tipos de estereótipos de supervilões do mal.

Os psicólogos sabem que informações estereotípicas são ativadas automaticamente no seu cérebro porque elas mostram que seu comportamento é sutilmente afetado. Em um experimento, a pesquisadora Patricia Devine comparou participantes que expressaram preconceito em relação a norte-americanos negros com aqueles que não apresentaram visões preconceituosas. Ela mostrou palavras para ambos os grupos de participantes tão rapidamente que eles não conseguiam estar conscientemente cientes de as terem lido. Em uma condição, as palavras eram associadas com o estereótipo de norte-americanos negros. Eles não eram estereótipos negativos simplesmente, e, principalmente, nenhuma das palavras era relacionada à agressão. Em uma tarefa posterior, pedia aos participantes que interpretassem o comportamento do personagem em uma história.

Se eles tivessem sido expostos às palavras associadas a norte-americanos negros, todos os participantes eram mais propensos a dizer que o personagem estava sendo agressivo, porque esse traço também era parte do estereótipo. Lembre-se, as palavras mostradas na tela não diziam absolutamente nada sobre agressão. As associações dos próprios participantes entre norte-americanos negros e agressão foram ativadas automaticamente, e todos eles mostraram o mesmo efeito no mesmo grau, não importa se afirmavam conscientemente visões preconceituosas ou não. Mas, felizmente, mesmo quando um estereótipo é ativado automaticamente, o preconceito nem sempre segue. A mente das pessoas não está totalmente no piloto automático. Elas estão cientes de alguns processos mentais e são perfeitamente capazes de exercer o controle sobre seus pensamentos e comportamentos se escolherem fazê-lo. Depende da pessoa e do controle mental que ela exerce sobre seus próprios pensamentos e comportamentos. Na parte final do experimento de Devine, ela pediu que os participantes descrevessem suas visões de norte-americanos negros. Agora os dois grupos de participantes deram respostas bem diferentes. Aqueles que expressavam visões preconceituosas deram descrições mais estereotipadas e negativas do que os participantes sem preconceito.

LEMBRE-SE

O aspecto interessante é que a primeira parte do experimento prova que ambos os grupos de pessoas tinham a mesma informação estereotipada armazenada em seu cérebro e que o mesmo processo automático podia ativá-la. A diferença entre os grupos é se eles escolhem usar um *processo controlado* para ignorar ativamente esse estereótipo e evitar o preconceito ou simplesmente expressá-lo. Em outras palavras, o preconceito em nosso comportamento é, às vezes, devido a processos automáticos sobre os quais temos pouco controle, e às vezes é devido a processos controlados que podemos influenciar conscientemente se escolhermos fazê-lo.

Essa mistura às vezes contraditória de processos automáticos e controlados foi bem ilustrada em outro experimento. O preconceito explícito dos participantes foi medido por um questionário, e seu preconceito implícito foi medido por um experimento de tempo de reação (como revisamos nos Capítulos 4 e 5). Então, eles entrevistaram um candidato negro e um branco para um trabalho. Os pesquisadores assistiram a esses vídeos posteriormente e codificaram o quanto os participantes pareciam amigáveis.

Não é de surpreender que as pessoas que relataram visões preconceituosas negativas explicitamente em relação a pessoas negras foram classificadas como sendo menos amigáveis em relação a elas na entrevista. Mas, então, os pesquisadores classificaram o grau de amigabilidade dos vídeos novamente. Dessa vez, eles desligaram o som, então a amigabilidade só poderia ser julgada pelas dicas sutis implícitas de linguagem corporal e expressões. Agora, o quanto os participantes pareciam amigáveis parecia combinar com suas pontuações de reação de tempo nas medidas do preconceito implícito.

Quando eles estavam sentados e conversando com candidatos negros, o comportamento dos participantes estava sendo empurrado por duas forças diferentes. Por um lado, duas atitudes explícitas controladas em relação a pessoas negras determinavam como eles falavam com elas. Mas, por outro lado, sem sua consciência, as associações implícitas dos participantes estavam fazendo com que sua linguagem corporal fosse ou não amigável.

Enganando-se

As outras pessoas não são as únicas que podem ser prejudicadas pelas suas visões estereotipadas. Como afirmamos no Capítulo 7, você é propenso a ter uma performance pior em um teste se tiver uma visão estereotipada que pessoas como você não devem ir bem em certas coisas. Mulheres recebem notas menores em testes de matemática se seu estereótipo de mulher for ativado por alguma coisa tão inocente quanto uma caixa na frente do caderno de prova que indique seu gênero.

CAÇADOR DE MITOS

Perversamente, o conhecimento de seus próprios estereótipos pode levar a um tipo de ignorância sobre si mesmo e sobre os outros. Por exemplo, o estereótipo de um aluno universitário é o de uma pessoa cambaleando entre o bar, a biblioteca e o pub, ocasionalmente arrastando a si mesmo, de ressaca, para as aulas. Mas os pesquisadores descobriram que a presença deste estereótipo previne que os alunos percebam que, na realidade, a maioria de seus amigos *não* gosta de beber tanto assim.

Aqui está o porquê. Quando começam a universidade, muitos alunos estão desesperados para se enturmar e sentir que fazem parte daquilo. O estereótipo é o de que os alunos adoram bebidas e então eles dizem uns aos outros o quanto gostam de beber e ficar bêbados, porque isso é um sinal de que fazem parte daquilo. Os pesquisadores chamam esse estado de *ignorância pluralística*. Particularmente você pode ter uma opinião, mas como você faz parte de um grupo que estereotipicamente tem a visão oposta, em público você segue o estereótipo.

Superando o Viés e o Preconceito

Estereótipos e preconceitos nunca sumirão: eles simplesmente são parte da maneira que a mente dos seres humanos percebe e organiza o mundo social. Até mesmo sem diferença nenhuma entre etnias e gêneros e aqueles com cabelos loiros ou negros, a maneira tendenciosa das pessoas de categorizar uns aos outros e notar o comportamento ainda geraria e perpetuaria todos os tipos de conclusões erradas e novos estereótipos.

A boa notícia, entretanto, é que formas específicas de preconceito são passíveis de mudança. A troca em atitudes públicas em relação aos casamentos do mesmo sexo nos últimos anos, por exemplo, surpreendeu muitos ativistas em prol da igualdade.

Pesquisadores acreditavam na *hipótese de contato*, a ideia de que se as pessoas conhecessem outras de categorias sociais diferentes elas veriam que seus estereótipos são infundados. Infelizmente, as coisas não são tão simples (como discutimos no Capítulo 16). Por todo o mundo, comunidades vivem lado a lado mas ainda mantêm visões extremamente preconceituosas umas sobre as outras.

LEMBRE-SE

Pesquisas mais recentes mostram que a chave para reduzir o preconceito e a desconfiança é a reunião das pessoas em pé de igualdade, com status sociais equivalentes, enquanto têm uma forma de objetivo cooperativo compartilhado.

Por exemplo, uma maneira de reduzir o preconceito racial em um *campus* é colocar alunos universitários vindos de diferentes experiências raciais como colegas de quarto. Como novos alunos, eles são iguais em seu status social e ambos estão engajados no mesmo objetivo de encontrar seu caminho na universidade. Se tudo isso falhar, eles podem, pelo menos, ir ao pub juntos, como todos os estudantes estereotipados.

4 Compreendendo a Influência Social

NESTA PARTE . . .

Entenda a importância da situação em influenciar o comportamento de um indivíduo ou grupo.

Comece a lidar com as complexidades da obediência e com o porquê de as pessoas fazerem o que dizem mesmo quando sentem que é errado.

Compreenda a necessidade humana básica de entrar em conformidade com aqueles à nossa volta.

Conheça as maneiras pelas quais os anunciantes e os outros nos persuadem e influenciam.

> **NESTE CAPÍTULO**
> - Examinando a influência da situação no comportamento
> - Perdendo sua identidade sob pressão
> - Atribuindo causas para explicar atos maldosos

Capítulo 11

Apreciando o Poder da Situação

Se você já gostou ou sofreu com um *reality show* como o *Casa dos Artistas* ou *No Limite*, você provavelmente pensou no porquê de tantas pessoas quererem ver atores, políticos ou músicos cometerem atos de revirar o estômago para a câmera, como comer insetos vivos. Os benefícios para a pessoa são claros: tais aparições podem ressuscitar a carreira desbotada de celebridades e satisfazer sua necessidade desesperada por atenção. Mas por que membros do público geral querem ver, digamos, um ator de novela procurar por larvas no interior da Amazônia?

Uma explicação é que nessas situações extremas os espectadores acham que estão recebendo um vislumbre da pessoa *real* por trás do nome famoso. No Capítulo 9, explicamos que as pessoas tendem a cometer um erro fundamental quando explicam as causas do comportamento alheio, culpando atribuições internas (disposicionais — relacionadas só a humor, personalidade e assim por diante) e ignorando a poderosa influência da situação.

Os *reality shows* exploram essa ilusão. Você pode achar que está recebendo um insight da personalidade real da celebridade, mas, na verdade, está vendo cada vez mais do efeito daquela situação e cada vez menos do *self* verdadeiro da celebridade.

Neste capítulo, discutimos o poder notável que uma situação pode exercer para causar o comportamento das pessoas. Como parte deste objetivo, eu observo um dos estudos mais famosos da psicologia social, o experimento da prisão de Stanford, em que forças situacionais pressionaram o comportamento dos participantes para extremos angustiantes.

Discutimos as implicações científicas e éticas do poder da situação, fazendo perguntas sobre até onde esses resultados podem ser aplicados ao comportamento fora do laboratório. Também estendemos a discussão para examinar as visões das pessoas do comportamento violento e se os experimentos de psicologia social podem ajudar a explicar ações que são tão chocantes que as pessoas as rotulam como "más".

Vendo Como uma Situação Influencia o Comportamento

De certo modo, a maioria dos experimentos psicológicos demonstra o poder da situação. Sempre que as condições experimentais dão aos participantes experiências levemente diferentes que produzem resultados comportamentais diferentes, você está vendo a forte influência da situação.

Considere, por exemplo, o experimento (do Capítulo 5) no qual as pessoas foram expostas subliminarmente a imagens de rostos e aquelas que viram rostos negros exibiram mais agressão. Isso mostra que uma diferença pequena, imperceptível, em uma tela de computador pode produzir ações que — se visse na rua — você atribuiria a uma natureza raivosa e hostil.

Nesta seção, mostraremos mais exemplos de experimentos em que psicólogos sociais podem controlar cuidadosamente a situação e demonstrar seu poder sobre o comportamento das pessoas, desde determinar suas reações ao racismo até quando elas ajudam um estranho na rua.

Balanceando o poder das crenças contra a situação

Eu duvido que você seja racista. Tenho muita confiança de que você tem um conjunto claro de crenças e atitudes sobre raças e que se qualquer um sugerisse que está agindo de maneira racista, você ficaria chocado. Além disso (talvez mais depois que você leu o Capítulo 5, sobre atitudes implícitas), você provavelmente tem um radar bem ligado para identificar o comportamento racista em outras pessoas. Quando vê tal racismo ocorrendo, essa disposição sua reagiria muito fortemente, eu imagino. Bem, um experimento recente mostrou que mesmo com uma disposição forte contra o racismo, o comportamento pode ser determinado mais por uma situação social.

EXPERIMENTE

Imagine que você está participando de um experimento psicológico. Ele ainda não começou e o pesquisador o conduz para uma sala de espera, e pede que preencha um questionário. Outro participante na sala está fazendo a mesma coisa.

O pesquisador, que é negro, lhe agradece e, enquanto sai da sala, acidentalmente dá uma cotovelada no outro participante. A porta se fecha. "Preto estúpido", resmunga o participante.

Considere as seguintes perguntas:

> » Como você acha que se sentiria nesse momento?
> » Qual seria a sua opinião sobre o outro participante?
> » Se você recebesse uma escolha mais tarde de trabalhar com ele ou com outra pessoa, quem escolheria?

Meu palpite é que (como outras pessoas que imaginaram este cenário) você ache que se sentiria chocado e chateado ouvindo o uso de um termo racial altamente ofensivo. Você preveria que sua opinião sobre a pessoa despencaria e você preferiria trabalhar com qualquer outra pessoa se tivesse escolha.

Mas esses participantes, e provavelmente você também, estariam bem errados. Eles não teriam os pensamentos e opiniões que previram, eles não se comportariam de maneira alguma como imaginaram. Como eu posso afirmar conhecer melhor do que você a maneira como você pensaria e se comportaria? Graças a um experimento muito inteligente e surpreendente.

Os pesquisadores pegaram dois grupos de participantes norte-americanos brancos em Nova York e pediram a um grupo para imaginar como eles agiriam nesse cenário, como você acabou de fazer. Então, eles pegaram o segundo grupo de participantes e o colocaram na exata situação. Eles mediram como as pessoas se sentiram depois do incidente, pediram que classificassem os outros participantes e então receberam mais tarde a escolha de trabalhar com aquele participante ou com outra pessoa. Eles compararam três situações: o outro participante não disse nada depois de levar a cotovelada; disse algo racista; e usou uma palavra extremamente racista.

CAÇADOR DE MITOS

Espantosamente, as pessoas que testemunharam o comportamento racista não pareceram nem um pouco incomodadas com ele. Os outros participantes imaginaram que se sentiriam ultrajados, mas as pessoas na sala não relataram se sentir nem um pouco diferentes. Elas classificaram o outro participante do mesmo jeito como fariam se ele tivesse ficado em silêncio ou tivesse usado insultos racistas pejorativos. Notavelmente, mesmo quando o escutavam usar uma das palavras mais ofensivas da cultura norte-americana, tiveram a mesma propensão a trabalhar com ele mais tarde.

Talvez as pessoas não tenham reagido quando ouviram a observação racista porque certas expectativas e regras implícitas governam o comportamento em situações sociais. Falaremos muito sobre elas no Capítulo 13, mas elas garantem que as pessoas sejam (normalmente) educadas e prestativas umas com as outras. Essas restrições situacionais influenciam o comportamento. Ainda assim, as pessoas têm disposições aparentemente fortes contra o racismo. A maioria das pessoas diz achar o racismo detestável e imagina que reagiria fortemente contra qualquer um usando xingamentos racistas. Mas, na realidade, todas essas disposições são dominadas pelas (aparentemente) fracas restrições situacionais de interagir com outra pessoa.

Este experimento tem muitas implicações importantes em como as pessoas lidam com o importante problema do racismo na sociedade. Mas aqui eu o utilizo para ilustrar com que poder a situação pode influenciar o comportamento e revelar que mesmo uma disposição forte pode ser sobrecarregada por uma situação fraca.

Interpretando a situação: Intervenção do espectador

Dizer que a situação influencia o comportamento não é, entretanto, a história toda. Como os indivíduos *interpretam* a situação também determina seus comportamentos. Alguns experimentos elegantes mostram que a mesma situação pode ser interpretada de diferentes maneiras, com consequências muito diferentes para o comportamento.

Imagine que você está no metrô tarde da noite. Do lado oposto ao que você está, um homem velho e sujo desmorona. Você nota que suas juntas estão raladas e em carne viva, presumivelmente devido a uma briga. Aparecendo sob seu casaco está uma garrafa de uísque vazia e você sente vários cheiros desagradáveis. Você nota que ele começou a babar e sua respiração está forçada. Então, o rosto dele fica vermelho e ele começa a ofegar incontrolavelmente. Você faz alguma coisa? Essa é uma emergência médica ou só um bêbado no trem?

Aqui está a pergunta-chave. Quando você estaria mais propenso a ajudar — quando está cercado por outros viajantes ou quando está sozinho com o homem potencialmente bêbado e possivelmente violento em um vagão de trem vazio?

Talvez de forma surpreendente, a pesquisa sugere que se muitas pessoas estão presentes quando alguém talvez precise de assistência, isso faz com que seja menos provável que alguém ajude. Quando muitas pessoas estão no vagão, elas veem todo mundo fazendo nada e levam isso como uma indicação de que o velho homem está bem e só bebeu demais. Mas se estiverem sozinhas, elas são muito mais propensas a intervir e oferecer ajuda.

> **PAPO DE ESPECIALISTA**
>
> ## A HISTÓRIA DE KITTY GENOVESE
>
> Muitos livros didáticos de psicologia social começam um capítulo sobre experimentos de intervenção do observador com a história de Kitty Genovese. Ela era uma mulher que morava em Nova York e um dia foi atacada do lado de fora do seu bloco de apartamentos. Ela lutou com o assaltante, gritando por ajuda. Embora o jardim onde eles lutaram fosse cercado por outros apartamentos e muitas pessoas a tenham ouvido gritar, ninguém chamou a polícia. Cada uma delas deu razões diferentes para isso — deve ser o som de uma briga, um filme de terror na TV, ou alguém já deve ter chamado ajuda. Depois de lutar por mais de 20 minutos, Kitty Genovese morreu.
>
> Essa história trágica foi escrita nos jornais como uma acusação grave de nova-iorquinos sem coração que haviam perdido todo o senso de comunidade e responsabilidade da boa vizinhança. O problema é que a história não é real: pelo menos não como relatada nos livros didáticos. Muito tempo depois, os pesquisadores descobriram os registros policiais e viram que muitas pessoas *haviam* chamado a polícia naquela noite, realmente muito preocupadas. Os vizinhos tentaram ajudar. Mas por causa de outras coisas que aconteceram na cidade naquela noite, a polícia foi incapaz de enviar uma viatura a tempo.
>
> Ouvindo que a polícia chegou tarde demais, os jornalistas chegaram à conclusão precipitada de que a causa era pessoal, disposicional. Em vez de verificar, eles presumiram que os fatos eram mais bem explicados pelo coração gelado dos nova-iorquinos malvados. Então, embora a história de Kitty Genovese não seja um bom exemplo de experimentos de intervenção do observador, ela é um caso útil de erro fundamental de atribuição cometido por jornalistas e autores de livros didáticos.

Em uma série de experimentos, os pesquisadores colocaram pessoas em uma situação similarmente ambígua para ver como reagiriam. Os participantes eram conduzidos a uma sala de espera e pedia-se que preenchessem uma enquete antes que o "experimento verdadeiro" começasse (um velho truque dos psicólogos sociais). Os pesquisadores variavam o número de pessoas que estava na sala com o participante. Eles deixavam a pessoa sozinha ou com várias outras também presentes.

Os participantes não notaram de início, mas, enquanto preenchiam a enquete, uma fumaça começou a se infiltrar na sala. Quando eles notaram, como você acha que reagiram? Os participantes que estavam sozinhos na sala agiram pronta e sensivelmente. Eles saíram da sala procurando ajuda, buscaram um alarme de incêndio e geralmente agiram para cuidar da situação potencialmente ameaçadora.

Não foi assim para os participantes rodeados de outras pessoas. Esses outros participantes eram, na realidade, atores que foram instruídos a não fazer nada em resposta à fumaça. Vendo que as outras pessoas não estavam reagindo, os participantes também não faziam nada. Mesmo quando a fumaça enchia a sala — passando do ponto em que eles teriam engasgado se fosse um incêndio real —, eles continuaram calmamente preenchendo seus questionários.

Os participantes deram as razões de terem permanecido sentados, apesar dos claros indícios de que o prédio estava em chamas. Eles disseram que presumiram que a causa era uma unidade de ar-condicionado quebrada, por exemplo. Contudo, esses pensamentos nunca ocorreram às pessoas que estavam sozinhas na sala. Claramente, a presença de outras pessoas mudou como os participantes interpretaram a situação. Como os outros não estavam fazendo nada, eles presumiram que a situação era segura e também não fizeram nada.

LEMBRE-SE

Os pesquisadores chamam isso de tendência de *difusão de responsabilidade*. Em qualquer situação ambígua, em que você não tem certeza do que está acontecendo, você usa as reações das outras pessoas para interpretá-la. Com frequência, o resultado surpreendente é que um grande número de pessoas reduz a chance de qualquer ato individual. O pensamento implícito é: "As coisas devem estar bem, senão, com certeza, alguém já teria feito alguma coisa."

Vestindo a Capa do Anonimato: Desindividualização

Como descrevemos na seção anterior, você pode determinar o poder da situação pela maneira como a interpreta. De forma similar, você determina o poder de suas disposições internas individuais pela maneira como vê a si mesmo. A força, talvez já fraca, de seu humor e personalidade pode ser reduzida ainda mais quando sua identidade é reduzida. Neste caso, o poder da situação cresce — às vezes de forma alarmante.

LEMBRE-SE

A *desindividualização* ocorre quando você remove os sinais que o fazem diferente das outras pessoas e identificável como você mesmo. Uniformes são uma maneira de desindividualizar pessoas, assim como máscaras e óculos escuros espelhados.

Recentemente, Londres foi agitada por protestos e motins conduzidos por pessoas usando máscaras de Guy Fawkes, que se tornou um símbolo do movimento Anonymous. Quando a polícia foi reprimir os motins, alguns policiais supostamente cobriram seus números do emblema com um braço para que não pudessem ser reportados por conduta violenta. Essas ações de policiais e manifestantes mostram que a desindividualização aumenta o poder da situação para determinar o comportamento, muitas vezes com resultados negativos.

Experimentos mostram que quando as pessoas são desindividualizadas, elas agem com menos consideração pelos outros. Por exemplo, foi pedido que os participantes agissem como professores que davam choques elétricos nos alunos quando eles falhavam em memorizar pares de palavras. Eles davam o choque segurando a mão do aluno em um contato elétrico. Esse experimento é uma versão dos realizados por Milgram, que serão discutidos no Capítulo 12, em que os alunos eram atores e não sofreram danos. Mas nesse experimento, executado com participantes que eram enfermeiros, eles seguravam a mão do aluno para baixo com mais força e por mais tempo quando era pedido que usassem um capuz branco de desindividualização.

Brincando de Polícia e Ladrão: O Experimento da Prisão de Stanford

Philip Zimbardo, um psicólogo social da Universidade de Stanford, estava muito interessado em como uma situação social poderia determinar o comportamento de um indivíduo. Ele foi inspirado pelos experimentos como os de Stanley Milgram (veja o Capítulo 12), que descobriram que cidadãos íntegros e levemente educados obedeceriam a um experimento e cometeriam os atos mais horríveis. Zimbardo estava interessado mais especificamente no que havia em certas situações que davam a eles tal poder sobre as pessoas.

Em particular, Zimbardo queria entender o que acontece nas prisões. O que dá aos guardas sua autoridade e autoimportância? O que faz os prisioneiros lhes obedecerem, na maior parte do tempo? Alguns podem dizer que apenas pessoas dominadoras e autoritárias se tornam guardas e apenas pessoas submissas acabam como prisioneiras. Mas Zimbardo queria entender como a situação — os uniformes, os distintivos e os trajes dos prisioneiros — ajudava a produzir esse comportamento.

O resultado surpreendente do experimento de Zimbardo é que "prisioneiros" e "guardas" levaram seus papéis muito a sério. Depois do primeiro dia, os prisioneiros raramente questionavam a autoridade dos guardas e até se referiam a si mesmos por seus números prisionais. Depois que os guardas colocaram seus uniformes e balançaram seus bastões, eles agiram com notável crueldade para manipular e controlar os prisioneiros.

À medida que lê esse relato, pense sobre as seguintes questões:

- » Qual era a diferença entre os prisioneiros intimidados e os guardas cruéis?
- » Qual papel o ato de usar uniformes parece ter tido?
- » O que tornou os participantes submissos e obedientes *versus* dominantes e autoimportantes?
- » Os participantes eram tipos de pessoas diferentes: obedientes ou dominantes por natureza?

> » Algumas personalidades afetaram o comportamento, ou a situação era o fator dominante?
>
> » Como você e seus amigos teriam se comportado se recebessem os dois papéis aleatoriamente?
>
> » Você consegue pensar em ocasiões ou situações reais em que os resultados do experimento também surgiriam, mesmo que de maneira menos extrema?
>
> » O que você acha que produziu comportamentos extremos tão diferentes?

O contexto para o experimento

No verão de 1971, em Palo Alto, Califórnia, um anúncio apareceu no jornal pedindo voluntários do sexo masculino para participar de uma simulação de uma prisão de duas semanas. Este foi o início do experimento da prisão de Stanford, provavelmente o experimento mais famoso (e talvez notório) da psicologia social; como Zimbardo gosta de apontar, é o único experimento psicológico que deu nome a uma banda punk.

Depois de serem extensivamente examinados para a preexistência de qualquer problema de saúde ou psicológico, 18 jovens foram selecionados para participar (além de seis reservas), e foi dito a eles que receberiam US$15 por dia (o equivalente a cerca de US$50 atualmente).

A preparação

Os pesquisadores jogaram uma moeda para decidir quem seria guarda e quem seria prisioneiro. Essa aleatoriedade era a chave. Tendo sido atribuídos aleatoriamente, os participantes foram embora para suas casas.

No dia seguinte, carros e oficiais de polícia de verdade estacionaram em frente às casas dos "prisioneiros". Os policiais executaram todos os procedimentos para uma prisão comum: eles algemaram os prisioneiros, colocaram suas mãos na cabeça enquanto entravam no carro, levaram-nos até a delegacia, tiraram suas digitais e assim por diante. Para os participantes, isso era um pouco como uma brincadeira e todos estavam de bom humor.

Os participantes escolhidos para ser guardas foram apresentados à prisão simulada montada no porão do Departamento de Psicologia da universidade. Era um longo corredor com uma série de pequenos cubículos levando até a lateral. Os pesquisadores disseram aos guardas que seu trabalho era manter a ordem entre os prisioneiros. Eles não podiam usar força física, mas tinham o completo controle sobre a situação dos prisioneiros.

O experimento começa

Zimbardo interpretou o papel de diretor da prisão, e seus assistentes de pesquisa eram os delegados. Os guardas receberam uniformes com bastões de madeira e óculos de sol espelhados. Aos prisioneiros foram dados números e camisolas largas para vestir. Eles eram colocados em trios nas celas e as portas eram trancadas.

Dias um e dois

No primeiro dia, houve uma pequena rebelião entre os prisioneiros. Eles tinham passado o dia inteiro fazendo piadas e os guardas lutaram para afirmar sua autoridade. Quando os guardas pediam que fizessem coisas, eles simplesmente se recusavam. No segundo dia, o espírito grosseiro dos prisioneiros transbordou e eles fizeram uma barricada em uma cela e se recusaram a sair. Os guardas entraram em ação. Eles identificaram os chefes da rebelião e os colocaram em confinamento solitário.

Os guardas espontaneamente decidiram fazer algo muito interessante. Eles estabeleceram uma cela privilegiada com um lavatório, roupas melhores e refeições melhores. Os prisioneiros que cumprissem suas ordens poderiam ficar lá, enquanto os rebeldes eram mandados para a solitária.

Esta abordagem pareceu quebrar a solidariedade entre os prisioneiros e as rebeliões fracassaram. Os guardas aumentaram o uso de punições, fazendo os prisioneiros fazer abdominais e polichinelos. Eles conduziam buscas pessoais e inspeções de quarto. Ir ao banheiro era um privilégio, já que a maioria dos prisioneiros era obrigada a usar um balde em suas celas.

Aparentemente sem instruções explícitas, os guardas tinham atingido uma estratégia que estava transformando os participantes piadistas e felizes em um experimento em prisioneiros obedientes e silenciosos.

Dia três

No terceiro dia, o prisioneiro 8612 reclamou e pediu para deixar o experimento. Zimbardo, agindo como o diretor da prisão, negociou um acordo. Se o prisioneiro 8612 ficasse, então ele poderia ter sua própria cela. Ele concordou, mas mais tarde naquele mesmo dia ele sofreu um estresse emocional, sofrendo um colapso mental. Neste ponto, ele saiu do experimento e foi substituído por outro voluntário.

Um padre, que se oferecera para ajudar os verdadeiros prisioneiros em um sistema penal californiano, visitou a "prisão". Ele foi pego de surpresa quando os "prisioneiros" se apresentaram espontaneamente por seus números prisionais, em vez de seus nomes. Depois de apenas quatro dias, eles haviam assumido esses números como sua identidade.

Dia quatro

Neste dia, o prisioneiro 819 se rebelou. Em contraste com as rebeliões anteriores, ele agiu sozinho. Os guardas puniram todos os prisioneiros por sua desobediência. Então, eles colocaram o 819 na solitária, enquanto conduziam os prisioneiros a cantar: "O prisioneiro 819 fez uma coisa ruim. Por causa do que o prisioneiro 819 fez, minha cela está uma bagunça." Dentro da cela solitária, ouvindo esses cânticos, o 819 chorou histericamente. Ele foi a segunda pessoa removida do experimento (para detalhes sobre a primeira, leia o box a seguir, "Ética experimental atual").

Novamente, os guardas aumentaram sua repressão contra os prisioneiros. Eles foram colocados para limpar banheiros com suas escovas de dentes e acordados aleatoriamente à noite para fazer abdominais. O prisioneiro 416, em protesto, se recusou a comer. Ele foi jogado em uma cela, e os outros prisioneiros foram ordenados a xingá-lo. Os guardas deram uma escolha aos outros prisioneiros. Se quisessem, podiam deixar o 416 ficar com um de seus cobertores. Ninguém doou a roupa de cama, e o 416 passou a noite tremendo em confinamento solitário.

Antes de começar este experimento, esses prisioneiros provavelmente eram tão úteis e tão amigáveis quanto qualquer outro jovem em Palo Alto. Ainda assim, aqui, alguns dias de experimento da situação de ser um prisioneiro aparentemente os transformaram em um grupo de pessoas completamente sem vontade de ajudar um companheiro tremendo na sala ao lado.

É demais: O experimento termina prematuramente

Os guardas e prisioneiros não eram os únicos que se viram dominados por seus papéis. O próprio Zimbardo, como diretor da prisão, estava passando muito do seu dia lidando com rebeliões e administrando os detentos. Foi só quando um aluno de graduação perguntou sobre o bem-estar dos participantes do experimento que Zimbardo percebeu que ele havia se perdido no caminho e lembrou que aqueles não eram prisioneiros: eles eram voluntários em um experimento. Ele deu um fim ao experimento imediatamente, no dia seis.

Analisando a briga

Você deve estar consternado devido ao fato de o sofrimento humano que descrevi ter ocorrido como parte de um experimento psicológico em uma das melhores universidades norte-americanas.

ÉTICA EXPERIMENTAL ATUAL

Nada parecido com o experimento da prisão de Stanford poderia ser executado em uma universidade atualmente. Existem diretrizes éticas rígidas sobre como os psicólogos tratam os participantes em seus experimentos. Antes de poder coletar um único dado, os pesquisadores devem descrever o experimento a um júri ético para revisão e examinar minuciosamente cada detalhe para que nenhum mal possa acontecer aos participantes.

Existem agora vários princípios-chave fixos para quando um experimento é conduzido. Por exemplo, se qualquer participante, a qualquer momento, pedir para deixar o experimento, ele deve ser liberado. Eles não têm que dar uma razão e precisam receber todo o pagamento ou compensação que receberiam se tivessem ficado. No experimento da prisão de Stanford, o prisioneiro 8612 reclamou e pediu para sair do experimento. Zimbardo, agindo como o diretor da prisão, negociou um acordo: se ele ficasse, poderia ter sua própria cela. Ele concordou, mas mais tarde naquele mesmo dia ele teve um estresse emocional severo, sofrendo um colapso mental. Neste ponto, ele saiu do experimento e foi substituído por outro voluntário. Essa situação nunca poderia ocorrer atualmente. Se você se voluntariar para participar de um experimento psicológico hoje, no final você estará seguro e feliz, e — no pior dos casos — talvez um pouco entediado.

DICA Você pode encontrar a filmagem de um documentário do experimento online (www.prisonexp.org, conteúdo em inglês). Assista: mas esteja avisado de que é um material angustiante. Eu trabalhei em Stanford e um dia fiz uma curva errada, e acabei no corredor e cubículos onde o experimento foi executado. Tendo assistido ao documentário, pensando nos gritos, eu corri de lá o mais rápido possível, fingindo que estava atrasado para um seminário.

Quando eu digo aos meus alunos sobre o experimento da prisão de Stanford, suas reações são variadas. Alguns ficam ultrajados com o sofrimento dos prisioneiros e horrorizados que Zimbardo tenha tido permissão para executar esse experimento (para ler sobre ética em experimentos modernos, verifique o box "Ética experimental atual"). Outros acham que Zimbardo é um gênio. Muitos têm uma mistura dessas duas visões.

Independentemente dos erros e acertos desse experimento, o fato é que ele aconteceu, e serve como um argumento forte do poder da situação sobre o indivíduo.

LEMBRE-SE Os participantes nesse experimento foram *atribuídos aleatoriamente*. Em média, não existia nenhuma diferença entre eles em termos de suas personalidades ou disposições. Devido à aleatoriedade de a moeda ter sido jogada, você pode ter certeza de que a única diferença entre essas pessoas era a situação na qual eram colocadas: se recebiam um uniforme de guarda ou uma camisola de prisioneiro. Os comportamentos extremos são um exemplo chocante do poder da situação.

O experimento teve muitas repercussões dentro e fora da psicologia. Dentro da psicologia, ele levou a uma séria reflexão sobre as leis éticas que guiam nossa pesquisa. Ele se mantém o exemplo mais famoso dos extremos do comportamento que pode ser produzido em um experimento.

Fora da psicologia, o experimento da prisão de Stanford desafiou muitas suposições que as pessoas tinham sobre as causas do comportamento de um indivíduo. Existem implicações claras para muitos aspectos da sociedade, desde a maneira com que treinamos a polícia e as forças armadas, passando pela maneira com que rotulamos e encarceramos as pessoas como "criminosos" ou "jovens infratores" e as consequências que a identidade pode causar em um comportamento posterior.

Na época, o experimento da prisão de Stanford alimentou o debate sobre as condições dos presídios em um nível social, mas também teve repercussões em um nível pessoal: um dos participantes do experimento que foi aleatoriamente atribuído a ser um prisioneiro passou o resto de sua vida como um orientador psicológico cuidando do bem-estar de prisioneiros de verdade.

Além disso, eu não tenho evidências diretas, mas um pressentimento muito grande de que o experimento da prisão de Stanford também inspirou muitos formatos de *reality shows*. A BBC recriou todo o experimento para um programa de TV, por exemplo. Mas eu acho que, de maneiras mais sutis, a noção de que você pode ditar uma situação e, portanto, ditar o comportamento se esconde por trás do pensamento de programas como *Big Brother* e *No Limite*.

Analisando o que Torna Alguém Mau

Tirar cara e coroa pode ser o suficiente para transformar uma pessoa em um prisioneiro assustado e submisso e outra em um guarda cruel e arrogante, como vimos na seção anterior. O uso de atribuições aleatórias que colocam as pessoas em uma ou outra condição confirma que essas situações diferentes podem produzir comportamentos extremos.

Nesta seção, discutimos algumas das implicações mais amplas do poder da situação ilustrada pelo experimento da prisão de Stanford. Infelizmente, as situações extremas desse experimento não são, de maneira alguma, confinadas ao laboratório, e, frequentemente, as consequências são muito mais severas. Aqui eu discuto o caso de Lynndie England, que se tornou uma guarda na prisão de Abu Ghraib, no Iraque, e cometeu atos que horrorizaram o mundo.

Na prisão militar em Abu Ghraib, Lynndie England e outros abusaram e torturaram os prisioneiros iraquianos, até mesmo tirando fotos como recordação.

Essas imagens foram descobertas e transmitidas por todo o mundo, levando desonra para o exército dos EUA e servindo como uma ferramenta de recrutamento para seus inimigos. England e outros militares envolvidos foram levados a julgamento nos EUA. Coincidentemente, um dos times de defesa recrutou Philip Zimbardo, criador do experimento da prisão de Stanford (veja a seção anterior "Brincando de Polícia e Ladrão: O Experimento da Prisão de Stanford"), como uma testemunha especialista em sua defesa.

A defesa de England foi baseada na noção de que a situação em que ela foi colocada tinha grande contribuição no abuso que cometeu:

» Antes de entrar para a reserva, ela trabalhou em um matadouro de galinhas.
» Ela teve pouco treinamento antes de ser enviada ao Iraque.
» Ao chegar a Abu Ghraib, ela viu os prisioneiros serem abusados para a diversão dos guardas.
» Ela relatou pouca fiscalização das ações dos guardas; os guardas pareciam ter liberdade no trato com os prisioneiros.

Além disso, apesar de não ter evidências críveis para uma conexão entre Osama bin Laden e Saddam Hussein, muitas pessoas, na época, achavam que a guerra iraquiana era uma vingança pelos ataques do 11 de Setembro nos Estados Unidos. Políticos como Donald Rumsfeld e Dick Cheney promoveram essa opinião e apoiaram taticamente a visão de que a tortura era um meio aceitável de interrogatório para suspeitos da Al-Qaeda.

Da perspectiva de Lynndie England, o abuso dos prisioneiros iraquianos estava acontecendo à sua volta e era tolerado por uma cadeia de superiores, que até a encorajavam a ver essas pessoas como sub-humanos e sem direitos. Como resultado, seu argumento era o de que ela estava simplesmente seguindo com o que era esperado dela, algo que é (até, pelo menos, certo grau) apoiado por evidência psicológica. Colocada nessa situação, Lynndie England não estava fazendo nada a não ser seguir o que era esperado dela, assim como os guardas no experimento da prisão de Stanford.

Se a responsabilidade moral se alinhasse perfeitamente com a causalidade psicológica, as coisas seriam muito convenientes. Por exemplo, a sociedade poderia usar dados psicológicos para julgar a responsabilidade moral e fazer leis e similares nas seguintes bases:

» Se minhas disposições pessoais (meus pensamentos, intenções e crenças) causam minhas ações, eu sou totalmente responsável por elas em um sentido moral e legal.
» Se a situação causa minhas ações, eu sou menos responsável moralmente por elas.

Mas, pessoalmente, eu não acho que os dois itens se alinhem tão bem assim.

Se o comportamento abusivo de Lynndie England foi causado em grande parte pelo poder psicológico da situação na qual foi colocada, por exemplo, isso não implica necessariamente que ela é menos culpada pelos crimes dos quais é acusada. Em outras palavras, a responsabilidade moral, em seu centro, não é uma questão científica. A ciência pode revelar as *causas* básicas do comportamento, mas isso é difícil de se traduzir em conceitos não científicos como culpa, escolha e responsabilidade. Talvez seja por isso que os advogados ganhem mais do que os psicólogos sociais.

> **NESTE CAPÍTULO**
> - Obedecendo a outras pessoas
> - Investigando experimentalmente a obediência
> - Testando a obediência atualmente

Capítulo 12
Executando Ordens: Obediência

A obediência tem um papel em muitos, desde os menores até os maiores, dramas da história da humanidade, de brigas de família sobre quem limpa o quarto até guerras sem sentido sobre insultos imaginados. A obediência ocorre quando membros menos poderosos de um grupo seguem as ordens de outros simplesmente porque eles têm uma autoridade maior. Essa autoridade pode ser devida à riqueza, idade, descendência de realeza ou eleição democrática. Sem um grau de obediência, as sociedades humanas seriam difíceis de organizar: afinal de contas, alguém tem que tomar as decisões. Se não obedecêssemos aos sinais de trânsito, aos policiais ou aos médicos, a vida seria muito difícil. Mas, ao levar a obediência ao extremo, figuras de autoridade podem exigir que as pessoas realizem atos assassinos e malignos, coisas que indivíduos nunca fariam se fosse por escolha própria (leia o próximo box, "A banalidade assustadora do mal", para um exemplo). Nesses casos, quem é o culpado? A pessoa com autoridade ou a que está "simplesmente seguindo ordens"?

Neste capítulo, exploramos o que faz as pessoas obedecerem ao extremo: por que elas seguem ordens para matar ou machucar outras, mesmo que essas ordens sejam contra os códigos morais que toda sociedade segue? Examinamos quais fatores influenciam a obediência e como eles são usados atualmente em, digamos, treinamento militar. Revelamos as complexidades envolvidas em pesquisar esse assunto, descrevendo os experimentos influentes sobre obediência de Stanley Milgram, que chocaram a sociedade norte-americana quando foram publicados.

Ah, lembre-se de que eu estou no comando aqui, e eu lhe ordeno que continue lendo!

A BANALIDADE ASSUSTADORA DO MAL

Adolf Eichmann foi a julgamento por sua participação no Holocausto, por planejar meticulosamente e facilitar o extermínio de seis milhões de judeus na Europa ocupada pelos nazistas. O promotor descreveu Eichmann como maligno e como tendo uma personalidade sádica. É difícil de argumentar contra essa conclusão: se qualquer coisa na história pode ser descrita como maligna, certamente é o Holocausto e aqueles que o executaram dia após dia.

A filósofa judia alemã Hannah Arendt cobriu o julgamento de Eichmann como repórter, e mostrou uma visão diferente e altamente controversa. Para ela, o que era notável em Eichmann era que ele não era um monstro babão cheio de ódio. O que a impressionou, ao escutar o julgamento, foi a "banalidade do mal". Eichmann parecia um servidor público médio e desinteressante. Ele estava simplesmente "seguindo ordens", como qualquer um.

Seus *insights* são mais assustadores do que a conclusão de que Eichmann era simplesmente um "monstro". Se isso era verdade, então ele poderia ser dispensado como uma anormalidade, uma coisa pontual. Se pessoas civilizadas e educadas como os alemães podiam se comportar dessa maneira, porque alguém lhes disse para fazê-lo, isso certamente poderia acontecer em qualquer lugar e com qualquer um. Em todo caso, como você previne que tais horrores aconteçam novamente?

Arendt não estava tentando desculpar Eichmann por seus crimes, embora muitas pessoas na época achassem isso. Ela estava levantando a mesma questão que eu levanto ao longo deste livro: o que explica o comportamento de um indivíduo, sua personalidade ou a situação?

Investigando a Obediência

Obediência é uma forma de influência social, uma maneira com a qual uma pessoa pode afetar o comportamento de outra. Contudo, ela é bem distinta de outras formas de influência social. Pense nos seus dias de escola e todas as formas de influência social estarão em jogo. A conformidade ocorre quando uma pessoa segue as ordens de outra devido a uma ameaça tangível. Quando o valentão da escola pede o seu dinheiro do lanche e você o entrega a ele, isso é conformidade. A conformidade ocorre quando uma pessoa copia as ações de outra para fazer parte de algo ou porque não sabe o que mais fazer (veja o Capítulo 13). Se você tivesse que ter os mesmos tênis que as crianças legais do seu ano, isso é conformidade. A persuasão ocorre quando alguém o convence de que um certo tipo de ação é a coisa certa a se fazer, por exemplo, que jogar um avião de papel no professor de matemática seria hilário.

A obediência é diferente de todas essas formas de influência social. Aqui você obedece a alguém não por causa de uma ameaça imediata, não para fazer parte de um grupo como todo mundo e nem porque você acha que é uma boa ideia. Você obedece só porque a pessoa pedindo tem uma posição de autoridade. Nem todos os professores têm esse senso de autoridade, tenho certeza de que você concorda. Alguns o ameaçariam com detenção; outros tentariam persuadi-lo. Mas alguns professores de que eu consigo me lembrar simplesmente tinham uma aura de poder, e ninguém os questionaria ou pensaria duas vezes quando dessem um comando.

Nesta seção, observamos um famoso experimento em psicologia social que investiga como e por que algumas pessoas obedecem e outras não, bem como quais fatores na situação produzem obediência.

Obedecendo no laboratório: Os experimentos de Milgram

Nesta seção, examinamos a obediência através das lentes de um dos mais famosos experimentos da psicologia social, que foi conduzido por Stanley Milgram. Seus estudos revelaram que com obediência (assim como muito do comportamento humano) a situação tende a ultrapassar as qualidades individuais. Uma figura de autoridade, como um cientista em um jaleco branco, pode persuadir pessoas a realizarem ações extremas que elas nunca suspeitariam ser possível.

Milgram executou muitas versões de seu experimento, cada vez variando cuidadosamente o procedimento e a situação na qual colocava seus participantes. Desta maneira, seus experimentos eram capazes de revelar quais fatores aumentavam e diminuíam a obediência.

PAPO DE ESPECIALISTA

ACIDENTES EXPERIMENTAIS

Milgram não se propôs a estudar os limites da obediência. Ele queria estudar algo totalmente diferente. Ele estava fascinado pelos estudos da conformidade de Asch, que serão discutidos no Capítulo 13, em que os participantes tendem a seguir a resposta dada por outros em um grupo, ainda que esteja claramente incorreta. Por causa dessa demonstração surpreendente, Milgram se perguntou se as pessoas também entrariam em conformidade quando tinham uma forte razão para não fazê-lo. O que aconteceria se pedissem a elas para fazer algo que achassem difícil ou desagradável: causar danos a uma pessoa inocente.

Para avaliar o efeito da conformidade, ele planejou um experimento no qual uma pessoa era instruída a dar choques elétricos em outra pessoa. Ele queria investigar se as pessoas obedeceriam a este comando se vissem uma, duas ou muitas pessoas fazendo a mesma coisa. Para começar, ele precisava de uma base de comparação, uma situação em que as pessoas agiram por si mesmas sem a influência de outras. Então, ele realizou seu primeiro experimento de controle com o participante agindo sozinho, esperando ver pouca ou nenhuma obediência. Mas ele nunca realizou suas outras condições experimentais porque o que ele viu em sua condição experimental o surpreendeu. Seu projeto de estudo sobre conformidade se tornou um estudo sobre obediência e, talvez, o mais famoso conjunto de estudos na psicologia social.

Stanley Milgram, um psicólogo social, levantou-se para o desafio de por que as pessoas obedecem a figuras de autoridade para fins extremos. Ele queria saber o que fez milhares de alemães realizarem as atrocidades do Holocausto. Adolf Eichmann e seus semelhantes eram fundamentalmente malignos? E o povo alemão em geral? Para ler mais sobre o assunto, veja o box "A banalidade assustadora do mal".

CAÇADOR DE MITOS

A conclusão chocante de Milgram foi a de que qualquer cidade média nos Estados Unidos contém uma abundância de pessoas que executariam atos de terror e genocídio, se ordenadas. Mas essa conclusão não é sobre a natureza maligna fundamental da humanidade; é uma afirmação do poder da situação (algo que eu discuto em detalhes no Capítulo 11).

Para as origens dos experimentos de Milgram, verifique o box "Acidentes experimentais".

Sendo um professor no experimento de Milgram: O contexto

Milgram pediu voluntários para participar de um experimento de "memória e aprendizado" na Universidade de Yale. Apenas homens eram recrutados, embora experimentos posteriores tenham encontrado pouca diferença com participantes do sexo feminino (ainda assim, em cada caso, a pessoa com autoridade era um homem). Os participantes originais eram homens de várias idades e contextos sociais. Se você tivesse concordado em participar do experimento, aqui está o que teria experienciado.

Você seria cumprimentado por um experimentador em um jaleco de laboratório. Também há outra pessoa presente que também respondeu ao anúncio no jornal. O experimentador explica que vocês participarão de um experimento dos efeitos da punição no aprendizado. Para começar, você recebe um papel por meio de sorteio de tiras de papel em uma sacola. Você recebe o papel de professor, e o outro, de aluno. O aluno receberá um número de pares de palavras (como "médico" e "casa") para lembrar. Seu trabalho é ler a primeira palavra e pedir que o aluno diga a segunda. Se ele não o fizer, você administra um pequeno choque elétrico no aluno.

Seu primeiro trabalho é ajudar a montar o experimento. O aluno senta e você ajuda o experimentador a amarrar suas mãos à cadeira para que toquem os eletrodos. Então você vai para a outra sala e o experimentador lhe mostra uma caixa eletrônica rotulada "Gerador de choque tipo ZLB". É uma fila de 30 interruptores e alguns mostradores e luzes. Sob cada interruptor está o número de volts, de "15" até "450", e as palavras descrevendo esses números, de "choque leve", passando por "choque forte" até "choque de extrema intensidade". A última descrição diz: "Perigo: Choque Severo". Os dois últimos interruptores, de 435 e 450 volts, estão rotulados com tinta vermelha com um aviso "XXX".

O experimentador lhe diz que a cada vez que o aluno errar a resposta, você terá que lhe dar um choque. Com cada choque administrado, você se move pela fila de interruptores, dando-lhe 15 volts a mais que da última vez. Então você entende como são os choques, o experimentador lhe dá um choque de 45 volts. É uma cutucada incômoda — mas é apenas o terceiro interruptor na fila de trinta.

LEMBRE-SE

O experimento de Milgram é uma peça artística de teatro. O aluno é um colega pesquisador atuando em seu papel e a cobaia real do experimento é o professor. Aluno e experimentador seguem um roteiro cuidadosamente ensaiado, com respostas planejadas às ações e questões do professor. O único choque elétrico administrado é o choque de 45 volts dado no participante para "provar" que o aparato é real.

Executando o experimento

Aqui está como o experimento funciona:

1. **O professor decide uma palavra para começar o experimento.**

O aluno erra a palavra par e o professor pressiona o interruptor para lhe dar um pequeno choque.

Neste ponto, com uma baixa dose de eletricidade, não há som vindo do aluno.

2. **O professor continua escolhendo as palavras, e o aluno erra cada uma delas.**

   O professor pressiona o interruptor e dá um choque a cada vez. Até agora ele não ouve nada do aluno na sala ao lado além de um leve ruído.

3. **O professor recebe outra resposta errada, pressiona o interruptor para administrar um choque na marca de 75 volts, e ouve o aluno na sala ao lado gemer.**

4. **O professor escuta o aluno reclamar da dor em voz alta no choque de 120 volts.**

5. **O aluno grita "Me tire daqui!" nos 150 volts.**

   Ele também grita que tem um problema no coração e exige ir embora.

   A esta altura alguns participantes se voltam para o experimentador e perguntam se devem parar. O experimentador responde: "Por favor, continue". Alguns protestam, mas ele diz: "O experimento requer que você continue". A maioria dos participantes chacoalha a cabeça, mas continua a ler a próxima questão.

6. **Os choques aumentam em voltagem, e os gritos do aluno se tornam cada vez mais angustiados.**

   Alguns participantes perguntam o quanto esses choques realmente são perigosos. O experimentador diz: "Embora os choques possam ser doloridos, não há danos permanentes, então, por favor, continue."

7. **Em 285 volts (rotulado como "choque forte"), o aluno deixa escapar um grito histérico de agonia.**

   A maioria dos professores se vira rapidamente para o experimentador. Ele diz calmamente que o experimento requer que eles continuem.

8. **Depois de uma longa pausa, a maioria das pessoas ia para o próximo interruptor e administrava o próximo choque mais alto.**

   Um silêncio terrível emana da sala ao lado. O aluno não dá nenhuma resposta às perguntas, mas isso conta como uma resposta incorreta, e o professor deve continuar administrando os choques. Talvez muitos pensem que o homem — que reclamou da condição cardíaca — esteja inconsciente. "É absolutamente essencial que você continue", diz o experimentador em resposta a qualquer protesto.

9. **Muitos participantes vão ao próximo interruptor, com 300 volts.**

Eles podem ver outros dez interruptores para continuar, até chegar nos 450 volts. O experimentador limpa a garganta: "Você não tem escolha; deve continuar."

DICA

Eu o encorajo a assistir a filmagem do documentário em preto e branco dos participantes nos experimentos de Milgram: está disponível online em http://www.openculture.com/2013/11/watch-footage-from-the-psychology-experiment-that-shocked-the-world-milgrams-obedience-study-1961.html (conteúdo em inglês). Você fica com poucas dúvidas de que os participantes acreditam que o aluno esteja com dor de verdade. Os professores estão em angústia genuína e visível sobre o que estão fazendo, e assistir a isso pode ser bem atormentador. Eles protestam, reclamam, se reviram em suas cadeiras e começam a suar de nervoso. Todos eles estão em angústia psicológica, a mesma pela qual você espera quando alguém está causando dor a outro ser humano. Mas, notavelmente, apesar de todo esse estresse pessoal, eles se viram e pressionam o próximo interruptor. Eles não param de obedecer.

Fazendo previsões sobre obediência

EXPERIMENTE

Pergunte a si mesmo o que você faria no lugar do professor. Até onde iria antes de desobedecer ao experimentador? Você provavelmente tem um senso de quantos volts administraria antes de desobedecer ao experimentador, mas antes que eu lhe diga precisamente como os participantes de Milgram responderam, tente também prever você mesmo o comportamento deles. Qual foi a voltagem média, de 15 a 450 volts, na qual as pessoas se recusaram a continuar? Qual porcentagem de pessoas foi até o último interruptor?

O próprio Milgram fez essas perguntas para alunos de graduação da Yale, colegas professores de psicologia e psiquiatras profissionais. Eu sempre pergunto para minhas turmas de graduação também, e os resultados são bem consistentes. As pessoas acham que a maioria dos participantes para em 150 volts (Passo 5 da seção anterior), quando o aluno pede explicitamente para sair do experimento. Elas preveem que cerca de 1% ou menos dos participantes irá até o último interruptor de 450 volts.

CAÇADOR DE MITOS

Mas as pessoas que administram a voltagem mais alta não são exceções. Elas não são sadistas bizarros. Incrivelmente, *a maioria dos participantes administrou o choque mais alto possível ao aluno*. Milgram relatou que 63% dos participantes foram até o último interruptor. Isso significa que 37% das pessoas pararam antes do final, claro. Mas a voltagem média a que as pessoas chegavam antes de parar era de 360 volts. (O aluno com problema cardíaco ficou terrivelmente silencioso nos 300 volts.) Para algumas razões possíveis sobre o porquê de as pessoas serem tão erradas em suas estimativas, dê uma olhada no box "Por que as pessoas falham em prever os resultados de Milgram?".

POR QUE AS PESSOAS FALHAM EM PREVER OS RESULTADOS DE MILGRAM?

As pessoas simplesmente não conseguem prever os resultados dos experimentos de Milgram com sucesso. Suas previsões não são só um pouquinho erradas; são tão erradas que parecem ser de outro planeta! Elas falham consistente e massivamente em antecipar os resultados de Milgram por causa do erro fundamental de atribuição discutido no Capítulo 9. Resumindo, esse erro deriva da tendência das pessoas em explicar o comportamento em termos da personalidade, em vez da situação.

No experimento de Milgram, as pessoas tendem a supor que as únicas pessoas que continuariam a seguir o experimentador são covardes sem força de vontade, autoritários que seguem qualquer ordem obsessivamente ou sádicos. Elas estimam que tais pessoas são muito raras e que, consequentemente, apenas algumas pessoas obedeceriam ao experimentador de Milgram até o fim.

Mas este raciocínio ignora a descoberta central da psicologia social e o tema deste livro: a situação é uma influência poderosa sobre o comportamento. Portanto, cerca de 60% das pessoas obedecem ao experimentador e administram o choque de 450 volts, e, com toda probabilidade, você também o faria.

Desses resultados, Milgram chegou à cruel conclusão de que várias pessoas em uma cidade norte-americana comum agiriam da mesma maneira que os torturadores nazistas.

Talvez você esteja se perguntando se os participantes realmente acreditaram na enganação de Milgram. Talvez eles tenham visto o sorteio falso que fez do participante o professor e do cúmplice o aluno. Ou talvez, com o julgamento proeminente de Eichmann nos jornais da época, eles acharam que era apenas um experimento de obediência.

Bem, Milgram interrogou seus participantes e excluiu seus dados se eles tivessem adivinhado o que estava acontecendo. Além disso, ele antecipou essa resposta em suas descobertas e convidou outros cientistas a seu laboratório para observar o experimento em ação.

Sugerindo influências no aumento e na diminuição da obediência

Milgram percebeu que seu experimento precisava fazer mais do que mostrar a obediência em ação (veja a seção anterior, "Obedecendo no laboratório: Os experimentos de Milgram"). Para entender o fenômeno, ele precisava separar e controlar os fatores que aumentavam e diminuíam a taxa na qual as pessoas obedeciam ao comando para machucar outras.

Como descrevo nesta seção, Milgram identificou e demonstrou dois fatores em ação.

Sintonizando-se ao aluno

A obediência diminui quando o professor está psicologicamente próximo ao aluno. Quando o aluno nos experimentos de Milgram fica na sala ao lado e o participante é incapaz de vê-lo e apenas percebe sua presença quando ele bate na parede do cubículo, a obediência está em seu máximo. Mais pessoas dão o choque máximo e administram uma média maior de voltagem de choque.

Quando o participante pode ouvir o que o aluno está dizendo, a obediência se reduz. A obediência cai ainda mais se o participante está sentado ao lado do aluno. Ela está no seu nível mínimo quando estão sentados juntos e o participante tem que pressionar a mão do aluno nos eletrodos para administrar o choque, embora nesta condição cerca de um terço dos participantes ainda obedeça aos comandos do experimentador.

Você provavelmente pode pensar em como este princípio pode ser estendido a atos de obediência e agressão fora dos experimentos de Milgram. Você acha que seguir uma ordem para matar é mais fácil quando está segurando uma arma a alguns metros de sua vítima ou quando você pressiona um botão e lança um drone que assassina sua vítima a quilômetros de distância? Uma é psicologicamente mais fácil para você, embora elas sejam praticamente a mesma coisa para sua vítima.

Desligar-se do experimentador

A obediência diminui quando o professor está psicologicamente distante do experimentador. Quando o experimentador dá a ele as instruções iniciais, mas então sai para a sala ao lado e fala por um interfone, a obediência cai dramaticamente. Apenas 20% das pessoas obedecem até o choque mais alto.

O mesmo nível baixo de obediência ocorre quando o experimentador não é um cientista de Yale, mas outro participante entregando as ordens. (Claro, eles não são realmente outro participante, mas estão atuando como aluno.) Mas, neste caso em que a autoridade da pessoa emitindo o comando é reduzida, a obediência também é reduzida.

O nível mais baixo de obediência ocorre quando dois experimentadores estão presentes, mas na metade do experimento eles discordam um do outro. Um contesta o experimento e diz que ele deve acabar; o outro ordena que o participante continue. Nesta condição, nenhum participante administra o choque elétrico mais alto, e a média de choque fica em torno de 150 volts, o ponto no qual o aluno pede para deixar o experimento.

Esses resultados me fazem lembrar dos meus dias na escola. Percebo que, a não ser que você tenha ido para um campo de treinamento militar, seus professores provavelmente não o mandam matar. Mas eles esperam que você os obedeça quando você preferia não fazê-lo. Você provavelmente consegue lembrar que, em uma sala cheia de crianças, as que sentavam nas mesas mais próximas ao professor tendiam a ser as mais propensas a obedecer, e aquelas no fundo da sala não. O que acontecia quando o professor lhes dava ordens rígidas mas então ia até o armário por cinco minutos? Um pandemônio.

Além disso, pense sobre ter um professor substituto no lugar de seu professor regular. Por alguma razão, pelo menos na minha escola, esses professores eram incapazes de manter qualquer tipo de ordem. Parecia que eles não tinham autoridade sobre nós. Pior ainda era um pobre professor substituto que foi repreendido pelo diretor na nossa frente por usar o livro didático errado. Nada do que ele dissesse depois disso nos importava mais.

Os dados de Milgram mostram que a obediência é uma força notavelmente poderosa, mas também frágil. Quando a distância entre o experimentador e a situação aumentava, sua autoridade diminuía ou era questionada, e as taxas de obediência despencavam. Lembre-se disso se você estiver interessado em promover condições sociais que reduzam a obediência cega à autoridade; ou se você estiver considerando uma carreira como professor.

Teorizando as razões para os níveis de obediência

O que faz as pessoas obedecerem aos comandos do experimentador nos experimentos de Milgram? Como enfatizei, elas não são sádicas que gostam ou são indiferentes ao sofrimento que estão causando, porque as consequências de seus atos são a angústia. Então, por que elas simplesmente não param?

Nesta seção, sugerimos, e às vezes dispensamos, possíveis razões.

Sofrer de uma personalidade autoritária

Na época dos experimentos de Milgram, existia a noção de que algumas pessoas eram predispostas a seguir a autoridade — chamada de *personalidades autoritárias*. Pensava-se que essas pessoas, de nascença ou criação, eram facilmente compelidas pelas outras. A sugestão específica era a de uma diferença cultural na Europa: talvez o povo alemão fosse mais propenso a ser autoritário, muitos dos franceses fossem românticos, e os ingleses, incuravelmente tensos.

Os resultados de Milgram disputam esta teoria. Ele realizou os experimentos nos Estados Unidos, onde a independência e a desconfiança da autoridade são premiadas. O direito de possuir uma arma, por exemplo, está escrito na Constituição, então seus cidadãos podem oferecer resistência armada ao governo. Ainda assim, mesmo lá, Milgram encontrou taxas notáveis de obediência.

Claro, diferenças culturais importantes têm, sim, um impacto e podem ser parte da explicação para as ações dos alemães. A cultura pode ter um papel em legitimar certas fontes de autoridade, mas a ideia de que você pode explicar a obediência em termos de caráter nacional parece muito errada.

Apreciando o papel central da autoridade

A obediência requer uma autoridade legítima. Se a fonte de autoridade está distante, ausente ou é questionada, a obediência despenca (como descrevo na seção anterior, "Sugerindo influências no aumento e na diminuição da obediência"). Milgram também manipulou a natureza da autoridade, realocando o experimento para Bridgeport, uma cidade próxima que era bem menos "respeitável" que o *campus* de Yale. Os participantes foram ao "laboratório", que era uma sala sobre uma vitrine de loja. Essa mudança de local reduziu as taxas de obediência, embora tenham permanecido surpreendentemente altas. O prestígio de Yale parecia apoiar a autoridade dos experimentadores.

Milgram também sugere que a autoridade da ciência em si exerce uma influência sobre os participantes. Foi até dito aos experimentadores para afirmarem que "o experimento exige que você continue", como se os próprios experimentos tivessem pensamentos e necessidades. Se os participantes dissessem que queriam parar, eles estariam, de alguma forma, questionando a autoridade moral e a competência do cientista da prestigiosa Universidade de Yale, que tem um Ph.D. e um jaleco branco e parece muito seguro de si. Quem são eles para questioná-lo?

A autoridade é fortemente ligada à responsabilidade. Quando eles contestavam o experimento, os participantes frequentemente falavam sobre quem seria o responsável por aquele acontecimento. Quem seria o culpado se o aluno sofresse um ataque cardíaco? O experimentador calmamente assegurava aos participantes de que ele era o responsável, e pedia que continuassem.

LEMBRE-SE

Jerry Bulger, que realizou as versões revisadas dos experimentos de Milgram, descobriu que os que desobedeceram ao experimentador foram aqueles que falaram sobre responsabilidade. Esses participantes pareciam decidir, finalmente, que eles seriam responsáveis se o aluno sofresse algum dano, e isso os convencia a resistir à autoridade do experimentador.

Falta de um roteiro

As transcrições do que os participantes diziam durante o experimento revelam algo muito surpreendente.

LEMBRE-SE

Você tem a impressão de que em vez de as pessoas serem levadas a obedecer, elas só são muito ruins em desobedecer? Um termo para essa tendência é a *falta de roteiro*.

A vida das pessoas é moldada por normas e hábitos culturais implícitos não ditos (leia o Capítulo 13, se precisar de persuasão). Existem roteiros para como falar sobre o tempo com um estranho, ou provar um pouquinho de vinho primeiro no restaurante antes de sorrir e assentir ao garçom, ou como falar com um médico, ou reclamar em uma loja. Milgram observou que esses participantes não tinham um roteiro para como desobedecer a um cientista, e então simplesmente não sabiam o que dizer.

As transcrições mostram que os participantes pareciam muito incertos sobre como criticar o cientista. Eles até se desculpavam por isso. Depois de ouvir um homem gritar de agonia, eles diziam coisas como "eu não quero ser rude, mas acho que você deveria dar uma olhada nele". Milgram vê sua timidez como proveniente de uma incerteza sobre como desobedecer à autoridade de alguém.

Esse comportamento pode parecer bem implausível para você. Por que eles só não diziam não e saíam da sala? Mas talvez você consiga se lembrar de um incidente em que você queria agir, mas simplesmente não sabia qual era o roteiro. Por exemplo, você vê um casal discutindo em um restaurante e parece que as coisas podem ficar violentas. Mas como você se intromete em uma conversa de completos estranhos quando não deveria ser da sua conta?

Ou talvez você tenha testemunhado algo acontecendo na escola, algo que você queria parar, mas não o fez. Talvez as crianças populares da sala estivessem provocando alguém cruelmente. Você pensou que elas deveriam parar, mas estava preocupado que, se dissesse alguma coisa, elas se virariam contra você. Eles achariam que você não gostou da piada ou achou que eles não eram engraçados (afinal de contas, nada é tão extremamente hilário quanto causar infelicidade deliberada).

Então, embora seja uma reação compreensível dizer que os participantes do estudo de Milgram devessem apenas ter dito não, lembre-se do quanto pode ser fácil subestimar o poder dessas forças situacionais.

Ordens crescentes

Um pequeno aspecto do projeto experimental de Milgram pode ter muito bem passado por você, mas provavelmente fez toda a diferença no experimento. O que você acha que teria acontecido se a ordem dos interruptores no aparato fosse revertida e os participantes começassem com 450 volts e então *diminuíssem* o choque?

Sua intuição provavelmente está correta: pouquíssimas pessoas teriam administrado o choque máximo de 450 volts no início do experimento. Milgram pensou que a configuração de aumentar gradualmente os choques, começando com apenas 15 volts, era crucial para fazer com que as pessoas obedecessem à ordem final de administrar o nível mais alto de choque.

A realidade é que você tem pouquíssima base para se recusar a dar o choque de 15 volts no aluno quando você aparece para o experimento, aceita o pagamento e experimentou apenas um formigar leve de um choque de 45 volts. Você tem poucas razões para não começar o tratamento de choque.

LEMBRE-SE

Mas, na verdade, em *qualquer* estágio do experimento, o participante parece ter poucas justificativas para se recusar a dar um choque de X volts quando momentos antes ele deu um choque de X menos 15 volts. Em outras palavras, dizer que você tem um princípio de nunca fazer mal a outro ser humano, de resistir à autoridade quando isso contraria sua moralidade pessoal e assim por diante, é tudo muito bom. Mas quando exatamente esses princípios morais abstratos entram em jogo? Aprovar essas ideias é simples, mas dizer que elas se aplicam a 180 volts, e não a 165 volts, é quase impossível. Nenhum ponto claro se aplica a quando as ordens dadas estão realmente erradas.

Imagine que você realmente considere parar em 270 volts, quando um grito de partir o coração vem do aluno. O problema é, se realmente parar agora, você não está só dizendo que dar um choque de 270 volts é errado; você está dizendo que causar danos a outra pessoa é errado. Não existe nada de especial sobre 270 volts que faça isso ser errado, mas 255 é moralmente correto. Então, se está errado a 270 volts, *você estava errado* em dar um choque de 255 volts, 240 volts, 225 volts, e assim por diante. Em outras palavras, dizer que você se recusa a obedecer não só implica em que o experimentador estava errado em lhe ordenar, mas também em que você estava errado em obedecer até aquele ponto.

Admitir que estavam erradas e revisar suas crenças passadas é muito difícil para as pessoas. Como descrito no Capítulo 6, a dissonância cognitiva é produzida sempre que existe um conflito entre as crenças das pessoas (causar danos a outros é errado) e suas ações (eu fui responsável por causar danos a outra pessoa). As pessoas passam por contorções mentais para reduzir ou evitar a dissonância cognitiva.

LEMBRE-SE

Em vez de admitir que causaram danos no passado, as pessoas formam a crença de que o experimentador é totalmente responsável por qualquer dano que aconteça ao aluno. Elas continuam a causar danos ao aluno, em vez de encarar as consequências cognitivas de admitir que já causaram danos.

Isso também é chamado de técnica do pé na porta, discutida no Capítulo 14, sobre persuasão. Você começa com um pedido pequeno e razoável, e quando alguém concorda com ele, você pode mudar para um pedido maior. Enquanto aumenta suas ordens, as pessoas continuam a consentir e a obedecer.

Este princípio se enquadra no caso histórico do nazismo e em muitos outros movimentos como este. É razoável assumir que quase ninguém que votou em Hitler em 1933 estava votando a favor de realizar o Holocausto. O antissemitismo estava presente no início do movimento nazista, claro, mas era apenas parte de uma complexa mistura de motivações, políticas e emoções que Hitler explorou.

Então, a violência contra os judeus cresceu em gravidade e motivação política explícitas. O aumento incremental agiu contra a dissidência. Por que contestar um movimento limitado da população judaica depois que seu direito de cidadania havia sido revogado? Quando eles foram movidos para os guetos, por não apoiar a deportação em grande escala? Como os interruptores na caixa de Milgram, esse aumento gradual do abuso fez com que fosse menos provável que alguém resistisse ao ataque à população judaica.

Pesquisando a Obediência Atualmente

Algumas pessoas acham que os resultados dos experimentos de Milgram (veja "Obedecendo no laboratório: Os experimentos de Milgram", anteriormente neste capítulo) são um reflexo da sociedade norte-americana no início da década de 1960. Todos os participantes viveram durante a Segunda Guerra Mundial e muitos serviram nas forças desse conflito ou em guerras subsequentes. Talvez essas experiências os tenham armado contra o sofrimento dos outros ou enterrou neles a virtude da obediência.

LEMBRE-SE

Confirmar ou negar essa sugestão exigiria que o mesmo experimento fosse executado atualmente, o que é difícil, porque replicar os experimentos de Milgram como ele os fez seria antiético (veja o box "Ética experimental"). Mas usando tecnologia e ingenuidade, os psicólogos podem fornecer uma boa indicação de quantas pessoas se rebelariam e quantas obedeceriam atualmente: essa pesquisa mostra que as descobertas de Milgram são igualmente verdadeiras para as pessoas da nossa sociedade.

Esses estudos convincentes mostram como a psicologia pode empregar métodos criativos para estudar a vida social cientificamente.

ÉTICA EXPERIMENTAL

Os participantes de Milgram experimentaram ansiedade e estresse extremos quando ordenados a causar danos a outra pessoa. Hoje, a ética experimental proíbe os psicólogos de colocar seus participantes experimentais em qualquer provação como essa. Se qualquer participante fizer a sugestão remota de que quer parar o experimento, os experimentadores agradecem a ele imediatamente por seu tempo, lhe pagam e deixam-no ir. Atualmente, você não ouvirá de um pesquisador frases como "você deve continuar" e "o experimento exige que você continue".

Estudando a obediência de maneiras éticas

Em 2006, Jerry Bulger realizou uma réplica cuidadosa e parcial dos estudos de Milgram. Ele verificou meticulosamente seus participantes para qualquer problema de saúde mental potencial ou existente que o experimento pudesse agravar. Ele percebeu que o momento-chave no experimento de Milgram era quando o aluno protestava pela primeira vez que queria sair do experimento. Neste ponto, o choque elétrico está abaixo dos 150 volts e o aluno não está dando sinais óbvios de dor ou aflição. Na réplica de Bulger, o experimento é interrompido depois que o aluno diz que quer sair e o participante indica se continuaria os choques no aluno. Nós sabemos, pelos estudos de Milgram, que, se eles continuassem além dos 150 volts, as chances são de que continuariam até os 450 volts.

Com esse projeto, uma comissão de revisão ética aprovou o experimento. Isso permite que os psicólogos ainda estudem se os participantes obedeceriam a uma instrução para machucar, mas salva os participantes do trauma de escutar o aluno torturado. Os resultados de Bulger não são estatisticamente diferentes dos de Milgram. Cerca de 70% das pessoas estavam preparadas para continuar pressionando além dos 150 volts e, nós supomos, teriam administrado o choque mais alto, e o experimento teria continuado.

Outra réplica parcial do estudo de Milgram copiou o procedimento exato, mas o fez em realidade virtual, com um aluno como um avatar gerado por computador. O interessante sobre esse experimento não é só que os pesquisadores replicaram as descobertas de Milgram, mas que os participantes relataram similarmente grande aflição quando obedeceram à ordem de machucar o aluno virtual.

LEMBRE-SE

Os seres humanos têm uma forte tendência a obedecer, mas eles também têm um impulso de simpatizar mesmo com um gráfico de computador.

"Todo mundo junto agora!"

A obediência é investigada de várias maneiras diferentes atualmente. Um dos meus experimentos favoritos dos últimos anos estudou o relacionamento entre a maneira que um grupo de pessoas se move junto e sua tendência a obedecer à autoridade.

Um passo de ganso é uma marcha militar que parece levemente boba e que poderia ter sido inventada pelo *Monty Python's Flying Circus*. Ainda assim, se você viu a gravação, tem algo imediatamente assombroso sobre a visão de uma reunião nazista de milhares de soldados fazendo o passo de ganso em uníssono perfeito, além de que todos os exércitos marcham em uníssono de alguma maneira. Um psicólogo chamado Scott Wiltermuth imaginou se mover-se no tempo uns com os outros causava um efeito psicológico nos soldados.

Quando duas pessoas imitam os gestos e a linguagem corporal uma da outra, elas tendem a gostar uma da outra, como mencionaremos no Capítulo 14: seus movimentos sincronizados fortalecem os laços sociais entre elas. Então, se isso acontece entre um par de pessoas, você imaginaria que um grupo inteiro de soldados movendo-se junto seria um grupo de pessoas muito amigável. Bem, nem sempre funciona assim.

Wiltermuth e seus pares pediram aos participantes para dar uma volta no *campus* alguns passos atrás do experimentador. Em uma condição, eles foram informados apenas para segui-lo; na outra, para combinar com seus passos, andando no ritmo com ele. Em outras palavras, eles andavam ou marchavam.

Então, o experimentador pediu que eles ajudassem com um experimento diferente que estudava reações psicológicas a tarefas desagradáveis. A tarefa neste caso era: matar criaturas vivas. Os participantes foram apresentados à "máquina exterminadora", que era, na verdade, um moedor de café modificado. Eles eram então instruídos a colocar o máximo de tatus-bolas (isópodes terrestres) que fosse possível na rampa do moedor em 30 segundos. Depois que os 30 segundos tivessem terminado, o experimentador perguntava se eles pressionariam o botão para ligar as lâminas moedoras.

Existe um pouco de teatro psicológico aqui, porque uma pequena aba na rampa fazia com que cada inseto deslizasse de dentro do moedor para a segurança. Nenhum tatu-bola foi morto durante esses experimentos. Mas os participantes não sabiam disso. Eles realmente pensavam que o barulho de ronco de moer da máquina de extermínio fosse o som dos corpos dos insetos sendo picados. Insetos que eles mesmos haviam colocado lá.

LEMBRE-SE

Os participantes que haviam marchado anteriormente no ritmo do experimentador enviaram cerca de 45% mais insetos para a morte do que os participantes que haviam caminhado em seu próprio passo. Eles eram quase duas vezes mais propensos a pressionar o botão para ligar as lâminas de moeção. Outros experimentos mostraram que esse aumento na obediência e uma vontade de tirar a vida de outras criaturas não aconteciam se eles tivessem feito uma ação de marchar que estivesse fora da sincronia com o experimentador, ou se o experimentador que pediu que eles matassem os insetos não fosse a mesma pessoa com quem eles marcharam. O efeito poderoso da obediência era específico em relação à pessoa a quem eles estavam seguindo.

Esses experimentos revelam um lado obscuro para coordenar ações. Anteriormente, a maioria dos estudos de psicologia social tinha que olhar os sentimentos positivos e afiliados produzidos pela atividade coordenada. Mas como Wiltermuth aponta, os exércitos modernos não precisam mais marchar. Nos últimos 100 anos, ninguém marchou em um campo de batalha. Ainda assim, caminhe por uma academia de treinamento militar e você verá que isso ainda é uma parte essencial do treinamento de um soldado. Marchar não é usado apenas para treinamento físico, esses experimentos sugerem, mas também para sua ligação psicológica com a obediência e a agressão.

> **NESTE CAPÍTULO**
>
> Considerando o papel das normas sociais
>
> Olhando as maneiras pelas quais as pessoas entram em conformidade
>
> Pagando o preço por não estar em conformidade

Capítulo 13

Entrando na Linha: Conformidade e Normas Sociais

Sua vida é governada por regras. Você provavelmente está bem ciente de muitas delas. Se, por exemplo, você aprendeu a dirigir, então teve que memorizar o Código de Trânsito e todas as regras sobre limites de velocidade, o procedimento correto para rotatórias e quando verificar seus espelhos e dar indicações. Mas existe um conjunto de regras muito mais detalhado sobre como viver sua vida fora de um carro: como fazer filas em lojas, o que dizer a um garçom, o quanto você pode ficar próximo de um estranho ou de amigos. O problema é: não existe um Código de Trânsito para a vida. Todos esses costumes, convenções e pontos de etiqueta são chamados de *normas sociais*. Embora não esteja ciente delas, você já passou muito da sua vida aprendendo-as.

Você acena com a cabeça quando concorda com alguém? Você sempre se certifica de arrotar bem alto depois de uma refeição? Você assoaria seu nariz na frente de outra pessoa? Essas perguntas podem ser fáceis de responder, mas se você perguntar a outras pessoas pelo mundo talvez receba uma resposta oposta:

gregos balançam a cabeça para concordar, um arroto é um elogio em alguns países do Oriente Médio e assoar o nariz na frente de outras pessoas é excepcionalmente rude no Japão.

Neste capítulo, examinamos a natureza desse desejo de se conformar com as normas sociais: exploramos as razões que as pessoas têm para agir da mesma maneira que as outras e alguns motivos pelos quais elas o fazem. Pense no sentimento maravilhoso que você tem olhando para um estádio esportivo e vendo milhares de pessoas vestidas com as mesmas cores do time que você está usando, cantando as mesmas músicas. Mas não ignoremos o lado obscuro da conformidade: o sentimento terrível de ser aquela pessoa na multidão usando uma cor diferente e cantando uma canção diferente.

Abordando as Razões para as Normas Sociais

LEMBRE-SE

As normas sociais estruturam cada aspecto da sua vida, da maneira que você põe a mesa de jantar ao número de milissegundos que segura o olhar em uma pessoa até como você expressa condolências. Elas são a cultura e os hábitos da vida. Elas são o que faz os países estrangeiros parecerem estranhos para você e, em consequência, são uma das melhores razões para viajar.

Frequentemente, as razões históricas estão por trás de uma norma social específica. As pessoas dirigem carros do lado esquerdo no Reino Unido por causa da praticabilidade de usar uma espada. A maioria dos destros usava suas espadas do lado esquerdo, então centenas de anos atrás as pessoas andavam a cavalo do lado da estrada que evitava que as bainhas se chocassem. As pessoas dizem "saúde" quando alguém espirra, porque muitos anos atrás acreditava-se que uma pequena fração da alma estava escapando do corpo a cada espirro.

Entretanto, a questão é: agora que ninguém mais usa uma espada durante o trajeto matinal e poucos acreditam que a alma reside no muco, por que essas práticas persistem?

Embora uma grande quantidade de razões arbitrárias possa estar por trás de cada norma social e as pessoas frequentemente copiem umas às outras simplesmente para criar um sentimento de pertencimento, às vezes existe um valor real em imitar aqueles à sua volta. Por exemplo, pense na primeira vez que você foi a um restaurante japonês e não sabia o que fazer com o molho shoyu e o wasabi. Nesta seção, discutimos três razões comuns pelas quais as pessoas se conformam com as normas sociais: mimetismo, conformando-se para adquirir informação e conformidade para evitar não se encaixar.

Fazendo personificações: O desejo de imitar

Uma razão para a propagação e perpetuação das normas sociais é que os seres humanos gostam de copiar uns aos outros. Se você interagir com outra pessoa por mais do que alguns minutos, normalmente começa a falar na mesma velocidade que ela, usar as mesmas palavras, e até pega um pouco do seu sotaque. Você posiciona seu corpo da mesma maneira, cruzando os braços ou colocando as mãos nos bolsos se a outra pessoa o fizer. Se estiver em pé, as chances são de que você comece a balançar no mesmo ritmo que ela.

Esses movimentos podem ser imperceptíveis para um observador casual, mas podem ser medidos no laboratório. A pesquisa até mostra que quando você liga para um amigo em uma cidade distante e estão ambos andando e falando ao celular, seus passos se sincronizam.

Entretanto, debate-se na psicologia social o quanto o mimetismo seria automático. Pesquisas estão tentando desvendar se as pessoas sempre se envolvem em algum nível de mimetismo ou apenas copiam as pessoas quando têm um objetivo particular, como impressioná-las ou fazer amigos. O que está bem estabelecido, contudo, é que o mimetismo parece relacionado de perto com os sentimentos de afiliação e agrado. As pessoas o fazem desde o início da vida — talvez desde que saem do útero —, e imitam umas às outras em cada país do mundo. Exploramos o mimetismo em termos de persuasão com mais detalhes no Capítulo 14.

A pesquisa sugere que o mimetismo serve como um tipo de grupo social, ligando indivíduos uns aos outros. Se você já cantou com uma plateia de um show ou com milhares de fãs de futebol, então provavelmente experienciou o sentimento positivo de fazer a mesma coisa ao mesmo tempo que um grande número de pessoas.

LEMBRE-SE Parte da essência da interação social para os seres humanos é o mimetismo uns com os outros, e então, sem surpresas, hábitos e normas podem se espalhar entre as pessoas como um resfriado comum.

Obtendo informações de outras pessoas

LEMBRE-SE Entrar em conformidade com o comportamento de outras pessoas é muito útil quando você quer saber alguma coisa: algo chamado de influência informacional da conformidade.

Se você não sabe como se comportar ou se algo sobre a situação é ambíguo, você segue os outros. Você é especialmente propenso a fazê-lo se parece que as pessoas à sua volta são especialistas. Por exemplo, você experiencia uma forte pressão para entrar em conformidade no primeiro dia de aula, quando não sabe onde colocar sua mochila, e quando viaja para um país desconhecido.

> ### EU AINDA TENHO PESADELOS!
>
> Como muitas crianças na Inglaterra, fui enviado ao meu primeiro dia de aula na escola nova em um uniforme recém-comprado: um blazer preto com o emblema da escola, calças pretas, camisa cinza de náilon que causava coceiras e uma gravata da escola. Uma razão para o uniforme, mamãe explicou, era que as crianças às vezes implicavam com as pessoas que eram um pouquinho diferentes. Um uniforme fazia todos serem iguais. Como essa ideia subestimava a inventividade de uma sala cheia de crianças!
>
> Descobri imediatamente que todos os uniformes não são criados igualmente. Era absolutamente crucial que as barras da sua calça fossem precisamente do tamanho correto. Eu tinha uma vaga ideia que isso era importante e mamãe havia ficado acordada na noite anterior costurando amavelmente um par nas minhas calças. Para o meu horror, no primeiro dia, eu vi que as minhas estavam quase três centímetros mais curtas. Essa era uma diferença digna de pesadelos entre as minhas calças e as daqueles meninos de cabelos lisos que são legais sem fazer esforço e a quem todos pareciam admirar.

Na minha primeira viagem a Tóquio, me vi olhando para o mapa do metrô, pensando que parecia mais um diagrama de fiação complicado demais para um laptop. Eu não tinha ideia de qual passagem comprar, como comprar ou até mesmo onde estavam os trens. Então, fiz o que você provavelmente teria feito nessa situação: copiei o que todo mundo estava fazendo e segui o fluxo (e não apenas metaforicamente — as multidões são tão densas e se movem tão rápido que você só precisa pular em uma para ser carregado junto com a corrente de ternos se movendo).

Admitindo a necessidade de se encaixar

Mesmo que você sempre tenha sido legal e o centro do seu grupo social, certamente você pode se lembrar de um momento em sua vida quando entrou em pânico e sentiu a pressão para ser como todo mundo — mais provavelmente na escola. Você raramente sentia genuinamente que aquele item específico de estilo ou roupa era objetivamente melhor que qualquer outro (se você sentia, veja uma foto sua de dez anos atrás usando sua roupa favorita e se assuste em relação a como parece estranho e desajeitado agora). O objetivo aqui não é fazer a coisa *certa*; é só fazer a *mesma* coisa que todo mundo.

LEMBRE-SE

Os psicólogos chamam isso de *influência normativa* da conformidade. Seu comportamento é moldado pelo desejo de ser como aqueles à sua volta. Normalmente, o objetivo é a aprovação social ou a filiação ao endogrupo que você admira. Conforme a seção posterior deste capítulo "Encarando os Custos da Não Conformidade: Ostracismo", entretanto, você é frequentemente motivado não muito pela necessidade de se encaixar, mas pelo medo de não se encaixar.

Convivendo Bem: As Maneiras pelas quais as Pessoas Entram em Conformidade

A definição clássica de *conformidade* nos livros didáticos é mudar seu comportamento para combinar com as opiniões ou ações dos outros. É sutilmente diferente de outras formas de influência social que podem causar uma mudança no comportamento:

LEMBRE-SE

» **Obediência:** Quando você responde a uma ordem direta de alguém em uma posição de autoridade (veja o Capítulo 12 para saber mais — e isso é uma ordem!). Então, se um professor lhe diz para fazer uma fila na escola e você acata, isso é obediência.

» **Complacência:** Quando você faz uma mudança em resposta à pressão direta dos outros. Se um valentão da escola o ameaça e você entrega seu dinheiro do lanche, isso é complacência.

Mas se você passa sua hora do recreio grampeando as barras das calças para que fiquem do mesmo comprimento que as de todo mundo, isso é conformidade.

Nesta seção, examinamos algumas das maneiras pelas quais as pessoas buscam entrar em conformidade.

Absorvendo as opiniões das outras pessoas

Quando as pessoas vivem em uma comunidade, tendem a compartilhar crenças e opiniões. Claro, nem todo mundo concorda o tempo todo, mas existe uma tendência a concordar com opiniões para entrar em conformidade. Esta é uma razão (embora existam outras) pela qual mapas políticos do país coloridos por padrões de votação tendem a ser razoavelmente similares entre as eleições. Claro, alguns lugares trocam de vermelho para azul, mas muitas áreas são estáveis ao longo dos anos em termos de preferências políticas.

Desvendar as razões para essa conformidade em relação à opinião é muito complicado. Psicólogos sociais estudaram o fenômeno em estudos de campo de estudantes universitários. Eles são um bom caso de teste, já que os estudantes vêm de todo o país, moram juntos por três ou quatro anos e então (normalmente) vão embora. Os psicólogos têm acompanhado como as opiniões dos alunos mudam como um resultado de viver juntos por esse curto período de tempo.

A Bennington College, por exemplo, é uma faculdade de artes liberais em Vermont com a reputação de empregar acadêmicos que estão do lado esquerdo do espectro político nos Estados Unidos. Um pesquisador estudou a progressão das visões políticas dos alunos na década de 1930 em Bennington, do momento em que iniciaram na faculdade até sua graduação. A cada ano que os alunos ficavam no *campus*, suas visões políticas rastejavam cada vez mais para a esquerda. Esse era um dos primeiros estudos científicos detalhados de conformidade em opiniões políticas emergindo ao longo do tempo.

Alinhando sua percepção com os outros

Você talvez compartilhe das opiniões políticas de seus amigos ou de sua família por muitas razões. Debates noturnos ou um conjunto de experiências em comum podem tê-lo persuadido de que o que as pessoas ao seu redor pensam é simplesmente a visão correta. Entretanto, os psicólogos sociais descobriram que a conformidade vai muito mais fundo do que isso. Em algumas situações, as pessoas acreditarão que elas veem a mesma coisa que outras pessoas: não porque é a coisa certa a se ver ou porque elas têm sido explicitamente persuadidas, mas porque é simplesmente o que todo mundo vê. Notavelmente, existe uma *influência normativa* de conformidade na sua percepção. Isso foi mostrado pelo psicólogo social Muzafer Sherif, usando uma ilusão virtual simples.

EXPERIMENTE

Tente bloquear todas as fontes de luz em seu quarto à noite. Enquanto senta na escuridão, procure uma pequena luz de *stand-by* da sua TV ou computador. Encare-a por alguns minutos. Depois de um tempo, se o quarto estiver escuro o bastante, o ponto parece se mover. Esse efeito é uma ilusão visual simples (veja o box "Vendo estrelas se movendo: O efeito autocinético", se quiser ter um contexto científico).

VENDO ESTRELAS SE MOVENDO: O EFEITO AUTOCINÉTICO

PAPO DE ESPECIALISTA

Se seus olhos não têm um quadro de referência, como a forma escura de outros objetos ou o contorno da sua janela, seu cérebro se confunde facilmente. Ele pode confundir, por exemplo, pequenos movimentos da sua cabeça e corpo com movimentos potenciais da luz flutuando no espaço. Isso é chamado de efeito autocinético. Ele foi documentado pela primeira vez em 1799 por um explorador enquanto olhava as estrelas através de um telescópio. Contudo, ele achou que as estrelas estavam realmente nadando, e foram necessários outros 50 anos antes que as pessoas percebessem que aquilo tinha sido só um truque da mente.

Agora, convide alguns amigos ao seu quarto escuro para procurar pelo "misterioso ponto que se move". Depois de alguns minutos, acenda a luz novamente e peça a cada um que diga o quanto eles achavam que o ponto havia se movido em centímetros. Você terá uma variedade de estimativas. Se estiver disposto, peça a eles que voltem durante várias noites para repetir o experimento. Enquanto coleta as estimativas, você notará um fenômeno estranho, como ocorreu com Muzafer Sharif em 1935 nos seus primeiros experimentos sobre conformidade. As estimativas de seus amigos ficam cada vez mais parecidas umas com as outras.

Mesmo que a luz nunca tenha fisicamente se movido, nosso cérebro se confunde no escuro e percebe movimento. Se você demonstrou o efeito autocinético várias vezes para 100 pessoas e então pediu para que lhe dissessem *em particular* em qual direção o ponto se moveu, você terá 100 respostas levemente diferentes. Mas se as pessoas estão em uma sala juntas e dizem o que viram em voz alta, então, algumas demonstrações depois, elas começarão a dizer a mesma direção.

No fim, elas estão fazendo estimativas bem similares, entrando em conformidade total em sua percepção do movimento inexistente do ponto misterioso. Parece um tipo estranho de alucinação em massa, mas é apenas o efeito da conformidade da percepção visual.

Escolhendo se conformar em vez de escolher estar certo

As seções anteriores revelam que as pessoas absorvem as opiniões de pessoas à sua volta e que, confrontadas por uma ilusão visual misteriosa, elas são influenciadas pelas experiências dos outros. A conformidade talvez possa empurrar as pessoas para uma certa direção, mas em nenhum desses casos é uma força que encontra muita resistência. Nesta seção, observaremos a influência normativa da conformidade que o empurra em uma direção que você *sabe* que está errada.

O psicólogo Solomon Asch pediu a participantes para fazer um julgamento simples. Ele mostrou a eles uma linha preta desenhada em um grande cartão próxima de outras três linhas rotuladas A, B e C. O trabalho do participante era simplesmente dizer qual das três linhas estava no mesmo comprimento da primeira. Não foi algo difícil: até uma pomba poderia saber essa. Quando perguntadas sozinhas, na condição de controle, as pessoas acertaram a resposta quase sempre. Mas e se o participante não estivesse sozinho?

Nos experimentos de Asch, o participante era apenas uma pessoa em uma sala cheia de outras pessoas que também estavam presentes para fazer a mesma tarefa de estimativa da linha. Exceto que elas não eram somente outras pessoas, eram cúmplices do experimentador. O participante, como o personagem de Jim Carrey no filme *O Show de Truman*, era a única pessoa que não estava seguindo um roteiro.

EXPERIMENTE Imagine que você esteja neste experimento. O pesquisador apresenta as linhas a uma sala cheia de pessoas. Você pode ver imediatamente que a resposta correta é B. O experimentador circula pela sala e pergunta a uma pessoa de cada vez a sua resposta. O primeiro cara diz: "Hmmm, eu acho que é A." Você reprime um riso para si mesmo — que idiota! Então a segunda pessoa diz: "Sim, A." Você limpa os óculos e aperta os olhos novamente. Realmente parece que é B. Mas a terceira, quarta e quinta pessoas afirmam com confiança que A é a resposta correta. Agora a sala toda está olhando para você, esperando a sua resposta. "A, eu acho", você murmura.

Mesmo que a resposta correta não pudesse ser mais óbvia nos experimentos de Asch, muitas pessoas entram com conformidade com a visão descaradamente errada da maioria. Parece muito estranho que os participantes deste experimento não tenham levantado a mão e discordado das outras pessoas na sala. Na próxima seção, eu observo com mais detalhes uma das forças que compele a conformidade em tais situações — o medo de se destacar na multidão.

Encarando os Custos da Não Conformidade: Ostracismo

Culturalmente, o público parece premiar rebeldes e forasteiros e desprezar seguidores e "ovelhas". A independência de pensamento e espírito sempre ganha o dia em filmes e romances, com a mensagem sendo, muitas vezes, a de que você tem que defender aquilo em que acredita, não importa como. Quando foi a última vez que você viu um filme de Hollywood terminar com discursos vibrantes ou momentos de cair lágrimas depois que os personagens principais decidem fazer o que todo mundo faz?

REBELDES CULTURAIS

Os filmes frequentemente exibem uma pessoa que é um pouquinho diferente: usa roupas diferentes, tem uma atitude diferente e não se junta aos outros. É um forasteiro, um rebelde. Ele acha que ser dançarino de balé ou amigo de alienígenas é legal. Os outros alunos, cidadãos ou cadetes do espaço não confiam nele. Eles tiram sarro dele, o atormentam e não o convidam para suas festas. Talvez uma garota fique curiosa em relação a ele e ache que ele é mal compreendido e complicado (ela provavelmente usa óculos, para indicar sua visão inteligente).

Então, alguma crise acontece — o ator principal da peça da escola quebra a perna ou os alienígenas atacam —, e a menina de óculos convence as pessoas de que elas precisam do forasteiro. Ele salva o dia, a menina para de usar óculos (para mostrar que além de inteligente ela também é bonita!) e todo mundo fica feliz.

Em vez disso, você vê a mesma história centenas de vezes com diferentes disfarces, seja em um colégio de uma cidade pequena ou em uma estação espacial em uma galáxia distante (apresento minha própria visão para minha epopeia hollywoodiana no box "Rebeldes culturais").

CAÇADOR DE MITOS

Com o enorme impacto que a mídia de entretenimento tem, você acharia que as atitudes cotidianas das pessoas refletiriam o que elas valorizam em livros e filmes; mas, na verdade, na vida real, elas não gostam muito de rebeldes. Elas odeiam pessoas que pensam e agem de modo diferente.

Nesta seção, daremos uma olhada no que acontece às pessoas quando são deixadas de lado no grupo. O termo técnico para isso é *ostracismo*. Os psicólogos acham que o medo do ostracismo é uma das razões para as pessoas serem tão ávidas para entrar em conformidade com o comportamento e as crenças umas das outras. O ostracismo é uma possível consequência da não conformidade e as pessoas farão o que puderem para evitá-lo.

Admitindo que ninguém gosta de um rebelde na vida real

Os pesquisadores descobriram que, em geral, quando um membro de um grupo diz ou faz algo diferente — quando não entra em conformidade —, a opinião das outras pessoas do grupo cai em relação a esse indivíduo.

Apesar de algumas exceções, você geralmente incorre em um custo por sua falta de conformidade: muitas pessoas simplesmente não gostam de você ou o excluem do grupo social. Os psicólogos têm estudado os efeitos psicológicos do ostracismo em alguns experimentos inteligentes.

OS GREGOS ANTIGOS E OS *REALITY SHOWS*

Assim como inventaram a democracia, as Olimpíadas e a filosofia, os gregos antigos são responsáveis por um dos aspectos-chave dos *reality shows* como *No Limite*: o momento no final de cada episódio, quando os competidores se reúnem e votam em um de seus membros para que deixe a competição. O termo psicológico *ostracismo* vem da palavra *ostrakon*, que era um pequeno fragmento de cerâmica que os gregos antigos usavam como papel de rascunho. Todo ano, os gregos se reuniam e todos eles riscavam o nome de alguém de quem não gostavam ou em quem não confiavam em um fragmento de cerâmica. Os fragmentos eram então contados, e o "vencedor" era banido da cidade por dez anos. Então, além de dar à luz os *reality shows*, os gregos haviam percebido que ser desligado dos outros é uma punição social terrível.

EXPERIMENTE

Da próxima vez que estiver com um grupo de pessoas, falando sobre isso e aquilo, tente um pequeno experimento: discorde delas. Sempre que alguém der uma opinião ou um ponto de vista, em vez de murmurar em concordância, tente gentil, educada e respeitosamente dar uma visão oposta. As pessoas à sua volta podem exibir um recém-encontrado respeito por suas opiniões e pensamento independente, mas é mais provável, infelizmente, que apenas achem que você é um pouco chato.

Sentindo-se deixado de lado: A dor do ostracismo

Se você é forçado a sair de um grupo social, isso dói. Literalmente. Psicólogos sociais falam da "dor social" do ostracismo e existem algumas evidências, apresentadas a seguir, que sugerem que a dor social é muito parecida com a dor real em termos de como o cérebro responde a ela. Assim como a dor de ser socado pelo valentão da escola é uma razão para você concordar com as exigências dele, a dor social de ser banido é uma razão de as pessoas entrarem em conformidade com as normas sociais.

Um dia, um pesquisador chamado Kip Williams estava relaxando em um parque em São Francisco. O clima estava bom e várias pessoas estavam fora de suas casas aproveitando o sol. Então, um bumerangue caiu do céu, ao lado dele. Kip pegou o brinquedo, olhou ao seu redor e viu dois homens acenando para ele. Como em um jogo, ele arremessou o bumerangue de volta para um deles. Eles fizeram um gesto de agradecimento e então um dos homens o jogou de volta para Kip.

Ele alegremente o jogou de volta e, por alguns momentos, eles jogaram em três. Então, os dois homens jogaram entre eles por algumas rodadas. Depois de um tempo, parecia que haviam se esquecido de Kip, que ficou estranhamente parado, olhando para os dois homens, que agora jogavam o bumerangue apenas entre os dois. Neste momento, Kip diz que sentiu um profundo senso de dor e perda. Momentos antes ele esteve envolvido em um jogo divertido e espontâneo com duas pessoas, e agora eles o rejeitaram! Imagine Kip fingindo verificar o relógio, acenando para os homens e indo embora, tentando não deixar os ombros caírem.

Felizmente, Kip teve dois insights. Primeiro, era só um jogo, e os dois homens tinham saído para jogar um com o outro, e não com ele. Segundo, como essa pequena interação havia sido capaz de produzir uma emoção forte nele, poderia ser um jeito ideal de estudar a rejeição social no laboratório.

Williams inventou, então, os experimentos *Cyberball*, nos quais ele e seus colegas de trabalho apresentavam os participantes a um jogo de computador muito simples. Três bonequinhos palito estão na tela e os participantes podem controlar o que está na base da tela. Um bumerangue voa entre os personagens e quando voa na direção do seu bonequinho, você o pega. Então, você pode pressionar um dos dois botões para jogá-lo para o bonequinho da esquerda ou para o da direita. Nunca será um *Grand Theft Auto*, mas as pessoas parecem gostar de jogar esse jogo.

O interessante sobre o *Cyberball* é que outras pessoas estão controlando os outros dois bonequinhos palito pela internet. Você vê uma pequena foto de seus rostos na tela e o computador lhe diz seus nomes e, às vezes, algo sobre elas. Só que, claro, elas não existem de verdade: este é um experimento de psicologia social e, na verdade, apenas o computador está controlando os outros "jogadores". Essa configuração permite que Kip Williams recrie a experiência que ele teve no parque dentro do laboratório.

Os jogadores começam jogando o bumerangue para você, assim como um para o outro. Então, gradualmente, eles começam a favorecer um ao outro, e depois de algumas rodadas ninguém mais está jogando o bumerangue para você. Então o experimentador lhe pergunta como você se sente. Só de imaginar essa situação, você deve pensar: "Eu não ligaria nem um pouco — é só um jogo besta." Mas, na verdade, você absorveu informações o suficiente sobre os outros jogadores e teve interação suficiente entre vocês, o que faz com que — quando você é excluído — pareça uma exclusão social genuína. Você foi excluído, o que prejudica sua autoestima, diminui a felicidade e reduz seu sentido de pertencimento.

CAÇADOR DE MITOS

Os pesquisadores se perguntavam se a identidade dos outros jogadores importava. Seus sentimentos só são machucados se essas são pessoas que você realmente quer como amigos? Incrivelmente, não. Em um experimento surpreendente, os pesquisadores apresentavam os participantes a outros jogadores, e diziam que eles eram membros da Ku Klux Klan. Esse grupo racista de extrema direita é um anátema para a maioria dos norte-americanos e para todos os participantes dos experimentos. O mais incrível é que, mesmo se os participantes estivessem jogando bumerangue imaginário com algumas das pessoas mais desagradáveis do país, seus sentimentos ainda ficavam machucados quando eram excluídos.

Mais incrivelmente, os participantes receberam o jogo *Cyberball* para jogar em um aparelho de ressonância magnética (IRM). No momento em que foram excluídos, as regiões do cérebro que estavam ativas tinham muito em comum com as regiões que respondem à dor física — no córtex cingulado anterior, caso você esteja se perguntando. Em outras palavras, o pesquisador afirmou que a dor do ostracismo é real.

Eu acho que esses resultados são muito provocativos quando você pensa sobre suas implicações mais amplas. Os gregos antigos perceberam o poder da punição pelo ostracismo (veja o box "Os gregos antigos e os *reality shows*"), mas eu acho que nós temos a tendência de negligenciá-la atualmente. Talvez porque tendemos a pensar em nós mesmos como indivíduos orgulhosos, negligenciamos as recompensas que vêm de sentir-se parte de um grupo e subestimamos a punição que vem de sentir-se excluído.

> **NESTE CAPÍTULO**
>
> Pegando dois caminhos para a persuasão
>
> Buscando os seis princípios da persuasão
>
> Resistindo à persuasão

Capítulo 14

Persuadindo Pessoas a Participarem com Suas Libras

O que lhe vem à mente quando pensa sobre um grande ato de persuasão? O discurso sobre os direitos civis, "Eu tenho um sonho", de Martin Luther King? As transmissões de rádio de Winston Churchill exortando a nação para "lutar nas praias" e resistir aos ataques nazistas? Esses são exemplos poderosos de como as palavras podem mover as pessoas e mudar pensamentos, mas não são os melhores exemplos de atos de persuasão que podem girar em torno de nossas vidas cotidianas. Como explicamos neste capítulo, mal estamos cientes de alguns dos mais potentes meios de persuasão que exercem sua influência sobre nós.

O comércio é especialista em persuasão. Por exemplo, a Procter & Gamble (P&G) faz remédios, produtos de beleza e toda uma gama de bens para a casa. Em 2012, a empresa gastou US$2 bilhões em pesquisa e desenvolvimento, tentando criar produtos que são melhores que aqueles dos competidores. Nada de surpreendente aqui, você deve estar pensando. Mas o que pode surpreendê-lo é que eles gastaram quatro vezes mais que essa quantia tentando *persuadi-lo* de que esses produtos são melhores que os dos competidores.

A P&G é o maior anunciante do planeta. Os US$9 bilhões gastos em propaganda são mais do que o que muitos países gastam em estradas, armamentos, hospitais e escolas. A firma gastou com *outdoors*, espaços em TV e aqueles pequenos sachês de perfume que caem das revistas.

Neste capítulo, investigamos as técnicas e a psicologia da persuasão. Claro, a persuasão é usada em todos os tipos de áreas na sociedade e nos relacionamentos. Escolhemos manter o foco principalmente em como as empresas e os vendedores o persuadem a mudar sua mente e tomar um curso específico de ação ou comprar um produto. Revelamos algumas rotas diferentes para a persuasão, como apelos emocionais, argumentos intelectuais e percepção subliminar.

Descrevemos também seis princípios diferentes da persuasão, cada um baseado nos tipos de evidência psicológica das quais trato ao longo deste livro. Cada princípio leva a uma ou mais técnicas de persuasão que você pode usar em outras pessoas ou reconhecer quando estão sendo usadas em você. Fornecendo conhecimento desses truques, esperamos lhe dar alguma proteção contra essas artes obscuras.

Assim, acaba a minha tentativa de persuadi-lo a ler este capítulo!

O Vale das Sombras da Persuasão

Psicólogos sociais falam sobre dois "caminhos" para a persuasão. Eles querem dizer que existem duas linhas de ataque diferentes que as pessoas podem usar para tentar mudar sua opinião. Esses dois caminhos diferem nas maneiras que exigem que você processe mentalmente uma mensagem persuasiva como um argumento, um anúncio ou um discurso de vendas.

LEMBRE-SE

» **Processamento profundo:** Isso requer que o alvo da persuasão pense cuidadosamente sobre a informação na mensagem, usando análises razoáveis e deliberação.

» **Processamento raso:** Isso não requer que o alvo da persuasão pense muito profundamente sobre todo o conteúdo da mensagem ou mesmo que preste atenção a ele. Aqui, fatores rasos, superficiais, fazem o trabalho, como o fato de o vendedor ser atraente ou a marca ser familiar.

Embora as pessoas normalmente pensem na persuasão como um processamento profundo, o processamento raso é realmente a maneira mais comum — e mais poderosa — de influenciar o comportamento. Recentemente, por exemplo, o Facebook começou a inserir anúncios no meio das páginas dos usuários. Anteriormente, os anúncios eram mais discretos, ao lado. Muitos usuários não gostaram dessa mudança e, a princípio, recusaram-se a clicar nos anúncios. Se ninguém clicar nos links anunciados, eles pensaram, o Facebook não fará dinheiro com eles e assim irão abandonar a prática.

Apesar de ser um objetivo nobre, essa abordagem exibe uma falta de entendimento fundamental da psicologia por trás dos anúncios. A verdade é que o Facebook nunca esperou que ninguém clicasse nos anúncios: não é assim que eles funcionam.

O processamento profundo é como os usuários acharam que os novos anúncios que aparecem no Facebook deveriam funcionar: as pessoas veem um anúncio, leem os depoimentos, veem o produto e clicam para comprá-lo. Infelizmente, as pessoas raramente fazem escolhas dessa maneira. A maioria das persuasões usa o processamento raso sutil, como os anúncios do Facebook.

O Facebook não coloca essas propagandas porque acha que você lerá e clicará nelas. Tudo o que a empresa quer é expor você a essas marcas e imagens de produtos. Como discutido no Capítulo 5, quanto mais você é exposto a alguma coisa, em geral, mais você gostará dela. Todo mundo é influenciado pelo processamento superficial, como a familiaridade de uma imagem. Mesmo que você possa ignorar os anúncios com desdém, simplesmente por estarem na frente de seus olhos, eles estão cumprindo seu trabalho.

Considerando os argumentos racionalmente: Processamento profundo

A forma de persuasão de processamento profundo envolve um argumento, uma discussão, alguma evidência e uma decisão razoável. Por exemplo, alguém lhe fala sobre um carro ótimo que está à venda e diz que o preço é bom. Você pesa as evidências, verifica os preços, avalia o argumento e faz sua escolha de compra.

O processamento profundo é assim nomeado porque presume-se que o alvo da persuasão está usando toda a informação disponível para chegar a uma escolha racional e ponderada. O processamento profundo é a base para debates televisivos entre políticos em que você pode ouvir o argumento de todo mundo e fazer seu julgamento. É como as pessoas acham que fazem suas escolhas, como consumidores racionais. O processamento profundo, quando funciona, tende a produzir mudanças de opinião reais e duradouras.

Sendo influenciado pelas aparências: Processamento raso

Com o processamento raso, você é influenciado pelas propriedades superficiais da mensagem ou do comunicador: a altura do candidato político, o quanto o vendedor é atraente, e assim por diante.

O processamento raso não produz uma mudança de opinião profunda e duradoura: você não persuadirá alguém a mudar convicções políticas fortes ou a apaixonar-se por você dessa maneira. Os efeitos do processamento raso são mais efêmeros. Mas eles podem influenciar um eleitor indeciso ou empurrar um consumidor em direção a um ou a outro produto.

O endosso de celebridades funciona com processamento raso. Ninguém pediria seriamente a atores ou jogadores de futebol conselhos sobre que seguro imobiliário ou telefone celular comprar. Tudo o que importa é que você tem uma visão positiva do uso da celebridade e esse efeito positivo é transferido ao produto que ela está vendendo.

EXPERIMENTE

Qual dos dois candidatos seguintes para um trabalho de reparo elétrico parece mais impressionante para você?

Bob Roberts:

- » Eu tenho 27 anos.
- » Eu tenho graduação em engenharia elétrica.
- » Sou esforçado e pontual.

Rob Boberts:

- » Eu tenho 27 anos.
- » Eu tenho graduação em engenharia elétrica.
- » Fui educado a nível universitário.
- » Sou esforçado.
- » Coloco muito tempo e esforço nas minhas atividades profissionais.
- » Sou sempre pontual.
- » Eu compareço pontualmente em todos os meus compromissos.

Um pensamento rápido, ou qualquer processamento profundo, o leva a concluir que essas duas pessoas têm qualidades exatamente iguais. Mas as pesquisas mostram que, quando apresentadas a essas duas opções, as pessoas são influenciadas pelas coisas simples, como o número de tópicos que apoia cada pessoa; mesmo quando esses tópicos dizem exatamente a mesma coisa, como com esses candidatos.

DICA Da próxima vez que vir uma listagem de benefícios de uma política de seguros em um anúncio, note quantas vezes quase que exatamente os mesmos pontos são listados em lugares diferentes.

Apelando para as emoções

Argumentos detalhados que dependem de processamento profundo podem incluir apelos emocionais, como os discursos políticos de Martin Luther King ou Churchill. Contudo, os psicólogos sociais denominam apelos à emoção como processamento raso, já que são frequentemente não relacionados diretamente ao conteúdo da mensagem persuasiva.

Emoções positivas

O apelo emocional mais comum é simplesmente fazer as pessoas felizes, com a intenção de que a emoção positiva se associe à marca que está à venda. Os anúncios que usam humor, por exemplo, têm como objetivo fazê-lo pensar mais positivamente sobre seus produtos por causa do pequeno sorriso que evocam com um vídeo engraçado de um gato. Ou durante um grande evento esportivo como as Olimpíadas, as empresas estão muito ansiosas em associar seus nomes a times e atletas específicos, para que o brilho que seus apoiadores sentem seja associado a um prato, sabonete ou xampu específico. Não importa que o esporte não tenha nada a ver com o produto — tudo o que os anunciantes querem é construir uma associação entre a emoção positiva e a sua marca.

Uma psicóloga social que conheço usou esse princípio como vantagem. Quando chegava o tempo de entregar as avaliações de ensino para seus alunos, ela colocava um doce em cada formulário. Os alunos comiam os doces enquanto avaliavam sua professora e a felicidade leve causada pelo agrado açucarado garantia que ela tivesse algumas das melhores avaliações no departamento.

Emoções negativas

Às vezes, os persuasores tentarão evocar sentimentos negativos, como o medo de explorar o processamento raso de seus alvos. O exemplo mais comum são os anúncios de ataque em campanhas políticas que sugerem que coisas terríveis acontecerão se um candidato for eleito.

Entretanto, existe um risco em evocar emoções negativas, já que isso pode ser um tiro que sai pela culatra. O perigo é que a emoção negativa se torne associada ao persuasor e as pessoas se desliguem. Por exemplo, muitos dos primeiros anunciantes e campanhas sobre o aquecimento global usavam as imagens e estatísticas mais chocantes sobre desastres climáticos iminentes. Parece que, em muitos casos, essas táticas assustavam as pessoas a ponto de elas simplesmente não quererem saber sobre o aquecimento global — ou ativamente o negarem —, porque era horrível demais para se pensar.

Felizmente, os anunciantes que vieram depois perceberam esse erro estratégico. Se você assistir ao filme de Al Gore, *Uma Verdade Inconveniente*, por exemplo, verá que cada estatística alarmante é seguida imediatamente por um pequeno passo prático que as pessoas podem realizar, como trocar suas lâmpadas antigas por aquelas de maior eficácia energética. Desta maneira, a emoção negativa evocada pela mensagem é conectada à ação positiva que as pessoas podem realizar, e elas ficam menos propensas a se sentir sobrecarregadas e desligadas pelo medo de que nada pode ser feito.

Reconhecendo os Seis Princípios da Persuasão

Robert Cialdini pesquisou e escreveu extensivamente sobre a ciência da persuasão. Nesta seção, descrevemos os seis princípios da persuasão que ele identifica que são usados diariamente pelos nossos anunciantes, vendedores e, provavelmente, até por nossos amigos e familiares.

Muitos desses seis princípios dependem de vieses do seu pensamento ou de mecanismos psicológicos. Cada um funciona porque se conecta a necessidades psicológicas importantes, como ter crenças precisas sobre o mundo, ser amado por outras pessoas e sentir-se bem consigo mesmo. Nenhum desses objetivos é uma coisa ruim para você seguir, mas eles o deixam, sim, vulnerável a especialistas sorrateiros de persuasão que podem virá-los contra você.

"A mão lava a outra": O desejo da retribuição

Reciprocidade é a norma social que indica que, se eu faço algo para você, você deveria fazer algo para mim (para saber mais sobre normais sociais, veja o Capítulo 13). Ela existe em todas as culturas humanas, pode ser vista desde o início da interação social na infância e tem até mesmo a sua própria música, no musical *Chicago*. É tão arraigada que se alguém lhe dá algo — mesmo que seja algo que você realmente não queria —, não dar algo de volta pode ser surpreendentemente difícil.

A CASA SEMPRE GANHA

Cassinos levam o princípio da reciprocidade a extremos notáveis. A maioria dos cassinos agora dá a seus clientes cartões de fidelidade para que possam manter o controle de cada uma de suas transações. Eles identificam os clientes mais lucrativos, e quando essas pessoas têm uma grande vitória, os cassinos oferecem a elas quartos de graça no hotel e refeições de cortesia no restaurante. Em alguns casos, eles até pagam pelas passagens de avião para toda a família para ir a Las Vegas para que "seus amados possam ajudá-lo a celebrar sua boa fortuna".

Depois que os clientes aceitam essa generosidade do cassino, a norma da reciprocidade chega e eles se sentem compelidos a gastar pelo menos um pouco do que ganharam no cassino novamente. Eventualmente, a grande vitória do cliente acaba de volta no cofre do cassino.

Sempre que você conseguir algo de graça, pode apostar que alguém está tentando conectá-lo com a lei da reciprocidade. Pequenas amostras de comida dadas em um supermercado, etiquetas de endereço de cortesia que uma organização de caridade envia para você, uma performance feita para você por um artista de rua — em todos esses casos, depois de receber um presente "gratuito", as pessoas são mais propensas a comprar o produto todo, doar para a caridade ou colocar dinheiro no chapéu.

"Você realmente sabe o que faz!": Sendo consistente

As pessoas precisam sentir que são consistentes. Ter duas crenças que se contradizem causa desconforto psicológico, e as pessoas frequentemente mudam suas visões ou agem de maneira diferente para resolver essa inconsistência. (Essa tendência é o pilar da dissonância cognitiva, que vimos no Capítulo 6.) Para persuasores especialistas, sua necessidade de sentir-se consistente é uma de suas maiores fraquezas.

Imagine entrar em uma loja de eletrônicos procurando por uma TV nova. Um vendedor se aproxima e você começa a falar. Você resmunga algo sobre telas de alta definição e o vendedor diz: "Ah, vejo que você é meio especialista em TVs". Ele lhe mostra alguns aparelhos de TV e você expressa a sua preferência por um. "Nossa, você tem um bom olho para a qualidade!", ele responde.

Eventualmente, sua decisão chega a ser entre uma TV barata que faz o que você quer ou um modelo muito mais caro com características extras. Qual você escolhe? Bem, o que um especialista em tecnologia com olhos discernidores de qualidade faria? Eles escolheriam o modelo mais caro, que é o que você também faz. Venda feita!

Rotulando

Quando faz elogios sobre seu conhecimento e gosto, o vendedor não está só tentando congraçar-se: ele está fazendo algo chamado *rotulação*; está atribuindo características positivas a você. Quando você tem que tomar uma decisão, sua necessidade de comportar-se consistentemente significa que precisa agir de acordo com esses rótulos e você caiu direitinho nas mãos de ganhador de comissão dele.

DICA

O mesmo truque funciona bem com crianças. Um dia, meu filho viu seu irmãozinho brincando com seu carrinho preferido. Ele o pegou de volta, fazendo com que o pequeno chorasse. Em vez de dar uma lição a ele sobre as virtudes de compartilhar, eu tentei uma tática diferente. "Sam, você é tão bom em dividir com o seu irmão", eu disse a ele. Ele concordou modestamente, aceitando o rótulo. Então olhou para o carrinho, encolheu os ombros e devolveu a seu irmão menor com um afago na cabeça. Tente: funciona mesmo!

Técnica do pé na porta

As pessoas precisam de crenças e comportamento consistentes; os especialistas podem explorar facilmente essas necessidades com a técnica do pé na porta. Se você conseguir que as pessoas concordem com um pequeno pedido primeiro, elas concordarão mais tarde com seu pedido maior apenas para ser consistentes.

Os pesquisadores Jonathan Freedman e Scott Fraser demonstram isso em um experimento elegante da década de 1960. Primeiro, eles foram de porta em porta em uma área suburbana, perguntando se as pessoas concordariam em colocar uma placa grande em seus gramados, que dizia: "Dirija com segurança". Era um sentimento com o qual a maioria concordava, mas a placa era bem feia. Apenas 17% das pessoas concordaram em colocá-la.

Os pesquisadores tentaram então a técnica do pé na porta. Eles passaram por outro conjunto de casas, mas perguntaram se as pessoas colocariam uma pequena placa na janela que dizia: "Seja um motorista seguro". Era uma placa discreta e a maioria das pessoas concordou com esse pequeno pedido. Então, uma semana depois, os pesquisadores retornaram. Eles perguntaram se as pessoas se importariam em colocar uma placa grande e feia em seus gramados. Notavelmente, 76% das pessoas concordaram.

Mais de quatro vezes mais pessoas concordaram com o mesmo pedido grande se já tinham concordado anteriormente com o pedido pequeno. A razão era a consistência. Concordando em colocar a placa pequena, os proprietários das casas mostraram que estavam preocupados com a condução segura e que estavam preparados para fazer algo sobre isso. Depois disso, eles corriam o risco de parecer inconsistentes se dissessem não, mesmo que a placa fosse feia.

CAÇADOR DE MITOS

Esse resultado é contraintuitivo. Ele mostra que você pode aumentar suas chances de persuadir pessoas a fazer algo se aumentar suas exigências totais sobre elas.

O truque é bem conhecido pelas pessoas em jaquetas coloridas que patrulham a estação de metrô perto do meu escritório. O nome local para elas é *chuggers*[3], que é uma abreviação de "*chatity muggers*" (assaltantes de caridade). Eles ficam nas esquinas, falam com transeuntes e tentam persuadi-los a fazer uma doação regular para uma caridade em particular. A caridade e a cor das jaquetas mudam semanalmente, porque os *chuggers* não trabalham para qualquer caridade diretamente. Eles trabalham para uma empresa que pega uma pequena porcentagem do lucro de cada doação feita para a caridade. As pessoas nas jaquetas são profissionais de persuasão reais e especialistas na técnica pé na porta.

Eles se aproximam de você de maneira amigável e engajadora. Eles dizem: "Olá! Você tem alguns minutos para falar sobre a pobreza infantil/crueldade com os animais/falta de moradia?". Claro, toda pessoa boa e razoável tem alguns minutos apenas para conversar. Então, você para e conversa, e depois de alguns momentos de conversa sobre o problema, os *chuggers* lhe pedem um grande favor: "Você pode assinar esta petição para mim?". Você pareceria muito inconsistente se dissesse não a esta altura. Você já passou vários minutos ouvindo e concordando com o que foi dito. Não lhe custa nada rabiscar seu nome perto de uma afirmação pela qual vem concordando por todo esse tempo. Enquanto você assina, os *chuggers* falam mais e mais sobre a necessidade do seu apoio. Então, eles fazem a grande pergunta: "Você se inscreveria para fazer uma pequena doação mensal?"

A essa altura, você pareceria muito inconsistente, para não dizer mesquinho e hipócrita, se dissesse não. Afinal de contas, você já lhes deu seu tempo, sua concordância verbal e até assinou uma declaração dizendo o quanto esse assunto é importante para você.

Os *chuggers* começam com um pequeno pedido, e você continua concordando enquanto os pedidos ficam cada vez maiores. Por causa da sua necessidade de ser consistente, eles basicamente ganharam o seu dinheiro no "Olá".

Técnicas da bola baixa e fisgar e trocar

Essas técnicas induzem o consumidor a dar o primeiro passo em direção a comprar um produto e então mudar o acordo. Mas porque os consumidores precisam sentir-se consistentes, eles seguem com a compra indiferentemente. Na *técnica da bola baixa*, um preço muito baixo é anunciado.

---

3 Chuggers são pessoas que pedem doações nas ruas do Reino Unido.

Por exemplo: Você vê uma passagem de avião para Paris por £10. Isso parece ser um ótimo negócio, então você liga para o guichê. Você descobre uma passagem disponível para o dia que quer e reserva o assento. E então o vendedor lhe lembra da taxa de bagagem de £20 e a taxa do aeroporto de £40. Além disso, você tem que comprar a passagem de volta também, que é £80, e outra taxa do aeroporto de £40. Então, resumindo, a passagem é £190, e mais cara que outras que você viu anunciadas originalmente. Mas como você se comprometeu em comprar ligando para o guichê com o seu cartão de crédito em mãos, e porque você se comprometeu com um dia e horário, você prossegue com a compra da passagem.

A técnica de *fisgar e trocar* é ainda mais descarada. Aqui, você vai até uma loja porque viu o anúncio de um laptop por uma pechincha. Mas o vendedor balança a cabeça tristemente e lhe diz que esse modelo esgotou. Mas ele tem outros laptops no estoque, se você estiver interessado, embora não estejam com um preço tão bom. Como você foi até essa loja específica e disse ao vendedor que queria comprar um computador, a única coisa consistente parece ser continuar e comprar um. Mesmo que não seja o que você queria, com um preço maior do que o que você queria pagar. Mas, pelo menos, você foi consistente.

Nove em cada dez anunciantes usam a prova social

Você não compra uma geladeira com muita frequência — talvez umas duas vezes na vida. Então você provavelmente não sabe sobre as últimas tendências em consumo de refrigeração. Mas quando você vai comprar uma, pergunta a seus amigos e à família, ou vê online e lê críticas de outros usuários. Seu objetivo é conseguir uma informação precisa sobre o mundo da refrigeração.

Uma fonte prontamente disponível de informações é o comportamento e as opiniões das outras pessoas — chamada de *prova social* — e é uma força persuasiva poderosa que os especialistas podem manipular.

A maneira mais óbvia, por exemplo, para um restaurante explorar este princípio de persuasão online é escrever suas próprias críticas de usuários. Se você der uma olhada nas críticas de restaurantes online, poderá facilmente ver as críticas feitas pelos donos. Eles têm uma gramática melhor e escrevem corretamente, usam frases que seres humanos normais não usam ("a decoração deslumbrante era de outro mundo e os charmosos anfitriões atenderam a cada um de nossos desejos culinários").

A prova social pode ser feita de maneira mais sutil, claro. Você provavelmente já ouviu o conselho de comer apenas em restaurantes cheios ou escolher os restaurantes chineses que pessoas chinesas frequentam. Aqui, você é levado pelas opiniões dos outros e de pessoas que são especialistas nessa culinária. Os donos de restaurantes estão muito cientes dessa tática e sentam as pessoas (especialmente as bonitas) em pontos-chave perto de janelas para atrair outros clientes.

Você não precisa ver pessoas se comportando de uma certa maneira para seguir seus exemplos. Pense em um bar que tem um pote rotulado de "gorjetas". Quando você para, você coloca dinheiro nele? A pesquisa mostra que você fica muito mais propenso a fazê-lo se ele já estiver cheio de notas e moedas, porque isso é "evidência" de que outras pessoas deram gorjeta e que você também deveria. Essa tendência foi mostrada por uma pesquisa cuidadosa, mas a equipe de garçons sempre soube disso. Eles têm até uma expressão para colocar seu próprio dinheiro no pote para começar a noite: "Salgar o pote."

O mesmo efeito é usado na maneira que alguns programas de TV são transmitidos. Isso está virando uma coisa do passado (felizmente), mas muitas comédias têm uma faixa de risada gravada por cima. Você deve pensar que achar algo engraçado ou não é uma coisa bem individual. Ainda assim, a pesquisa mostra que a risada de outras pessoas é uma determinação forte para que você ache algo engraçado. Você não precisa nem ouvir a risada. Em um estudo, as pessoas se sentavam sozinhas em uma sala e assistiam a um clipe do comediante Bill Cosby. A quantidade de risadas aumentava quando falavam a elas que um amigo estava na sala ao lado assistindo ao mesmo clipe.

O uso mais óbvio da prova social em persuasão são os *slogans* de marketing no formato "Oito entre dez gatos preferem...". Você vê esta técnica o tempo todo, muitas vezes com um grupo de especialistas entrevistados. Por exemplo: "Mais de 90% dos dentistas usam nossas escovas em suas próprias casas", ou uma marca afirmando a si mesma como "a escolha número um do Reino Unido".

"Que coincidência, eu também!": O desejo de ser amado

Os seres humanos são criaturas socialmente carentes, constantemente querendo afirmar e fortalecer os laços sociais. Se um amigo lhe pede um favor, você diz sim. Se alguém parece que se tornará seu amigo, você muitas vezes diz sim. Favores são um tipo de cola para relacionamentos sociais. Os especialistas em persuasão perceberam que se os vendedores conseguirem fingir ser seus amigos, você fica mais propenso a comprar deles.

Vendedores usam técnicas sutis para manipulá-lo a gostar deles. Como você pode ver no Capítulo 15, certos fatores fazem as pessoas gostar umas das outras, mas a mais penetrante é a similaridade. Você gosta de pessoas que são como você. Isso não significa apenas coisas como a idade ou a aparência, mas aspectos mais sutis do comportamento também.

Se você imitar gentilmente a maneira de falar, a postura e a linguagem corporal das pessoas, elas tendem a gostar mais de você (a não ser que o peguem fazendo isso, quando acham um pouco esquisito). As pesquisas descobriram que a equipe de garçons em restaurantes aumenta dramaticamente suas gorjetas quando simplesmente copia a maneira que um cliente faz um pedido.

Portanto, quando você fala com vendedores, pode descobrir que têm uma quantidade surpreendente de coisas em comum. Talvez eles também sejam estudantes, ou foram recentemente e estudaram assuntos parecidos com os seus. Talvez eles também gostem de viajar ou ir a shows. Se você for um pouco mais velho, pode descobrir que (surpresa, surpresa) eles têm filhos com mais ou menos a mesma idade dos seus.

Essa técnica de vendas é particularmente notável em vendas por telefone. Quando você fala com vendedores ao telefone, eles estão frequentemente seguindo um roteiro que os instrui a encontrar áreas em comum entre eles e você.

EXPERIMENTE Da próxima vez que receber uma ligação, tente incluir na conversa algo aleatório, como você gostar de iatismo, ou tente mudar seu sotaque e maneira de falar. Muito rapidamente, você também descobrirá que eles também gostam de velejar e são de Yorkshire!

"Confie em mim e no meu jaleco branco": Respondendo a figuras de autoridade

Não importa o quanto você ache que tem o pensamento independente, você ainda está suscetível à autoridade de outras pessoas. No Capítulo 12, discutimos experimentos que demonstram a notável obediência que as pessoas mostram em relação a pessoas com autoridade. Claro, ninguém anuncia seus produtos tendo uma pessoa com autoridade mandando em outras: a autoridade exerce influência de uma maneira mais sutil.

EXPERIMENTE Imagine um anúncio para um novo suplemento vitamínico. Alguém na tela está lhe falando sobre o produto. Como é essa pessoa? Meu palpite é que seja homem, alto, atraente, bem-apessoado, vestindo um jaleco branco, uma camisa azul e óculos com armação de metal fina. A idade não é importante — velho o bastante para parecer que está no auge da sua profissão, mas jovem o bastante para estar atualizado sobre a última pesquisa. Meu palpite é que esteja no final de seus 30 e início dos 40 anos.

Neste momento, eu estou escrevendo isso sentado em um trem subterrâneo de Londres, olhando para dois senhores anunciando vitaminas e um novo tipo de pasta de dentes.

Os anunciantes estão batendo no seu estereótipo de um especialista médico — alguém com experiência e treinamento, que pode falar com conhecimento sobre as virtudes desse produto. Refletindo seu estereótipo de autoridade, o anúncio é mais propenso a exercer uma influência sobre suas escolhas.

"Não deixe para depois, ligue agora": Implicando escassez

Os anunciantes usam frequentemente a noção de que se algo é escasso e outras pessoas parecem querer, então deve ser valioso.

Aqui está uma história apócrifa, normalmente contada na Rússia da era soviética. Uma senhora passa por uma longa fila em uma loja e se junta a ela. Outra senhora para e pergunta: "Por que está esperando na fila?". "Não tenho ideia", diz a primeira senhora, "mas deve valer a pena!".

Este método de persuasão é especialmente fácil de visualizar. Você vê muitos anúncios gritando "a oferta acabará hoje!", "oferta por tempo limitado!" ou "pela última vez em estoque!". Sites de ofertas de hotéis são especialmente adeptos de fornecer todos os tipos de "informações" sobre o número de pessoas que acabaram de comprar um quarto e a rápida diminuição (normalmente entre um e quatro) do número de quartos restantes naquele preço. Tudo o que você precisa fazer é clicar agora para fazer a reserva (sem ter tempo de comparar a compra), e você poderá conseguir uma "barganha".

Combatendo a Persuasão: A Resistência nem Sempre É Inútil

Como todos os seres humanos, você é muito suscetível à influência social. Isso não é uma coisa ruim. É parte da sua herança como membro de uma espécie que evoluiu em grandes grupos sociais. Mas isso significa que os profissionais de persuasão podem virar muitas das particularidades e vieses mentais seus contra você. Embora você nunca possa reduzir completamente as influências desses profissionais sobre suas decisões, o conhecimento detalhado de seus truques lhe dá alguma proteção.

Às vezes, isso é fácil, já que os persuasores exageram na dose. Por exemplo, o chanceler George Osborne apareceu na cerimônia de abertura das Olimpíadas de Londres que celebravam instituições britânicas como o *National Health Service*. Mas quando a tela do estádio mostrou uma imagem dele, a multidão começou a vaiar espontaneamente, reconhecendo sua tentativa descarada de associar a si mesmo com o orgulho nacional no NHS, quando, na época, ele foi responsável por cortar seus fundos.

DICA

Com tentativas mais sutis de persuasão, a melhor defesa é reconhecer os truques e manipulações que estão sendo usados contra você. Por exemplo, agora consigo lidar com os *chuggers* e suas técnicas de pé na porta: eu dou um olá alegre e concordo que a falta de moradia ou o que quer que seja é importante. Consigo então ignorar as dores da culpa enquanto continuo andando, já que prometi a mim mesmo ler sobre a caridade sozinho mais tarde, quando estiver longe das manipulações do *chugger*. Além disso, quando um vendedor não tem o produto que a loja anunciou para vender, eu suspeito da técnica de fisgar e trocar e tento outra loja.

A única coisa contra a qual sou impotente, entretanto, é a norma da reciprocidade. Dar amostras grátis de comida me parece tão bom que eu sempre saio com uma cesta cheia de iguarias superfaturadas.

5 Avaliando Relacionamentos, Grupos e Sociedades

NESTA PARTE . . .

Dê uma olhada mais de perto nos relacionamentos interpessoais.

Examine como os grupos sociais se comportam, para o bem ou para o mal.

Veja como estabelecemos conexões interculturais.

> **NESTE CAPÍTULO**
>
> Entendendo a atração por meio da evolução
>
> Falando com certas pessoas
>
> Encontrando alguém para amar
>
> Convivendo com todo mundo

Capítulo 15
Relações Interpessoais: Gostando, Amando e Vivendo com Outras Pessoas

Os seres humanos não foram feitos para ficar sozinhos. O fato de que o confinamento solitário é a pior punição que o sistema legal do Reino Unido pode infligir não é coincidência. Os seres humanos evoluíram como uma espécie social, vivendo em pequenos grupos de talvez 100 ou 150 pessoas. Desde as primeiras cidades, 6 mil anos atrás, as pessoas vivem em populações maiores que isso e, ainda assim, seus mundos sociais parecem ter permanecido com cerca do mesmo tamanho. Ecoando o passado, o número médio de amigos do Facebook é de cerca de 150. Nessa rede social, o tópico de conversa dominante (a mesma razão, por exemplo, de o Facebook ter começado) é quem é atraente e quem não é, quem está namorando quem e quem acabou de terminar um relacionamento.

Neste capítulo, apresentamos as forças psicológicas que moldam os relacionamentos positivos. Discutimos a ligação que você sente com as pessoas que o criaram quando criança e o que isso revela sobre seus relacionamentos quando adulto. Exploramos as forças sociais por trás da sua atração por algumas pessoas e não por outras e por que as pessoas de quem você gosta tendem a ser do mesmo sexo. Além disso, não negligenciamos os relacionamentos com pessoas de que você necessariamente não gosta ou cobiça, mas com quem, mesmo assim, precisa dividir o planeta por causa das forças sociais que moldam suas interações com vizinhos, pares, colegas e também com chefes. Para este fim, também daremos uma breve olhada nas hierarquias, poderes e status sociais.

Considerando uma Perspectiva Evolucionista sobre a Atração

A psicologia evolucionista, descrita em detalhes no Capítulo 2, tem mais a dizer sobre atração, amor e sexo do que qualquer outro assunto: é realmente a *Playboy* das disciplinas científicas! Embora cada aspecto do comportamento humano tenha evoluído de alguma maneira, o comportamento de acasalamento é onde as pressões evolucionistas mostram suas garras mais claramente, porque a escolha do parceiro é a atividade pela qual os genes são transmitidos.

Como Charles Darwin percebeu, você não só tem que ser o mais forte e em forma para sobreviver, mas também *parecer* o mais forte e em forma para companheiros em potencial. Caso contrário, você talvez sobreviva como um indivíduo, mas seus genes não. Então, os leões têm jubas, os narvais têm presas e os primatas mandril têm bumbuns azul-claro, não que essas coisas ajudem a manter seus pescoços quentes, a pescar ou... fazer qualquer coisa que bumbuns azuis possam ajudar a fazer. Não, essas são *características sexuais secundárias*, presentes como indicadores indiretos de força, virilidade e qualidade genética. Como outro exemplo, os ptilonorhynchidae decoram seus ninhos com uma tecelagem intrincada, flores e cascos brilhantes de besouros, não porque isso faz o ninho mais quente ou mais seguro, mas porque as fêmeas escolhem seus amantes dessa maneira.

PAPO DE ESPECIALISTA

PSICOLOGIA EVOLUCIONISTA E POLÍTICA

Um passo específico em qualquer argumento sobre o comportamento humano que é importante, mas parece tão pequeno e inócuo que as pessoas muitas vezes não notam quando alguém o faz, é falar sobre o que as pessoas realmente *fazem* e o que elas *deveriam* fazer. Normalmente, esse passo está escondido na barra da saia de uma palavra específica: uma discussão sobre o que é *natural* que as pessoas façam.

Ironicamente, dado o frequente antagonismo da ciência e da igreja, esta (má) aplicação da teoria evolucionista tem um ancestral na teologia cristã. A ideia é chamada de *lei natural* e, em termos simples, ela afirma que o que a maioria das pessoas faz deve ser o que Deus pretendia, é natural e, portanto, deve ser parte do código ético das pessoas. Então, por exemplo, por todo o reino animal e humano, as pessoas observaram que ligações de pares acontecem mais comumente entre um homem e uma mulher. Portanto, a conclusão feita foi de que isso é natural e correto e que os relacionamentos homossexuais não são naturais e são errados (este argumento funciona apenas se você ignorar todos os casos de atividade homossexual entre outros animais e outras culturas humanas, claro).

Você pode ouvir a mesma linha de raciocínio da lei natural agora aplicada de um ponto de vista evolucionista. Por exemplo, que os seres humanos são agressivos *por* natureza, que existe um gene específico para a agressão e, então, talvez a lei deva reconhecer legalmente que as pessoas com esse gene têm responsabilidade diminuída por seus crimes violentos. Da mesma forma, alguns argumentam que comportamentos horríveis como o estupro são uma adaptação evolucionista para espalhar o material genético e, nesse sentido, é "natural". Poucas pessoas argumentam que isso não torna nada justificável, mas a implicação perturbadora fica no ar.

Esses argumentos estão errados por duas razões. Primeiro, existem razões científicas muito boas para ser cético sobre as afirmações sobre o que os genes humanos fazem as pessoas fazerem. Segundo, falando politicamente, mesmo se as pessoas pudessem demonstrar, com certeza, o que a "natureza" humana é, isso não precisaria cegar as leis e decisões éticas. De fato, muitas pessoas diriam que as leis e a ética são uma maneira de verificar e controlar os desejos básicos, os vieses e a pior natureza das pessoas.

Então, mantenha-se atento a políticos que começam seus argumentos com o que é "natural" do comportamento humano.

No Capítulo 14, apontamos que algumas empresas gastam mais em propaganda do que com o desenvolvimento de produtos melhores e, de várias maneiras, elas estão simplesmente aprendendo com a natureza: persuadir as pessoas de suas virtudes é tão importante quanto ter essas virtudes.

LEMBRE-SE Essa lição também se aplica aos seres humanos. Na discussão sobre o amor, sexo e casamento neste capítulo, recorremos a essa perspectiva evolucionista e à ideia de seleção pela aptidão genética real ou percebida. Como muitas ideias provocativas, sugerimos que você se mantenha saudavelmente cético em relação a algumas das afirmações da psicologia evolucionista e ativamente atento sobre como elas podem ser aplicadas em discussões fora da ciência. Veja o box "Psicologia evolucionista e política" para mais informações.

Descobrindo Por que Você Gosta das Pessoas de Quem Gosta

Um número notável de conversas, artigos de revistas, filmes e sites gira em torno do assunto da atração humana: quem é bonito e quem não é, de quem você gosta e quem gosta de você, o que acontece quando você realmente gosta de alguém que não gosta de você (ainda). Nesta seção, falamos sobre a ciência da atração humana. Discutimos a evidência por trás das noções de beleza, o poder estranho e surpreendente da média e os papéis da simplicidade, simetria e similaridade.

EXPERIMENTE Pense por um momento sobre as pessoas que você acha atraentes. Folheie uma revista, talvez, ou passe por algumas fotos de perfis do Facebook. Pergunte-se o seguinte:

» Você consegue discernir um padrão nos rostos que você acha atraentes?

» Parece que você gosta de um tipo de pessoa? Não diga simplesmente "pessoas bonitas": veja se você consegue descobrir a questão mais difícil sobre o que faz um rosto ser atraente.

» Você acha que tem um gosto particular que é diferente do das outras pessoas? Ou você acha que todo mundo concorda basicamente com o que torna um rosto atraente?

CAÇADOR DE MITOS Você pode ter começado a ler este capítulo sentindo que tem gostos estranhos ou refinados em relação à atratividade. Mas depois de pensar um pouquinho mais sobre isso, e especialmente depois de ler o restante desta seção, talvez você se convença de que seus julgamentos são realmente muito similares aos de todo mundo.

Definindo um rosto bonito

Embora pensemos na beleza como única e ilusória, a evidência científica é a de que um fator simples determina a maioria de nossos julgamentos sobre atratividade: a média. Nesta seção, revisamos a evidência para essa descoberta contraintuitiva e discuto alguns dos motivos de isso talvez ser assim.

EXPERIMENTE

Da próxima vez que estiver em um grupo grande de pessoas, em uma sala de aula ou em um trem lotado, veja os rostos à sua volta. Atribua pontos a eles entre um e dez. (Tente não ficar encarando ou pronunciar suas notas para as pessoas: estranhamente, as pessoas não gostam de ser avaliadas de um a dez!) Imagine que você pode pedir a todos os presentes para que façam a mesma coisa e vocês todos teriam um concurso de beleza. Ao totalizar as notas, você descobriria — falando objetivamente — a pessoa mais atraente.

Mas deixe-me contar um fato animador: alguém nessa sala é ainda mais atraente que o vencedor do seu concurso. Essa pessoa não existe fisicamente, mas você pode criar uma imagem dela: a pessoa mais bonita na sala é a média matemática de todo mundo presente.

Este fato notável é verdadeiro em qualquer grupo grande de pessoas. Você pode tirar retratos de montes de indivíduos, classificá-los de acordo com o grau de atratividade e então misturar todos os rostos juntos para produzir um rosto mediano. Se você, então, pedir para que todos olhem para esse rosto mediano, ele é julgado como sendo mais atraente que qualquer indivíduo único — mesmo embora ele contenha todas as pessoas normais e esquisitas que ganharam notas baixas sozinhas.

LEMBRE-SE

Como um grupo, as pessoas são sempre mais bonitas que qualquer indivíduo. Lembre-se disso, porque pode ser a coisa mais positiva que eu digo neste livro.

Você pode estar pensando que a média não entra realmente nas passarelas da moda. Quando você vê mais um artigo de revista classificando "a pessoa mais bonita do mundo", a palavra "média" raramente vem à mente. Pessoas bonitas são marcantes e impressionantes, não medianas e comuns. Realmente, se você tentar bater um papo com pessoas dizendo a elas o quão "maravilhosamente medianas" elas se parecem, você provavelmente não chegará muito longe. A não ser que queira sair com um psicólogo, o que pode ser insensato por outras razões.

CAÇADOR DE MITOS

O fato é que o que os seres humanos parecem ter como "beleza" nem sempre combina com o que a maioria das pessoas acha atraente na maioria das vezes. Se você olhar em revistas ao longo de 100 anos de edições e então visitar uma galeria de retratos para voltar ainda mais no tempo, você descobrirá que as concepções de beleza mudaram e continuam a se diferenciar entre as culturas atualmente. Ainda assim, embora a face da beleza tenha mudado nas indústrias da moda e do entretenimento, os psicólogos têm descoberto que o que a maioria das pessoas acha atraente continua mais ou menos a mesma coisa ao longo do tempo e entre as diversas culturas.

Preferindo rostos medianamente bonitos

Apesar das normas culturais em relação a formas extremas de beleza, os seres humanos parecem achar a medianidade atraente. Esse efeito tem sido encontrado confiavelmente em várias culturas — por exemplo, os inuítes preferem rostos medianos de galeses e vice-versa.

Os pesquisadores sugerem muitas razões pelas quais os rostos medianos são julgados como mais atraentes. Aqui discutiremos algumas.

Simplicidade

Talvez a simplicidade seja a chave. Em geral, as pessoas preferem coisas — frases, música, ideias — que sejam mais fáceis de processar mentalmente. Rostos medianos, por sua natureza, não têm nenhuma das idiossincrasias, complexidades e protuberâncias estranhas que a maioria das pessoas vê no espelho todas as manhãs: todas essas coisas foram igualadas. Então, alguns pesquisadores acham que os rostos médios são mais atraentes porque, neste sentido, são exemplos mais simples — ou mais puros — de rostos.

Simetria

Os psicólogos evolucionistas argumentam que a chave para essa preferência pela medianidade é a simetria. Por sua natureza, os rostos medianos são mais simétricos, porque qualquer assimetria individual é igualada.

Se você tem um computador e uma câmera à mão, você pode tornar uma foto sua mais atraente:

1. **Tire uma foto frontal de si mesmo.**
2. **Corte-a ao meio digitalmente.**
3. **Escolha a metade mais atraente (interessante é que é bem provável que seja seu lado esquerdo — o lado direito da foto na tela).**
4. **Copie essa metade, espelhe-a e mova-a sobre a foto.**

Você agora tem uma foto completamente simétrica. Parabéns, você criou uma versão mais atraente de si mesmo.

Na realidade, não só a simetria do seu rosto é importante. Os psicólogos evolucionistas mediram as dimensões corporais de um grande número de pessoas, até o comprimento e largura de cada dedo. Fazer isso permite que eles quantifiquem a simetria em termos de quanto as medidas dos lados esquerdo e direito do corpo são próximas. A afirmação é a de que sua simetria corporal está ligada ao quanto você é julgado atraente. Além disso, ela também se correlaciona a quanto dinheiro você ganha, o quanto você é feliz e quantos parceiros sexuais você tem. A vida é boa para pessoas simétricas.

Por que a simetria corporal é tão importante? Quem decidiu que a simetria era a chave para a atração, em vez de ser — o que eu gosto de chamar de — o elegantemente disforme, como eu? A resposta rápida está nos parasitas.

Para ver como, considere ser uma criança crescendo antes da medicina moderna: digamos, em qualquer época anterior a duzentos anos. Você teria tido um grande número de doenças, infecções e parasitas durante a infância. Na verdade, as chances são de que você não teria sobrevivido até a idade adulta de maneira nenhuma. A infância é um tempo de crescimento corporal, claro, e esse crescimento rápido e repentino seria dificultado por qualquer parasita e infecção que você pegou enquanto crescia. E sempre que um parasita ou uma infecção inibia um crescimento repentino de alguma maneira, você crescia um pouco assimetricamente.

LEMBRE-SE

Sua simetria corporal geral é como um registro médico da sua infância. Se você quer acasalar com a pessoa mais saudável com o menor número possível de infecções e parasitas corporais — e em termos darwinianos, quem não quer? —, você escolhe a pessoa com o corpo e o rosto mais simétricos. A pessoa fornece a combinação mais saudável para seu material genético.

Algumas pessoas acham improvável que as pessoas usem atualmente a simetria corporal como uma dica para namorar. Os parasitas são, felizmente, raros em muitas sociedades modernas e indicadores muito mais confiáveis de saúde estão disponíveis, se é com isso que você se preocupa. Além disso, no primeiro encontro, as pessoas estão ativamente prestando atenção e mantendo o controle da simetria entre dimensões corporais precisas? (Na verdade, conheci um psicólogo evolucionista que admitiu que ele tinha medido sua parceira totalmente antes de decidir se a pedia em casamento, mas isso diz mais sobre ele do que serve de prova para a ideia.)

Mas a afirmação continua sendo a de que durante um longo período de tempo, a simetria provaria ser uma dica confiável para a saúde de parceiros potenciais e então as pessoas desenvolveram uma sensibilidade à simetria que sobrevive atualmente.

Escolhendo um companheiro

Em minhas palestras sobre atração, eu apresento à classe uma fila de rostos femininos quase idênticos. Eu lhes peço para escolher o mais atraente ou o que eles acham que seria o rosto mais atraente para um homem heterossexual. Seus votos normalmente são espalhados pela fila de rostos, mas com uma forte inclinação para o lado direito. Eu peço à turma para adivinhar como os rostos diferem e por que as pessoas parecem preferir os rostos que estão mais à direita. Eles dão bons palpites — a testa parece um pouco maior nos rostos à direita, o queixo é um pouco menor, os olhos são um pouco maiores. Todas essas coisas são verdadeiras, mas não dizem respeito a como os pesquisadores criaram a fila de fotografias.

A imagem mais à esquerda é uma imagem inalterada de uma mulher de 20 e poucos anos. A próxima imagem à direita é uma mistura da original mais 10% de um rosto diferente. A próxima imagem tem 20% da outra foto misturada, a próxima tem 30%, e assim por diante, até que a foto final à direita tenha 50% da mulher original e 50% do outro rosto. Algo sobre a presença crescente do outro rosto torna a mulher cada vez mais atraente para as pessoas. De maneira desconcertante, é o rosto de uma menina de dez anos.

LEMBRE-SE

Quanto mais uma mulher adulta tem características faciais de uma menina pré-adolescente, mais atraente ela se torna para os outros. O nome técnico para isso é *neotenia* e nesse contexto significa que as características da criança são retidas pelo adulto. Um rosto neotênico tem olhos grandes, testa grande e queixo, nariz e boca pequenos: basicamente o rosto de todos os personagens da Disney. Mais uma vez, esse efeito pode ser visto por todas as culturas. Existe uma boa razão pela qual os personagens de desenho animado e os brinquedos são desenhados dessa maneira específica: eles simplesmente ficam muito fofinhos. Interessante é que as características de rostos infantis são vistas em muitos mamíferos e é por isso que poucas coisas nesse mundo são mais fofinhas que um filhotinho de gato, panda ou ouriço.

Só para deixar claro: não estamos dizendo que a natureza humana deve se sentir atraída por meninas pré-adolescentes e bebês pandas. A evidência experimental é a de que o que é atraente, para o homem heterossexual em particular, é uma mulher madura sexualmente, mas que reteve algumas características de um rosto pré-adolescente. De fato, algumas mulheres famosas consideradas atraentes — Brigitte Bardot e Kate Moss, por exemplo — são conhecidas por seus rostos infantis.

É reprodução, seu burro

A psicologia evolucionista oferece uma sugestão sobre o porquê de os homens heterossexuais serem atraídos por mulheres adultas mas quererem que elas se pareçam pré-adolescentes. Isso é baseado na afirmação de que, ao longo da história humana, mulheres novas tendiam a ser mais férteis e ter bebês mais saudáveis. O argumento é o de que quanto mais você vive, mais propenso esteve a ter doenças e parasitas desagradáveis, como descrito na seção anterior "Preferindo rostos medianamente bonitos". Além disso, existem algumas evidências (embora não esteja clara sua força) de que a qualidade dos óvulos se deteriora com a idade e as complicações no parto aumentam.

Embora os fatos não sejam necessariamente verdadeiros ou significantes com a medicina moderna, durante a maior parte da história humana, os homens queriam a casa mais saudável para seu material genético, e então procuravam mulheres que eram o mais jovens possível, mas velhas o bastante para terem filhos. A afirmação é a de que os homens evoluíram para serem mais atraídos por mulheres sexualmente maduras que eram novas o bastante para ainda terem características faciais de meninas.

LEMBRE-SE

Embora seja difícil encontrar evidência direta para esta hipótese, em muitas culturas atualmente e ao longo da história, os casamentos aconteciam quando as mulheres tinham entre 12 e 14 anos, no limiar da puberdade. De fato, a noção é a de que a adolescência (o período em que você está sexualmente maduro, mas não casado e nem empregado como um adulto) é uma ideia completamente moderna dos últimos 100 anos, mais ou menos. A ideia pareceria louca no passado, assim como parece hoje casar-se aos 12 anos. Mas o casamento nessa idade combina com a afirmação da psicologia evolucionista, porque isso supostamente garantiria a prole mais saudável ao longo de centenas de milhares de anos da evolução humana.

Obviamente, na cultura atual, as mulheres enfrentam uma pressão muito maior do que os homens para parecer jovens. As mulheres usam a grande maioria de produtos cosméticos e procedimentos cirúrgicos estéticos. Embora os homens também alterem sua aparência para parecer e sentir-se mais jovens, eles tendem a fazer isso bem depois da meia-idade; enquanto que, notavelmente, as mulheres já podem enfrentar pressões para parecer mais jovens quando estão apenas com 20 anos.

O que as mulheres querem

Se os homens buscam juventude e fertilidade para acasalar, o que as mulheres querem? Apresentando retratos de vários homens a mulheres e pedindo a elas para classificarem a atração, os psicólogos identificaram algumas características em comum. Assim como a simetria, as características faciais nos homens que são tipicamente atraentes para mulheres heterossexuais são um maxilar forte e largo e uma testa proeminente. Essas não são características de criança, e, portanto, outro fator deve funcionar aqui.

LEMBRE-SE

Essas características correspondem aos níveis de testosterona no corpo masculino. Esse hormônio é produzido nos testículos e tem um papel na produção de esperma. Ele faz a voz do homem ficar mais grossa, aumenta sua massa muscular e coloca pelos em seu peito. Ele também produz os maxilares fortes e testas proeminentes de que as mulheres gostam e também está ligado ao comportamento assertivo e agressivo. (Explicamos no Capítulo 2 que quando os homens têm sua honra insultada, seus níveis de testosterona aumentam.)

A afirmação evolucionista é a de que a escolha que a mulher faz pelo homem é influenciada pelo nível de testosterona revelado em seu rosto. Homens com testosterona alta são mais propensos a ser machos alfa dominantes, que têm mais recursos e mais habilidade para defendê-las. Então, mais uma vez, em algum nível as mulheres estão jogando o mesmo jogo evolucionista de conseguir o melhor material genético para combinar com seus genes.

Gostando de pessoas que são como você

Pessoas — graças a Deus — não escolhem amigos e parceiros puramente por sua aparência. Existem muitas respostas complexas e cheias de nuances à pergunta sobre o que mais faz com que duas pessoas gostem uma da outra, mas uma resposta muito simples é quase inteiramente verdadeira: as pessoas gostam de pessoas que são como elas.

DICA

Se você usar uma agência de namoros, terá que responder a um enorme número de perguntas sobre seus hábitos, preferências, crenças e atitudes. As empresas então insinuam que pegam suas respostas e as processam com alguma fórmula secreta que calcula matematicamente seu parceiro perfeito. Na verdade, o processo é muito mais simples que isso: eles apenas encontram alguém que respondeu à maioria das perguntas do mesmo jeito que você.

A evidência psicológica — apoiada pelo enorme sucesso das agências de namoro — é que os seres humanos apenas gostam de pessoas que são parecidas com eles de todas as maneiras possíveis.

Focando as Pessoas que Você Ama

Na seção anterior, "Descobrindo Por que Você Gosta das Pessoas de Quem Gosta", discutimos o que torna um rosto atraente para você e o que torna uma pessoa amável. De certo modo, você pode ver esses julgamentos como sem emoção. Você vê um rosto bonito no ônibus ou em um outdoor, ou encontra um personagem amável em um programa de televisão, mas você não sente nada realmente por aquela pessoa.

Aqui queremos examinar uma experiência bem diferente: estar apaixonado por alguém. Você não precisa achar essa pessoa atraente — você nem precisa gostar dela especificamente —, mas você ainda pode estar apaixonado por ela. Quando você se sente atraído por alguém neste contexto, muitas vezes você tem mais que julgamentos estéticos em mente.

Nesta discussão sobre orientação sexual, consideramos questões como:

» Por que algumas pessoas passam a vida se apaixonando por homens e algumas por mulheres?

» Por que a maioria das pessoas se apaixona por pessoas do sexo oposto?

Claro, esta área é extremamente complicada, muito pessoal e altamente política. Como acontece com muitos assuntos complexos, as pessoas gostam de fazer declarações abrangentes e simplistas sobre isso. Você pode ouvir teorias de orientação sexual em termos de evolução, atitudes parentais, normas culturais, experiências específicas da infância, pecado e bruxaria.

Lidar com todas essas ideias resultaria em um livro de milhares de páginas, então escolhemos focar a importante persistência de tipos de apegos da infância na vida adulta, se existe um "gene gay" e por que certos grupos de pessoas se tornam sexualmente atraídos por grupos específicos de pessoas.

Desenvolvendo tipos de apego na infância

A ligação que você sente com seus pais é provavelmente o primeiro relacionamento que pode ser caracterizado como amor. Não é um amor romântico e às vezes nem mesmo relacionado diretamente ao gostar, mas é certamente uma forma de amor e dependência emocional.

LEMBRE-SE

Essa ligação não é um luxo na infância; é uma necessidade. Em experimentos com macacos, os pesquisadores descobriram que as crianças criadas com todas as suas exigências básicas atendidas — comida, calor e abrigo —, mas sem o comportamento de nutrição da mãe, tinham problemas comportamentais ao longo da vida. Este resultado infelizmente foi replicado sem intenção em crianças humanas que foram criadas em orfanatos subfinanciados na Romênia, na década de 1990.

Para investigar o relacionamento entre as crianças e seus cuidadores, os psicólogos colocaram as crianças e os cuidadores em um teste chamado de "situação estranha". O cuidador e a criança brincam um com o outro na sala, enquanto os pesquisadores assistem. Então, um estranho entra na sala e junta-se a eles. O cuidador sai da sala e a criança fica sozinha com o estranho. Observando como a criança reage à saída e ao retorno do cuidador, os pesquisadores categorizaram três tipos de apego:

» **Apego seguro:** Crianças com este estilo exploram alegremente a sala na situação estranha quando o cuidador está presente e interagem prontamente com a pessoa. Elas ficam chateadas quando deixadas sozinhas com o estranho, mas ficam alegres e aliviadas quando o cuidador retorna. Quando essas crianças se tornam adultas, elas tendem a ter relacionamentos confiáveis, boa autoestima e acham fácil conviver com outras pessoas.

» **Apego inseguro:** Crianças com este estilo não exploram muito a sala e parecem ignorar seus cuidadores. Seu comportamento não muda se o cuidador estiver ou não presente. Como adultos, elas acham relacionamentos difíceis e têm dificuldade em confiar e se aproximar das pessoas.

» **Apego ansioso:** Crianças com este estilo são desconfiadas em relação ao estranho e a explorar a sala. Mas quando o cuidador sai, elas ficam muito angustiadas. Como adultas, elas acham fácil se relacionar, mas experimentam extremos emocionais de altos e baixos e são frequentemente infelizes.

O PAPEL DAS EXPERIÊNCIAS FORMATIVAS

Apesar de tais ideias terem sido um dia difundidas, não existem evidências quaisquer de que uma única experiência particular da infância possa determinar sua sexualidade. Essas noções às vezes tinham suas raízes em teorias freudianas, agora desbancadas, sobre o desenvolvimento psicossocial, desejos reprimidos e o relacionamento formativo entre a mãe e a criança. Às vezes elas eram alimentadas por um medo de homossexuais "predadores" que "recrutariam" jovens para seu estilo de vida. Tais medos eram uma razão pela qual os homossexuais eram muitas vezes excluídos de profissões como professores.

Você ainda pode ouvir tais ideias repetidas atualmente, mas nenhuma pessoa única — nem a sua mãe, seu pai ou seu líder escoteiro — pode determinar sua orientação sexual.

LEMBRE-SE Notavelmente, o comportamento das crianças nesse teste parece prever como elas formam e mantêm relacionamentos pelo resto de sua vida adulta, embora esses estilos não sejam inalteráveis. As pessoas que são inseguras na infância e em seus primeiros relacionamentos podem se tornar seguras com o parceiro certo. Mas a maneira pela qual o primeiro amor de seus cuidadores é sentido as afeta pelo resto da vida.

Procurando o "gene gay"

Muitas pessoas argumentam que a orientação sexual não é "algo que você escolhe". Elas então continuam a igualar essa afirmação com a crença de que a orientação sexual deve ser configurada em seus genes. No próximo box, "A política da orientação e da escolha sexual", eu forneço razões pelas quais você precisa desconfiar desse argumento.

Mas existem algumas evidências de que a homossexualidade é hereditária, e então, por um momento, vamos considerar o argumento: por que um gene gay existiria e como ele pode ter evoluído?

A evolução não é necessariamente para se tornar o mais rápido, o mais inteligente ou o melhor. Os vencedores do jogo evolucionista são os organismos que passam seus genes para a próxima geração. Então uma coisa que você precisa fazer se quiser passar seus genes é fazer sexo com outro membro da sua espécie de modo que isso leve, eventualmente, a bebês. Em outras palavras, se você tivesse que configurar qualquer coisa em uma criatura, seria o desejo e a habilidade de fazer sexo reprodutivo heterossexual. Então, por que existe um gene gay?

A POLÍTICA DA ORIENTAÇÃO E DA ESCOLHA SEXUAL

A atividade homossexual foi criminalizada no Reino Unido até 1967 e agora, apenas algumas gerações depois, as uniões do mesmo sexo foram completamente reconhecidas legalmente. Nos últimos anos, as mesmas mudanças ocorreram em muitos outros países da Europa e em vários estados dos EUA. Em outros países, entretanto, como na Rússia e em Uganda, a perseguição à homossexualidade está cada vez mais violenta e severa.

Quando a questão dos direitos homossexuais é discutida nas famílias, em pubs ou em programas de rádio com participações por telefone, você sempre ouve as pessoas falarem sobre se ser ou não gay é uma *escolha*. Normalmente, as pessoas a favor de direitos iguais para relacionamentos do mesmo sexo dizem que você não escolhe por quem se apaixona, você nasce dessa maneira. As pessoas contra esses direitos iguais ou que são diretamente homofóbicas dizem que é apenas uma escolha de vida.

Você achar ou não que escolhe sua orientação sexual importa politicamente e afeta se você é a favor ou contra legalizar o casamento gay. Eu acho que para muitas pessoas a razão é que, se a sexualidade é algo com que você nasce, ela é equivalente à etnia. A maioria das pessoas concorda que discriminar pessoas por causa da cor da sua pele é, em princípio, errado. Portanto, o argumento continua, se você é contra o racismo e acha que a orientação sexual não é uma escolha, você também deveria apoiar direitos iguais para relacionamentos do mesmo sexo.

A política desse argumento é compreensível, mas como psicólogo ele me deixa muito inquieto. Os psicólogos simplesmente não dividem o comportamento humano em coisas que você escolhe e coisas que você não escolhe. Cada ação que você realiza é um resultado de influências das situações ao seu redor, das suas experiências passadas e da sua herança genética. Os cientistas têm um trabalho difícil de desenrolar esses fios causais. Mas sua "escolha" não é parte do todo: é uma palavra não científica. Os psicólogos querem entender as razões por trás das suas escolhas.

LEMBRE-SE

Um argumento apresentado pelos psicólogos evolucionistas é que talvez ter um parente gay do sexo masculino seja vantajoso para outras pessoas (as teorias apenas se preocupam com a homossexualidade masculina — não sei por quê). Pense no argumento desta forma: quando criança, ter um tio que não tem filhos pode ser uma coisa boa.

Vários anos atrás, meu irmão era um dentista solteiro relativamente abastado, enquanto eu tinha três filhos pequenos e pouco dinheiro sobrando. No Natal, as crianças tinham uma pilha de presentes meus e da minha esposa, dos seus amigos e de outros parentes. Mas sobre esses presentes havia uma pilha de presentes apenas do meu irmão. Ele não tinha seus próprios filhos drenando sua carteira, mas como ele gosta de sua família e gosta de crianças, era incrivelmente generoso com meus filhos.

Agora imagine minha família como pessoas da era das cavernas (não será muito difícil se você conhecê-la). Estamos dividindo um búfalo abatido entre os caçadores. Tenho que dividir minha porção com meus filhos. Meu irmão, não tendo uma prole carente própria, dá suas sobras para meus filhos.

Com um tio sem filhos, meus filhos ganham um pouco dos meus recursos e um pouco dos dele. Uma maneira pela qual a evolução poderia alcançar este estado é por uma adaptação genética que tenha, digamos, 90% de chance de produzir um homem heterossexual e 10% de chance de produzir um homem homossexual. Dessa maneira, um número suficiente de homens heterossexuais cobiça as mulheres para reproduzir o gene, e homens gays trazem recursos adicionais da caçada para ajudar os portadores do gene a sobreviver. Em outras palavras, uma tribo com uma pequena porcentagem de homens gays pode ter menos machos reprodutores, mas tem crianças mais bem alimentadas e mimadas do que uma tribo apenas de homens héteros, o que em longo termo traz uma vantagem de sobrevivência. Isso, pelo menos, é um argumento evolucionista para o valor adaptativo de um "gene gay".

CAÇADOR DE MITOS

Mas aqui estão algumas razões para se ser cético sobre o argumento do "bom tio gay" e do "gene gay":

» **Genes não funcionam realmente assim.** Existem pouquíssimos exemplos de um único gene dando início a um único traço. Mesmo o exemplo do livro sobre a cor dos olhos, presente no livro didático, não é produzido por um único gene, mas por um conjunto de genes. Quanto mais os pesquisadores descobrem sobre genética, mais eles estão descobrindo que o que é vital é a *interação* entre os genes e entre genes e o ambiente. As experiências que você tem em sua vida ligam e desligam seus genes — elas podem mudar a *expressão* dos seus genes — e muitos laços causais complexos entre o organismo e seu ambiente determinam o desenvolvimento de um organismo. Não existe um único gene "para" nada, muito menos para algo tão complexo e culturalmente flexível quanto a sexualidade.

» **A evidência é fraca.** Tios gays atualmente podem até dar melhores presentes de Natal ou pelo menos os pesquisadores poderiam fazer um estudo correlacionando a sexualidade com o tamanho dos recibos de Natal. Mas eles não podem fazer isso com hominídeos antigos. Os cientistas não têm evidência direta do registro arqueológico de membros gays de uma tribo ou de que eles distribuíam sua fortuna e recursos de maneira a favorecer seus sobrinhos.

Elementos em interação: O exótico se torna erótico

Aqui está outra teoria sobre a orientação sexual. Daryl Bem, um psicólogo social, sugere que ela é determinada pela interação da sua biologia, sua infância e sua cultura.

LEMBRE-SE

Sua teoria é chamada de *o exótico se torna erótico* (EBE — do inglês *exotic becomes erotic*). É uma teoria interessante que combina perfeitamente vários elementos: um componente genético da sua personalidade e disposições, as experiências que você tem enquanto cresce e a maneira pela qual sua cultura trata os homens e as mulheres. Tudo isso é ligado com uma história plausível que é apoiada por evidência psicológica. Os dados ainda não apoiam essa teoria conclusivamente ou qualquer outra para orientação sexual, mas até agora parece uma candidata mais atraente que a história do "gene gay" da seção anterior.

Tenho certeza de que a teoria do EBE não explica as experiências da infância e nem a orientação sexual de todo mundo. A sexualidade humana — e o amor — é uma coisa tão complexa, cheia de nuances e culturalmente determinada que será muito surpreendente se os cientistas algum dia criarem uma teoria completamente satisfatória. Mas ela combina os fatores biológico, psicológico e cultural, o que é algo que qualquer teoria de sucesso certamente deve fazer.

Aqui está um passeio pelos quatro elementos da teoria do EBE.

Preferências herdadas

O primeiro elemento que determina eventualmente sua orientação sexual é sua predisposição genética a gostar de certos tipos de atividades.

Quando criança, você gostava de alguns tipos de atividades e não de outros: talvez você gostasse de correr chutando bolas de futebol, brincar de lutar com espadas ou de andar de bicicleta; ou de montar quebra-cabeças, construir com Legos ou criar mundos elaborados de fantasia com bonecos e animaizinhos de pelúcia. Essas preferências são um aspecto da personalidade de uma criança e a evidência de que esses tipos de preferência são amplamente herdados. Se seus pais são muito ativos e escandalosos, você provavelmente também é.

Polarização de gênero

O segundo elemento da teoria do EBE é a sociedade que segrega os gêneros em suas atividades de jogos.

Olhe ao seu redor em qualquer loja de brinquedos e você verá que alguns corredores são rotulados como "brinquedos de meninos" (incluindo armas, kits de construção, skates e mais armas) e outros são rotulados como "brinquedos de meninas" (onde você é agredido por uma onda de rosa, purpurina e pelos, bonecas, conjuntos de pôneis, kits de maquiagem e mais bonecas). Os kits de ciência estão na seção de meninos; os brinquedos de cozinha estão na de meninas. O contraste é notável; e é chamado de *polarização de gênero*.

As chances são as de que, se você é um menino, independente daquilo com que quer brincar, você ganhe equipamentos de esportes, armas e brinquedos de construir. Você vê meninos mais velhos brincando com esses itens no parquinho da escola e em anúncios de TV e os adultos comprando presentes de natal para você do corredor de meninos na loja. As meninas podem preferir um conjunto de química ou um arco e flecha, mas as chances são maiores de elas ganharem um forninho ou um secador de cabelos de brinquedo.

Independentemente de sua disposição, os meninos tendem a ganhar brinquedos que enfatizam a atividade física e as meninas ganham brinquedos que enfatizam a atividade social.

Agora, a maioria das crianças pode muito bem ser feliz com este estado das coisas. Meninos têm mais testosterona e tendem a ser mais energéticos, por exemplo. Mas o fato é que as expectativas culturais exageram ou polarizam as diferenças entre os sexos. Meninos são chutados para fora de casa e ganham uma bola de futebol e as meninas ganham bonecas e maquiagem.

Processos intergrupais

Quando você soma os dois primeiros elementos da teoria EBE (uma disposição biológica para um certo tipo de atividade e uma sociedade que guia os meninos para um tipo de atividade e as meninas para outro), você tem uma sociedade onde a maioria dos meninos só brinca com meninos e a maioria das meninas só brinca com outras meninas. Isso certamente parece descrever a maioria dos parquinhos que você vê.

AS PRIMEIRAS LIÇÕES DE BIOLOGIA: O FATOR PIOLHO!

As crianças frequentemente correm pelo parquinho da escola gritando sobre piolhos ou lêndeas. Esses organismos imaginários habitam o sexo oposto e representam o quanto ele é horrível. Na minha escola, se você fosse tocado por um membro do sexo oposto durante uma perseguição em um jogo ou você acidentalmente pegasse um lápis que pertencia a um deles, você deveria correr gritando: "Uiiiii, eu tenho piolhos. Que nojento!".

Mas uma consequência maior é que alguns meninos têm uma disposição forte para brincar de jogos sociais de faz de conta com bonecas e de fantasias e algumas meninas realmente querem correr por aí batendo em coisas. Essas crianças são denominadas como *gênero atípico:*

> » Meninos de gênero atípico crescem passando muito tempo brincando com meninas porque elas têm as melhores coleções de bonecas.
>
> » Meninas de gênero atípico passam muito tempo com meninos porque eles é que estão nos parques jogando futebol.

Agora o terceiro elemento da teoria entra no jogo: processos intergrupais. Se você passa a maior parte do seu tempo com membros de um sexo e bem pouco tempo com os de outro, formará certas visões estereotipadas e generalizações sobre as diferenças entre meninos e meninas e formará sua própria identidade social nesses termos. Em particular, as pessoas com quem a criança brinca bastante, sejam meninos ou meninas, se tornam seu endogrupo, e o sexo das crianças com quem elas não brincam se torna o exogrupo.

Como você vê no Capítulo 16, as pessoas aproveitam qualquer razão para fazer distinções entre "eles" e "nós". A menor diferença, real ou imaginária, pode ser usada para formar grupos sociais, o que infelizmente pode ser rapidamente seguido de suspeita, preconceito e medo. Para um exemplo de como isso pode funcionar no parquinho, veja o box "As primeiras lições de biologia: O fator piolho!".

Distribuição incorreta de excitação

O quarto elemento da teoria do EBE aparece quando a natureza joga uma carta surpresa: a puberdade, um tempo de mudanças corporais e elevações hormonais. Pela primeira vez, os adolescentes começam a sentir as agitações do desejo sexual. Durante o início do tumultuado período da puberdade, esse desejo é como uma caixa de fogos de artifício em um micro-ondas: as coisas simplesmente estouram aleatoriamente. Este elemento final na teoria do EBE é, portanto, a *distribuição incorreta da excitação*, um processo que ocorre ao longo da vida, não apenas com os adolescentes.

As pessoas são surpreendentemente ruins em interpretar seu próprio estado psicológico. A sensação de seu sangue correndo e de suas mãos tremendo parece a mesma se você estiver com medo, excitado, exultante ou ansioso. Você não consegue diferenciar.

> **PAPO DE ESPECIALISTA**
>
> ## PONTE SOBRE ÁGUAS EXCITADAS
>
> Na demonstração clássica da distribuição incorreta de excitação, os participantes do sexo masculino tinham que atravessar uma ponte para falar com uma experimentadora atraente do sexo feminino. A ponte era ou baixa ou muito alta, então a maioria das pessoas sentiria alguma ansiedade andando sobre ela. Depois de fazer algumas perguntas aos participantes, a experimentadora dava a eles seu número de telefone, caso quisessem ligar para ela mais tarde e perguntar sobre os resultados do experimento.
>
> Os participantes que andaram sobre a ponte alta teriam suas batidas cardíacas elevadas, palmas suadas e todos os sinais fisiológicos de um medo leve. Quando falavam com a experimentadora, entretanto, eles tendiam a atribuir erroneamente esses sinais fisiológicos como uma excitação e atração por ela. Os participantes que andaram pela ponte alta eram mais propensos a ligar mais tarde chamando-a para sair.

Quando experimenta a emoção do medo ou da excitação, você está *interpretando* sua sinalização corporal em termos do que está acontecendo ao seu redor. Se você está assistindo aos cinco últimos minutos do último jogo da Copa e seu time está segurando a vitória, seu pulso pode estar acelerado e você sente excitação. Você interpreta exatamente o mesmo estado fisiológico causado pelo medo quando naquele dia ficou preso em um pub com fãs bêbados do time perdedor e estava usando o cachecol da cor errada.

O processo de distribuição incorreta de excitação explica por que, por exemplo, as pessoas frequentemente assistem a filmes de terror ou vão em montanhas-russas juntas. Se você puder assustar levemente seu namorado, ele pode muito bem confundir esse medo com sentimentos de atração em relação a você.

Combinando os quatro elementos: O exótico se torna erótico

De acordo com suas disposições biológicas, reforçadas por uma sociedade polarizadora de gêneros, a maioria dos meninos brinca com outros meninos e a maioria das meninas, com outras meninas. Os processos psicológicos grupais significam que, em geral, os dois sexos olham um para o outro como exogrupos hostis.

Então chega a puberdade, e, em um processo de distribuição incorreta, o medo que vem do contato com o sexo oposto se confunde e é conectado ao desejo da puberdade. No caldeirão de hormônios adolescentes, as pessoas são sexualmente atraídas pelo sexo com o qual elas não passaram muito tempo juntas quando eram crianças: o não familiar, o exótico, se torna o erótico.

Portanto, a maioria dos meninos é atraída pelas criaturas enigmáticas que são as meninas e a maioria das meninas é atraída pelas coisas misteriosas e não familiares que são os meninos. O EBE, então, é uma teoria sobre as causas da heterossexualidade. Mas é também uma teoria sobre a homossexualidade, porque as crianças com disposições de gênero atípicas passam a maior parte de sua infância brincando com o sexo oposto. Como resultado, os meninos que são familiarizados com as meninas se sentem atraídos por outros meninos durante a adolescência e as meninas que passaram a maior parte do tempo correndo com os meninos acham outras meninas assustadoras de início e então atraentes.

Analisando as consequências do EBE

LEMBRE-SE

A teoria do EBE tem a vantagem de não tratar a sexualidade como um assunto diretamente gay ou hétero. As pessoas podem ser atraídas pelo mesmo sexo ou pelo oposto em diferentes graus, de maneira que isso possa ser previsto por suas predisposições e experiências da infância. Esse sentido mais graduado da sexualidade é mais adequado para as experiências de muitas pessoas e as diversas e diferentes maneiras que a sexualidade tem sido vista em diferentes culturas e em diferentes pontos da história.

O EBE também faz um número de previsões testáveis. A mais óbvia é a de que os adultos que foram crianças com gênero atípico são os mais propensos a ser homossexuais. Afinal de contas, os psicólogos podem só perguntar às pessoas para descobrir, não podem? Mas apesar de parecer ser uma previsão direta, obter dados confiáveis não é fácil. A memória é altamente não confiável e a memória da infância, ainda menos. A memória autobiográfica é uma história que as pessoas escrevem e reescrevem para dar um sentido a si mesmas e uma dose saudável de viés de retrospectiva também está sempre trabalhando, selecionando as memórias da infância e demonstrando o que mais tarde parece óbvio. Mas com esses avisos em mente, homens e mulheres homossexuais são mais propensos a ter sido crianças de gênero atípico. Não todos, mas certamente mais do que a média.

Uma consequência da teoria do EBE é que a orientação sexual é em parte um resultado da polarização de gênero. Significativamente, a polarização de gênero age diferentemente em meninos e meninas. Como você pode ter observado, as coisas são geralmente piores para meninos que gostam de brinquedos de meninas do que para meninas que gostam de brinquedos de meninos. A menina pode ser chamada de moleca no parquinho e o menino, de muito pior. Como resultado, a pressão para ser de gênero típico é indiscutivelmente maior para meninos do que para meninas, então os meninos tendem a ter o gênero mais polarizado que as meninas.

Portanto, a teoria do EBE preveria que a orientação sexual deve ser mais fixada em homens e mais fluidas em mulheres: como os meninos são mais propensos a ter brincado somente com meninos (ou somente com meninas) quando cresciam, eles devem ser ou fortemente héteros ou fortemente gays; como as meninas, por outro lado, experimentam menos pressão para brincar com um gênero ou outro, elas devem ter uma orientação sexual mais graduada quando adultas.

Como Lisa Diamond e outros pesquisadores mostraram, este parece ser o caso. As mulheres tendem a ter uma orientação sexual mais fluida e são mais propensas a ter parceiros de um sexo num dia e de outro sexo em outro estágio da vida, comparadas com os homens; embora ainda seja debatido se essa diferença é explicada pelo EBE ou por outro fator.

Outra consequência da teoria do EBE também traz uma história evolucionista muito boa. Em termos darwinianos, ter um viés em relação a ser sexualmente atraído por pessoas que não foram familiares quando criança é muito saudável:

- Isso encoraja pessoas a buscar parceiros de tribos, vilas e cidades diferentes. (Uma população com uma mistura diversa de genes é muito mais saudável e capaz de se adaptar.)
- Isso evita que as pessoas sejam atraídas por membros da própria família porque eles foram familiares na infância. (Primos se tornando marido e mulher durante muitas gerações pode levar rapidamente a todos os tipos de problemas genéticos.)

RELACIONAMENTOS BEM-SUCEDIDOS DE LONGO PRAZO

A teoria do EBE parece lançar um paradoxo. Se as pessoas são sexualmente atraídas por aquelas que são diferentes e não familiares, como as pessoas tendem a gostar de pessoas que são similares a elas (veja a seção anterior "Gostando de pessoas que são como você")? As pessoas de quem você gosta e as que você cobiça são pessoas completamente opostas? Na verdade, isso não é realmente um paradoxo, é simplesmente o estado trágico da existência humana e a trama para quase toda música, novela e filme.

Então você deveria ser guiado por gostar ou cobiçar? Mais especificamente, com quem você forma relacionamentos bem-sucedidos de longo prazo. Bem, eu não estou no mercado de dar conselhos sobre relacionamentos — este livro não é o *Relacionamento Para Leigos* —, mas a evidência sugere que, embora você possa se apaixonar muito fortemente por uma pessoa que seja diferente de você e possa ter relacionamentos intensos e maravilhosos, os que são felizes, os casamentos que duram, tendem a ser baseados em similaridade e gosto.

Então, além dos problemas sobre orientação sexual, o EBE age para aumentar a saúde genética de uma população.

CAÇADOR DE MITOS

Embora a sociedade tenha um estereótipo sobre casar com seu namoradinho da infância, isso é realmente muito raro, como a EBE prevê. Os pesquisadores observaram a experiência de cerca de 3 mil crianças criadas em *kibutzim* (comunidades coletivas) em Israel. A prática cultural comum nos *kibutzim* israelitas era a de que todas as crianças fossem criadas comunitariamente. Basicamente, as crianças de várias famílias diferentes em um *kibutz* cresciam como uma família estendida muito grande. Os pesquisadores acompanharam um grupo dessas crianças e perguntaram a elas, quando adultas, quantas haviam se casado com pessoas do mesmo *kibutz*. Dessas 3 mil crianças, a resposta foi zero. Apenas falando estatisticamente, isso é muito surpreendente e sugere que algo sobre essa infância compartilhada diminuiu a atração que elas sentiam umas pelas outras.

Vivendo com Outras Pessoas: Altruísmo Recíproco

A não ser que você trabalhe na indústria do entretenimento e tenha ganhado um Oscar, as chances são de que você não ame absolutamente todo mundo com quem já trabalhou. Na verdade, você pode não gostar particularmente do seu chefe ou dos seus colegas de trabalho. Mas o fato é que — de um modo geral — as pessoas se dão bem umas com as outras. Você não saberia disso assistindo às notícias todas as noites, mas, em geral, os seres humanos vivem juntos em paz e harmonia notáveis.

Você talvez tenha vontade de matar seus vizinhos barulhentos, o motorista que corta sua frente ou a pessoa que come um ovo cozido fedido fazendo barulho do seu lado no trem, mas esses pensamentos raramente se traduzem em ações fatais.

CAÇADOR DE MITOS

Apenas cerca de 1% de todas as mortes está nas mãos de outra pessoa, incluindo todas as mortes em guerra. Acidentes de carro matam duas vezes mais pessoas do que as pessoas o fazem. Na verdade, se você *for* morto por alguém, cometer suicídio é cerca de 50% mais provável do que o homicídio. A pessoa mais perigosa que você vai conhecer está olhando de volta para você no espelho.

As pessoas conseguem viver em harmonia com um grande número de pessoas que não são familiares, amigos ou amantes, porque elas aprenderam a cooperar e ajudar umas às outras. Se você está cético, veja o próximo box, "As únicas certezas são a morte, os impostos e a necessidade de cooperação".

AS ÚNICAS CERTEZAS SÃO A MORTE, OS IMPOSTOS E A NECESSIDADE DE COOPERAÇÃO

Hoje, na maioria das democracias ocidentais, cerca de um terço da renda do trabalhador médio vai para o governo para que isso (em teoria) seja gasto como vantagem para todo mundo. Em alguns países, é muito mais do que a metade. Mesmo nos EUA, onde muitas pessoas são desconfiadas em relação à tributação, um quarto da renda de todo mundo, em média, ainda vai para o governo. Embora eles reclamem disso e se esquivem dos impostos quando possível, em quase todos os países as pessoas ricas pagam uma parte mais alta de sua renda em impostos.

Os governos e os impostos são uma característica notável da cooperação social. Assim como pagar impostos, as pessoas (em sua maioria) não roubam umas das outras, respeitam a propriedade alheia e até seguram a porta aberta para estranhos. Todas essas ações não são egoístas, apesar de o raciocínio darwiniano parecer sugerir que as únicas preocupações das pessoas deveriam ser seus parentes e elas mesmas.

Cooperando uns com os outros

Nesta discussão sobre cooperação, recorreremos novamente a Darwin. Seu objetivo na vida, como um ser humano evoluído, é reproduzir seus genes e maximizar suas chances de sobrevivência. Então, você escolhe o melhor companheiro e compartilha sua comida e recursos com sua família, sua parentela, na proporção da quantidade de genes seus que eles carregam.

Mas por que você divide a sua comida com pessoas que não estão diretamente relacionadas a você? Os biólogos evolucionistas, como Robert Trivers, perceberam que, sob certas circunstâncias, o altruísmo é vantajoso para os indivíduos.

Imagine que você é um habitante das cavernas sortudo e você tem mais carne de mamute do que pode comer. Eu moro na caverna ao lado e não tenho nada. Dividir sua comida comigo hoje faz sentido, porque amanhã você pode não ter sorte na caça. Se você dividir sua comida comigo agora, no futuro eu dividirei minha comida com você. Isso é chamado de *altruísmo recíproco*: você é generoso e cooperativo com seus vizinhos com a compreensão de que eles serão generosos e cooperativos com você.

LEMBRE-SE

O altruísmo recíproco é uma estratégia de sucesso, na teoria e na prática. Modelos de computadores mostram que grupos sociais com membros que cooperam uns com os outros são mais bem-sucedidos a longo prazo do que aqueles que competem. Como discutido no Capítulo 14, toda cultura do mundo tem uma norma social de reciprocidade. Se alguém lhe dá algo ou lhe faz um favor, o desejo humano básico é o de dar algo em troca. Por exemplo, o altruísmo recíproco é a base da previdência estatal: as pessoas pagam seus impostos para apoiar os velhos, pobres e aqueles que estão em maus bocados, sabendo que, no futuro, eles receberão apoio, se necessário.

Pegando os traidores

Mas existe um ponto fraco na estratégia do altruísmo recíproco: certas pessoas se aproveitam e trapaceiam.

Digamos que você trabalhe em um escritório com uma lata onde você coloca 50 centavos toda semana. Alguém pega esse dinheiro e compra leite e café barato a granel para estocar na área da cozinha. Então, em vez de ter uma máquina de vendas, todo mundo consegue café barato, mesmo quando não tem troco para ele. Esse arranjo é um grande exemplo de altruísmo recíproco, porque todo mundo se beneficia. Exceto que... uma pessoa no escritório se beneficia mais que todo mundo: a pessoa que evita sorrateiramente colocar os 50 centavos toda semana e consegue café de graça.

Portanto, embora a cooperação seja, sem dúvida, vantajosa para uma sociedade, para qualquer indivíduo nessa sociedade parece ser melhor ser não cooperativo: mentir, roubar e trapacear. Como o traço de altruísmo recíproco evoluiu nos indivíduos, se é vantajoso ser egoísta?

EXPERIMENTE

Imagine quatro cartas na mesa à sua frente. Cada carta tem uma letra de um lado e um número do outro. Já que elas estão na mesa, você pode ver apenas um lado delas. Tem um E, um C, um cinco e um quatro. Agora eu lhe digo que, se uma carta tem uma vogal de um lado, então ela tem um número ímpar do outro lado. Quais cartas você vira para ver se estou dizendo a verdade ou mentindo para você? Escreva sua resposta quando tiver descoberto.

Agora tente este segundo problema. Você é um segurança em uma casa noturna. Seu chefe lhe disse para conferir se há menores de idade bebendo: pessoas bebendo álcool devem ser maiores de 18 anos. Você pode pedir que as pessoas provem a idade e verificar se suas bebidas têm álcool. Neste momento, você vê quatro pessoas no bar em mesas diferentes. Uma pessoa está bebendo cerveja e as outras, coca. Você reconhece outras duas pessoas, mas não consegue ver o que estão bebendo. Uma delas tem 25 anos e a outra tem 16. Para certificar-se de que nenhum menor está bebendo, quais mesas você precisa investigar? Escreva sua resposta novamente.

A resposta para o primeiro problema é E e quatro. Se você disse E e cinco, você cometeu o mesmo erro que muitas outras pessoas. O fato é que não importa o que está do outro lado da carta cinco. Se for uma vogal, a regra funciona. Se não for uma vogal, a regra não se aplica, então ainda funciona. Mas você precisa saber o que está do outro lado da carta quatro, porque se for uma vogal a regra foi quebrada.

A resposta para o segundo problema é que você deveria verificar a idade da pessoa bebendo cerveja e o drinque da pessoa que tem 16 anos. Mas eu aposto que você já descobriu isso.

O enigma *real* aqui é: por que um problema foi mais difícil que o outro? Esses dois problemas têm uma estrutura lógica idêntica: você pode trocar as palavras "bebendo álcool" por "vogal" e "acima de 18" por "número ímpar", e os problemas são os mesmos. Se você consegue entender a lógica de um problema, então é capaz de entender a lógica do outro, assim como se você pode calcular cinco mais sete, também pode calcular sete mais cinco. Por que o primeiro problema é tão mais difícil?

LEMBRE-SE

Os psicólogos evolucionistas Leda Cosmides e John Tooby ofereceram uma solução para esse enigma. Eles argumentam que as pessoas desenvolveram mecanismos cerebrais para detectar quando as pessoas estão *trapaceando*. Eles afirmam que o segundo problema dos bebedores menores de idade é mais fácil de resolver porque é configurado como um exemplo de trapaça. Uma regra social é violada e as pessoas são especialistas em detectar isso. Assim como evoluíram para ser muito sensíveis a cheiros que indicam que a comida estragou, os seres humanos evoluíram para farejar trapaceiros entre eles. Essa adaptação evoluída para detectar trapaça (e puni-la) permite que o altruísmo recíproco sobreviva como uma estratégia social bem-sucedida, porque as pessoas podem ser confiantes de que todo mundo está compartilhando como deveria.

Esta explicação se alinha com a experiência cotidiana. Como você se sente quando alguém corta a sua frente na fila do aeroporto? Ou se cortam a sua frente na estrada? A raiva que você sente quando uma regra social é violada é muitas vezes fora de proporção à ofensa cometida. Mesmo embora ela apenas some momentos à sua viagem de compras, você se irrita por horas em relação a alguém que claramente tinha mais de dez itens na sua frente da fila do caixa rápido do supermercado.

Claramente, as pessoas se importam sobre seguir regras sociais e ainda mais sobre pessoas que as violam. Mas existe uma evidência realmente forte de que os seres humanos desenvolveram um traço específico para detectar trapaceiros? Muitos pesquisadores observam o exemplo dos dois enigmas lógicos e apontam todas as outras diferenças entre eles. Assim como um é sobre trapacear, o segundo problema é um cenário que você já deve ter experimentado antes (como um segurança ou como um bebedor). Então, talvez seja mais fácil imaginar e raciocinar, em comparação ao enigma puramente lógico sobre números e vogais.

"Eu Conheço o Meu Lugar": O Poder e o Status Social

A interação interpessoal envolve muito mais do que gostar, amar e cooperar. As sociedades humanas são hierárquicas: elas têm reis, CEOs e chefes, servos, funcionários de introdução de dados e estagiários. Os sinais da classe social são difundidos. Na época medieval, seu nascimento decidia sua profissão, seu salário, os tipos de roupas que poderia usar e o comprimento da ponta dos seus sapatos. Mesmo hoje, em tempos mais igualitários, as dicas das classes sociais estão por todo lado. Olhe em volta em um aeroporto e eu aposto que você consegue adivinhar a classe social da maioria das pessoas e prever quem acabará mimado na cabine da primeira classe, com banheiros limpos que ninguém mais pode usar!

O status social molda muitos outros aspectos do seu comportamento:

» A quantidade de contato visual que você tem com alguém depende do status da pessoa. Dependendo da sua cultura e dessa situação, será mais ou menos do que pessoas de baixo status.

» Em um grupo de discussão, as pessoas gastam mais tempo olhando no rosto de pessoas de alto status.

» O grau no qual alguém pode continuar falando ou que se pode falar com esse alguém é determinado pelo status percebido dessa pessoa.

» Você pode até detectar diferenças entre a linguagem corporal e a postura entre os poderosos e os humildes: pessoas de alto status tendem a ter posturas mais abertas e expansivas. Se você espiar uma sala de reuniões e vir uma pessoa com suas mãos atrás da cabeça e os pés sobre a mesa, as chances são de que seja o chefe (ou acha que deveria ser).

CAÇADOR DE MITOS

Se você acredita que a influência forte das hierarquias sociais sobre o comportamento é inerente às pessoas, pense de novo: ela parece ter evoluído antes de as criaturas terem evoluído para seres humanos. Se você for ao zoológico, por exemplo, pode não saber qual é o chimpanzé mais atraente ou inteligente no recinto, mas depois de alguns minutos de observação do comportamento e da linguagem corporal, fica óbvio quem é o macho dominante do grupo. Experimentos cuidadosos com chimpanzés e macacos mostram que eles respondem de maneira diferente a fotografias de outros membros de seu grupo, dependendo do seu status social.

ENROLANDO A LÍNGUA

PAPO DE ESPECIALISTA

Na sociedade tailandesa, a informação do status social é necessária para descobrir a classe de alguém antes de decidir quais dos 14 pronomes usar quando se referir a essa pessoa. Uma palavra diferente é usada para "você" quando dirigido a uma criança, uma pessoa jovem, um amigo, um livro ou outras classificações até o rei. E você achou que a língua portuguesa era difícil!

As pessoas usam o status social para moldar grupos e atividades. Em estudos de júris, por exemplo, os pesquisadores descobriram que o papel de encarregado quase sempre vai para a pessoa com o status social percebido como mais alto. Essas dicas geralmente caem sobre um dos tipos:

> » **Características de status específicas relacionadas à tarefa em questão:** Por exemplo, um ex-policial pode ter experiência legal que levantaria seu status em uma definição de júri.
>
> » **Características de status difusas:** Como idade, nível educacional ou status ocupacional.

As pessoas não respondem apenas ao poder e status social percebido das outras pessoas; o status social que elas atribuem a si mesmas muda também seus comportamentos. Os pesquisadores podem fazê-lo sentir mais ou menos poder e status social fazendo-o realizar exercícios simples. Por exemplo, eles podem pedir que você escreva sobre o tempo em que foi demitido de um emprego; ou sobre a vez em que você tomou a decisão de despedir outra pessoa. Depois de relembrar esses momentos, os pesquisadores dão aos participantes tarefas simples como encontrar um L na tela no meio de um monte de Ts ou decidir o que fazer no final de semana dependendo do tempo.

LEMBRE-SE

Eles descobriram que as pessoas que sentiram baixo poder social eram mais rápidas para encontrar o L entre os Ts. As pessoas que sentiram o poder social alto eram menos propensas a mudar seus planos de final de semana de acordo com o tempo. Se elas quisessem fazer um passeio, iriam, mesmo se chovesse.

Aparentemente, quando as pessoas estão sentindo baixo poder social elas participam mais das coisas que acontecem à sua volta. Elas têm uma *janela de atenção* mais ampla, por assim dizer. Por esta razão, são mais rápidas em tarefas visuais em que têm que procurar coisas ou integrar muitas fontes diferentes de informação ao mesmo tempo. Em contraste, as pessoas com poder alto são menos focadas no mundo à sua volta e mais focadas em seus objetivos, motivações e crenças. Então, elas decidem o que fazer no final de semana com base em seus desejos e são menos influenciadas pela informação contextual, como o clima ou o que as outras pessoas querem.

Como uma consequência, as pessoas que sentem o poder social alto também são mais propensas a fazer julgamentos estereotipados sobre as outras. Em vez de olhar o CV de um candidato a um emprego e considerar seus pontos fortes, por exemplo, elas são mais propensas a rejeitar uma mulher para uma posição de engenheira porque não está de acordo com estereótipos preexistentes.

Para dar sentido a essas descobertas, vejamos Donald Trump: um homem de poder social alto, pelo menos em sua própria cabeça. Se você for o assistente pessoal de Donald Trump, está em uma posição de poder baixo. Seu trabalho é verificar cada detalhe — se a limousine tem a garrafa de água certa, se Trump está pontualmente em seus compromissos, se as perucas foram penteadas, e assim por diante. Então, ter um foco de atenção amplo é útil. Mas se você for o próprio Trump, não precisa participar muito do que está acontecendo à sua volta; esse é o trabalho de outra pessoa. Você tem o poder e os recursos para que possa atender a seus próprios objetivos e motivações. Você é livre para tomar atitudes em relação a eles, em vez de cuidar das demandas que o mundo coloca sobre você.

O que é notável é que essas maneiras diferentes de relacionar o mundo não são apenas o resultado de uma vida inteira sendo um CEO ou um assistente pessoal. O mesmo modo de pensar pode ser ativado em você por um exercício curto que o faz sentir mais ou menos poderoso. Então, embora finalizar um capítulo sobre amor, beleza e desejo com a imagem de Donald Trump seja realmente um desperdício, isso serve, sim, como uma ilustração das forças psicológicas que moldam a interação social.

> **NESTE CAPÍTULO**
> Categorizando pessoas
> Refletindo sobre pensamento em grupo
> Reunindo esforços como um grupo

Capítulo 16
Examinando os Benefícios e Perigos dos Grupos Sociais

As pessoas têm um número surpreendente de maneiras de se dividir em grupos: países, raças, signos zodiacais, religiões, ocupações, e assim por diante. Certo ou errado, os grupos sociais estruturam como os seres humanos pensam uns sobre os outros. Eles são o viés para uma das distinções mais importantes na vida pessoal e social: a diferença entre "eles" e "nós".

Formar e manter relacionamentos em grupo podem ter consequências profundas em como você vê outras pessoas e, especialmente, a si mesmo. No trabalho, na escola e na sociedade em geral, seja você parte do endogrupo majoritário, do exogrupo minoritário ou de um grupo estigmatizado, isso afeta sua autoestima, sua saúde e sua visão do mundo. Neste capítulo, examinamos como você categoriza as outras pessoas, como se coloca em um grupo e como tais impulsos podem causar conflitos no grupo. Eu também observo os grupos em ação, examinando como as pessoas compartilham suas opiniões e tomam decisões juntas.

Introduzindo o Desejo de Separar Pessoas em Grupos

As pessoas amam categorizar a si mesmas e às outras: pelos times de futebol que apoiam, pelos partidos políticos nos quais votam e até pelos carros que dirigem. Por exemplo, você provavelmente pode identificar como acha que um fã de música *country* se parece, como um usuário de iPhone difere de um usuário de Android e em qual partido um vegetariano é mais propenso a votar. O ponto não é se você está certo ou não em todas essas suposições: o fato é que as pessoas são levadas a categorizar as outras em grupos sociais.

Um exemplo notável é como as pessoas veem diferenças entre si mesmas e seus vizinhos próximos. Eu passei um verão na Suécia e na Dinamarca. Os suecos relacionaram histórias hilárias sobre aqueles dinamarqueses malucos com seus *schnapps*, estranhas iguarias de peixe podre e costumes esquisitos; e os dinamarqueses contaram histórias igualmente engraçadas sobre os suecos doidos com seus *schnapps* (levemente diferentes), iguarias de peixe podre levemente diferentes e costumes igualmente incompreensíveis (para forasteiros).

Essas diferenças são altamente salientes para os suecos e para os dinamarqueses e formam uma parte importante de suas identidades. Embora eu incomode profundamente meus amigos escandinavos dizendo isso, para um forasteiro, os suecos e dinamarqueses são virtualmente indistinguíveis. Você pode dizer o mesmo, claro, sobre os ingleses e galeses, australianos e neozelandeses, e canadenses e americanos.

Nesta seção, descrevemos o desejo aparentemente irresistível dos seres humanos de categorizar uns aos outros e tratar os outros de maneira diferente, dependendo se estão no mesmo grupo social ou em um diferente. Também discutimos os benefícios que as pessoas têm por fazer parte de um grupo.

Categorizando pessoas apenas pela diversão

EXPERIMENTE

Nesta seção, observamos algumas das razões pelas quais as pessoas distinguem um grupo de pessoas de outro. Embora essas razões possam ser muito simples, até mesmo imaginárias, tais grupos sociais podem ter consequências psicológicas consideráveis em seus membros.

Você é destro ou canhoto? Você pode achar que a pergunta só é relevante quando está usando uma tesoura ou jogando tênis. Mas os cientistas descobriram que existem diferenças psicológicas sistemáticas entre pessoas destras e canhotas. Antes de lhe dizer quais são as diferenças desses grupos, teste seu próprio conhecimento social desses grupos e suas diferenças: passe alguns minutos pensando sobre todas as pessoas destras e canhotas que conhece. Escreva duas listas de traços de personalidade que você acha que são mais fortes, em média, para destros e para canhotos.

Quando suas duas listas estiverem terminadas, olhe novamente e coloque uma marca em cada palavra que seja (em geral) uma coisa positiva e faça um X sobre as palavras referentes a coisas negativas. Por exemplo, ser criativo é positivo e ser argumentativo é negativo. Agora conte o número de marcas e de X que você tem para destros e canhotos.

CAÇADOR DE MITOS

Antes de analisar seus resultados, aqui está uma coisa importante: os cientistas não descobriram *nenhuma diferença de personalidade* entre pessoas destras e canhotas! Desculpe-me, eu menti para você. Como psicólogos, tais como Chris McManus, concluíram, enquetes muito extensas mediram a personalidade, a inteligência e a saúde das pessoas e não descobriram diferença alguma. É um equívoco comum acreditar que existam coisas como pessoas regidas pelo "lado esquerdo do cérebro" e "lado direito do cérebro". Ou ainda, existem tipos diferentes de pessoas, e algumas são mais analíticas e outras são mais criativas, mas isso tem pouco a ver com lateralidade e diferenças simples entre as atividades cerebrais do lado direito ou esquerdo.

O fato é que, por várias razões, as pessoas têm crenças culturais sobre pessoas canhotas. Enquanto um "homem destro" é alguém de confiança, por exemplo, a palavra "sinistro" deriva da palavra latina para "mão esquerda". Além disso, certas pecinhas de evidência científica fraca no passado afirmavam diferenças, e algumas delas ficaram na mente das pessoas como fato. Mas a evidência mais forte até agora é a de que não há nenhuma diferença.

Agora observe novamente suas duas listas. Você colocou mais descrições negativas para canhotos ou para destros? Você colocou mais descrições positivas para o grupo ao qual você pertence? Por que você acha que essas diferenças existem em sua mente, quando elas não existem realmente entre pessoas destras e canhotas?

ALUNOS ESTUDANDO UNS AOS OUTROS

Na universidade em que estudei como aluno de graduação, em Oxford, os alunos eram divididos em até 30 faculdades diferentes, onde dormiam, comiam e, às vezes, estudavam. Ao final dos meus três anos, pensei que era capaz de dizer exatamente como as pessoas eram em, pelo menos, 20 dessas faculdades, identificando o mais arrogante, o mais nerd, os mais artísticos e aqueles que só queriam saber de festa. Tudo o que um amigo tinha a dizer era: "Estou namorando essa menina, mas ela é da Faculdade Wadham, então você sabe...", e eu sabia exatamente o que ele queria dizer.

Em uma reflexão madura e tendo vagado por Oxford desde então, eu percebo que essas crenças são completamente sem sentido. Ou pelo menos que as similaridades entre os estudantes (um pouco pretensiosos, inseguros, de classe média) superam muito as diferenças entre eles.

LEMBRE-SE: Uma característica da psicologia humana é que se existe uma maneira de dividir as pessoas em grupos, elas começam instantaneamente a perceber diferenças entre esses grupos. Mesmo quando baseados em características superficiais e nada importantes, as pessoas imaginam que os grupos refletem diferenças mais profundas. Confira o box "Alunos estudando uns aos outros" para um exemplo.

Favorecendo pessoas no seu grupo

Apesar da poderosa tendência dos seres humanos de dividir as pessoas em grupos, para esta divisão criar a ilusão de diferenças grandes entre esses grupos, você pode argumentar que diferenças reais entre as pessoas existem, sim. O fã mediano de *country*, por exemplo, pode ter idade e visão política diferentes daquelas de outras pessoas em geral. Mas com experimentos astutos, os pesquisadores provam que as pessoas veem diferenças entre as outras e as tratam de maneira diferenciada com base nos grupos, mesmo quando não existem diferenças objetivas entre seus integrantes.

LEMBRE-SE: Esses experimentos giram em torno da ideia do *paradigma do grupo mínimo*, um método experimental que os psicólogos sociais usam para estudar os efeitos dos grupos sociais. O problema é que as pessoas têm muitas crenças preexistentes (que não são necessariamente verdadeiras) sobre grupos sociais, como homens versus mulheres ou destros versus canhotos. O paradigma do grupo mínimo permite que os psicólogos criem novos grupos sociais e estudem apenas o efeito do agrupamento, fora os efeitos dos estereótipos sociais (discutidos no Capítulo 10).

Nos experimentos do grupo mínimo, os psicólogos dão aos participantes razões falsas para começar em um grupo social ou no outro, como dizer a eles que um teste de personalidade determinou que eles eram uma pessoa do "tipo X" ou uma pessoa do "tipo Y". Não é dito mais nada a elas sobre o que isso significa, e, na verdade, os grupos são alocados puramente ao acaso. Neste sentido, eles são os grupos "mínimos", porque os participantes não devem ter crenças sobre o que os torna de um tipo ou de outro, ou qualquer estereótipo preexistente sobre os tipos diferentes. Tudo o que eles sabem é que estão em um grupo e as outras pessoas estão no mesmo ou em um diferente. Notavelmente, só esse agrupamento já é suficiente para mudar seu comportamento.

Nos primeiros experimentos do paradigma do grupo mínimo, Henri Tajfel e seus colegas colocaram os participantes em dois grupos diferentes. Era dito aos participantes que suas preferências por pinturas de Klee ou Kandinsky determinaram em qual grupo estavam. Mas, na verdade, eles eram colocados nos grupos de forma totalmente aleatória. Foi dado, então, aos participantes pequenas quantias de dinheiro e foi pedido para dividi-lo entre duas pessoas: uma no grupo de Klee e uma no de Kandinsky. Eles não sabiam quem eram as pessoas, porque elas eram referidas como um número de código. Tudo o que eles sabiam era a associação ao grupo.

Os pesquisadores descobriram que os participantes favoreceram sistematicamente as pessoas de seus próprios grupos. Se elas estavam no grupo de Klee, os participantes escolhiam dar mais dinheiro a outras pessoas que também estavam nele.

Este comportamento é chamado de *favoritismo do endogrupo*, porque as pessoas agem positivamente em relação àqueles do mesmo grupo social delas, e negativamente em relação àqueles do exogrupo.

Talvez você ache que elas estavam fazendo isso por uma razão tangível: se tivessem visões fortes sobre arte, por exemplo, poderiam achar que as pessoas que preferem Kandinsky são insuportavelmente monótonas. Então, em experimentos posteriores, os pesquisadores removeram essas dicas. Era dito para os participantes apenas que eles estavam no grupo X ou no grupo Y, e nenhuma outra razão foi dada. Esses grupos eram realmente "mínimos". Mas mesmo assim os participantes exibiram uma tendência a recompensar pessoas em seu próprio grupo, apesar de não existirem diferenças entre as pessoas além de sua associação ao grupo totalmente arbitrária.

Os pesquisadores sabiam que esse fenômeno acontecia o tempo todo no mundo real. Por exemplo, se você descobre que alguém é da mesma cidade que você, ou apoia o mesmo time esportivo, tende a ser mais positivamente disposto em relação a essa pessoa. Mas o que é notável nesse experimento é que você não precisa compartilhar um passado ou conhecimento e amor pelo mesmo time de futebol: simplesmente dizerem a você que está no mesmo grupo arbitrário por um experimentador é suficiente para produzir o favoritismo do endogrupo.

O menor sentido de "eles" e "nós" é suficiente para produzir favoritismo e discriminação.

Segurança em números: Abordagem motivacional

Por que as pessoas sentem a necessidade de pertencer a grupos e tratar seus colegas de grupo de maneira diferente? Começando com os resultados do paradigma do grupo mínimo na seção anterior, Henri Tajfel e John Turner formaram sua teoria de identidade social. Suas ideias foram desenvolvidas por eles mesmos e por outros ao longo dos anos.

![LEMBRE-SE] A noção central de *teoria da identidade social* é a de que as pessoas buscam, se comprometem e categorizam a si mesmas em grupos porque elas ganham algo em troca: uma identidade social. Isso também é chamado de *abordagem motivacional* para entender grupos, porque ela pergunta por que as pessoas formam e mantêm grupos. (A teoria complementa a abordagem cognitiva de entender grupos em termos de estereótipos e vieses de julgamento discutida no Capítulo 10, e a abordagem econômica que será descrita na seção posterior, "Examinando a Abordagem Econômica do Comportamento em Grupo".)

Uma identidade social — a associação a um grupo — lhe diz como se comportar, o que pensar e o que valorizar. Ela lhe dá uma estrutura para sua identidade e, por meio disso, uma maneira de alcançar a autoestima.

Digamos que você decida "nascer de novo" como um cristão fundamentalista. Ser um membro desse grupo lhe dá uma maneira de viver sua vida (proveitosamente, vem até na forma de um livro), uma maneira inteligente e formal de se vestir, formas de educação, uma hierarquia social clara e um grupo de pessoas que o encorajam e validam positivamente se você age igual a elas. Da mesma forma, se você quer ser um gótico satanista, também encontra um conjunto de normas, um estilo de vestir-se de preto e maquiagem nos olhos, uma maneira de falar e agir e um grupo de pessoas que validam você. Em um sentido psicológico social, a razão para aderir a esses grupos — fé religiosa sincera ou uma moda musical passageira — não importa. Simplesmente o fato de que você pertence a um endogrupo traz com ele uma série de efeitos psicológicos.

"Eu estou na endomultidão": Os endogrupos

A identidade social é uma rota para a autoestima. As conquistas e os sucessos do seu grupo estão ligados ao seu próprio sentido de valor — que é uma razão para o favoritismo do endogrupo. Se você está no grupo X, dar mais dinheiro para outras pessoas do grupo X é vantajoso para você. Você pode não se beneficiar diretamente dessa estratégia em termos de recompensa em dinheiro, mas se os X como um grupo ficarem ricos e você é um membro desse grupo, de certo modo você também fica rico. Sua associação a um grupo compra uma participação nesse sucesso, por assim dizer. Os sucessos do grupo se tornam seus. Descobriu-se que, com certeza, quando as pessoas realizam atos de favoritismo do endogrupo, sua própria autoestima aumenta.

A ligação entre um indivíduo e seus grupos sociais pode ser fluida e oportunista. Colocando de outra maneira, a teoria da identidade social sugere que você enfatiza sua associação a um grupo quando ele fornece o maior estímulo para sua autoestima. Os pesquisadores examinaram o comportamento de estudantes depois que o time da sua faculdade ganhou ou perdeu um jogo. Depois de uma vitória, os alunos eram mais óbvios em sua associação ao grupo: no dia seguinte, mais alunos usavam a camiseta do time. Isso foi chamado de "deleitando-se na glória refletida".

No entanto, o efeito é mais sutil do que simplesmente usar as cores do time. Quando os pesquisadores pediam aos alunos para descrever o que aconteceu no jogo, sua linguagem mudava:

» Depois de uma vitória, os fãs falavam do que "nós" fizemos no jogo e de "nossas táticas".

» Depois de uma derrota, o discurso era sobre os erros "deles" e a falta de forma "deles".

LEMBRE-SE As pessoas não formam grupos sociais de maneira negligente. A teoria da identidade social mostra que elas fortificam seus grupos sociais, ou se distanciam deles, em relação ao lucro para sua autoestima.

"Estou do lado de fora (olhando para dentro)": Os exogrupos

Revelamos no Capítulo 7 que a autoestima é uma coisa relativa. Eu me sinto melhor sobre mim mesmo se penso nas pessoas que largaram a faculdade, em vez de pensar naquelas que não o fizeram e agora são milionárias.

De maneira similar, a teoria da identidade social diz que a autoestima que deriva da minha associação ao grupo é relativa. Eu posso me sentir melhor comigo mesmo contribuindo com o sucesso e reforçando as conquistas do meu próprio endogrupo ou eu posso denegrir as pessoas que estão no meu exogrupo. Infelizmente, a última opção é mais fácil, tão efetiva e tão comumente escolhida. Resumindo: o preconceito faz você se sentir melhor sobre si mesmo.

Os pesquisadores testaram esta ideia, aumentando ou abaixando a autoestima dos participantes. Eles deram a eles um teste de inteligência, mas nem se incomodaram em avaliá-lo. Eles simplesmente disseram à metade dos participantes que haviam tirado uma nota muito boa e para a outra metade que haviam tirado notas muito ruins. Então, mostraram aos participantes uma entrevista de emprego e pediram que eles classificassem o candidato. Em uma condição, eles eram informados que o candidato era judeu. Quando os participantes (não judeus) classificavam o candidato, eles davam a ele uma nota mais dura se haviam ido mal no teste de inteligência.

No final do experimento, os participantes haviam classificado sua própria autoestima. Aqueles que haviam sido informados que tinham ido mal no teste, que então haviam julgado o candidato judeu mal, agora tinham níveis altos de autoestima. Os participantes não obtiveram o mesmo estímulo na autoestima se o candidato não era judeu, como eles.

Infelizmente, o ato de denegrir alguém de um exogrupo étnico tem o efeito de inflar a autoestima da pessoa. De fato, esses participantes que se envolveram com preconceito se sentiram melhor consigo mesmos do que os outros que foram informados que haviam ido bem no teste de inteligência. Uma das razões pelas quais o preconceito persiste em nossa sociedade é por causa dessa ligação entre autoestima e grupos sociais. Persuadir pessoas a evitarem ser racistas ou sexistas é uma batalha difícil, porque denegrir pessoas de um exogrupo dá às pessoas um estímulo em sua autoestima, independentemente das diferenças verdadeiras, ou da falta de diferenças, entre as conquistas e os atributos dos grupos sociais.

Vendo os Grupos em Ação: Tomada de Decisão em Grupo

Quando a psicologia estava no início, mais ou menos 100 anos atrás, ela era fascinada por grupos de pessoas. Os teóricos — até mesmo Freud — escreveram artigos longos sobre a "mente da multidão". Esse era um tempo de revolução na Europa, lembre-se, e os psicólogos se perguntavam se grandes grupos de pessoas tumultuando as ruas, desafiando governos, poderiam ser pensados como uma única entidade de alguma maneira. Mas como você pode colocar só uma pessoa em um divã de um psiquiatra e uma pessoa em um cubículo de laboratório, a psicologia como uma disciplina tendeu a focar muito o indivíduo.

Mas, nesta seção, mostramos que os psicólogos têm estudado as escolhas que as pessoas fazem em grupos: as maneiras pelas quais elas compartilham e propagam o conhecimento, as opiniões e as informações.

Apreciando a sabedoria das multidões

Um *ligre* é o produto de um leão, um tigre e uma noite de romance — provavelmente desajeitado. Ligres não têm a melhor das vidas: eles têm um monte de problemas de saúde, e problemas com suas regulações hormonais significam que crescem desmedidamente. O maior felino do mundo foi um ligre. Minha pergunta para você é: quanto acha que esse ligre pesava?

Acho que — contanto que você não procure a resposta na internet — você não sabe o peso do ligre mais pesado do mundo. Você tem que adivinhar, e provavelmente sente que isso é como um tiro no escuro.

CAÇADOR DE MITOS

Mas há uma coisa notável. Se eu fosse capaz de coletar todos os palpites dos leitores deste livro e fizesse a média desses números, o número médio seria bem próximo, certamente, do peso do ligre mais pesado do mundo (408 quilogramas, caso você esteja se perguntando).

Obviamente, meus leitores são superinteligentes — como você pode ser individualmente muito sem noção quanto à distribuição de peso em felinos superdesenvolvidos, mas, de alguma forma, como um grupo, ter um conhecimento notavelmente preciso? Quando eu apresento este problema para minhas turmas de 100 ou mais, eles normalmente têm uma média entre 395 e 420 quilogramas. Invariavelmente esse palpite médio é mais preciso do que o palpite de qualquer indivíduo no grupo. Bem, tirando aquela vez em que eu tinha um fã de ligres superempolgado no público.

Este efeito é conhecido como a *sabedoria das multidões*. Ela foi notada inicialmente por Francis Galton há um século. Em festivais de cidades rurais, exibir uma vaca premiada era popular e os aldeões faziam uma competição para adivinhar seu peso. Galton era um estatístico e notou que, em muitas competições como esta, a média de todas essas estimativas quase sempre venceria a competição sobre o palpite mais próximo de um indivíduo.

Mais recentemente, o jornalista James Surowiecki argumentou que a sabedoria das multidões se estende além do reino de adivinhar o peso de grandes mamíferos. De fato, o governo dos EUA até teve um sistema de julgamento no qual um grande número de pessoas buscava adivinhar a probabilidade de certos eventos políticos acontecerem: uma revolução no Paquistão, por exemplo. A média dessas adivinhações de pessoas desinformadas por todo o país se saiu melhor do que os palpites de analistas políticos especialistas altamente educados e bem pagos.

Descobrindo como um grupo de pessoas inteligentes pode tomar decisões ruins

Com base na seção anterior sobre a multidão sábia, você pensaria que sempre que mais de uma pessoa toma uma decisão, elas recorreriam a essa sabedoria coletiva. Certamente, um grupo de mentes pode sempre ser melhor do que uma individual. Infelizmente, não é sempre esse o caso. A sabedoria da multidão depende parcialmente do fato de que todos esses julgamentos são independentes: as pessoas decidem suas próprias ideias. Pesquisas posteriores em psicologia descobriram que, quando as pessoas interagem umas com as outras, a sabedoria da multidão se dissolve na idiotice da comissão.

Se as pessoas adivinham o peso de uma vaca e o colocam em um pedaço de papel, ou estimam a probabilidade de uma revolução no Paquistão e a colocam em um site, a média de suas visões é altamente precisa. Mas, surpreendentemente, se essas pessoas *falam sobre o assunto primeiro*, as respostas que surgem são cada vez mais incorretas.

Mais especificamente, os pesquisadores descobriram um efeito de *polarização grupal*. Quaisquer vieses que as pessoas possam ter como indivíduos se multiplicam quando são discutidos como um grupo. Se os indivíduos têm uma leve inclinação a correr riscos, um grupo pula em direção a isso. Digamos que seu amigo queira decidir se ele sai do emprego que tem no banco e arrisca ser retreinado para algo novo. Como um indivíduo, você pode dizer: "Vai em frente — tente um curso de vendas!". Mas se você discutir isso em um grupo, o conselho pode ser deixar o emprego, se mudar para Paris e se registrar em uma escola de palhaços.

Uma razão para essa polarização é que, como um grupo, as pessoas podem chegar a um conjunto maior de *argumentos persuasivos* de suporte às opções enviesadas: porque todo mundo é a favor de sair do emprego, todo mundo sugere razões para fazê-lo. Mas surgem razões levemente diferentes. Uma pessoa pode apontar que é pouco provável que seu amigo seja promovido no banco, outra diz que um novo emprego significa que ele conhecerá novas pessoas, outra que ele nunca tem a chance de viajar no emprego atual, e assim por diante. Então, no final da discussão, tudo sobre o que o grupo conversou foi um monte de boas razões a favor de uma opção. Como resultado, o grupo concorda em uma conclusão mais extrema com base nesse excesso de boas razões.

O outro fator produzindo a polarização grupal vem da teoria da *comparação social*. Como explicado no Capítulo 8, as pessoas tendem a pensar que são melhores e frequentemente estão mais certas que as outras, em média. Assim, quando você acha que seu amigo deveria correr um grau moderado de risco e sair do emprego, você também acha que dá melhores conselhos que a maioria das pessoas, e então, em média, que você o aconselhará corretamente para que corra um pouco mais de risco que a maioria das pessoas.

Porém você ouve as opiniões do resto do grupo e vê que todo mundo está sugerindo que ele corra um pouco de risco. Mas você viu a si mesmo aconselhando a opção do risco, não a opção média. Então, recalibra seu conselho e diz algo um pouco mais arriscado que a última pessoa e todo mundo faz a mesma coisa. Logo as pessoas falarão sobre a escola de palhaços.

Tanto o fator dos argumentos persuasivos quanto o da comparação social podem produzir a polarização grupal e ambos os fatores são mais fortes quando os membros do grupo são mais similares uns aos outros. Isso porque você é mais propenso a ter os mesmos vieses iniciais, o que, em termos, produz um conjunto maior de argumentos unilaterais, e uma comparação social maior o encaminha em direção a visões mais extremas.

Essa tendência pode produzir consequências sérias. Quando as pessoas que são similares umas às outras se encontram para discutir um problema, elas terminam essa discussão concordando com uma posição mais radical do que a que tinham como indivíduos antes de entrar na sala. A polarização é mais forte quanto mais similares os membros do grupo forem uns aos outros.

Sem dúvidas, você pode notar que este é um problema urgente no mundo moderno. Se tem uma reunião com todas as pessoas morando na sua rua, vocês todos são fadados a compartilhar algumas similaridades. Mais ainda do que se você iniciar um debate em um aeroporto, por exemplo. Mas e se tivesse uma maneira de recorrer a pessoas do outro lado do mundo que têm exatamente os mesmos valores e crenças que você? Se discutir problemas apenas com essas pessoas que são altamente parecidas com você? Você tem uma maneira de produzir a polarização máxima de uma opinião possível. Assim, você acabou de inventar uma sala de bate-papo na internet.

Aceitando que até mesmo especialistas podem ser estúpidos em um grupo

CAÇADOR DE MITOS

Os especialistas são, por definição, bons em tomar decisões em sua área de especialização. Portanto, você acharia que uma sala com dez especialistas seria ainda melhor em tomar tais decisões. Infelizmente, para o público geral que tem que viver com essas decisões, este nem sempre é o caso.

Irwin Janis estudou muitos casos nos quais os governos parecem ter todo o conhecimento, especialização e recursos a seu dispor, mas ainda tomaram decisões catastroficamente ruins. Seu trabalho focou exemplos desastrosos de pensamento em grupo, como a Invasão da Baía dos Porcos, na qual as forças patrocinadas dos EUA tentaram e falharam em invadir Cuba, para a vergonha do governo dos EUA.

Exemplos mais recentes também cabem no padrão. A Al-Qaeda (um grupo de, principalmente, sauditas com base no Afeganistão) executou o ataque terrorista devastador de 11 de Setembro nos Estados Unidos, de acordo com os especialistas do Departamento de Estado, com a academia, com a mídia e com as afirmações da própria Al-Qaeda. Ainda assim, os elementos da administração Bush focaram imediatamente o Iraque e Saddam Hussein. Um conselheiro do Presidente George W. Bush, Richard Clarke, reconta o dia seguinte ao ataque:

> [O presidente] veio até mim e disse: "Iraque! Saddam! Descubra se há uma conexão". E de uma maneira muito intimidante. Eu quero dizer que deveríamos voltar com uma resposta... Nós reunimos todos os especialistas do FBI, todos os especialistas da CIA. Escrevemos um relatório. Enviamos o relatório para a CIA e para a base do FBI,

e dissemos: "Quem assinará esse relatório?" Todos eles liberaram o relatório, nós o enviamos para o presidente e ele foi devolvido pelo Conselheiro ou Agente de Segurança Nacional. Ele foi devolvido, dizendo: "Resposta errada... Faça novamente".

— RICHARD CLARKE NO PROGRAMA "60 MINUTES", DA CBS, MARÇO DE 2004.

O que essa citação revela é que nas contas depois do 11 de Setembro, o presidente e a CIA ficaram fixados em culpar o Iraque. Eles buscaram evidências apenas a favor de uma ligação entre o Iraque e o 11 de Setembro e ignoraram ativamente a pilha de evidências contra tal conexão. De fato, nenhuma ligação confiável entre o Iraque e o 11 de Setembro jamais foi fundamentada. Mas a evidência contra uma ligação não foi pesada contra a evidência para essa ligação: foi simplesmente devolvida como "a resposta errada". Foi nesse clima, alguns anos depois, que o Reino Unido e os EUA decidiram invadir o Iraque. Eles o fizeram com base nos argumentos de que o Iraque possuía armas de destruição em massa, quando mais uma vez não havia nenhuma evidência boa de que elas existiam. Observando todos os fatos em retrospectiva, parece espantoso que qualquer pessoa chegasse à conclusão de que o Iraque tinha tais armas. Mas um grupo de profissionais inteligentes foi capaz de argumentar para si mesmo a favor dessa conclusão desastrosa.

Tomadores de decisões da época se envolveram no que Janis chamou de *pensamento em grupo* e do que o exército dos EUA chamou de "amplificação incestuosa". A ideia-chave é a de que, como indivíduos, as pessoas são motivadas a tomar a decisão mais precisa que puderem. Mas essa não é a única motivação em jogo quando um grupo de pessoas toma uma decisão juntas. Lembre-se de que uma sala de comitê é um caldeirão de forças sociais.

Imagine que você está na sala de guerra, quando o primeiro-ministro do seu país e seus funcionários estão debatendo planos para uma invasão a outra nação. Assim como querem tomar a decisão certa, você e todo mundo estão igualmente motivados pela necessidade de entrar em conformidade com a opinião de outros e obedecer ao que seu líder quer: além disso, tem o medo de passar vergonha, desagradar seus superiores e parecer não entender nada. As forças querem dizer que, mesmo que discorde do que está sendo dito, você está compreensivelmente relutante em manifestar-se e contradizer a visão prevalecente.

Como resultado, apenas evidências em suporte à visão dominante são colocadas na mesa. A discordância é vista como dissidência. Portanto, as forças sociais excluem uma visão justa e balanceada e aceleram uma decisão louca e infundada.

Os perigos do pensamento em grupo são conhecidos desde o trabalho de Janis na década de 1970 e muitos governos e corporações têm estratégias explícitas para evitá-lo. Por exemplo, alguém é apontado para dar contra-argumentos para a visão prevalecente. As discussões são feitas fora do encontro principal entre amigos, em vez de na frente de superiores. Essas medidas protetoras têm mostrado a redução dos perigos do pensamento em grupo. Mas tais medidas frequentemente parecem sair pela janela em momentos de estresse extremo, partidarismo e ameaças, exatamente quando mais precisamos delas.

Examinando a Abordagem Econômica do Comportamento em Grupo

Tratamos de assuntos de preconceito e conflito em grupo em vários lugares neste livro. No Capítulo 10, descrevemos a abordagem cognitiva para entender as causas básicas de tais comportamentos, e na seção anterior neste capítulo, "Segurança em números: Abordagem motivacional", definimos uma abordagem que foca mais as praticabilidades de conviver em sociedade. Aqui, discutiremos uma terceira abordagem.

O fato é que o mundo possui recursos limitados e nem todo mundo pode ser rico, bem alimentado e feliz (ou pelo menos ninguém ainda descobriu como alcançar esse objetivo). Diante da competição por recursos resultante disso, a *abordagem econômica* sugere que faz sentido prático e econômico para os indivíduos formar grupos e trabalhar juntos nessa competição. Os antropólogos afirmam que por muito tempo na evolução humana as pessoas viveram em grupos de cerca de 100 a 150 pessoas, cooperando umas com as outras e competindo com grupos vizinhos por comida e recursos. A afirmação é a de que essa mistura de competição e cooperação é a base dos anseios das pessoas por formar grupos.

Por meio de uma descrição de um experimento psicológico social, observaremos nesta seção o papel que a competição tem em criar o comportamento de grupo e se o contato cada vez maior e/ou a manipulação da cooperação podem curar o conflito.

Competindo por recursos

Um experimento de Muzafer Sherif e seus pares ilustra muitos dos fenômenos e forças sociais que eu discuto neste capítulo, como os efeitos de grupos mínimos, vieses de endogrupo e exogrupo e os perigos da polarização grupal.

Quando eles realizaram seu experimento em 1954, Sherif e seus colegas estavam pensando sobre a sociedade em termos econômicos e no que eles chamaram de teoria *realista do conflito grupal*, que diz que os grupos surgem porque haverá competição entre conjuntos de pessoas pelos recursos limitados em um ambiente. Como eles não eram capazes de viajar no tempo para estudar as interações entre os primeiros caçadores-coletores, fizeram a segunda melhor coisa.

Eles estudaram meninos de 10 anos em um acampamento de verão em um lugar chamado Robbers Cove. Nenhum dos meninos se conhecia antes de o acampamento começar. Os pesquisadores os dividiram em dois grupos de 11 meninos aleatórios e os levaram a diferentes partes do parque estadual. Os dois grupos de meninos se envolveram em atividades típicas de acampamento, em que tinham que cooperar uns com os outros para fazer refeições, montar barracas, e assim por diante. Todas as atividades positivas endogrupais e de construção dos times (discutidas anteriormente em "'Eu estou na endomultidão': Os endogrupos") estavam presentes. Os meninos pareciam ter se conectado bem e até escolheram nomes para seus grupos: os Águias e os Cascavéis.

No próximo estágio do experimento, os Águias e os Cascavéis ficaram cientes da existência uns dos outros pela primeira vez quando os pesquisadores os reuniram para um torneio. Os vitoriosos receberiam uma medalha e um canivete. Durante os cinco dias de competição, os membros dos Águias e dos Cascavéis entraram em confronto com os membros do grupo oposto. Eles proferiram insultos a cada oportunidade e emitiram desafios para brigas. Em uma manhã, os Cascavéis acordaram com uma pilha de cinzas onde sua bandeira estava previamente hasteada, e no dia seguinte a bandeira dos Águias havia sido roubada. Guerras de comida explodiam na hora do almoço.

Os Águias e os Cascavéis exibiram todas as formas de hostilidade de exogrupo à sua disposição (confira a seção anterior "'Estou do lado de fora (olhando para dentro)': Os exogrupos"), assim como eram favoráveis ao seu endogrupo.

LEMBRE-SE

Os pesquisadores descobriram que a competição parecia aumentar o volume em todos os processos do grupo (bem literalmente neste caso). Os meninos eram mais dispostos com os membros de seus próprios grupos e mais hostis com o exogrupo à medida que o torneio acontecia.

O FAVORITISMO DO ENDOGRUPO EM AÇÃO

Em um jogo no experimento de Robbers Cove, os dois grupos de meninos receberam o desafio de encontrar a maior quantidade possível de feijões escondidos em um campo. Os pesquisadores, então, calcularam os números e brevemente exibiram a foto de um menino e o número de feijões que ele havia coletado. Foi pedido que os meninos estimassem quantos feijões ele havia coletado, porque a imagem havia sido exibida rápido demais para eles contarem. O número de feijões que aparecia era sempre o mesmo, mas os Águias adivinharam sistematicamente que um colega Águia havia coletado mais do que um Cascavel, e os Cascavéis adivinharam o contrário. Eles faziam isso porque aumentava sua autoestima por estar no lado vencedor por uma margem maior.

Aumentando o contato para remover conflitos

Os pesquisadores que conduziam o experimento de Robbers Cove haviam adivinhado que produzir conflitos seria a parte fácil do estudo. A parte mais desafiadora era reduzir aquele conflito entre os dois grupos.

Portanto, o próximo estágio do experimento era um teste informal do que é conhecido como *hipótese de contato*. Essa noção, formada durante o período inicial do Movimento de Direitos Civis Afro-americano, sugere que talvez o preconceito exista, em parte, porque os membros de diferentes grupos não têm contato uns com os outros. Em partes dos Estados Unidos da época, negros e brancos eram segregados e tinham diferentes escolas, ônibus e banheiros públicos. A hipótese era a de que se essas barreiras segregacionistas fossem removidas, o contato aumentaria e as atitudes negativas em relação aos grupos diferentes diminuiriam.

Para testar essa teoria, os dois grupos de meninos foram reunidos depois de um torneio que haviam completado. Ainda assim, embora eles não estivessem mais envolvidos em qualquer competição direta ou por recursos, o conflito persistia. Os insultos ainda pairavam e os membros dos grupos diferentes se recusavam a socializar uns com os outros.

Assim como na experiência antissegregacionista no sul, o contato não era suficiente para ajustar as atitudes negativas.

Forçando a cooperação para curar divisões

No estágio final do experimento de Robbers Cove, os pesquisadores impuseram malignamente metas superiores aos meninos, manipulando eventos para que os dois grupos tivessem que trabalhar juntos. Eles criaram uma série de crises que exigiam a cooperação entre todos os meninos.

Por exemplo, um caminhão carregando suprimentos quebrou. Perto dali, os pesquisadores haviam deixado a corda do cabo de guerra dos meninos enrolada. Nesses tempos em que *reality shows* são comuns, as pessoas, infelizmente, estão muito acostumadas a tais atos de manipulação, mas nos anos mais simples de 1950, os meninos decidiram em forma de brincadeira que usariam essa corda conveniente para rebocar o caminhão. Para alcançar esse objetivo, todos eles precisavam puxar juntos.

Alguns dias depois de tal cooperação "acidental", uma paz surpreendente baixou no acampamento. Quando os ônibus chegaram para levá-los para casa, os meninos decidiram viajar juntos, em vez de separados, como haviam chegado. Em um momento "Disney" realmente inspirador, quando o ônibus parou em uma cafeteria, os Cascavéis decidiram que o dinheiro que haviam ganhado no torneio deveria ser gasto em leite maltado para ambos os grupos.

As metas superiores e a necessidade de trabalhar juntos desfizeram o conflito intergrupal produzido por dias de competição, mais do que o fez o contato e a exposição uns aos outros. (Talvez um time negociando entre facções inimigas devesse sabotar seus veículos e insistir que os inimigos trabalhassem juntos para chegar ao local da negociação!)

Quando os membros dos grupos opostos se veem trabalhando juntos, o preconceito e o conflito têm uma chance de se dissipar. Infelizmente, suspeito que manipular metas superiores em um acampamento de verão para meninos seja um pouco mais fácil do que orquestrar eventos para consertar conflitos intergrupos no mundo real.

O problema é que os recursos não são necessariamente distribuídos igualmente entre os sexos, regiões de um país, facções religiosas, grupos étnicos, e assim por diante. Como eu afirmo anteriormente, em "Segurança em números: Abordagem motivacional", membros do endogrupo podem estimular sua autoestima denegrindo membros do exogrupo. Quando um ganho de curto prazo está para ser alcançado ao retratar outros grupos como egoístas ou indignos, descobrir uma meta superior para que todo mundo se veja trabalhando em direção à igualdade é extremamente difícil. Infelizmente, portanto, a necessidade motivacional do indivíduo atrapalha o conserto econômico do conflito intergrupal.

> **NESTE CAPÍTULO**
>
> Introduzindo participantes típicos de experimentos
>
> Contrastando visões culturais do *self*
>
> Explorando similaridades culturais

Capítulo 17
Superando Diferenças Multiculturais

Procure a palavra "human" (humano, em português) na Wikipédia e, à direita da entrada, você verá uma foto de duas pessoas. A escolha dessa imagem gerou um dos maiores debates entre os contribuidores e editores na história da Wikipédia. Obviamente, essa imagem não pode representar toda a humanidade, mas já que apenas uma pode ser escolhida, qual seria a melhor aproximação?

As pessoas vêm em uma grande variedade de tamanhos, formatos e cores de pele, e têm todos os tipos de trabalho. Mas a imagem da Wikipédia é a de um homem e de uma mulher que vivem no sudeste da Ásia, têm pele acastanhada e, como a maioria dos seres humanos na história da humanidade, são fazendeiros. O que você não pode ver nessa fotografia, claro, é como essas pessoas pensam, sentem e interagem uma com a outra, o que levanta a importante pergunta: o quanto as pessoas por todo o mundo são diferentes em seus pensamentos e hábitos sociais?

Neste capítulo, exploramos as diferenças interculturais enquanto se relacionam com a psicologia social. Claro, os psicólogos dependem em grande grau dos participantes para seus experimentos: então, eu discuto o voluntário típico e o quão limitada a seleção tem sido — quase todos os experimentos que eu discuto neste livro foram executados com estudantes norte-americanos entre 18 e 21 anos de idade.

Quando os psicólogos fazem experimentos com pessoas de culturas diferentes, os resultados dão insights fascinantes sobre as maneiras diferentes como pensam sobre si mesmas e veem (às vezes bem literalmente) o mundo e umas às outras. Visões contrastantes do *self* parecem ser centrais para essas diferenças.

Essas variações por todo o mundo têm consequências em como as pessoas veem a sociedade e os relacionamentos, os julgamentos sociais que fazem e, em especial, o que acontece quando pessoas de culturas diferentes interagem umas com as outras.

LEMBRE-SE

Embora pessoas de várias partes do mundo realmente pensem de maneira diferente, essas não são diferenças fundamentais ou irreconciliáveis. Elas não existem devido a diferenças físicas ou genéticas, mas são o resultado de ser criado em uma cultura específica em que aspectos particulares do mundo são enfatizados. Essas mentalidades culturais são, na verdade, bem flexíveis. Com técnicas simples ou mudanças em ênfase, os ocidentais podem pensar como não ocidentais e vice-versa.

Conhecendo as Pessoas que Participam de Experimentos

Se você alguma vez já folheou qualquer jornal de psicologia social, pode ter notado que a seção de "Participantes" raramente é muito interessante. Os participantes normalmente são estudantes universitários matriculados na mesma universidade dos autores do artigo.

Essa situação pode lhe parecer um problema. Os psicólogos querem ser capazes de dizer coisas que são verdadeiras para pessoas em geral, incluindo o mundo todo, mas às vezes eles parecem executar experimentos apenas no único tipo de ser humano que, por acaso, está por perto. Eles querem afirmar que "todos os animais gostam de sentar em colos e ronronar" quando só estudaram o gato doméstico. Claramente, essa situação apresenta problemas substanciais no que se refere a generalizar resultados para diferentes culturas.

Bem, psicólogos sociais estão cientes e estudaram este problema. Joe Henrich e seus pares investigaram sua extensão, observando um grande número de artigos psicológicos e prestando muita atenção à seção sobre participantes, um detalhe que muitos leitores leem rapidamente.

POR QUE OS PSICÓLOGOS ESTUDAM AS PESSOAS QUE ESTUDAM

A pesquisa psicológica é normalmente executada em universidades, e universidades e cientistas são caros (embora valham a pena, claro!).

Com o risco de parecer redutivo, de alguma forma, ser um aluno é um desperdício terrível. As idades entre 18 e 21 poderiam ser um tempo produtivo da vida em um sentido econômico, já que pessoas jovens são frequentemente mais enérgicas, entusiasmadas e saudáveis que o restante da sociedade. Ainda assim, em vez de colocar as pessoas dessa idade para trabalhar, elas perdem seu potencial de trabalho: elas se sentam em salas, em vez de trabalhar em campos ou em fábricas. Ou — para colocar o ponto de maneira contrária — apenas países ricos e industrializados podem proporcionar o envio de um grande número de pessoas jovens, de outro modo produtivas, para as universidades. Neste ponto da história, os países ricos tendem a ser ocidentais e democráticos.

Além disso, Henrich e seus colegas de trabalho descobriram que dois terços dos participantes em experimentos de psicologia social são norte-americanos e dois terços ainda não são graduados. Em outras palavras, pouco menos que a metade dos participantes em experimentos psicológicos são exatamente as mesmas pessoas que estão lendo os artigos na faculdade e mais tarde talvez se tornem eles mesmos pesquisadores de psicologia.

Novamente, isso é compreensível. Agora, eu teria que pagar cerca de £10 por hora para cada participante em meus experimentos. Eu esperaria ter de 40 a 80 pessoas em cada experimento com um a quatro experimentos para cada artigo. Isso são vários milhares de libras em taxas para participantes para cada artigo.

Mas um problema maior é recrutar: encontrar e persuadir grandes números de pessoas a virem ao meu laboratório em Londres e me dar uma hora de seu tempo. Mesmo se eu tivesse muito dinheiro e um processo de recrutamento efetivo, que tipo de pessoas viria ao laboratório? Presumivelmente aquelas que não têm trabalhos regulares em horário comercial, talvez não tenham nenhum emprego ou não tenham um emprego que pague tão bem quanto £10 por hora. Resumindo, pagar aos participantes é caro, consome tempo e pode resultar em um conjunto de participantes que ainda não refletem a sociedade mais ampla.

Mas estudantes de graduação vêm de graça. Na maioria dos departamentos de psicologia exige-se que os alunos participem em um número determinado de experimentos como parte de sua graduação. Eu tenho todos os seus nomes e endereços de e-mail e, como a maioria dos departamentos, um sistema de inscrição online automatizado. Além de que os alunos, fora do horário de aulas, têm agendas bem flexíveis e podem comparecer durante o dia.

LEMBRE-SE Eles descobriram que a grande maioria dos participantes em experimentos psicológicos são ocidentais (*western*), educados (*educated*) e de sociedades industrializadas (*industrialised*), ricas (*rich*) e democráticas (*democratic*): em outras palavras, WEIRD. Embora tais pessoas compreendam 80% ou mais dos participantes em pesquisa psicológica, eles compõem apenas 12% das pessoas no planeta. (Confira o Capítulo 18 para mais sobre ser WEIRD.)

Existem algumas boas razões para essa situação, claro: estudantes são fáceis de encontrar, fáceis de recrutar e frequentemente participam de graça. Você pode ver por que tal viés dominante existe. Para mais detalhes, confira o box "Por que os psicólogos estudam as pessoas que estudam".

LEMBRE-SE A situação com os participantes dos experimentos é o que é. Os psicólogos precisam trabalhar com o que têm. Mais importante é o tamanho do problema que é o fato de as pessoas em experimentos psicológicos serem tão diferentes da maioria dos outros seres humanos. Algumas pessoas argumentam que é um problema enorme se o objetivo é generalizar as descobertas experimentais para pessoas que não sejam WEIRD. Olhando pelo globo, os psicólogos descobriram que as pessoas podem se comportar de maneira diferente em experimentos psicológicos e na vida. No restante do capítulo, recorremos a experimentos que têm sido feitos em pessoas diferentes por todo o mundo, e examino como suas crenças e pensamentos são bem diferentes dos participantes WEIRD comuns que o restante do livro — e o restante da psicologia social — tem focado.

Examinando os Pensamentos Ocidental e Não Ocidental

Nesta seção, exploramos alguns dos experimentos que têm sido feitos com pessoas de culturas diferentes, e vejo como existem diferenças sutis, mas difundidas, em como pensam sobre si mesmas, sobre outras pessoas e como interpretam o mundo ao seu redor.

LEMBRE-SE Até recentemente, a história da psicologia experimental tem sido muito enraizada no mundo ocidental. Então, quando uso termos como "ocidental" e "não ocidental", eu o faço para distinguir uma maneira "ocidental" de pensar que tem sido estudada tradicionalmente e uma "maneira não ocidental", que é diferente e interessante de muitas outras formas. Para saber mais sobre a complexidades desses termos, dê uma olhada no box "Leste *versus* Oeste".

Nesta seção, empregamos o método de Hazel Rose Markus e Shinobu Kitayama de descrever as diferenças culturais de ideias do *self* nos seguintes termos:

LEMBRE-SE

» **Independência:** A visão ocidental tradicional de identidade, que também é identificada às vezes como *individualismo*.

» **Interdependência:** Esta visão contrastante é amplamente aceita em sociedades não ocidentais e também pode ser distinguida com o termo *coletivismo*.

Descrevemos como as pessoas diferem em suas visões do *self* e discutimos como essa distinção pode se relacionar com diferenças mais amplas em percepção e práticas culturais, como aquelas que cercam a realização de julgamentos.

Tendo visões diferentes de si mesmo

As maneiras pelas quais as pessoas descrevem a si mesmas em experimentos de psicologia social podem dizer aos pesquisadores muito sobre como culturas diferentes pensam sobre identidade. Discutimos como as pessoas entendem sua identidade própria no Capítulo 7 e o conjunto de crenças e vieses que elas têm para proteger a autoestima no Capítulo 8. Aqui, discutimos o quanto essas descobertas podem ser generalizadas para pessoas de culturas diferentes.

No Capítulo 7, apresentamos um exercício no qual peço para que você escreva "Eu sou/estou..." dez vezes, e então que complete as frases com qualquer descrição que quiser. Quando você dá o mesmo exercício para pessoas ao redor do mundo, diferenças sistemáticas emergem.

PAPO DE ESPECIALISTA

LESTE *VERSUS* OESTE

Eu uso o termo "ocidental" para significar grosseiramente norte-americano e europeu. Por "não ocidental", quero dizer o resto do mundo. Essa distinção é bastante rudimentar, eu sei, mas em muitas discussões sobre diferenças culturais, os pesquisadores focam, em particular, as diferenças entre a América do Norte e países asiáticos "não ocidentais", como a China e o Japão.

Claro, essas distinções muito amplas não cabem facilmente em uma divisão ocidental e oriental do mapa mundial. Certos países da Europa, como a Romênia, e algumas comunidades nativas americanas na América do Norte têm um estilo cultural mais não ocidental. Contrastar o tão chamado modo de pensar ocidental com uma maneira não ocidental que abarca o restante do planeta é excessivamente simplista.

Obviamente, minha afirmação não é a de que todas as pessoas ocidentais ou não ocidentais pensem da mesma maneira. A afirmação é a de que mesmo se categorizássemos as pessoas nesta distinção muito ampla e fizéssemos uma média desses grupos, emergiriam padrões e diferenças sutis em pensamento.

Por exemplo, participantes americanos são mais propensos a listar seus atributos psicológicos, como seu senso de humor ou inteligência, e mencionar suas próprias atitudes como definidoras de quem eles são. Em contraste, pessoas japonesas são mais propensas a qualificar suas afirmações em termos do contexto. Então, em vez de dizer: "Eu sou generoso", ou: "Eu sou diligente", eles dizem: "Eu sou generoso com meus amigos e família", ou: "Eu sou diligente no trabalho". Os pesquisadores identificaram e descreveram essas diferenças sistemáticas.

Independente e individualista

A maneira "ocidental" de pensar sobre o *self* é provavelmente a mais familiar para você, como também o é para a psicologia. Nesta visão *independente*, o *self* (ego) é visto como um estado interno independente e durável que tem características distintas. Em outras palavras, as pessoas têm personalidades, motivos, sonhos e desejos particulares, e esses estados psicológicos internos explicam e causam seu comportamento. Essa visão do *self* vê pessoas como fundamentalmente separadas umas das outras ou *individualistas*, porque as pessoas são compreendidas como unidades separadas, deslocadas dos grupos maiores.

Claro, no mundo ocidental, você tem amigos e família, que são muito importantes e influenciam a sua vida. Nenhuma pessoa é uma ilha, como John Donne quase disse. Mas imagine, como em um filme de ficção científica, se você caísse em um buraco negro e fosse jogado para um tempo e local distantes: a Renascença italiana ou o Império Mongol. Sua intuição é a de que embora você esteja em uma cultura radicalmente diferente e cercado por pessoas muito diferentes, você ainda permaneceria basicamente a mesma pessoa. Essa é a essência da noção independente do *self*.

Interdependente e coletivista

A construção *interdependente* do *self* é a de que ele é fundamentalmente relacionado a outras pessoas e ao mundo ao seu redor. Nos países como a China e o Japão, mas também em áreas da África e do sul da Europa, as pessoas pensam nelas mesmas primeiro, e principalmente desta maneira *coletivista*: elas pensam em termos de "nós" tanto quanto pensam em "eu". Nessas culturas, inter-relacionamentos são centrais, em vez de incidentais.

Por exemplo, como um indivíduo ocidental, penso em mim como um indivíduo que se tornou um pai e marido, que tem alguns alunos de pós-graduação trabalhando em seu laboratório e várias camadas de chefes sobre ele na hierarquia vertiginosa da universidade. Mas se eu fosse um membro de uma cultura interdependente e coletivista, eu me veria fundamentalmente em termos dos meus membros da família e meu relacionamento com eles; em termos das minhas responsabilidades com meus alunos e o que eu espero deles; e nos compromissos e obrigações para com meus superiores.

LEMBRE-SE

Nesta visão, claro, eu ainda tenho certas características e hábitos, mas elas estão entrelaçadas com esses diferentes contextos sociais. Então, não seria estranho se eu agisse assertivamente e de maneira imperdoável no contexto do trabalho, mas fosse tranquilo e manso em casa. Quem eu sou depende de com quem estou e, naturalmente, um *self* interdependente muda e é modulado de acordo com o contexto.

Exibindo diferenças culturais em julgamentos

O contraste entre o *self* independente e o interdependente que explicamos na seção anterior pode lembrá-lo de discussões em outras partes deste livro sobre se a pessoa ou a situação causam o comportamento social (em particular, o *erro fundamental da atribuição*, discutido no Capítulo 9). A tendência de uma perspectiva ocidental é superenfatizar os traços pessoais das pessoas e subestimar o poder da situação. Por essa razão, as pessoas ficam muito surpresas com o comportamento dos prisioneiros e guardas no experimento da prisão de Stanford (veja o Capítulo 11) ou com os níveis de obediência no experimento de Milgram (no Capítulo 12).

Em contraste, culturas interdependentes têm uma visão diferente do *self*, colocando a pessoa no fundo e focando os inter-relacionamentos entre o indivíduo e o contexto. Então, elas seriam mais propensas a prever precisamente como as pessoas se comportariam nos estudos de Milgram.

Nesta seção, revelamos que essa diferença no entendimento das pessoas significa que pessoas de culturas diferentes fazem julgamentos sociais diferentes.

Reconhecendo a emoção

Experimentos revelam que pessoas de diferentes culturas percebem emoções diferentes na mesma situação e também que elas fazem interpretações de emoções de maneiras bem diferentes.

EXPERIMENTE

Imagine uma foto de um menino segurando uma bola de basquete, sorrindo em pé na frente de algumas outras crianças. Como você descreveria o menino?

Se você é como os outros sujeitos ocidentais nos experimentos de Takahiko Masuda e seus pares, você diz que ele parece feliz. Mas se você é de um país interdependente e coletivista, como o Japão ou a China, pode dizer que o menino é arrogante ou zombeteiro. Eles veem que os outros parecem tristes e chorosos. No contexto das outras pessoas e da situação à volta dele, eles raciocinam que o menino roubou essa bola das outras crianças e está zombando delas cruelmente.

Essa evidência é impressionante, porque isso não só mostra que as pessoas de culturas diferentes fazem julgamentos diferentes sobre emoções, mas também que elas literalmente olham para fotos de maneiras diferentes. Tecnologia de rastreamento ocular mostra que pessoas dos Estados Unidos olham diretamente para o menino no primeiro plano, leem sua expressão facial e dão suas respostas. Em contraste, os participantes de culturas interdependentes olham para o menino e, então, passam mais tempo fixando sua atenção nas pessoas ao fundo.

Fazendo julgamentos morais

No Capítulo 9, revelamos que as pessoas no Ocidente têm uma tendência forte de focar fatos sobre personalidade, habilidades e humor de um indivíduo, em oposição a levar suficientemente em consideração a situação: isso é chamado de *erro fundamental de atribuição*. Não queremos sugerir que as pessoas do Ocidente falham em entender que situações causam comportamento, mas que elas focam demais o indivíduo.

Pessoas de culturas interdependentes, no entanto, são menos propensas a cometer esse erro, porque elas pensam sobre indivíduos em termos de seus relacionamentos com a situação e as outras pessoas ao seu redor. Elas têm um foco mais amplo e são menos propensas a cometer o erro fundamental de atribuição em experimentos controlados.

Por exemplo, as pessoas de culturas interdependentes tendem a dar respostas diferentes aos dilemas morais levantados no Capítulo 9. Para questões como "Um amigo emprestaria dinheiro de seus pais sem pedir primeiro" ou "Posso sair com alguém que já está em um relacionamento?", as pessoas de culturas independentes são mais propensas a dar respostas diretas como sim ou não, enquanto pessoas de culturas interdependentes são mais propensas a dizer que tudo depende da situação.

Considerando as diferenças perceptivas

Você pode ficar surpreso ao descobrir que as pessoas de culturas diversas processam informações e até reparam coisas de maneiras diferentes. Isso não parece ser devido a diferenças anatômicas ou genéticas em como o cérebro ou os olhos são conectados, já que crianças de um país que são adotadas e criadas em outro agem na mesma maneira que seus pais adotivos. Nós sabemos que as diferenças perceptuais são devidas ao processo de ser criado em uma cultura específica.

Em um experimento, Takahiko Masida, Richard Nisbett e seus colegas de trabalho mostraram para as pessoas uma animação de um tanque de peixes, e perguntaram: "O que você vê?". O que poderia ser mais simples, você pode pensar: ambos estão olhando para a mesma animação.

Ainda assim, os resultados revelam uma diferença cultural. Os ocidentais de culturas independentes descrevem os eventos em termos de agentes individuais e suas ações, por exemplo: "O peixe alaranjado nadou para a frente e para trás". Mas as pessoas de culturas interdependentes são mais propensas a descrever os eventos em termos de inter-relacionamentos entre o peixe e os objetos, por exemplo: "O peixe nadou entre as rochas e algas".

Essa diferença na percepção se estende para a memória. Os ocidentais de culturas independentes são mais capazes de apontar esse peixe alaranjado em uma fila se você apresentá-lo a eles novamente. Pessoas de culturas interdependentes, no entanto, têm dificuldades em se lembrar do peixe individual, a não ser que o vejam com as mesmas rochas e algas ao fundo.

Reciprocamente, os ocidentais de culturas independentes têm memória fraca para as rochas e algas no tanque de peixes, enquanto pessoas de culturas interdependentes são muito mais propensas a reparar se os itens de fundo forem trocados.

Esses experimentos mostram que até mesmo quando estão olhando passivamente para o mundo à sua volta, pessoas de culturas variadas olham para coisas diferentes, as interpretam e se lembram de aspectos diferentes. Se duas pessoas de culturas diversas olham para o mesmo programa de TV, elas verão literalmente coisas diferentes.

Essa atenção a elementos diversos em uma cena significa que as pessoas de culturas diferentes são mais ou menos suscetíveis a ilusões visuais.

Em um teste, pede-se que as pessoas julguem se uma fila está reta verticalmente ou em um leve ângulo. As pessoas podem ser enganadas e dar a resposta errada nessa tarefa se a linha estiver cercada por uma moldura que é levemente irregular. Como você pode ter previsto a esta altura, as pessoas de países interdependentes são mais propensas a ser enganadas por essa ilusão, porque tendem a prestar atenção às relações entre a figura central e o fundo. Ocidentais de culturas independentes têm muito menos dificuldade em ignorar a moldura e focar a linha.

LEMBRE-SE

Essas alterações perceptivas na memória, na atenção e na suscetibilidade para ilusões não são devidas a diferenças configuradas entre a memória ou o sistema visual das pessoas das diversas partes do mundo. O cérebro está acima de tudo, algo que aprende e absorve coisas ao seu redor. Esses experimentos mostram que ao crescer em uma cultura específica, o cérebro aprende a focar, interpretar e lembrar de coisas de uma maneira particular.

Testando as consequências das variações perceptivas

O trabalho de Masuda, Nisbett e seus pares (como os experimentos que eu descrevo na seção anterior) mostra que diferenças em culturas podem começar nos primeiros momentos da atenção visual: para onde você direciona seus olhos em uma cena. Eles então estendem essa percepção para a maneira como você interpreta o que vê e como se lembra disso. Essas diferenças têm sido mostradas nos movimentos dos olhos, nos julgamentos e na performance da memória de participantes em experimentos de laboratório, o que levou Masuda e Nisbett a se perguntarem se os mesmos padrões são encontrados fora do laboratório.

Criando arte

Masuda e Nisbett pesquisaram as pinturas nas galerias nacionais de Tóquio e de Nova York. Eles contaram propriedades muito simples das pinturas, tais como quantas pessoas estavam na cena e seus tamanhos relativos, e descobriram fortes diferenças:

DICA

» Uma pintura tipicamente ocidental tem uma única pessoa importante e um número menor de outras pessoas ao fundo. Sempre que você vê uma imagem assim, pode identificar em um momento a pessoa mais importante. É o homem (provavelmente) no meio: ele é o maior e tem as roupas mais caras, além de estar iluminado.

» Uma pintura tipicamente japonesa descreve um grande número de pessoas e elas todas são praticamente do mesmo tamanho. Imagine um imperador reclinado em um trono, cercado por cortesãos. Nessas imagens você pode descobrir quem é a pessoa importante, mas só se estudar as posições e os alinhamentos relativos de cada pessoa.

Fazendo fotos das férias

Você pode contestar que as diferenças na seção anterior só refletem práticas artísticas e, por exemplo, a maneira pela qual a perspectiva é usada em muito da arte ocidental. Mas e as pessoas que não são artistas treinados explicitamente nas tradições artísticas específicas de uma cultura? Para tratar dessa questão, os pesquisadores olharam fotografias feitas por pessoas de culturas independentes e interdependentes. Se você olhar suas fotos de férias, poderá notar uma diferença. Em geral, pessoas de culturas independentes focam muito mais o rosto das pessoas. As pessoas de culturas interdependentes se afastam mais e incluem o fundo da cena.

FOTOS DE FÉRIAS REALMENTE REVELADORAS!

Anedoticamente, minha esposa e eu testamos a hipótese de que ocidentais focam o indivíduo e não ocidentais focam mais os arredores, durante uma visita à Itália para uma reunião conjunta das fundações científicas europeia e japonesa.

Um dia, fomos a uma excursão para os pontos turísticos locais. Passamos nossa câmera para diferentes cientistas e pedimos que fizessem nossa foto.

Os europeus fizeram fotos nas quais preenchíamos, pelo menos, metade da imagem: em algumas, poderíamos até dizer que estávamos em Londres, por tudo o que se via de Itália. Os japoneses, entretanto, faziam fotos em que éramos visíveis da cabeça aos pés, e o restante da cena, até mesmo se fosse um estacionamento, também.

Criando os filhos

Para investigar as origens das diferenças em culturas, Masuda e Nisbett visitaram algumas salas de aula. Eles observaram os desenhos das crianças de uma casa e contaram os mesmos tipos de coisas que tinham feito nas galerias. Os mesmos padrões estavam presentes:

» Crianças norte-americanas desenhavam um pequeno número de indivíduos e normalmente tinham uma pessoa (elas mesmas ou seus pais) bem maiores que todas as outras coisas.

» As crianças japonesas desenhavam com uma perspectiva mais plana, descrevendo mais objetos e pessoas que tinham tamanhos mais próximos.

LEMBRE-SE Diferenças entre culturas podem ser vistas da infância em diante, no comportamento dos pais e da criança.

Por exemplo, Linda Smith e seus pares tinham pais em um laboratório brincando com seus filhos e um número de brinquedos simples. Eles descobriram que pais norte-americanos eram mais propensos a falar sobre coisas em relação às preferências das crianças perguntando: "Qual é o seu animal favorito?" e "Você gosta deste aqui?", enquanto pais japoneses apontavam o relacionamento entre os brinquedos: "Veja, esse burro persegue a vaca".

Mais tarde, os pesquisadores examinaram várias crianças de quatro anos dos Estados Unidos e do Japão e descobriram que elas diferiam em suas habilidades em achar objetos em conjuntos complexos e para aprender os nomes deles e suas relações. Em outras palavras, mesmo crianças tão novas já aprenderam a ver o mundo de maneira levemente diferente. Crianças japonesas já estão observando e rotulando os inter-relacionamentos entre objetos. O trabalho de Linda Smith e seus pares sugere que parte da diferença pode derivar da maneira como os pais interagem com seus filhos.

Esses estudos de desenvolvimento mostram que todas as diferenças culturais em memória, atenção e percepção que encontramos nos adultos podem ter suas raízes na maneira como as crianças de culturas diferentes são criadas e interagem com o seu mundo.

Reconhecendo o que as Culturas Têm em Comum

Até agora, a discussão foi dedicada a explorar as diferenças entre pessoas de culturas diferentes. Em um sentido, essas diferenças são difundidas e profundas, já que podem ser vistas momento a momento em movimentos oculares, em crianças e adultos e em interações sociais e sistemas políticos. Mas em outro sentido, elas são bem fracas. Concluiremos este capítulo considerando as maneiras como as diferenças interculturais podem ser reduzidas ou até eliminadas com técnicas simples.

Como visto no Capítulo 9, você pode reduzir ou até reverter o erro fundamental de atribuição, chamando a atenção das pessoas para coisas diferentes, elaborando uma questão de forma diversa ou mostrando a elas a visão por outro ângulo. Similarmente, as variações culturais são frequentemente uma questão de perspectiva e ênfase. Uma pessoa ocidental pode pensar como alguém de uma cultura interdependente e vice-versa, se aspectos diferentes forem destacados.

Os psicólogos sociais também são capazes de alterar as mentalidades culturais muito facilmente usando os tipos de técnicas de iniciação discutidas no Capítulo 5. Por exemplo, em um experimento, os participantes ocidentais receberam uma página de texto para ler. Um grupo foi informado para circular todas as ocorrências da palavra "eu" ou "mim" no texto. O outro grupo foi informado para circular "nós" ou "nos". Então foi pedido que fizessem um julgamento sobre as razões para as ações de alguém, em um dos experimentos de atribuição padrão discutidos no Capítulo 9. Os participantes ocidentais que circularam "eu" ou "mim" se comportaram como participantes da versão padrão dos experimentos, cometendo o erro fundamental de atribuição de ignorar o poder da situação. Mas os participantes que haviam circulado "nós" ou "nos" agora davam respostas que eram mais como as dos participantes não ocidentais, enfatizando a situação quando explicavam o comportamento de uma pessoa mais do que as disposições individuais.

Pessoas de culturas diversas não pensam sobre o mundo de uma maneira fundamentalmente diferente, elas não são de planetas opostos nem possuem visões completamente incompatíveis. Diferenças culturais podem ser difundidas, mas elas também são o resultado de mentalidades que são flexíveis e podem ser mudadas pela circunstância. Com um pouco de esforço e empatia, as pessoas sempre são capazes de entender e se relacionar umas com as outras.

6

A Parte dos Dez

NESTA PARTE...

Descubra como verificar as hipóteses e conclusões de artigos eruditos.

Examine métodos experimentais.

Estenda sua pesquisa para a psicologia social com uma gama de recursos.

> **NESTE CAPÍTULO**
> Verificando conclusões de artigos
> Testando hipóteses de artigos
> Examinando métodos experimentais

Capítulo 18
Dez Perguntas para Aproveitar ao Máximo os Artigos Psicológicos

Existe um mundo de diferenças entre o ceticismo e o cinismo: resumindo, o ceticismo é produtivo, e o cinismo, não. Infelizmente, muitas pessoas são cínicas sobre a psicologia social e até sobre a ciência em geral, argumentando que nunca se pode provar nada sobre as pessoas. Eu discordo, claro. Como mostro neste livro, o método científico pode ser aplicado rigorosamente ao comportamento humano.

Mas esse método funciona apenas se todas as afirmações forem examinadas com uma mente crítica e questionadora (essa é a parte do ceticismo saudável). Embora não cientistas sejam surpreendidos às vezes, os cientistas passam a maior parte do tempo tentando demonstrar que as teorias uns dos outros estão mal concebidas, limitadas ou somente erradas. Eles não o fazem porque são pessoas más e competitivas que sempre querem estar certas (bem, não só por causa disso!). Eles o fazem porque questionar e desafiar ideias e dados são parte do seu método. O cinismo alcança pouco, mas o ceticismo leva a ciência adiante.

Neste capítulo, listaremos dez questões que você, como um leitor cético, deve perguntar a si mesmo enquanto lê sobre um experimento de psicologia social. Essas questões se conectam às maneiras pelas quais as descobertas de um experimento podem ser exageradas; suas afirmações, limitadas, ou suas conclusões, falhas.

LEMBRE-SE

Não veja essas perguntas como desculpas para rejeitar o experimento, mas como razões para executar você mesmo um experimento melhor!

Como o Resultado é Generalizado para a Vida Fora do Laboratório?

Em algum ponto do ciclo de vida de um experimento psicológico social, alguém tentará generalizar os resultados para a vida fora do laboratório. Podem ser os próprios pesquisadores, quando introduzem ou concluem seus artigos, em uma matéria de jornal ou em um comunicado da universidade promovendo a pesquisa.

LEMBRE-SE

Como leitor, mantenha-se cético em relação a essas afirmações. Não queremos dizer que elas estejam necessariamente certas ou erradas, mas que a generalização para a vida real nem sempre é o critério certo quando julgamos estudos científicos.

Em estudos de campo, este aspecto é direto porque tais estudos são baseados em estudos de pessoas no mundo real, passando por suas vidas cotidianas. Para um exemplo de um estudo de campo com relevância à vida cotidiana, verifique o próximo box "Observando a vida selvagem na estrada".

Mas estudos de laboratório nem sempre são diretos. Lembre-se de que o objetivo de uma pesquisa psicológica social raramente é imitar o mundo real em um laboratório. Veja o Teste de Associação Implícita discutido no Capítulo 5 (que revela diferenças de dez milissegundos em tempos de reação quando os sujeitos estão, por exemplo, categorizando rostos como brancos e palavras como positivas, comparado a quando eles estão categorizando rostos como negros e palavras como negativas). Talvez você possa antecipar o tipo de objeções — quando você tem que categorizar a raça de alguém enquanto, ao mesmo tempo, identifica se as palavras são positivas ou negativas? Mesmo que precisasse, importa para a vida cotidiana se você é 30 milissegundos mais lento em um dos casos? Esse é, literalmente, o tempo que se leva para piscar.

> ### OBSERVANDO A VIDA SELVAGEM NA ESTRADA
>
> Pesquisadores na Universidade da Califórnia, Berkeley, estavam investigando os efeitos do status social no comportamento. Em um maravilhoso estudo de campo, eles ficaram parados em uma esquina ao lado de uma faixa de pedestres e anotaram o quanto era provável que os carros parassem quando eles antecipavam que um pedestre estava prestes a atravessar a rua. Eles também registraram o fabricante e modelo do carro e descobriram posteriormente o custo aproximado, assim como a medida indireta do status social do motorista.
>
> Eles descobriram que quanto mais caro o carro, menos atencioso era o motorista para com outras pessoas. Esse resultado é clara e imediatamente aplicável à vida real. Se você vir uma BMW vindo em sua direção, tenha cuidado extra ao atravessar a rua!

Mas, claro, o valor desses resultados não é que o experimento parece algo que você encontraria no mundo real. Se você aceitar a interpretação de que essas pequenas diferenças em tempo de reação revelam como a mente organiza e associa informações, isso, por sua vez, revela algo sobre preconceito implícito.

LEMBRE-SE Embora a situação dos experimentos laboratoriais não seja nada como no mundo real, ela fornece uma maneira vital de testar hipóteses e aprender sobre a mente.

Os Autores Estão Realmente Medindo o que Dizem que Estão Medindo?

Discutimos sobre essa questão nos Capítulos 2 e 3: o termo técnico é *operacionalização*. Um leitor cético sempre considera se os pesquisadores operacionalizaram corretamente seu conceito (como amor, preconceito, medo ou ciúme) em algo que possa ser medido (como classificações em uma escala, tempos de reação, movimentos oculares ou ativação do cérebro).

LEMBRE-SE Você raramente pode achar uma operacionalização perfeita. Se possível, a melhor abordagem é usar várias convergentes. Um exemplo é a "cultura de honra", que discutimos no Capítulo 2, onde as consequências eram operacionalizadas em termos de classificações de raiva, risada ou masculinidade, dentro da distância entre o participante e um homem ameaçador, dentro da força do aperto de mão do participante e até mesmo dos hormônios secretados.

Os Pesquisadores São de uma Universidade Bem-conceituada?

Todo artigo de jornal lista a *afiliação* dos autores: a universidade ou o instituto onde esses pesquisadores trabalham. Artigos de jornais sobre pesquisa frequentemente começam essa informação com: "Cientistas da Universidade de Oxford descobriram que...".

CAÇADOR DE MITOS

O quanto essa informação é importante quando você está lendo ceticamente um artigo? A resposta é: não é relevante, nem um pouco, nem um pouquinho mesmo.

Nullius in verba (traduzido grosseiramente como: "Não acredite nas palavras de ninguém") é o lema de base da Royal Society em Londres, talvez a instituição científica mais antiga do mundo. O ponto é que a ciência não se importa com *quem* disse o quê: não importa se foi Aristóteles, o Papa ou Einstein. Tudo o que importa é a evidência que suporta a ideia. Então, se os pesquisadores têm Ph.Ds de Oxford ou Harvard é irrelevante, assim como se aprenderam tudo o que sabem no YouTube. Tudo o que importa é a evidência que eles apresentam.

Infelizmente, estou sendo um pouco idealista aqui. Em um estudo de campo sobre outros cientistas, pesquisadores sorrateiros submeteram o mesmo artigo a diferentes jornais e mudaram a afiliação dos autores para uma universidade altamente conceituada e para uma universidade menor e menos famosa. Infelizmente, a primeira versão do artigo foi mais propensa a ser aceita para publicação por análise de amigos. Então, até mesmo os cientistas falham às vezes em viver de acordo com o lema da Royal Society.

Quantas Pessoas Estão no Experimento?

Técnicas estatísticas permitem que os cientistas façam algo realmente notável: eles podem quantificar a aleatoriedade. Isso é vital na ciência, porque padrões e diferenças em medidas ocorrem o tempo todo no mundo, que é tão complexo e caótico.

LEMBRE-SE

As estatísticas permitem que os cientistas quantifiquem a probabilidade de que o que medem é devido à chance aleatória ou a uma diferença real entre duas coisas. Afinal de contas, quanto mais medidas você tira, mais as pessoas estão nos seus experimentos psicológicos e mais certeza você consegue. Mas de quantas pessoas você precisa em um experimento psicológico?

Digamos que você tenha uma hipótese de que homens são mais altos que as mulheres, em média. Você para o primeiro homem e a primeira mulher na rua e os mede. Como você pode imaginar, as chances são de que você descubra que o homem é mais alto. Mas cerca de uma em 15 vezes você encontra uma mulher mais alta. Então quantos homens e quantas mulheres você precisa medir antes que possa ter bastante confiança de que os homens são mais altos que as mulheres? Em outras palavras, quantos homens e mulheres você precisa medir antes de ter bastante confiança de que a diferença que você observa é verdadeira de homens e mulheres *em* geral e não apenas para os homens e as mulheres que você mediu?

Bem, depende do que você quer dizer com "bastante confiança". Mas se você pegar o nível padrão de uma chance maior que 5%, e dado o quanto a altura tende a variar na população humana, a estatística lhe diz que você precisa medir cerca de oito pessoas. A diferença de altura entre homens e mulheres é relativamente grande e estável: e se você quiser medir algo mais sutil, por exemplo, como as pessoas votariam em uma eleição?

Para muitas pesquisas e enquetes políticas, normalmente cerca de mil pessoas são questionadas. Para algumas pessoas, isso parece um número muito pequeno. Como você pode generalizar a partir de apenas mil pessoas para um país inteiro com milhões de pessoas?

Na verdade, as análises estatísticas mostram que — se as mil pessoas forem selecionadas cuidadosa e aleatoriamente — a média de suas respostas está dentro de 1% ou 2% do restante do país. Uma representação muito boa. As mesmas análises mostram que dobrar ou triplicar o número de pessoas que você entrevista resulta em apenas uma melhora muito pequena na margem de erro.

No entanto, declarar o número de participantes que é suficiente para o experimento psicológico social médio é difícil. Tudo depende de como as diferenças são medidas, quantas medidas são retiradas e a quantidade de variabilidade, seja de aleatoriedade ou de outros fatores.

Por exemplo, em alguns experimentos, o pesquisador pode pedir que as pessoas façam julgamentos muito rápidos sobre se um rosto é ou não é confiável. A decisão pode levar apenas alguns milissegundos e as diferenças entre as condições experimentais podem ser de apenas dezenas de milissegundos. Por outro lado, os pesquisadores provavelmente mostrariam centenas de rostos, dando centenas de medidas para cada participante.

No outro extremo, você pode ter um estudo no qual o participante é persuadido (ou não) a concordar com o pedido do experimentador. Embora exista apenas uma medida para cada sujeito, as diferenças entre condições experimentais podem ser bem grandes. Por exemplo, no experimento clássico do pé na porta, discutido no Capítulo 14, a concordância dos participantes passou de 16% para 74% entre as condições experimentais.

LEMBRE-SE Então, não existe uma resposta simples para quantos participantes deveriam existir em um experimento psicológico social. Mas uma regra *muito rígida* é que você provavelmente precise de, pelo menos, 20 participantes em cada condição ou combinação de condições.

PAPO DE ESPECIALISTA Uma resposta mais precisa usa o que é chamado de *análise da potência*. Experimentadores estimam o tamanho da diferença que eles esperam encontrar, a quantidade de variação ou ruído aleatório em suas medidas e o quanto querem estar confiantes em suas conclusões. Uma fórmula lhes diz, então, de quantas pessoas eles precisam em seu experimento.

Mas lembre-se de que quantas pessoas estão no seu experimento não é o único aspecto importante; tão importante também é *quem* são elas (veja na próxima seção).

Os Participantes São WEIRD?

Os psicólogos investigam a mente humana em toda sua variedade e glória. Eles pretendem entender por que uma multidão raivosa decide fazer um motim ou ir para casa tranquilamente; por que as pessoas primeiro se apaixonam e por que continuam casadas; como um líder de culto carismático compele seus seguidores. Ironicamente, portanto, dado o escopo da psicologia ao longo de um grande conjunto de experiências humanas, a grande maioria dos experimentos é realizada com alunos de graduação levemente entediados entre 18 e 21 anos de idade. Como resultado, as pessoas em experimentos psicológicos são WEIRD (em inglês, "weird" significa esquisito): um acrônimo para ocidentais (*western*), educadas (*educated*), de sociedades industrializadas (*industrialised*), ricas (*rich*) e democráticas (*democratic*).

Isso é importante porque, como discutido no Capítulo 17, as diferenças psicológicas que existem entre diferentes culturas influenciam até mesmo processos perceptuais simples de baixo nível. Mesmo nas culturas ocidentais, os alunos em experimentos psicológicos têm muitas diferenças com não alunos. Por exemplo, muitos ainda são adolescentes e a neurociência mostra que desenvolvimentos cerebrais significativos não param na infância, mas continuam até o início da idade adulta. Normalmente, os alunos de graduação não têm emprego, filhos ou cônjuge e têm motivadores ou objetivos diferentes do resto da população. Eles podem ter um nível diferente de uso de drogas e videogames. Eles são pessoas que fazem testes altamente treinadas, o que importa, porque muitos experimentos psicológicos parecem algo entre uma prova e um videogame. Para uma visão do quanto esses problemas são (ou não são) importantes, confira o próximo box "Ser WEIRD é importante?".

> **PAPO DE ESPECIALISTA**
>
> ## SER WEIRD É IMPORTANTE?
>
> Algumas pessoas dizem que o problema das diferenças culturais e outras pode ser superestimado facilmente porque os psicólogos se importam menos com como os participantes se saem em tarefas e mais com como sua performance *muda* entre condições experimentais.
>
> Por exemplo, digamos que os integrantes participem de um experimento jogando *Tetris* e os cientistas meçam suas pontuações. Você pode argumentar que os alunos (e outros participantes WEIRD) têm muito mais experiência jogando tais jogos e então terão uma pontuação maior do que pessoas comuns. Entretanto, em experimentos, os psicólogos costumam fazer comparações entre condições. Então, os participantes podem receber ou não café e então suas mudanças de pontuação são medidas.
>
> Embora pensar que os alunos se saem melhor que não alunos seja bem razoável, talvez, por alguma razão, eles tenham uma resposta psicológica diferente à cafeína que as outras pessoas. A resposta para isso é que é uma questão que só podemos responder com mais experimentos! Não podemos simplesmente assumir que os alunos respondem à cafeína ou a qualquer manipulação experimental da mesma maneira que as outras pessoas.

DICA

Como uma profissão, os psicólogos ainda estão discutindo sobre a significância de participantes WEIRD. Sempre que você ler uma conclusão em um artigo psicológico, sempre que eles disserem "participantes" ou "pessoas", tente adicionar mentalmente a frase "ocidentais e educados em sociedades industrializadas, ricas e democráticas". Então passe pelo Capítulo 17 e veja se qualquer evidência já sugere possíveis conclusões diferentes para outros tipos de pessoas ou culturas.

O Experimento Envolve Qualquer Característica de Demanda?

A maioria dos participantes são pessoas boas e querem ser bons participantes em seu experimento. Embora admirável, esta tendência pode causar problemas para o experimentador. Os participantes nos experimentos psicológicos sociais mudam seu comportamento de acordo com o que eles pensam que o experimentador quer (algo que não acontece para, digamos, químicos; uma solução química não descobre o que o pesquisador quer para ser mais corrosiva e então muda sua acidez). Mas, na psicologia, os participantes podem ser influenciados pelo (que acham) que são as expectativas e crenças do próprio experimentador.

DEMONSTRANDO O EFEITO DA CARACTERÍSTICA DE DEMANDA

Os participantes eram ligados a um detector de mentiras que media pequenas diferenças em seu comportamento de sudorese e era pedido a eles para mentir para o experimentador. Um grupo era informado de que apenas psicopatas e criminosos eram capazes de enganar o detector de mentiras e o outro, de que as pessoas mais inteligentes e emocionalmente estáveis poderiam enganá-lo.

Esses dois grupos de pessoas tinham respostas de pele muito diferentes depois de serem informadas que haviam enganado o detector de mentiras com sucesso (ou não). Aqueles que acreditavam que apenas criminosos poderiam enganar o detector começavam a suar se o detector não sinalizasse que estavam mentindo. Aqueles que acreditavam que pessoas inteligentes poderiam enganar o detector suavam menos quando eram informados de que haviam enganado o detector com sucesso.

Esses efeitos são chamados de *características de demanda*. Eles são aspectos do experimento ou da situação que fazem com que os participantes respondam como eles "deveriam" responder. (Confira o box acima "Demonstrando o efeito da característica de demanda" para exemplos deste efeito em ação.)

A ideia das características de demanda é similar à ideia de um placebo em pesquisa médica. As pessoas tendem a experienciar os benefícios e os efeitos colaterais que são informados que podem experienciar de um remédio em particular, mesmo quando recebem uma pílula de açúcar sem nenhum efeito físico. Para negar esse problema, os verdeiros efeitos dos remédios são revelados por um projeto experimental *duplamente cego*: nem o paciente nem o médico que lhe dá a pílula sabem se o remédio é o real ou se é uma inofensiva pílula de açúcar.

Os psicólogos também almejam um projeto duplamente cego. Como um leitor cético, pergunte se os participantes poderiam adivinhar como o experimentador *espera que eles* se comportem. Infelizmente, responder a esta pergunta é difícil, porque as manipulações da psicologia experimental são frequentemente mais complicadas do que dar uma pílula a alguém e há mais escopo para o participante e o experimento influenciarem os resultados.

O Experimentador Estava Cego para as Condições?

Se o experimentador sabe em qual condição o participante está, então ele sabe como o participante *deve* se comportar. Já que ele quer que o experimento funcione, há o perigo de que o experimentador comunique suas expectativas ao participante de alguma maneira, influenciando seu comportamento. Se isso acontece, más notícias, porque o experimento mostrará um efeito das crenças do experimentador, em vez do comportamento real do participante. Explicarei como isso pode acontecer e o que os experimentadores podem fazer para evitar isso.

Digamos que você queira testar a simples hipótese de que pensar sobre a família e os amigos de uma pessoa aumenta o comportamento amigável e pró-social em relação a um estranho. Para a manipulação experimental, você pede que as pessoas listem "dez pessoas com quem se sentem mais próximas emocionalmente" ou não pede que façam nada. Depois de completar a tarefa, um experimentador chega até eles e começa a conversar. A interação é filmada e mais tarde o experimentador assiste ao vídeo e classifica a amigabilidade de cada participante em uma escala de um a nove. Você compara essas classificações para aqueles que fizeram a lista e para os que não a fizeram.

Como você pode perceber, esse projeto experimental tem algumas falhas fatais:

» Muito possivelmente, o conhecimento do experimentador sobre a condição experimental pode mudar o modo como ele interage com o participante. Imagine que um amigo sussurra no seu ouvido durante uma festa: "Eu tenho que apresentar você para essa pessoa, ele é muito amigável e charmoso". Ou seu amigo diz: "Eu tenho que apresentá-lo a essa pessoa, ele é muito malvado e ninguém quer falar com ele". Enquanto você se vira para conhecer a pessoa, você pode imaginar que sua expressão e comportamento iniciais podem ser bem diferentes nesses dois casos. Bem, o mesmo pode se aplicar (embora em menor extensão) para o experimentador encontrando um participante que ele espera que seja mais ou menos amigável por causa da condição experimental. A atitude do experimentador, por sua vez, afeta o quanto o participante parece amigável. Desta maneira, o conhecimento do experimentador muda o comportamento do participante.

» A segunda maior falha é que o experimentador classificando o comportamento dos participantes também sabe em qual condição experimental eles estão. As pessoas tendem a ver informações que confirmem suas crenças e ignoram informações que as contradizem. Então, se o classificador espera que o participante seja amigável, ele pode muito bem notar um pequeno sorriso; enquanto que o mesmo movimento de boca pode ser ignorado como um sorrisinho hipócrita por um classificador que espera um comportamento não amigável.

Felizmente, você pode resolver esses problemas facilmente com um projeto experimental cuidadoso. A condição na qual o participante está pode ser atribuída aleatoriamente pela pessoa pegando um envelope selado ou ser escolhida por um computador. As condições, então, são um segredo para o experimentador interagindo com o participante e do experimentador diferente que classifica os vídeos.

LEMBRE-SE

Aqui estão as duas questões-chave que você deve fazer como um leitor cético:

» O experimentador interagindo com o participante sabia em qual condição a pessoa estava e o experimentador poderia ter transmitido suas expectativas ao participante de alguma maneira?

» Às vezes usamos medidas objetivas de comportamento, como o pressionar de botões ou a ativação cerebral. Às vezes, usamos medidas mais subjetivas, como classificar o quanto alguém agiu amigavelmente ou agressivamente. Neste caso, é importante perguntar: o classificador sabia em qual condição o participante estava e como a pessoa "deveria" ter agido?

Qual Era a Condição de Controle?

No Capítulo 3 eu discuto a importância de uma *condição de controle* bem escolhida, que tem que combinar com a condição experimental de todas as maneiras possíveis, exceto pela coisa que você está tentando estudar. Isso é muito difícil de acertar para um experimentador, e muito fácil de passar batido para o leitor.

ESSE JOGO ME DEIXA COM TANTA RAIVA!

Imagine um estudo que investiga a ligação entre a agressão e o uso de videogames. Os experimentadores medem a agressão dos participantes, pedem que eles joguem um videogame violento por 30 minutos e então medem a agressão novamente. Eles descobrem que a agressão aumenta, o que não aconteceu para participantes que não fizeram nada por 30 minutos em uma condição de controle. Então os videogames violentos realmente aumentam a agressão?

Bem, antes que os experimentadores possam tirar essa conclusão precipitada, eles precisariam levar em conta as muitas diferenças entre jogar um videogame violento e fazer nada. Por exemplo, muitas pessoas gostam de jogar videogames e não gostam de ficar sentadas fazendo nada. Então, na condição experimental, você pode dar uma tarefa agradável para as pessoas por 30 minutos e, então, forçá-las a parar, e na condição de controle, você dá a elas uma tarefa chata e desagradável e finalmente as permite parar. Você não ficaria surpreso que as pessoas jogando o videogame se sentissem um pouco incomodadas e, portanto, agressivas; você acabou de tirar o brinquedo delas!

Em resumo, em comunicados de imprensa e relatórios de jornais sobre experimentos, todo mundo tende a focar o efeito dramático da condição experimental — tal como videogames causam um comportamento agressivo? —, e a condição de controle acaba ignorada ao fundo, mesmo embora ela seja o aspecto de um experimento que permite que os psicólogos obtenham fortes conclusões científicas. Há um exemplo no box "Esse jogo me deixa com tanta raiva!".

LEMBRE-SE

Em muitos experimentos de psicologia social, a questão-chave a se perguntar de um ângulo cético é sobre qualquer diferença entre as condições de controle e experimental que possam explicar o comportamento. Se essas diferenças não estão relacionadas com as hipóteses ou afirmações dos experimentadores, você tem uma boa base para duvidar dessas afirmações.

O Senso Comum Sustenta a Conclusão?

No Capítulo 3, eu sugiro que o senso comum é a nêmesis da psicologia social. A razão é que, depois que os resultados de um estudo são conhecidos, afirmar que os resultados meramente confirmam o que você esperaria de qualquer forma é muito fácil. Tal viés de retrospectiva permeia o pensamento cotidiano das pessoas: quando algo é conhecido, elas frequentemente sentem que já sabiam disso o tempo todo.

LEMBRE-SE

Às vezes, os artigos de psicologia tentam ganhar dinheiro com o suporte do chamado senso comum. Por exemplo, no Capítulo 3, discutimos um artigo que encontrou apoio para o "fato" do senso comum de que os homens heterossexuais têm um número de encontros sexuais maior que as mulheres heterossexuais (mesmo embora isso seja logicamente impossível). Como um leitor cético, você sempre precisa ficar atento em relação ao "senso comum".

Existe uma Explicação Mais Simples?

Como muito na vida, a resposta mais simples é frequentemente a correta.

Alguns anos atrás, eu li um artigo de psicologia evolucionista que afirmava que o nível de testosterona em pais recentes diminuía com o número crescente de horas que eles passavam com seus filhos. A afirmação era a de que essa diminuição era o resultado de um mecanismo evoluído.

Na época, eu estava de licença-paternidade, cuidando dos meus bebês gêmeos com minha esposa. Eu estava em casa o tempo todo e, de acordo com esta pesquisa, meus níveis de testosterona deveriam estar no nível eunuco. O artigo implicava que para garantir que eu ficasse em casa e cuidasse dos meus filhos, em vez de sair para caçar ou engravidar outras mulheres, alguns mecanismos adaptados diminuíam meu nível de testosterona em resposta à presença de crianças e, assim, reduzia meus comportamentos agressivos.

Esta afirmação levanta muitas perguntas — a visão de um bebê diminui a testosterona? O cheiro faz isso? Mas antes de pensar mais sobre mecanismos evoluídos de regulação hormonal no cuidado com crianças, decidi olhar explicações mais simples e acontece que existe uma bastante simples.

Uma coisa muda os níveis de testosterona bem rapidamente: o sono. Se existe uma coisa que pais novos não fazem muito é dormir. Então, assim como o estudo original descobriu, o grau ao qual os pais estão envolvidos no cuidado da criança e na alimentação noturna prevê a quantidade de sono que eles têm, o que muda a quantidade de testosterona que eles produzem. Uma explicação muito mais simples.

> **NESTE CAPÍTULO**
> Usando todos os recursos disponíveis
> Comunicando-se com especialistas

Capítulo 19

As Dez Melhores Maneiras para Mergulhar Mais Fundo na Psicologia Social

Algumas centenas de anos atrás, um verdadeiro erudito em um assunto era capaz de ler literalmente tudo já escrito sobre um tópico em particular. O desafio era localizar, processar ou copiar os itens raros do material escrito. Atualmente, com uma quantidade tão vasta de informação disponível tão facilmente, o problema é escolher e identificar o que é importante e — de maneira crucial — o que não é.

Neste capítulo, descrevemos dez maneiras de descobrir mais sobre psicologia social. Mostramos como localizar artigos de pesquisas online e como seguir conexões entre artigos. Observamos algumas das grandes sociedades científicas de psicologia e o que elas oferecem, assim como alguns sites especializados que coletam recursos específicos de psicologia social. Discutimos também como a mídia social está sendo usada para filtrar informações e para participar em debates científicos. Estes são tempos emocionantes tanto para profissionais quanto para leigos interessados em conhecer a psicologia social.

Consultando Revistas Científicas

Psicólogos escrevem livros didáticos, dão palestras e têm até mesmo canais no YouTube. Mas o produto mais importante de seu trabalho é o artigo de pesquisa. Esses artigos são a partir de onde esses profissionais são julgados, onde colocam suas teorias e apresentam suas evidências. Se você quer descobrir mais sobre psicologia social, você precisa ler esses artigos de pesquisa.

LEMBRE-SE

Se foi publicado em um jornal, o artigo já passou pela *revisão por pares*, o que significa que dois ou três outros cientistas independentes leram o artigo com atenção, o criticaram e desafiaram a evidência o máximo que podiam. A revisão é até feita anonimamente para que os revisores possam ser tão críticos quanto quiserem sem medo de repercussão. Às vezes, o artigo é rejeitado prontamente. Às vezes, os autores são informados de que precisam refazer alguns experimentos ou até mesmo reescrever o artigo e submetê-lo para outra rodada de revisão crítica. Apenas depois de os autores terem passado por esse processo o artigo é publicado.

Infelizmente, muitos artigos de jornais, que são o resultado de pesquisa meticulosa e cara, não são disponibilizados livremente às pessoas que financiaram a pesquisa: os pagadores de impostos. A situação está mudando, mas agora você só pode acessar artigos de jornais a partir do site de uma editora, se estiver conectado a uma rede universitária ou de biblioteca, se essas universidades e bibliotecas pagaram a polpuda taxa de acesso a estas editoras.

Se você tiver sorte o bastante de ser capaz de usar os recursos de uma grande universidade, você deve ser capaz de acessar a maioria das revistas científicas por meio de seu portal. Ou você pode tentar buscar uma dessas bases de dados de artigos de jornais:

» **PsychINFO:** www.apa.org/psychinfo
A maior base de dados de artigos e resumos relacionados à psicologia, mantida pela Associação Americana de Psicologia (APA) (conteúdo em inglês).

» **ScienceDirect:** www.sciencedirect.com
Um grande conglomerado de revistas científicas com opções de busca avançada e alertas de e-mail (conteúdo em inglês).

» **Portal de Periódicos Eletrônicos em Psicologia (PePSIC):** http://pepsic.bvsalud.org
A maior reunião de periódicos científicos brasileiros (contendo também alguns latino-americanos) do campo da Psicologia.

» **Scientific Eletronic Library Online (SciELO):** http://www.scielo.org
Um dos maiores portais de artigos científicos de todas as áreas do conhecimento, com acesso aberto a textos completos de artigos.

Se você não for um membro de uma universidade ou estiver próximo a uma biblioteca pública, você tem duas opções:

» **Usar revistas de acesso aberto, que se tornaram mais difundidas.** Qualquer um com uma conexão de internet pode fazer o download desses artigos gratuitamente. (O único lado ruim é que, em muitos casos, os pesquisadores precisam pagar uma taxa quando seus artigos são aceitos.) Essa maneira de publicação está aumentando em popularidade e as revistas de acesso aberto estão ampliando seu impacto. Atualmente, esses são os dois maiores (conteúdo em inglês):

» **Frontiers:** www.frontiersin.org/Psychology

» **PLOS ONE:** www.plosone.org/browse/social_psychology

» **Pesquisar no Google os artigos que você quer (veja a próxima seção).**

Tornando-se um Acadêmico do Google

Mais do que tudo, os cientistas querem que as pessoas leiam seus trabalhos. Eles são bem diferentes dos autores e artistas que são pagos a cada vez que alguém compra seu livro ou faz o download de uma música. Eles recebem um salário, fazem sua pesquisa e, quando está publicada, querem que todos saibam sobre ela. Mesmo que os editores das revistas queiram cobrar das pessoas para fazer o download de um artigo do seu site, você frequentemente descobre que os cientistas encontram uma maneira de postar cópias eletrônicas de seus artigos em seus sites caseiros ou da universidade, onde qualquer um pode fazer o download livremente.

O Google sabe tudo sobre esses artigos de jornais na internet. Então, as chances são de que você só digite o título de qualquer artigo de pesquisa (particularmente se ele foi publicado nos últimos dez anos) e o Google encontre uma cópia gratuita disponível online.

LEMBRE-SE

O Google tem uma ferramenta de pesquisa acadêmica especial chamada de Google Acadêmico (`scholar.google.com.br`), que procura especificamente por artigos de pesquisa que estão online, em vez de em todas as páginas da web. Você pode pesquisar pelo título de um artigo ou incluir os autores e a data de publicação e há uma boa chance de encontrar o artigo. Busque por "pdf" nos resultados da pesquisa para uma versão de texto completa do artigo que você pode ler. Ele também pode lhe informar quais outros artigos citaram o artigo que você encontrou. Esta é uma função útil que outros sites também fornecem, mas o Google provavelmente tem o maior alcance.

Uma busca de referência citada é muito útil, porque você pode ler sobre um estudo e ficar impressionado com uma ideia para uma interessante e nova reviravolta. Por exemplo, imagine que você lê sobre o experimento *Cyberball* por Kip Williams (descrito no Capítulo 13) e se pergunta se as respostas das pessoas mudam seu estilo de apego (veja o Capítulo 15). Com uma busca de referência citada, você pode encontrar todos os artigos que citaram o experimento original, ver se alguém já teve o mesmo pensamento e coletar os dados.

Procurando Sociedades de Psicologia

Existem várias sociedades de psicologia bem financiadas e bem organizadas, e vale a pena dar uma bisbilhotada em seus sites. Você encontrará anúncios de conferências que estão para acontecer, vagas de empregos e programas de pós-graduação. Muitas vezes, essas sociedades dirigem revistas proeminentes no campo e postam conteúdos gratuitos em seus sites.

Muitas dessas sociedades têm a missão de persuadir as pessoas de que a psicologia é relevante e importante fora da academia e, portanto, eles têm recursos excelentes demonstrando como a psicologia se cruza com a política, a economia, a educação e a vida cotidiana. Confira os seguintes:

- **Associação Americana de Psicologia (APA):** `www.apa.org`
- **Associação para Ciência Psicológica:** `aps.psychologicalscience.org`
- **Sociedade Psicológica Britânica:** `www.bps.org.uk`
- **Associação Europeia de Psicologia Social:** `www.easp.eu`
- **Sociedade para a Psicologia Social e da Personalidade:** `www.spsp.org`
- **Associação Brasileira de Psicologia Social (ABRAPSO):** `www.abrapso.org.br`
- **Associação para o Desenvolvimento da Psicologia Social (ADEPS):** `www.adeps.com.br`
- **Conselho Federal de Psicologia:** `www.cfp.org.br`

Usando a Rede da Psicologia Social

A rede de psicologia social (www.socialpsychology.org) é um excelente recurso para estudantes, acadêmicos e cientistas.

A maioria dos pesquisadores no campo parece ser membros e ter uma pequena página, descrevendo seus interesses e fazendo um link para seus próprios sites de laboratório (lembre-se de que a minha foto foi tirada antes de eu ter filhos e quando eu ainda tinha cabelo!). A rede lista programas de pós-graduação em psicologia, recursos de ensino e experimentos dos quais você pode participar online.

DICA

Talvez um dos recursos mais úteis seja uma lista enorme de links de psicologia social classificada em subtópicos. Com isso, você pode encontrar facilmente os laboratórios que está procurando, digamos, o relacionamento entre a psicologia social e assuntos legais, como os psicólogos estão lidando com a homofobia ou seu papel nas eleições políticas. Passar pelas listas faz com que você economize muito tempo procurando no Google e o encaminha diretamente para os pesquisadores relevantes no campo.

Preconceito e Viés: Destacando Dois Sites Úteis

Queremos destacar dois sites (conteúdo em inglês) particularmente úteis para você, porque eles apresentam excelentes discussões profundas sobre preconceito e viés, indiscutivelmente algumas das aplicações mais importantes de psicologia social para a política e a vida diária. Crucialmente, cada site não apenas descreve e discute a compreensão científica do preconceito, eles têm experimentos dos quais você pode participar. Isso, sem dúvidas, lhe dá uma medida direta para seu próprio preconceito implícito e um insight sobre como é participar de um experimento psicológico.

- **Project Implicit:** implicit.harvard.edu/implicit
- **Understanding Prejudice:** www.understandingprejudice.org

Comunicando-se por Meio de Blogues

O número de blogues destinados à psicologia e a qualidade dos escritos me impressiona. Apenas alguns anos atrás, muitos na comunidade científica rejeitavam os blogues, considerados como nada mais que projetos de vaidade. Mas agora você pode ler neles sobre as últimas descobertas e encontrar debates inovadores.

Os blogues têm a grande força do imediatismo. Artigos de revistas podem levar meses, até mesmo anos, para chegar à impressão. Eu li (o que eu pensei que era) um grande artigo de revista que saiu em uma manhã e, à noite, vi um brilhante e convincente contra-argumento se opondo às afirmações do artigo.

Os blogues também são interativos. Você pode postar comentários e se envolver diretamente com o autor. Passar por esses comentários e argumentos é frequentemente útil, porque muitos são postados por outros cientistas. Debates que começaram nas seções de comentários de blogues fizeram surgir projetos de pesquisa inteiros. Esse tipo de discussão frequentemente está no centro do progresso científico. Por exemplo, você pode ver o enorme arquivo das correspondências de Darwin em exibição em um museu em Cambridge. Mas agora, graças a uma comunidade blogueira ativa e engajada, você pode ver esses debates enquanto eles acontecem.

LEMBRE-SE

Alguns cientistas ainda estão céticos sobre os blogues porque, diferentes dos artigos de pesquisa, eles não têm revisão por pares (veja a seção anterior, "Consultando Revistas Científicas"). Qualquer um com uma conexão de internet pode ter um blogue sobre psicologia social e postar o que quiser. Embora isso seja verdade, ele perde o ponto dos blogues. Poucos blogueiros argumentariam que suas postagens têm como objetivo rivalizar com os artigos de revisão por pares. Na verdade, muitas vezes as postagens dos blogues estão descrevendo, promovendo ou discutindo artigos de jornais. Se a análise de um blogueiro está errada, os leitores podem expor suas opiniões na seção de comentários.

Minha visão é a de que você pode encontrar alguns textos e debates maravilhosos em blogues. Você certamente deve ler tudo com um olho crítico, mas isso é exatamente como você deveria ler artigos de revistas também! Então, se você estiver fazendo uma pesquisa na internet para seu próprio artigo ou trabalho, leia quantas postagens de blogues puder. Lembre-se, no entanto, de que os blogues são uma maneira de disseminar opiniões e que a coisa mais importante é a evidência concreta em apoio a qualquer afirmação. Então, quando uma postagem de um blogue discute uma descoberta de pesquisa, certifique-se de também ler o artigo original que teve a revisão pareada. Chegue o mais próximo dos dados que puder!

Aqui estão apenas alguns dos meus blogues favoritos sobre psicologia social, com endereços de site e contas de Twitter, quando é o caso (conteúdo em inglês):

» **Research Digest:** bps-research-digest.blogspot.co.uk **@ResearchDigest**
A *Research Digest*, da Sociedade Britânica de Psicologia, é uma reunião de novas descobertas em ciência psicológica e novos itens relacionados à psicologia.

» **Neuron Culture:** daviddobbs.net/smoothpebbles **@David_Dobbs**
David Dobbs é um escritor freelancer que contribui com a *Slate*, a *National Geographic* e com o *New York Times*. Ele escreve particularmente bem sobre o complexo relacionamento entre genes e comportamento.

- **PsyBlog:** psyblog.co.uk **@PsyBlog**
  O *PsyBlog*, de Jeremy Dean, é um blogue excelente, ativo e de leitura agradável, descrevendo as últimas descobertas de pesquisas e revisitando experimentos clássicos.

- **Predictably Irrationa:** danariely.com **@danariely**
  Dan Ariely é o autor de vários livros de ciência populares sobre economia comportamental e é um blogueiro ativo e engajador.

- **The Situationist:** thesituationist.wordpress.com
  Um blogue coletivo em que uma grande parte dos melhores cientistas sociais posta artigos, videoclipes e anúncios. O tema comum é que todas as postagens estão preocupados com a maneira pela qual as situações influenciam o comportamento — um tema que também corre por este livro. Eles são particularmente interessados nas implicações que a psicologia social tem nas leis, na política e nos fenômenos cotidianos, de modo geral.

- **YourMorals Blog:** www.yourmorals.org/blog
  Um blogue coletivo com alguns colaboradores top de linha. Este site foca a evidência empírica por trás dos debates sobre política e moralidade.

Seguindo os Feeds do Twitter

Um amigo me disse que enquanto a essência do Facebook é: "Olhe para mim!", a do Twitter é: "Olhe isso!". Embora você não possa falar muito em 140 caracteres, pode dizer às pessoas onde encontrar coisas novas e interessantes, e esse é o mote do Twitter. Para mim e para muitos outros pesquisadores, ele se tornou uma ferramenta científica vital.

O conjunto de informações na internet é fascinante e se amplia a cada minuto. Todo o seu dia pode acabar em passeios por blogues, pela Wikipédia e por notícias online. Sem falar nos vídeos engraçados de gatinhos... Por essa razão, a brevidade do Twitter é sua maior força. Eu não tenho tempo de visitar todos os blogues que me interessam e ler o sumário de cada jornal que seja relevante para o meu trabalho. Então, em vez disso, eu me inscrevo no feed do Twitter de cada autor de blogue e apenas olho pelo meu feed durante o dia. Eu pego os títulos de novos artigos enquanto são postados online nos meus jornais favoritos, sigo os cientistas que fazem trabalhos no meu campo e quando eles publicam um novo artigo, eles tuítam e eu fico sabendo. Mas, principalmente, eu descubro coisas porque um amigo ou colega lê um artigo, gosta dele e então tuíta um *link*.

Além dos blogueiros com *feeds* de Twitter mencionados na seção anterior, aqui estão algumas outras pessoas que acho válido seguir sobre psicologia social:

» **Amy Cuddy @amyjccuddy:** Psicóloga social da *Harvard Business School* que estuda linguagem corporal, estereotipagem e outros fenômenos.

» **Daniel Gilbert @DanTGilbert:** Psicólogo social de Harvard e autor de *Stumbling on Happiness*. Falamos sobre seu trabalho sobre previsão afetiva no Capítulo 8.

» **Hans Ijzerman @hansijzerman:** Psicólogo social da Universidade Tiburg e editor da revista *The Inquisitive Mind* (www.in-mind.org).

» **Matt Lieberman @social_brains:** Neurocientista social na UCLA.

» **Molly Crockett @mollycrockett:** Neurocientista interessada em tomada de decisão e moralidade.

» **Sociedade para Personalidade e Psicologia Social @SPSPnes:** Visão geral de novas descobertas sobre pesquisa de psicologia social.

» **Rede de Psicologia Social @PsychNews:** Conjunto de estudos psicológicos e novos parâmetros com uma visão psicológica.

Assistindo a Aulas Online

Um novo e empolgante movimento na educação superior em direção à disponibilização de cursos universitários online tem acontecido recentemente. Às vezes, isso significa colocar gravações de aulas no iTunes, onde qualquer pessoa pode fazer o download e assistir a elas como se estivesse sentada na sala de aula.

Os MOOCs (cursos online abertos e massivos, do inglês *massive open online courses*) levam a ideia mais além — você também participa da aula como um aluno, fazendo provas e enviando trabalhos. Ninguém sabe bem para onde essa tendência vai nos levar. Talvez os *campi* universitários acabem indo pelo mesmo caminho das locadoras de vídeo, substituídos por downloads. Ou talvez a experiência de estar em um auditório ou sala de tutorial seja de valor educacional insubstituível.

Você pode fazer downloads livremente de palestras de qualidade e participar em cursos de psicologia social de todo o mundo. Confira os seguintes links (conteúdo em inglês):

» **UCLA Social Psychology 135:** Palestras online de Mark Lieberman
www.itunes.apple.com/us/itunes-u/social-psychology-135/id434142300

» **Wesleyan University MOOC:** Psicologia Social
www.coursera.org/course/socialpsychology

» **Yale University MOOC:** Moralidades da Vida Cotidiana
www.coursera.org/course/moralities

Ouvindo Palestras TED

A Fundação TED tem uma coleção notável de palestras curtas, inspiradoras e diversas dos principais cientistas, artistas, engenheiros e ativistas políticos (www.ted.com). Todas elas estão disponíveis gratuitamente. Esse site inclui muitas palestras de psicólogos famosos (você pode procurar por tópico), mas eu também o encorajo a assistir a palestras de não psicólogos e a pensar sobre as forças sociais (a dissonância cognitiva, o realismo ingênuo, técnicas de persuasão, e assim por diante), que são discussões subjacentes à mudança climática, marketing e debate político.

Como com as postagens dos blogues, artigos da Wikipédia e artigos de revistas científicas, eu recomendo que você assista a essas palestras com um olhar cético. As palestras de TED são muito curtas e sua ênfase está em encantar o público com conclusões excitantes, em oposição a sobrecarregá-lo de dados. Por sua natureza, elas raramente apresentam evidências fortes para suas afirmações.

DICA

Então, seja inspirado e entretido pelas palestras, mas sempre busque a evidência em seguida. Cace o "por quê" por trás do "uau"!

Trabalhando Eficientemente com a Wikipédia

A primeira vez que ouvi a Wikipédia ser mencionada por um acadêmico, ele disse a palavra com uma contração, muito parecido com um garçom em um restaurante elegante repetindo um pedido por ketchup. O sentimento era o de que a Wikipédia simplesmente não pertencia adequadamente ao mundo acadêmico. Eu acho que, felizmente, esta visão está mudando rapidamente.

Minha opinião é que a Wikipédia (pt.wikipedia.org) é uma excelente ferramenta de pesquisa, algo que você pode usar no início do processo de escrever um artigo ou entender um tópico. Ela pode lhe dar uma visão geral compreensível, inteligente e detalhada de um tópico como poucas outras fontes. Eu certamente a uso extensivamente quando estou preparando palestras sobre uma área nova para mim, ou até mesmo para uma área familiar na qual quero explorar um novo ângulo.

LEMBRE-SE O erro que algumas pessoas cometem, no entanto, é não ler nada além de um artigo da Wikipédia. Como todas as fontes de informação e inspiração mencionadas neste capítulo, você precisa buscar a evidência por trás das afirmações e observar por si mesmo os experimentos, dados e afirmações originais. Use a Wikipédia como uma maneira de encontrar ideias e material, não como um ponto-final. Então eu o encorajo a usar e dar suporte à Wikipédia. Seu escopo e profundidade são provavelmente incomparáveis e certamente não há nada melhor pelo preço.

Índice

A

abordagem cognitiva, 156
abordagem econômica do comportamento em grupo, 269
abordagem motivacional, 262
aceitando que o comportamento pode moldar atitudes, 99
acidentes experimentais, 188
acima da média, 14, 129
acreditando que você é melhor que a média, 129
Adams, John (presidente), 99
afiliação dos autores, 290
agressão, 296
Al-Qaeda, 267
alcançando sucessos e autoestima saudável, 115
Alcorão, 44
aleatoriedade, 178
alinhando sua percepção com os outros, 206
Allport, Gordon, 8
altruísmo recíproco, 250
alunos estudando uns aos outros, 260
amaciando o público, 142
amando, 14
ambiente de trabalho, 12
ameaça do estereótipo, 123
amor, 230
analisando as consequências do EBE, 247
análise da potência, 292
análise freudiana, 10
ancoragem e configuração, 81
âncoras, 81
Aniston, Jennifer (atriz), 150
Anonymous, 176
antissemitismo, 197
antropologia, 36
anunciantes, 217
anúncios de conferências, 302
anúncios, 305
aparência, 159
apego, 239
aplicação de Zajonc, 88
aprovação social, 204
aquecimento global, 217
argumentos persuasivos, 266
Ariely, Dan, 305
Aristóteles, 290
arte, 261
artigo de pesquisa, 300
artigos da Wikipédia, 307
artigos psicológicos, 287
artigos, 305
artistas, 301
Asch, Solomon (psicólogo), 207
assistindo a aulas online, 306
Associação Americana de Psicologia, 302
Associação Brasileira de Psicologia Social (ABRAPSO), 302
Associação Europeia de Psicologia Social, 302
Associação para Ciência Psicológica, 302
Associação para o Desenvolvimento da Psicologia Social (ADEPS), 302
associações implícitas, 97

atitudes explícitas, 84

atitudes implícitas, 97

atitudes refletindo ações, 75

atitudes, 83

ativação automática do comportamento, 92

ativistas políticos, 307

ator observador, 152

atração humana, 232

atração, 230

atribuição, 141, 143

atribuições disposicionais, 144

atribuindo causas para explicar atos maldosos, 171

atributos físicos, 118

atributos psicológicos, 118

autoapresentação, 79

autoconceito, 121

autoestima, 72

autoincapacitação, 131

autores, 301

autoridade, 177

avaliando atitudes, 69

avaliando relacionamentos, grupos e sociedades, 227

B

Bacon, Francis, 51

banalidade assustadora do mal, 186

Bargh, John (psicólogo social), 92

base de dados de artigos e resumos relacionados à psicologia, 300

BBC, 135

beleza, 233

Bem, Daryl (pesquisador), 109

Bennington College, 206

Bíblia, 44

biblioteca pública, 301

Big Brother (programa de televisão), 182

Big Five, traços da personalidade, 23

bin Laden, Osama (fundador da Al-Qaeda), 150

blogueiro, 304

blogues, 303

bola baixa, 221

Bond, James (personagem), 166

brincando de polícia e ladrão, 177

Bulger, Jerry (pesquisador), 195

buraco negro, 278

busca de referência, 302

buscando felicidades duradouras e tristezas perecíveis, 127

buscando os seis princípios da persuasão, 213

Bush, George W. (presidente), 267

C

"cultura de honra", 34

Caçador de Mitos (ícone), 2

cafeína, 293

Cambridge, 304

caminhos para a persuasão, 214

canais no YouTube, 300

capturando a aleatoriedade, 55

características de demanda, 294

características sexuais secundárias, 230

Carrey, Jim (ator), 207

Casa dos Artistas (programa de televisão), 171

cassinos, 219

Castro, Fidel (líder político), 145

categorizando, 259

categorizar pessoas, 160

caubóis, 34

celebridades, 119

cérebro, 26. *Veja também* neurociência

ceticismo, 287

chefe, 15
Chicago (musical), 218
China, 151
chuggers, 221
Churchill, Winston (primeiro-ministro do Reino Unido), 213
cinismo, 287
Clarke, Richard (conselheiro presidencial), 267
cobaias, 24
cognição, 71
Cohen, Dov (pesquisador), 32
coletivismo, 277
combatendo a persuasão, 225
combatendo o preconceito, 155
como fazer amigos e influenciar pessoas, 1
como localizar artigos de pesquisa online, 300
como seguir conexões entre artigos, 300
companheiros, 230
comparação social, 266
comparando teorias concorrentes, 99
competindo por recursos, 269
complacência, 205
comportamentos, 269
compreendendo a diferença entre o entendimento cotidiano e científico, 43
compreendendo a influência social, 169
comunicados de imprensa, 297
comunicando-se com especialistas, 299
conclusões científicas, 297
conclusões, 288
condição de controle, 296
conformidade, 203, 205
confundidores, 57
conhecendo a psicologia social, 5
Conselho Federal de Psicologia, 302

consequências da identidade, 121
consequências da justificação insuficiente, 104
considerando as complicações das atitudes, 69
considerando o papel das normas sociais, 201
consistência, 78
construindo seu sentido de *self*, 116
contrastando visões culturais do *self*, 273
convenções, 201
convivendo com todo mundo, 229
cooperando, 250
correlação ilusória, 162
Cosby, Bill (comediante), 223
costumes, 201
covariáveis, 62
crenças contra a situação, 172
crenças, 78
criação dos filhos, 10
criando um sentido de *self*, 115
criminosos, 294
Crockett, Molly (neurocientista), 306
cronometragem mental, 24
Cuddy, Amy (psicóloga social), 306
cultos, 102
culturas coletivistas, 151
culturas individualistas, 151
Cyberball, 210

D

Darwin, Charles (naturalista e geólogo), 230
De Caso com o Acaso (filme), 136
Dean, Jeremy, 305
debate político, 307
debates científicos, 300
definindo o erro fundamental de atribuição, 141
definindo um rosto bonito, 233

democráticas, 292
demonstrando o efeito da característica de demanda, 294
descobrindo as disciplinas da psicologia social, 21
descritiva, 62
desejo de ser amado, 223
desindividualização, 176
detector de mentiras, 294
Devine, Patricia (pesquisadora), 166
Diallo, Amadou (imigrante), 165
Diamond, Lisa (pesquisadora), 248
Dica (ícone), 3
diferenças culturais em julgamentos, 279
diferenças entre as condições experimentais, 56
diferenças interculturais, 284
dificuldades de definir a si mesmo, 116
difusão de responsabilidade, 176
disciplinas, 21
Disney, 236
dissonância cognitiva, 197
distribuição incorreta de excitação, 245
divãs, 10
Dobbs, David, 304
Doctor Who (série), 14
Donders, Franciscus (oftalmologista) 24
Dowton Abbey (série), 163
Dweck, Carol (pesquisadora), 124

E

EBE (exótico se torna erótico), 243
economia comportamental, 305
economia, 302
educação superior, 306
educação, 302
educadas, 292
EFA (erro fundamental de atribuição), 280
efeito acima da média, 129

efeito da mera exposição, 135
efeito físico, 294
efeitos colaterais, 294
ego, 48
egoísmo implícito, 88
Eibach, Richard (pesquisador), 107
Eichman, Adolf (nazista alemão), 186
Einstein, Albert, 290
eleições políticas, 303
emoções, 217
encontrando alguém para amar, 229
encontrando as raízes da cultura de honra, 34
encontrando respostas com a psicologia social, 36
encontros sexuais, 297
endogrupos, 262
engenheiros, 307
England, Lynndie, 182
enquetes, 22
entendendo a atração por meio da evolução, 229
entendendo a cultura dos caubóis, 34
entendendo a dissonância cognitiva, 99
entendendo as atitudes, 69
entendendo as pessoas à sua volta, 7
entendendo atitudes e ações, 67
entendendo como os cientistas medem atitudes implícitas, 83
Epopeia de Gilgamesh, 44
escala Likert, 75
espelho de si próprio (teoria), 119
estereotipagem, 306
estereótipos sobre aparência, 160
estereótipos sociais, 155
estereótipos, 157
estilo de apego, 302
estimando forças como raras, 130
estudando a obediência em maneiras éticas, 199

estudos de campo, 288
estudos de tempo de reação, 24
ética experimental, 181
evidências, 300
evolucionista, 230
examinando a influência da situação no comportamento, 171
examinando métodos experimentais, 287
examinando por que as pessoas acham que estão sempre certas, 127
exibindo diferenças culturais em julgamentos, 279
exogrupos, 246
exótico se torna erótico, 246
experimentador, 293
experimentando com a minha maquiagem, 49
Experimente (ícone), 2
experimento de tempo de reação de escolha, 24
experimentos controlados, 280
experimentos de Milgram, 187
experimentos *priming*, 91
experimentos, 39
explicando as ações dos outros, 141
explorando as consequências da identidade, 115
explorando relacionamentos, família, grupos e culturas, 7
explorando similaridades culturais, 273

F

Facebook, 116
facilitação social, 60
falando com certas pessoas, 229
falso consenso, 134
falta de roteiro, 196
favorecendo o seu grupo, 260
favoritismo do endogrupo, 261
fazendo julgamentos morais, 280
fazendo o Teste da Associação Implícita, 83
fazendo previsões sobre obediência, 191
fenômenos cotidianos, 305
ferramenta de pesquisa acadêmica, 302
ferramenta de pesquisa, 307
ferramentas da psicologia social, 34
fertilidade, 237
Festinger, Leon (psicólogo social), 101
ficção científica e fato científico, 28
filiação ao endogrupo, 204
filmes, 160
fIRM, 26
focalismo, 137
focando as pessoas que você ama, 238
focando o esporte, 138
foco da psicologia social, 8
Folha de Cola Online, 3
força, 230
forças sociais, 307
fotos de férias, 282
Fraser, Scott (pesquisador), 220
Freedman, Jonathan (pesquisador), 220
Freud, Sigmund (neurologista), 10
Frith, Chris (pesquisador), 27
Frontiers (site), 301
Fry, Stephen (apresentador de TV), 147
função de conhecimento, 72
função de defesa do ego, 72
função de valor expressivo, 73
função utilitária, 72
funcionalidade mental, 73
fundações da psicologia social, 11

G

"gene gay", 239
Game of Thrones (série), 128
gêmeos, 121

generalizações, 156

gênero atípico, 245

gênero, 159

Genovese, Kitty (mulher assassinada), 175

gestação, 86

Gilbert, Daniel (psicólogo), 136

Google Acadêmico, 302

Google, 301

Gore, Al (vice-presidente), 218

Grand Theft Auto (jogo), 211

gregos antigos, 128

grupos sociais, 98

Guy Fawkes, 176

H

Hall, Lars (pesquisador), 78

Harvard Business School, 306

heurísticas de tomada de decisão, 82

Hilton, Paris, 150

hipótese de contato, 168

Hitler, Adolf (líder do partido nazista), 72

Holmes, Sherlock (personagem), 15

Holocausto, 197

homens, 161

homofobia, 303

homossexualidade, 240

Hovland, Carl (psicólogo), 71

humano, 273

Hussein, Saddam (presidente do Iraque), 183

I

ícones usados neste livro, 2

identidade social, 245

identidade, 211

identificando a tendência das pessoas ao autopreconceito, 127

ignorância pluralística, 168

Ijzerman, Hans (psicólogo social), 306

ilusões positivas, 128

imediatismo, 304

independência, 194

independente, 278

índice, 3

individualista, 278

inferencial, 63

influência informacional da conformidade, 203

influência normativa da conformidade, 203

influências, 192

informação social, 156

instrumentalidade, 72

inteligência, 278

interdependência, 277

intergrupo, 272

intervenção do espectador, 174

intervenção do observador, 175

introduzindo estereótipos e preconceitos, 155

introduzindo participantes típicos de experimentos, 273

investigando a mente de um caubói, 21

investigando as atitudes implícitas, 83

investigando estereótipos em detalhes, 155

investigando experimentalmente a obediência, 185

investigando os resultados do TAI, 95

IRM, 211

J

janela de atenção, 254

Japão, 151

jogadores de golf, 160

Johannson, Petter (pesquisador), 78

Jornada nas Estrelas (série), 110

jornal, 300

julgamentos morais, 280

julgando, 15

juventude, 237

K

kakapo, 30

Kandinsky, Wassily Wassilyevich (artista), 261

Katz, Daniel (psicólogo), 72

Keillor, Garrison (autor), 129

Kelley, Harold (psicólogo social), 156

King, Martin Luther (ativista), 213

Kitayama, Shinobu (professor), 276

Klee, Paul (artista), 261

L

laboratórios, 303

lado direito do cérebro, 259

lado esquerdo do cérebro, 259

LaPierre, Richard (professor), 77

Lego, 157

lei natural, 231

leis, 305

Lembre-se (ícone), 2

Lieberman, Matt, 306

ligre, 264

Lincoln, Abraham (presidente), 100

linguagem corporal, 306

link, 305

links de psicologia social, 303

livros de autoajuda, 1

livros didáticos, 300

locadores de vídeo, 306

localizando vieses em diferentes culturas e situações, 141

Loftus, Elizabeth (psicóloga cognitiva), 81

M

manipulações da psicologia experimental, 294

mapeando o território da psicologia social, 7

máquinas de aprendizado, 11

margem de erro, 291

marketing, 307

Markus, Hazel Rose (psicólogo social), 276

Masuda, Takahiko (psicólogo cultural), 279

McManus, Chris (psicólogo), 259

medo, 17

mera exposição, 87

método científico, 48

Milgram, Stanley (psicólogo social), 177

Milk, Harvey, 144

mimetismo, 203

Moch, Steven (pesquisador), 107

montando a caixa de ferramentas da psicologia social, 43

Monty Python's Flying Circus, 199

MOOC (curso online aberto e massivo), 306

moralidade, 305

morrendo devido ao EFA, 150

morte, 250

mudança ao longo do tempo, 137

mudança climática, 307

mudanças de comportamento e os direitos civis, 100

mulheres, 161

mulheres, o que elas querem, 237

Murray, Andy (tenista profissional), 122

N

não conformidade, 204

Natal, 241

National Geographic, 304

nazismo, 197
necessidade de cooperação, 250
necessidade de se encaixar, 204
neotenia, 236
neurociência, 7, 25
Neuron Culture (site), 304
New York Times, 304
Nisbett, Richard (pesquisador), 32
No Limite (programa de televisão), 171
Norenzayan, Ara (pesquisador), 80
normas sociais, 201
norte-americano comum, 53
notícias online, 305
novas descobertas em ciência psicológica, 304
Nullius in verba, 290

O

O Aprendiz (programa de TV), 128
o maior viés do mundo, 134
o que as culturas têm em comum, 283
o que as pessoas pensam, 11
O Show de Truman (filme), 207
O'Keefe, Kevin (escritor), 53
obedecendo a outras pessoas, 185
obediência, 205
observando a vida selvagem na estrada, 289
observando as atitudes e os comportamentos, 69
observando as celebridades, 119
observando os experimentos da psicologia social em ação, 43
observando sua autopercepção, 99
OCEAN (acrônimo), 23
ocidentais e educados em sociedades industrializadas ricas e democráticas, 293
ocupações, 257
olhando as maneiras pelas quais as pessoas entram em conformidade, 201

olhando dentro do cérebro, 26
operacionalização, 289
orientação sexual, 238
Oriente Médio, 202
Os Simpsons (série), 36
Osborne, George (chanceler), 225
ostracismo, 208
Oxford, Universidade, 260

P

padrões e diferenças, 290
pagadores de impostos, 300
pagando o preço por não estar em conformidade, 201
pai sem esperança, 163
países, 257
palestras TED, 307
palestras, 300
Papa, 290
paparazzi, 150
papel da experiências formativas, 240
Papo de Especialista (ícone), 2
participantes, 293
pastores, práticas culturais de, 35
pdf, 302
pé na porta, 220
pegando dois caminhos para a persuasão, 213
pensamento cotidiano das pessoas, 297
pensamento não ocidental, 276
pensamento ocidental, 276
pensando sobre nós mesmos e sobre os outros, 113
perdendo sua identidade sob pressão, 171
periódicos científicos brasileiros, 301
personalidade, 15
personalidades autoritárias, 194
perspectiva evolucionista da atração, 230

perspectiva, 152
pesquisa médica, 294
pesquisando a obediência, 191
pessoas boas, 293
pessoas bonitas, 233
pessoas, 293
Pitt, Brad (ator), 150
placebo, 57
PLOS ONE (site), 301
poder das forças sociais, 16
poder das fraternidades, 106
polarização de gênero, 244
polarização, 243
polícia, 160
policial, 17
política da orientação e da escolha sexual, 241
política, 302
por que os psicólogos estudam as pessoas que estudam, 275
Portal de Periódicos Eletrônicos em Psicologia (PePSIC), 301
postagens dos blogues, 307
preconceito racial, 165
preconceito, 156
preferências herdadas, 243
prevendo o comportamento das pessoas, 13
previsão afetiva, 306
prisioneiros, 16
processamento mental, 24
processamento profundo, 214
processamento raso, 214
processo controlado, 167
processos automáticos, 167
processos intergrupais, 244
Procter & Gamble (P&G), 214
procurando sociedades de psicologia, 302

profecia autorrealizável, 163
professor, 17
programas de pós-graduação, 302
programas de televisão, 160
progresso científico, 304
Project Implicit (site), 303
projeto experimental duplamente cego, 294
prova social, 222
provando seus próprios preconceitos, 94
psicologia cognitiva, 25
psicologia da personalidade, 22
psicologia empírica contemporânea, 10
psicologia evolucionista e política, 231
psicologia social e a sociedade, 46
psicologia social na arte e na religião, 44
Psicologia Social Para Leigos, 1
psicólogos criminais, 160
psicólogos da personalidade, 23
psicólogos evolucionistas, 234
psicopatas, 294
PsyBlog (site), 305
PsychINFO (site), 300

Q

qualidade genética, 230
Quando a Profecia Falha, 102
quando estereótipos são fatais, 165
questionários, 22
questões, "Quem sou eu?", 115
questões, fazendo as certas, 31–35

R

raças, 257
racismo, 172
realismo ingênuo, 134
reality shows, 171

rebeldes culturais, 208
reciprocidade, 218
reconhecendo a emoção, 279
recursos de ensino, 303
rede de psicologia social, 303
refletindo sobre pensamento em grupo, 257
relacionamento entre genes e comportamento, 304
relacionamentos bem-sucedidos de longo prazo, 248
relacionamentos interpessoais, 229
relatórios de jornais sobre experimentos, 297
religiões, 257
replicação, 64
reprodução, 236
Research Digest (site), 304
resistindo à persuasão, 213
respeitando, 18
retrospectiva, 132
reunindo esforços como um grupo, 257
revisando o viés e o preconceito em ação, 155
revisão por pares, 300
revistas científicas, 200
revistas de acesso aberto, 301
ricas, 292
Rigelmann, Max (pesquisador), 60
Robbers Cove, experimento, 270
Rosenberg, Marshall (psicólogo), 71
Ross, Lee (pesquisador), 146
Rotten, Johnny (cantor), 142
rotulação, 220
Royal Society, 290
Rússia, 241

S

sabedoria das multidões, 264
salário, 301
Schwarz, Norbert (pesquisador), 80
ScienceDirect (site), 301
Scientific Eletronic Library Online (ScieLO), 301
seguindo os feeds do Twitter, 305
Seinfeld (série), 36
sendo alguém na multidão, 17
senso comum, 297
senso de humor, 278
sermões, 1
Sex Pistols (banda), 142
sexualidade humana, 243
Sheen, Charlie (ator), 119
Sherif, Muzafer (psicólogo social), 206
significância estatística, 63
significantes, 63
signos zodiacais, 257
simetria, 234
simplicidade, 234
sites especializados, 300
Slate, 304
slogans, 223
Smith, Linda (psicóloga social), 283
Sociedade Britânica de Psicologia, 304
Sociedade para Personalidade e Psicologia Social, 306
sociedade tailandesa, 253
sociedades científicas de psicologia, 300
sociedades de psicologia, 302
sociedades industrializadas, 292
sociologia, 28
sociologia, 36
sofrimento humano, 180
Space Invaders (jogo), 106
Spock (personagem), 110
Star Wars (filme), 84, 164
Steele, Claude (pesquisador), 123
Street Fighter II (jogo), 50

Stumbling on Happiness, 306
sumário, 3
superando o viés e o preconceito, 168
Suroiecki, James (jornalista), 265
sustentando estereótipos, 159

T

TAI (Teste de Associação Implícita), 93
Tajfel, Henri (psicólogo social), 261
TARDIS, 14
técnica da bola baixa, 221
técnica do fisgar e trocar, 222
técnicas de persuasão, 307
técnicas estatísticas, 290
TED, 307
televisão, 160
temperamento, 150
tempo de reação de escolha, 24
tempo de reação simples, 24
tempos de reação, 24
teologia cristã, 231
teoria da autopercepção, 109
teoria da comparação social, 120
teoria da identidade, 122
teoria realista do conflito grupal, 269
teorias, 300
teóricos da entidade, 124
terminologia, 60
testando a obediência atualmente, 185
testando hipóteses de artigos, 287
testosterona, 298
Tetris (jogo), 293
Texas, 34
The Situationalist (site), 305
timidez, 196
Torá, 44

trabalhando eficientemente com a Wikipédia, 307
Triplett, Norman (psicólogo), 60
Trivers, Robert (biólogo evolucionista), 250
Trump, Donald (empresário), 255
Twitter, 304

U

UCLA, 306
Uganda, 241
Uma Verdade Inconveniente (filme), 218
Understanding Prejudice, 303
uniforme, 16
Universidade Tiburg, 306
usando a teoria da autopercepção a seu favor, 110
usando todos os recursos disponíveis, 299
usando um cronômetro para entender a mente, 24

V

vagas de emprego, 302
variabilidade, 291
variáveis de confusão, 57
variável dependente, 62
Vedas, 44
vegetarianos, 160
vendo a psicologia social em ação, 21
verificando conclusões de artigos, 287
vida cotidiana, 302
vida de celebridades, 149
videoclipes, 305
videogame, 296
viés da autoconveniência, 128-131
viés de autoapresentação, 79
viés de autoconveniência, 130
viés de confirmação, 162
viés de correspondência, 145
viés de retrospectiva, 297

viés do ator observador, 153

viés e política, 132

viés, 303

virilidade, 230

W

Waits, Tom (cantor), 116

WEIRD, 262, 263, 279-281

Wesleyan University MOOC: Psicologia Social (site), 293

Wicker, Allan (psicólogo), 77

Wikipédia, 273

Williams, Kip (pesquisador), 203-204

Winbledon, 125

Winfrey, Oprah (apresentadora), 128

Y

Yale Universtity MOOC, 306

Yes, Prime Minister (show de TV), 74

YourMorals Blog, 305

YouTube, 290

Z

Zajonc, Bob (psicólogo social), 88

Zimbardo, Philip (pesquisador), 38

zoólogo, 11